Staunen

Franz Josef Wetz

Staunen

Warum existiert überhaupt etwas?

 J.B. METZLER

Franz Josef Wetz
Gießen, Deutschland

ISBN 978-3-662-68606-5   ISBN 978-3-662-68607-2   (eBook)
https://doi.org/10.1007/978-3-662-68607-2

Die Deutsche Nationalbibliothek verzeichnet diese Publikation in der Deutschen Nationalbibliografie; detaillierte bibliografische Daten sind im Internet über https://portal.dnb.de abrufbar.

© Der/die Herausgeber bzw. der/die Autor(en), exklusiv lizenziert an Springer-Verlag GmbH, DE, ein Teil von Springer Nature 2024

Das Werk einschließlich aller seiner Teile ist urheberrechtlich geschützt. Jede Verwertung, die nicht ausdrücklich vom Urheberrechtsgesetz zugelassen ist, bedarf der vorherigen Zustimmung des Verlags. Das gilt insbesondere für Vervielfältigungen, Bearbeitungen, Übersetzungen, Mikroverfilmungen und die Einspeicherung und Verarbeitung in elektronischen Systemen.
Die Wiedergabe von allgemein beschreibenden Bezeichnungen, Marken, Unternehmensnamen etc. in diesem Werk bedeutet nicht, dass diese frei durch jede Person benutzt werden dürfen. Die Berechtigung zur Benutzung unterliegt, auch ohne gesonderten Hinweis hierzu, den Regeln des Markenrechts. Die Rechte des/der jeweiligen Zeicheninhaber*in sind zu beachten.
Der Verlag, die Autor*innen und die Herausgeber*innen gehen davon aus, dass die Angaben und Informationen in diesem Werk zum Zeitpunkt der Veröffentlichung vollständig und korrekt sind. Weder der Verlag noch die Autor*innen oder die Herausgeber*innen übernehmen, ausdrücklich oder implizit, Gewähr für den Inhalt des Werkes, etwaige Fehler oder Äußerungen. Der Verlag bleibt im Hinblick auf geografische Zuordnungen und Gebietsbezeichnungen in veröffentlichten Karten und Institutionsadressen neutral.

Planung/Lektorat: Frank Schindler
J.B. Metzler ist ein Imprint der eingetragenen Gesellschaft Springer-Verlag GmbH, DE und ist ein Teil von Springer Nature.
Die Anschrift der Gesellschaft ist: Heidelberger Platz 3, 14197 Berlin, Germany

Wenn Sie dieses Produkt entsorgen, geben Sie das Papier bitte zum Recycling.

Inhalt

Einleitung	**9**
Existenzerhellung	10
Bedeutsam oder belanglos?	12
Höchste Wissensquellen	13
Weder Metaphysik noch Weltanschauung	15
Kosmohermeneutik	16
I. Die Wirklichkeit	**21**
Merkwürdige Fundstücke	21
Inventur der Tatsachen	34
Hiersein ist merkwürdig	69
II. In der Fremde	**91**
Einsturz des Vertrauten	91
Nutzlose Sterne – Unnütze Räume	101
Sinnlose Welt	127
Feinde des Staunens	154
III. Rätselhafte Existenz	**177**
Warum ist überhaupt etwas und nicht vielmehr nichts?	177
Anfang und Nichts	192
Alles	212
Das Wunder der Existenz	226
IV. Aufgeklärtes Staunen	**247**
Sehenswürdigkeit der Dinge	247
Vom Innenblick zum Außenblick	266
Vom Nahblick zum Weitblick	273
Vom Anblick zum Einblick	281
Fest des Staunens	289
Überwältigt	306

Existenzerhellung 317

Anhang: Heideggers ungeklärte Frage 321

Literatur 329

Sei erstaunt, verblüfft,
alles ist fremd, alles ist unerklärlich!
Ionesco

Einleitung

Ein Buch kann den Blick durch große Teleskope ins unermessliche Weltall nicht ersetzen. Dennoch geschieht beim Lesen dieses Buches fast das Gleiche: Man vertieft sich in einen Text und schaut durch kleine Buchstaben in grenzenlose Weiten.

Wie beim morgendlichen Aufwachen an einem fremden Ort so steht am Anfang dieses Leseabenteuers eine große Verwirrung: Wo bin ich hier eigentlich? Was soll das Ganze – mein Leben, unsere Erde, das Weltall? Wie sonderbar, dass überhaupt etwas existiert, und wie kurios, dass man eine Zeitlang dazugehört. Man weiß zwar nichts mit letzter Sicherheit über die wahre Beschaffenheit des großen Ganzen, jedoch wäre es unsinnig zu bezweifeln, dass es die Wirklichkeit gibt. Von geistesträger Benommenheit erwacht, hat die Welt ihre Selbstverständlichkeit verloren. Man beginnt über Erdball und Weltall zu staunen. Es wächst das Interesse an ihrem merkwürdigen Dasein.

Staunen ist ein Zustand meist angenehmer Erregung, eine Ergriffenheit, die leicht zu körperlicher Erstarrung führen kann. Hauptsächlich wird über Sachverhalte gestaunt, die mental überfordern und emotional überwältigen. Der typische Gesichtsausdruck eines erstaunten Menschen ist der offene Mund mit nach oben gezogenen Augenbrauen. Staunen bewegt sich zwischen Irritation und Kontemplation. Es stimmt nachdenklich. Häufig geht hiermit ein Gefühl von Ehrfurcht und Hochachtung einher. Wer staunt, ist beeindruckt, verblüfft, nicht selten begeistert. Allerdings ist Staunen keineswegs so jäh und drastisch wie eine Überraschung, stärker aber als bloße Neugierde. Staunen liegt irgendwo dazwischen. Im Extremfall ruft es Fragen mit maximaler Reichweite hervor: Was hat es mit allem auf sich? Wozu das Ganze überhaupt?

Normalerweise nimmt man die Wirklichkeit nicht auf diese Weise ins Verhör. Jeder weiß, dass die Dinge ringsum da sind. Nur bemerken es die meisten nicht. Ihre Routinen, Aufgaben und Nöte lassen für nachdenkliche Betrachtungen über das riesige Weltall kaum Zeit. Rastlos umgetrieben kommt der Einzelne in seinen Ruhephasen meist über ein paar Schweigeminuten nicht hinaus. Dabei ist es überaus lohnenswert, dem bloßen Dasein der Dinge mal für eine Weile besinnlich auf den Grund zu gehen.

Dieses Buch befasst sich mit einer ebenso manifesten wie latenten Dimension der Wirklichkeit: ihrer rätselhaften Existenz. Deren Oberfläche hat eine Tiefendimension, die häufig verkannt wird. Die Existenz der Dinge ist für die meisten so banal, dass sie diese regelrecht übersehen. Nicht dass man sie nicht wahrnimmt, sie fällt nur nicht weiter auf. Hierfür ist sie uns einfach zu vertraut. Deshalb verblüfft sie fast niemanden. Im Gegensatz dazu möchte dieses Buch die Leser in ein Staunen über die bloße Existenz aller Dinge versetzen, ja ihnen sogar zu einer extrem dichten Wirklichkeitserfahrung verhelfen. „Das Höchste, wozu der Mensch gelangen kann, ist das Erstaunen", so Goethe.[1] Doch damit uns die Wirklichkeit überhaupt berühren kann, müssen wir erst einmal lernen, unsere natürliche Reserviertheit ihrer Existenz gegenüber abzulegen. Statt klein wollen wir deshalb groß über die einfache Tatsache denken, dass es überhaupt etwas gibt.

Dies ist keine leichte Aufgabe, zumal das Buch seine Leser ja nicht bloß über die *seltsame Existenz* alles Wirklichen staunen lassen möchte. Es strebt darüber hinaus ein *aufgeklärtes Staunen* an, das sich auf der Höhe der heutigen Philosophie bewegt und die modernen Wissenschaften berücksichtigt. Aufgeklärtes Staunen meint nicht ein durch Sacherklärungen beseitigtes Staunen. Aufgeklärtes Staunen bedeutet vielmehr ein auf seine Berechtigung hin überprüftes und somit der Sache angemessenes Staunen. Es geht also nicht nur um die Frage, ob etwas für uns erstaunlich ist, weil wir nicht oder noch nicht Bescheid wissen. Ebenfalls geht es nicht bloß darum, welche Phänomene einen außergewöhnlichen Sinnenreiz und Nervenkitzel hervorrufen oder Gefühle der Ehrfurcht und Bewunderung auslösen. Vorrangig soll ermittelt werden, ob die uns beeindruckenden Sachverhalte tatsächlich so verblüffend sind, dass sie verdienen, bestaunt zu werden. Damit soll über jedes spontane, naive, eventuell ungerechtfertigte Staunen hinausgegangen werden. Es geht um ein abgeklärtes, adäquates Staunen.

Existenzerhellung

Gerade das erstrebte objektive Staunen wird dem menschlichen Verlangen nach der prallen Intensität dichter Erlebnisse in besonderer Weise gerecht. In solch einzigartigen Erfahrungen werden mehr als nur persönliche Lebens- und Weltgefühle zum Ausdruck gebracht. Da das sorgfältig geprüfte Staunen vornehmlich in der Wirklichkeit verankert wird, besitzt es einen Erkenntnis erweiternden Wahrheitsgehalt. Dieser basiert auf nachweislichen Sachverhalten. Überschwänglich formuliert geht es um nicht weniger als um das gleichermaßen erkennbare wie erlebbare Wunder der Existenz alles Wirklichen. Das Buch formuliert mithin eine Existenzphilosophie spezieller Art.

---

[1] Goethe, Gespräche mit Eckermann 18.2.1829, S. 228.

Mit der herkömmlichen Existenzphilosophie werden die Namen Sören Kierkegaard, Martin Heidegger, Karl Jaspers, Jean-Paul-Sartre, Albert Camus und Simone de Beauvoir assoziiert. Sie alle beziehen den Existenzbegriff ausschließlich auf den Menschen. Bei Sartre können wir lesen, dass die Existenz jedes Einzelnen seiner Essenz vorausgeht, was soviel heißt, dass jeder selbst bestimmen muss, wie er leben und als was er sich verstehen möchte. Heidegger und Jaspers wiederum schreiben, dass das Wesen des menschlichen Daseins in seiner Existenz liegt, was gleichfalls bedeutet, dass es dem Menschen aufgegeben ist, seine Existenz gemäß seinen Möglichkeiten zu verwirklichen. Im Unterschied dazu wird in diesem Buch der Existenzbegriff *zum einen* eher alltagssprachlich, hiermit weniger anspruchsvoll, dafür aber umfassend gebraucht. Unter Existenz verstehen wir die schlichte Tatsache, dass etwas da ist, und dies gilt logischerweise von allem Wirklichen. Zu existieren ist wohl das wichtigste Definitionsmerkmal der Wirklichkeit. Einen Begriff Karl Jaspers aufgreifend, der dieses Wort ebenfalls lediglich für den Menschen reservierte, kann das Projekt auch „Existenzerhellung" der Wirklichkeit genannt werden.

Zum anderen stimmt das Buch mit der Existenzphilosophie insofern überein, als sich hier wie dort der Einzelne von etwas ergreifen lassen soll, was ihn unbedingt angeht. In der Existenzphilosophie sind es die eigenen Möglichkeiten, die man entschlossen aufgreifen und verwirklichen möge, um ein authentisches, wahres, eigentliches Leben zu führen. Darum geht es auch hier. Im Unterschied zur Existenzphilosophie wird in diesem Buch aber der Vorrang der Praxis relativiert, indem das beschauliche, stillere Leben mal ausnahmsweise gegenüber der tätigen, aktiven Daseinsform bevorzugt wird. Zeitweilig darf der kontemplativen Lebensweise ein Primat eingeräumt werden, zumal wenn sie einer einzigartigen Wirklichkeitserfahrung auf der Spur ist.

Doch was kann bei der angekündigten Existenzerhellung schon so Wichtiges herauskommen? Warum soll ein solches Projekt aufregend sein? Was lässt sich an der Existenz der Dinge noch Bemerkenswertes erhellen, das über die triviale Feststellung hinausgeht, dass es sie gibt? So wäre die angestrebte Existenzerhellung doch lediglich eine Bekanntgabe des Offensichtlichen. Aber das Wenige, das uns die Existenzerhellung schauen lassen wird, ist so wenig nicht! Nur worin besteht der Sensationscharakter der Existenz alles Wirklichen? Geraten wir am Ende vielleicht doch in die gleiche Verlegenheit wie jener begeisterte Musikliebhaber, der nach dem Anhören einer ergreifenden Sonate sich die Frage gefallen lassen musste: „Und was, mein Herr, beweist das schon?"

Bedeutsam oder belanglos?

Wie viele Menschen verwechseln das Gewohnte, Vertraute, Selbstverständliche mit dem Unerheblichen. Eingeübte Denkmuster lassen Beachtenswertes leicht als trivial erscheinen. Erst einmal als bloße Gedankenakrobatik, Freizeitbeschäftigung oder Hobby entwertet, bleibt dann häufig nichts als spöttische Abwehr übrig: Was geht das mich an? Das sagt mir alles nichts. Dies gehört doch nicht zum Wesentlichen, auf das es im Leben ankommt. Wozu soll ein interesseloses Staunen über die bloße Anwesenheit der Dinge gut sein?

Zweifellos haben die meisten Menschen Anderes und Besseres zu tun, als sich über das Dasein der Welt zu wundern. Wo der Alltag in engen Gehäusen nach festen Regeln abläuft und das Leben schwer an seiner Problemlast trägt, dort bleibt jedes reflektierte Schauen und Staunen auf der Strecke. In solchen Fällen weist man nur zu gerne kontemplativer Nachdenklichkeit den Platz eines unnützen Zeitvertreibs an. Hält man sich aber für das angedeutete Abenteuer verfügbar, weil man es mal nicht eilig hat und offen für Neues ist, so wird sich die Frage, was das alles soll, schon bald verflüchtigen. Sobald man sich erst einmal von etwas angesprochen fühlt, fragt man nicht mehr, ob es einen auch etwas angeht. Die Frage hat sich dann erledigt.

Der besondere Reiz unserer philosophischen Expedition liegt jedoch nicht bloß darin, dass sie Wirklichkeiten präsent hält, die andernfalls unbemerkt und unverstanden blieben. Zugespitzt formuliert führt sie den reflektierten Betrachter zum vermutlich intensivsten Erlebnis der Wirklichkeit überhaupt. Der philosophische Bergsteiger wird bei seiner Selbstverständigung über Leben und Welt einen Gipfel erklimmen, auf dem sich die Frage nicht mehr stellen wird, wozu diese geistige Hochtour gut ist, weil er dann schon zu stark mittendrin steckt. Statt zu fragen, was das alles soll, wird ihn vielmehr das umgekehrte Gefühl ergreifen, dass ihn das alles unbedingt angeht. Denn es ist seine Sache, die hier verhandelt wird.

Mit Bedacht sei als Ausgangspunkt für unsere philosophische Bergbesteigung ein Basislager gewählt, das gleichermaßen Sinne und Verstand anregt. Zwischen einem Ort und den Gedanken, die dort entstehen, bestehen komplexe Beziehungen. Die Wahl einer Position rahmt den Blick, der bestimmte Einsichten nach sich zieht. Eine Umgebung kann Wesentliches zur poetischen und philosophischen Reflexion beitragen. Allerdings hat jeder Standort auch seine Zeitstruktur. Im Alltag bestehen verschiedene raumzeitliche Bezugssysteme des Erlebens nebeneinander. Eine Metropole hat eine andere raumzeitliche Ordnung als die Provinz, die Großstadt einen anderen Zeittakt als eine Landschaft. Zweifellos ist der urbane Pulsschlag höher als das Lebenstempo ländlicher Regionen, für die seit jeher eine gewisse Langsamkeit charakteristisch ist. An solchen erlebnisbezogenen Konstellationen der Raum-Zeit interessiert hier vorrangig deren produktive Seite, prägen jene doch das menschliche Schauen und Nachdenken. Für unsere Zwecke sei imaginär ein raumzeitliches Erlebnissystem mit geringer Geschwindigkeit gewählt: etwa das endlose Hin und Her von Strandwellen, eine in der Sonne glitzernde Meeresstille, eine verlassene Schneelandschaft ohne Smartphone und Skibetrieb. Wer fernab von Intercity und Internet zur blauen Stunde über Hügel in weite Täler auf lauschige Seen blickt, gerät fast automatisch in eine Situation, in der sich letzte Fragen aufdrängen. Man bewegt sich innerhalb eines Raum-Zeit-Gefüges, das auch jene Frage hervortreibt, um die es in diesem Buch geht. Erst recht vermag ein von Kriegs-, Finanz-, Energie- und Klimakrisen verschonter Aufblick zum sternenklaren Nachthimmel ein Nachdenken in Gang zu bringen, bei dem sich fast zwangsläufig die Frage nach der rätselhaften Existenz des großen Ganzen stellt – eine Frage, für die Philosophie, Wissenschaft, Kunst und Theologie gleichermaßen wichtig sind.

Höchste Wissensquellen

Es ist geradezu normal, im Laufe seines Lebens gelegentlich in letzte Fragen hineingezogen zu werden. Üblicherweise entspringen diese mal betroffener Weltneugier, mal beunruhigter Lebenssorge. Nur wer oder was verfügt über die erforderliche Kompetenz, hierauf überzeugend zu antworten? Mit Goethes *Faust*: „Wo fass´ ich dich, unendliche Natur?"[2] In unserer Kulturgeschichte möchten gleich drei Bewerber dem Menschen hierüber zur Klarheit verhelfen.

Erstens wird die Antwort auf die Frage nach der letzten Wahrheit im weltlosen *Inneren* des Menschen gesucht. Allein die Tiefe des eigenen Selbst sei imstande, letzte Aufschlüsse über das Ganze zu geben. Ob der Kirchenvater Aurelius Augustinus, der Rationalist René Descartes, der Idealist Johann Gottlieb Fichte, der Existenzialist Sören Kierkegaard, der Willensphilosoph Arthur Schopenhauer oder der Phänomenologe Edmund Husserl – alle gehen davon aus, dass die Antwort auf die Frage nach der Bedeutung der Wirklichkeit im menschlichen Inneren gefunden werden kann. „Geh` nicht nach draußen, kehr ein bei dir selbst! Im inneren Menschen wohnt die Wahrheit"[3], schreibt Augustinus. Die Gelehrten der Innerlichkeit wenden sich in der Frage nach der Wirklichkeit im Letzten von Natur und Kosmos ab. Diese halten sie nicht für deren Beantwortung zuständig.

Ähnliches gilt zweitens von der traditionellen Philosophie der *Geschichte*: „Was der Mensch ist, sagt ihm nur seine Geschichte"[4], betont Wilhelm Dilthey,

---

[2] Goethe, Faust I, Vers 455.
[3] Augustinus, Theologische Frühschriften, S. 487.
[4] Dilthey, Gesammelte Schriften Bd. 8, S. 227

hier stellvertretend für viele Philosophen genannt. Wie mit der Philosophie der Innerlichkeit so geht mit der Hinwendung zur Geschichte eine Abkehr von Natur und Kosmos einher, die aber zweifellos eine wichtige Rolle bei der Beantwortung der Frage spielen, was es mit der Wirklichkeit auf sich hat.

Darum drängt sich drittens die Vermutung auf, dass Natur und Kosmos hierüber am besten Auskunft geben können. „Wer nicht weiß, was die Welt ist, weiß nicht, wo er ist, wer aber nicht weiß, wozu sie da ist, weiß nicht, wer er ist. Wer in einem davon nicht mitkommt, kann auch nicht angeben, wozu er selbst da ist," schrieb schon vor zwei Jahrtausenden Kaiser Marc Aurel.[5] Heute geben vor allem die mathematischen Naturwissenschaften tiefgehende Einblicke in das große Ganze. Eine Ablehnung ihrer Ergebnisse ist völlig aussichtslos. Gleichzeitig steht aber fest, dass auch sie die Frage nach der Wirklichkeit im Letzten nicht beantworten können.

In der traditionellen Philosophie wurde das Ganze im Letzten mit dem ebenso majestätischen wie vagen Begriff *Sein* umschrieben. Für die meisten heutigen Naturphilosophen besteht das Sein aus der Gesamtheit der wissenschaftlichen Resultate, einer Synopse aller bekannten Naturgesetze. Es besteht aus Beziehungen, Strukturen und Prozessen, die als wissenschaftliche Weltauffassung zusammengefasst werden. Die wissenschaftliche Arbeit am großen Weltbild bietet ein umfassendes Ganzes, das über die Alltagserfahrung hinausgeht. Doch wollen wir uns von solchen mehr oder weniger erfolgreichen Ausgriffen aufs große Ganze nicht blenden lassen. Bei unserer Abwehr wissenschaftlicher Höchstansprüche geht es allerdings nicht um den Einwand, dass alle Versuche, das große Ganze zu erfassen, notwendigerweise selektiv bleiben, unvermeidliche Lücken und blinde Flecken aufweisen. Das ist sicherlich richtig. Wir gehen nur noch einen Schritt weiter. Denn wir bleiben sogar skeptisch gegen alle Versuche, das Sein mit dem naturwissenschaftlich Erkennbaren gleichzusetzen, auch wenn die Bedeutung der mathematischen Naturwissenschaften für das in diesem Buch erarbeitete Staunen gar nicht hoch genug veranschlagt werden kann. Natürlich bleibt das angestrebte Seinsverständnis mit allen wissenschaftlichen Befunden untrennbar verbunden. Nur identisch ist es damit nicht. Rein formal sei unter dem Sein ganz traditionell eine *Letztbestimmung* verstanden, die allem Wirklichen zugrunde liegt. Deren theoretischer Mehrwert liegt in etwas, das, begrifflich zugespitzt, über alle wissenschaftlichen Befunde hinausgeht und der Fluchtpunkt der gesamten Untersuchung ist. Aber wer oder was ist für die Erhellung dieser Letztbestimmung denn nun zuständig, wenn es die menschliche Innerlichkeit, Kulturgeschichte und Naturwissenschaften nicht sind?

---

[5] Aurel, Wege zu sich selbst, 8.52.

Weder Metaphysik noch Weltanschauung

In früheren Jahrhunderten erarbeitete die *Metaphysik* allumfassende Deutungen der Wirklichkeit, die dem menschlichen Bedürfnis nach einer Totalerklärung zu genügen suchten. Doch seit der zweiten Hälfe des 19. Jahrhunderts trat an die Stelle der alten Metaphysik die sogenannte *Weltanschauungsphilosophie*. Diese unterscheidet sich von der Metaphysik durch einen Verzicht auf Beweisversprechen. Im Gegensatz zur Metaphysik sieht jede weltanschauliche Deutung des großen Ganzen bewusst von Rechtfertigungen durch sichere und schlüssige Gründe ab. Diese Enthaltsamkeit der Weltanschauungsphilosophie erzwingt die metaphysische Begründungsnot. Zwar gab die traditionelle Metaphysik stets vor, allgemeingültige Beweise für die Wahrheit ihrer Deutungen erbringen zu können. Doch hat sie diesen Anspruch niemals erfüllt. Folglich ist der wesentliche Unterschied zwischen Metaphysik und Weltanschauung rein geltungslogischer und nicht inhaltlicher Art. Dieser besteht lediglich darin, dass Weltanschauungen im Gegensatz zur Metaphysik auch ohne zwingende Gründe zu gelten beanspruchen. Da es nun verschiedene Auffassungen der Wirklichkeit gibt, lässt sich folgerichtig kein allgemeingültiges Urteil mehr über die richtige Vorstellung des großen Ganzen fällen. Freilich konkurrierten auch in der traditionellen Metaphysik mehrere Letztstandpunkte miteinander, so dass sich schon damals der Kampf unter ihnen zu keiner endgültigen Entscheidung führen ließ. Aber jede Position glaubte, im Besitz der Wahrheit zu sein, für die sie angeblich zweifelsfreie Beweise erbrachte. Nach der Erschütterung dieser überzogenen Anmaßung konnte nur noch die Gleichwertigkeit der verschiedenen Positionen festgestellt werden. Hierfür steht der Begriff Weltanschauung. Darunter wird eine der Vergewisserung durch letzte Gründe entzogene Abschlussdeutung der Wirklichkeit verstanden. In der Moderne steht eine solche hauptsächlich unter den Anforderungen der Sozialverträglichkeit und Vereinbarkeit mit den Ergebnissen der exakten Naturwissenschaften.

Nun gibt es in der Kulturgeschichte zwar eine große Anzahl miteinander rivalisierender Letztstandpunkte. Doch lassen sich diese in ein paar Grundtypen einteilen. Nach Friedrich Schlegel, Friedrich A. Trendelenburg und Wilhelm Dilthey haben alle Typen ihre Wurzel in der Natur des Menschen. Im Grunde würden sie von umfassenden Lebens- und Weltgefühlen getragen, denen sie alle entsprungen seien, heißt es. An dieser Stelle seien drei Letztüberzeugungen genannt: *Pantheismus*, der von der Göttlichkeit eines vollkommenen Kosmos ausgeht, *Theismus*, für den die Welt das vergängliche Werk eines fürsorglichen Schöpfers ist, und *Naturalismus*, der das grenzenlose Universum auf natürliche Prozesse zurückführt, über die hinaus es nichts weiter gibt. Eine begründete Entscheidung zwischen den drei Positionen sei unmöglich, wird gesagt. Daher seien sie alle gleichwertig. Als unterschiedliche Ausdrücke des großen Ganzen seien sie sogar alle gleichermaßen wahr und berechtigt, schreibt Wilhelm Dilthey. Jede Weltanschauung drücke eine Seite des Universums aus. Die Wahrheit sei in allen dreien gegenwärtig. So sympathisch diese Auffassung Wilhelm Diltheys ist, überzeugen tut sie nicht.

Sicherlich können wir gefühlsmäßig mal pantheistisch von der Göttlichkeit des Kosmos überzeugt sein, wenn wir frisch verliebt am sommerlichen Sandstrand einen Sonnenuntergang genießen. Mal können wir auch theistisch empfinden, wenn wir für günstige Lebensumstände einer Macht danken möchten, die alles so schön zu unseren Gunsten eingerichtet hat. Schließlich können wir auch naturalistisch fühlen, wenn wir uns mit dem physikalischen Aufbau des Weltalls intensiv beschäftigen. Stimmungsmäßig kann ein und dieselbe Person alle drei Typen nachvollziehen. Aufgrund ihrer Unvereinbarkeit können sie aber nicht alle zugleich und gleichermaßen in oder für uns verbindlich werden. Außerdem können wir die drei Weltanschauungen zwar alle als gleichwertige Möglichkeiten in Betracht ziehen, doch wahr kann nur ein Grundtyp sein – vorausgesetzt, die drei erschöpfen das Spektrum.

Für beide Probleme von Diltheys Weltanschauungsphilosophie bietet Max Weber eine Lösung an. Weber hält ebenfalls eine wissenschaftlich begründete Entscheidung zugunsten einer Weltanschauung für unmöglich. Da es aufgrund der Unvereinbarkeit aller Letztstandpunkte ausgeschlossen ist, sich für alle zu entscheiden, empfiehlt er einen existenziellen Sprung in eine der gegensätzlichen Weltanschauungen. Damit erkämpft sich Weber eine Lösung der von Dilthey hinterlassenen Probleme um den Preis der Irrationalität. Denn damit eine Weltanschauung in der eigenen Person prägende Kraft gewinnen kann, muss die „Virtuosenleistung des Opfers des Intellekts"[6] erbracht werden. Jede verbindliche Aneignung eines Letztstandpunkts bleibt für den Einzelnen ein existenzielles Wagnis. Im Gegensatz zu Diltheys sympathischer Position ist Webers Auffassung zwar konsistent, aber gleichfalls unbefriedigend. Darum drängt sich die Frage auf, ob nicht noch ein dritter Weg zwischen zwingender Beweisführung und irrationaler Entscheidung gefunden werden kann.

Kosmohermeneutik

Als Drittes bietet sich ein Denken auf der Grundlage argumentierender Beratung an. Deren Ergebnisse sind bestenfalls einleuchtende Vorschläge, Hypothesen von mehr oder weniger großer Wahrscheinlichkeit, weil die herangezoge-

---

[6] Weber, Gesammelte Aufsätze, S. 553.

nen Argumente niemals endgültig oder beweiskräftig, sondern höchstens annehmbar oder vertretbar sind. Darum erzeugen solche Argumente auch keine allgemeinverbindliche Gewissheit, sondern lediglich Glaubwürdigkeit. Der Anspruch auf definitive Wahrheit wird auf das Maß überzeugender Einsichten herabgestimmt. Irritationsfeste Unbeirrbarkeit weicht argumentationsgestützter Plausibilität. Eine solche genügt. Denn absolute Zuverlässigkeit ist nicht unerlässliche Voraussetzung für Zulässigkeit. Zur Ermittlung guter Argumente und überzeugender Einsichten bedarf es außer breiter Bildung einer starken Urteilskraft mit Sinn fürs Angemessene und Angebrachte, einer Verständigkeit und Gewandtheit der Reflexion. Diese Anforderungen haben es weniger mit wissenschaftlicher Methode als vielmehr mit Gespür, Augenmaß und Feingefühl zu tun. Üblicherweise werden Klugheit und Urteilskraft als Fähigkeit definiert, nachvollziehbare Überlegungen anstellen, Abwägungen vornehmen, gute Argumente erarbeiten und plausible Entscheidungen treffen zu können, nachdem das Glaubwürdige oder Überzeugende einer Sache erkundet worden ist. Mit solchem argumentativen Rüstzeug ist es möglich, die ebenso sichtbare wie naturwissenschaftlich erforschte Wirklichkeit reflexiv so anzueignen, dass zuletzt eine Abschlussdeutung zumindest nahegelegt wird.

Aber ist denn nicht jedes noch so behutsam unterbreitete Deutungsangebot das Ergebnis eines ungeduldigen, zu hastigen, überstürzten Reflektierens, das offene Fragen nicht aushält? Zeugt es nicht von starrsinnigem Hochmut, Letztbestimmungen der Wirklichkeit wissen zu wollen und sich nicht mit erreichbaren Gewissheiten zufrieden zu geben? Hat denn nicht schon Immanuel Kant geschrieben: „Die menschliche Vernunft hat das besondere Schicksal ..., dass sie durch Fragen belästigt wird, die sie nicht abweisen kann, denn sie sind ihr durch die Natur der Vernunft selbst aufgegeben, die sie aber auch nicht beantworten kann, denn sie übersteigen alles Vermögen der menschlichen Vernunft."[7]

Gerade deshalb und zugleich dennoch kann der von letzten Fragen bedrängte und allumfassender Antworten bedürftige Mensch gar nicht anders, als sich weiterhin durch den Kopf gehen zu lassen, was es mit der Wirklichkeit im Ganzen auf sich hat. So werden sich auch künftig nachdenkliche Gemüter die Arbeit an den letzten Fragen nicht ausreden lassen, schlicht weil sie umfassende Überlegungen anstellen können und weil es sich mit der Wirklichkeit im Ganzen ja irgendwie verhalten muss. Sie werden in ihrer Selbstverständigung über Leben und Welt nicht eher aufgeben, bis sie aufs Risiko grober Denkfehler und schwerer Fehleinschätzungen allumgreifende Antworten gefunden haben.

---

[7] Kant, Kritik der reinen Vernunft, A VII.

So soll auch hier im Zuge einer reflexiven Aneignung naturwissenschaftlicher Ergebnisse die sichtbare und verwissenschaftlichte Wirklichkeit auf einen speziellen Begriff vom Ganzen im Letzten hin befragt und interpretiert werden. Reflexive Aneignung heißt dabei soviel wie hermeneutische Auslegung der Wirklichkeit. Die angepeilte Deutung des sichtbaren und wissenschaftlich erklärten Universums tritt dabei wohlgemerkt nicht als philosophische Alternative neben die naturwissenschaftliche Lebens- und Welterklärung. Sie zielt vielmehr auf eine Auslegung der wissenschaftlich erklärten Welt in Hinblick auf eine Letztbestimmung ab. Es geht also um eine Auslegung der wissenschaftlich erklärten Wirklichkeit, aber nicht um deren wissenschaftliche Erklärung selbst. Darum konkurriert sie auch nicht mit der Astrophysik und anderen naturwissenschaftlichen Disziplinen, sondern reflektiert lediglich deren Ergebnisse in Hinblick auf eine Letztbestimmung, die traditionellerweise mit dem vagen Begriff *Sein* umschrieben wird.

Die physikalische Kosmologie, die vor Jahrhunderten die philosophische Kosmologie ablöste, rekonstruiert hypothetisch Ausgangssituationen, aus denen sich nach den ermittelten Naturgesetzen der heutige Zustand des Universums ableiten lässt. Die Frage nach einer Letztbestimmung des großen Ganzen lässt sie auf sich beruhen. Sie ist mit den Methoden der modernen Astrophysik auch gar nicht beantwortbar. Diese Frage kann aber *kosmohermeneutisch* behandelt werden. Solch *hermeneutische Kosmophilosophie* wird unter dem Druck letzter Fragen sogar dringlich, nachdem die traditionelle Metaphysik und die Weltanschauungsphilosophie abgedankt haben.

Im Lichtkegel solcher *Kosmohermeneutik* steht unter anderem die maßlose Frage, was es mit der *bloßen Existenz* der Atome, Erde, Sterne und Galaxien schlussendlich auf sich hat. Wie hängt das scheinbar banale Dasein der Dinge mit dem ebenso majestätischen wie nebulösen Sein zusammen? Warum existiert überhaupt etwas? Was ist eigentlich Existenz? Mögen diese Fragen abgehoben klingen – genau sie werden es sein, die uns zu den erstaunlichsten Erkenntnissen und aufregendsten Erlebnissen führen werden, zu denen wir überhaupt imstande sind. In den erstrebten säkularen Offenbarungen wird die reine Existenz der Dinge als atemberaubende Attraktion aufleuchten, deren angemessene Wahrnehmung eine faszinierende Bereicherung des Menschen darstellt. Nur wie können die Leser für ein solches Experiment gewonnen werden?

Bedrängt von den Nöten ihres Daseins, verzichten viele auf letzte Fragen. Alltag und Wissenschaft tragen sie auf eine Weise durch das Leben, dass die Bewandtnis solcher Fragen verdeckt bleibt. Indifferent gegenüber Letztdeutungen übt man sich in theoretischer Enthaltsamkeit. Man hat sich im Vertrauten eingerichtet, das schon chaotisch genug ist.

Allerdings gehört zur Eigenart der menschlichen Existenz, auch ins Nachdenken über das große Ganze gezogen werden zu können. Jeder ist auf dem Grund seines Daseins ein Philosoph, den das Schauspiel der Natur in Staunen versetzen kann: Hohe Berge vom Abendrot sanft erleuchtet, die weite See vom Mondlicht still beschienen, den sternenklaren Nachthimmel vor Augen hat sich so fast jeder schon mal im Laufe seines Lebens darüber gewundert, dass es das alles, die eigene Existenz eingeschlossen, gibt. Es sind ihm Wirklichkeiten begegnet, die ihn ansprechen. Das Buch wird zeigen, dass sie ihn auch etwas angehen und das irritierte Staunen ein Daseinsrecht besitzt .

Die folgende Existenzerhellung der Wirklichkeit ist in vier Teile gegliedert mit jeweils mehreren Kapiteln, die wiederum in Abschnitte unterteilt sind. Die in Teil III gewonnene *Erkenntnis* bildet die systematische Mitte. Das in Teil IV ausgearbeitete *Erlebnis* veranschaulicht die in Teil III dargestellte *Erkenntnis*. Teil II räumt die *Hindernisse* aus dem Wege, die zur *Erkenntnis* hinführen. Teil I legt die *Grundlagen* frei, auf die sich die *Hindernisse*, die *Erkenntnis* und das *Erlebnis* beziehen. „Zum Erstaunen bin ich da", so dichtet Goethe in *Parabase*.[8] Je genauer wir die nackte Existenz der Dinge verstehen, umso besser verstehen wir uns aufs Staunen über die ungeheuerliche Tatsache, dass überhaupt etwas existiert!

---

[8] Goethe, Werke Bd. 1, S. 525.

I. Die Wirklichkeit

Merkwürdige Fundstücke

Dinge ohne Worte

Überall in der Natur wirkt eine produktive Kraft: ein bewusstloser Geist – in Sträuchern, Kräutern und Bäumen, umgeben von weißen Wolken, kühlen Winden und blauen Wellen, die an einsame weite Sandstrände schlagen. Romantiker spüren selbst in Gräsern bis ins tiefe Erdreich hinab, nach Graden der Nähe zum menschlichen Bewusstsein abgestuft, Vorformen des bewussten Geistes auf. Sie deuten die Natur insgesamt vom Menschen her, indem sie eine Stufenfolge abnehmender Geistigkeit von den höherentwickelten Organismen bis zu den einfachsten Dingen feststellen. So steckt nach Schelling in allen Knospen, Blüten und Früchten der Erde ein unbewusster Geist, der mit dem bewussten Geist des Menschen verwandt sei. Sogar Felsgesteine seien von Geist durchwirkt, weshalb sie als Du angeredet werden dürften, meint Novalis, der die „Wunderbarkeit der Steine" besingt.[1] Wenngleich der Geist im Felsbrocken noch bewusstlos bleibe, sei er doch dem bewussten Geist des Menschen ähnlich. Alle Naturdinge sind im Inneren freundlich miteinander verbunden, betont Clemens Brentano, und das sie verknüpfende Band ist der Geist, der in der aufsteigenden Entwicklung vom Einfachen zum Komplexen allmählich zum Bewusstsein erwacht. Diese Idee trug wesentlich dazu bei, dass sich die Romantiker in der Welt heimisch fühlen konnten.

Heute fällt es schwer, in einem Felsblock noch die Schriftzüge eines unbewussten Geistes zu erahnen. Steine gelten nicht mehr als geistige Vorkommnisse menschlicher Art. Sie haben weder Seele noch Geist. Es ist unmöglich geworden, auf sie menschliche Bestimmungen zu übertragen. Im Gegenteil sind Mensch und Gestein ganz verschiedenartig. Steine bleiben stumm, undurchdringlich. Sie sind aber nicht bedeutungslos. Immerhin können wir sie als Sand-, Kiesel- oder Granitsteine klassifizieren sowie als Fels, Klippe und Berg identifizieren. Doch gerade deshalb sind sie für uns auch etwas Alltägliches. Ein Sand- oder Kieselstein fällt normalerweise nicht auf.

Dies ändert sich schlagartig, wenn man am Strand auf ein steinartiges Gebilde stößt, dessen Bedeutung sich einem entzieht, weil man seine Gestalt keiner bekannten Sache zuordnen, geschweige deren Nutzwert erkennen kann. Ein sol-

---

[1] Novalis, Werke und Briefe, S. 123.

cher Gegenstand wird dann als rätselhaft empfunden, wie Ernst Jünger in *Drei Kiesel* und *Am Kieselstrand* vermerkt. Da man derlei noch nie zuvor sah, kann man es auch nicht genauer benennen: Ein unbekanntes Ding, für das jeder Begriff fehlt!

Solch seltsames Fundobjekt steht im Mittelpunkt von Stefan Georges Gedicht *Das Wort*. Da der Entdecker dieser merkwürdigen Sache jedoch nichts damit anfangen kann, lässt er sie auf sich beruhen, überzeugt davon, dass es für uns Menschen nur geben kann, wofür wir auch Worte besitzen. Darum dürften solch eigenartige Gegenstände gar nicht existieren. Demgemäß endet das Gedicht mit den Worten: „So lernt ich traurig den verzicht:/Kein ding sei wo das wort gebricht." Das „sei" ist hier kein Konjunktiv, sondern ein schwacher Imperativ, eine milde Forderung, eine Mischung aus Wunsch und Feststellung: Kein Ding möge, darf, kann sein, wo das ihm gemäße Wort fehlt.[2]

Eine ähnliche Geschichte entstammt der Feder Paul Valérys. In *Eupalinos* findet der junge Sokrates bei einem Spaziergang am Meeresufer ebenfalls ein befremdliches Gebilde: „eine weiße Sache von der reinsten Weiße geglättet, hart, zart und leicht."[3] Aber er hat keine Ahnung, was dieses faustgroße Objekt sein könnte. Es ist ein Ding, das „an nichts erinnert und dennoch nicht gestaltlos ist."[4] Sokrates kann weder einen Gebrauchswert noch irgendeine Bedeutung ausmachen. Doch weit davon entfernt, seine Neugierde zu erwecken, ärgert ihn vielmehr der zufällige Fund. Statt sich in dessen Anblick zu vertiefen und in Nachdenklichkeit zu verfallen, trennt sich Sokrates kurzerhand von seinem merkwürdigen Fundstück: „Lebhaft beunruhigt durch den Gegenstand, dessen Wesen ich nicht zu erkennen vermochte, warf ich ihn zurück ins Meer."[5]

Woher rührt diese seltsame Verstörung? Warum möchte auch Sokrates sich diesen ungewöhnlichen Gegenstand gleich vom Hals schaffen? Weshalb ruft das undefinierbare Ding nicht sein Erstaunen hervor? Immerhin erblickt er es zum allerersten Mal.

Sowohl George als auch Valéry vertreten in ihren Stücken ein antikes Weltbild. Danach ist nur Wesenhaftes wirklich. Im Allgemeinen wird an einem Ding unterschieden zwischen seinem Wesen: nämlich was es ist (ti esti, quid sit, essentia), und seiner Existenz: eben dass es ist (hoti esti, quod sit, existentia). Unter Wesen werden die inhaltlichen Bestimmungen eines Seienden verstanden, dessen „Was-Sein", Essenz, im Gegensatz zu seinem „Dass-Sein". Existenz. Nun ist für die antiken Griechen charakteristisch, dass sie primär nach dem Was von etwas fragen, dessen Dass aber unhinterfragt lassen. Sie messen dem We-

---

[2] Heidegger, Unterwegs zur Sprache, S. 166.
[3] Valéry, Eupalinos, S. 85.
[4] Ebda.
[5] A.a.O., S. 87f.

sensbegriff höchste Priorität gegenüber dem Existenzbegriff zu. Darum verlagern sie das Schwergewicht ihrer Betrachtungen auf die anschaulichen Formen der Dinge, die sich wie ein Schleier auf ihre Existenz legen, um sie zu verhüllen. Der Vorrang der wesenhaften Gestalt einer Sache ist so stark, dass deren rätselhafte Existenz gleichsam übersehen, zumindest davon abgesehen wird. Sie gerät in Vergessenheit. Diese Kuriosität bildet den kulturgeschichtlichen Hintergrund von Georges und Valérys Geschichten aus der ersten Hälfte des 20. Jahrhunderts. Verständnislos fragt Valéry an anderer Stelle, was man denn von einer Sache wisse, wenn man erkenne, dass sie existiere. Im Grunde möchte man doch lediglich erfahren, wie sie beschaffen sei und welche Eigenschaften sie besitze.

Wenn das eigentlich Wirkliche das Wesenhafte ist, dann ist die Irritation von Valérys Sokrates verständlich. Sein Athener Philosoph kann an dem undefinierbaren Objekt nur dessen Wesensmangel oder Wesenlosigkeit feststellen, nicht aber seine Existenz dahinter erkennen. Er blickt gleichsam in eine diffuse Wesensleere; bildhaft formuliert sieht er nur eine unaufgefüllte Leerstelle. Aber ein wesenloses Etwas kann und darf es für ihn nicht geben, weil doch alles Wirkliche wesenhaft ist. Allerdings ist das aufgefundene Objekt auch nicht einfach nichts. Wie die Dinge liegen, ragt hier etwas völlig Fremdartiges in den anschaulichen Wesenskosmos hinein, das darin überhaupt nicht vorkommen darf. Diese bizarre Situation überfordert Valérys Betrachter, der sie nur dadurch zu bewältigen vermag, dass er sich des undefinierbaren Fundstücks auf schnellstem Wege entledigt und so tut, als existierte es gar nicht: Sokrates wirft es ins Meer zurück.

Dabei hätte doch gerade das befremdliche Objekt den Betrachter dazu bringen können, den Wesensprimat zu brechen und des Existenzrätsels gewahr zu werden. Die moderne Kunst operiert manchmal mit zufällig gefundenen Dingen, „objets-trouvés", um auf deren besondere Existenz aufmerksam zu machen. Im Alltag verlieren wir uns leicht an die Gestalt und Namen der Dinge, so dass ihre darunter verdeckte Existenz nicht so ohne weiteres hervortreten kann. Mit gedankenloser Selbstverständlichkeit schauen und sprechen wir sie an und lassen bereits hierdurch ihre frappierende Existenz in den Hintergrund treten. „Ich fürchte mich so vor der Menschen Wort/Sie sprechen alles so deutlich aus:/Und dieses heißt Hund und jenes heißt Haus." Aufgrund solch gedankenlosen Umgangs mit der Sprache bleibt die verblüffende Existenz der Dinge unauffällig und banal: „stumm. Ihr bringt mir (mit euren Worten) alle die Dinge um", dichtet Rilke.[6]

---

[6] Vgl. Wetz, Das Fest der gewöhnlichen Dinge, S. 180.

Insbesondere die Kunst vermag der allen alltäglichen Begriffs- und Wesensprägungen entzogenen Existenz eine würdige Bühne zu geben. Valérys Sokrates indes ist außerstande, die Ebene der inhaltlichen Bestimmungen zu durchbrechen, weil nur Wesenheiten für ihn Träger der Wirklichkeit sind: „Für uns Griechen sind alle Dinge Gestalt", heißt es im *Eupalinos*.[7] Hiernach ist ein Ding nur in dem Maße wirklich, wie ihm ein Wesen zukommt, und das heißt: wie es eine verständliche und benennbare Form hat. Diese Eigentümlichkeit verhindert eine angemessene Beachtung seiner nackten Existenz, die sich normalerweise dort am deutlichsten zeigt, wo das Wesen der Dinge gerade eingeklammert wird, es zu einer Irritation in seiner Gestaltwahrnehmung oder Begriffseinordnung kommt. Denn zur rätselhaften Existenz vorzustoßen heißt doch üblicherweise, sich von seinen Begriffs- und Wesensbestimmungen abzustoßen, in denen sie sonst eher tendenziell verschwindet, untergeht, erstickt. Solange aber das Wesen dominiert, kann die Existenz nicht angemessen zum Vorschein kommen. Allerdings hängt der aufs Sichtbare fokussierte Blick tatsächlich von vornherein mehr an dem, was etwas ist, als daran, dass es ist. Da das fragliche Fundstück jeglicher Wesensprägung ermangelt, das Wesen aber als Träger der Wirklichkeit gilt, kann es hier nur als etwas unbestimmt Irreales erscheinen, an dem seine rätselhafte Existenz nicht hervorzutreten vermag. Verwirrend bleibt jedoch für Sokrates, dass er trotzdem etwas Wirkliches sieht, das er nur nicht zuordnen kann, weshalb er es auch rasch von sich fortstößt.

Überstrapazierte Ideen
Die philosophische Grundlage dieser sonderbaren Geschichte ist Platons Ideenlehre. Zu den traditionellen Themen der Philosophie gehört seit jeher die Frage nach dem Sein (einai, esse). Allgemein wird zwischen Sein und Seiendem unterschieden. Unter den Begriff des Seienden (on, ens) fallen alle Dinge: Baum, Erde, Mond und Sterne. Schwieriger zu fassen ist der Sinn des Seins. Damit sei weder Ziel noch Zweck des Ganzen gemeint, sondern lediglich die Bedeutung des Ausdrucks Sein, also dessen Wortinhalt. Das Sein ist kein Seiendes, sondern das, was alles Seiende oder Wirkliche in letzter Beziehung ausmacht. Es bezeichnet das „Eine in Allem". Dies ist nach dem Sokrates des *Eupalinos* gemäß Platons Ideenlehre die anschauliche Wesensbestimmung von Jeglichem. Das Sein des Seienden ist dessen anschauliche Wesensgestalt. Platonisch verstanden heißt also das Sein anschauliche Wesensform.

Platons Ideenlehre unterscheidet zwischen einem Reich der Wesenheiten oder Ideen und einem Reich der uns vertrauten Sinnenwelt. Alle sinnlich wahrnehmbaren Dinge „haben teil" (methexis) an ihnen entsprechenden Ideen oder

---

[7] Valéry, Eupalinos, S. 79.

Wesenheiten. So partizipierten etwa die unterschiedlichsten Bäume oder Fische an der Idee Baum oder Fisch. Nur darum lassen sie sich nach Platon als solche identifizieren. Der menschliche Verstand sei aufgrund seiner Verwandtschaft mit den Ideen imstande, diese zu erkennen. Die Ideen gleichen angeborenen Wahrnehmungs-, Klassifikations- und Ordnungsbegriffen, die unserer ewigen Seele schon vor ihrer Geburt mitgeteilt wurden, so dass sie sich bei der Anschauung etwa eines Baumes oder Fisches an dieses Urwissen „erinnere" (anamnesis). Demnach führt ein genaues Verständnis der eigenen Innenwelt zu einer besseren Erfassung der Außenwelt. Vor den Ideen, die sich unserem inneren Blick zeigen, schließen sich Struktur und Aufbau der äußeren Welt auf.

Ideen sind aber mehr als nur kognitive Schemata zur deutlicheren Erfassung der Außenwelt. Für Platon sind diese geistig erfassbaren Allgemeinbegriffe, Arten, Gattungen oder Klassen wirkliche Wesenheiten, die oberhalb unserer Sinnenwelt in einem Ideenhimmel existieren. Solche Wesenheiten gibt es von allen Dingen, die denselben Namen tragen, von Leblosem genauso wie Lebendigem. Sie werden oft auch Formen oder Gestalten genannt. Diese machen die Sinnendinge zu dem, was sie sind. Sie verleihen ihnen ein spezielles Aussehen, indem sie der Materie, die den Dingen zugrunde liegt, eine besondere Gestalt geben.

Nach Platon stellen nicht die vergänglichen Sinnendinge, sondern die unveränderlichen Ideen die eigentliche Wirklichkeit dar. Platon hat sich ganz den Ideen verschrieben, vor deren Glanz die rätselhafte Existenz alles Seienden verblasst. Ideen sind die Ur- und Vorbilder der einzelnen Dinge, die lediglich deren sichtbare Abbilder darstellen. In der Innenwelt können wir die Urbilder schauen, nach denen die Außenwelt als deren Abbild eingerichtet ist. So bildet der einzelne Baum auf dem Felde oder der Fisch im Fluss die Idee Baum bzw. Fisch ab. Hierbei sind die vielgestaltigen Dinge nur insofern real, wie sie an den Ideen teilhaben. Erst seine Form macht ein Ding wirklich. Als bloße Abbilder sind die irdischen Dinge aber weniger wirklich als ihre Ur- und Vorbilder. Es gibt Intensitätsgrade der Wirklichkeit. Die Ideen sind am dichtesten. Sie sind wirklicher als die Einzeldinge. Mag aber die „diesseitige" Sinnenwelt aus Sicht der „jenseitigen" Wesenswelt auch nur wie eine Ansammlung scheinbarer Schattengestalten erscheinen, so erhebt ihre Form sie doch gleichfalls in den Rang von Wirklichem.

Wie stark die Form eines Dinges dessen Wirklichkeit bestimmt, mag seine Auflösung illustrieren: Wenn Fisch und Baum vergehen, versinken sie ins Gestaltlose, so dass es sie dann nicht mehr als solche gibt. Sie sind unwirklich geworden. Wo eine Burg zerfällt, bis nur noch Grundmauern und Trümmer übrigbleiben, dort ist ebenfalls mit den Formen dieses Gebäudes zugleich dessen Wirklichkeit verschwunden.

Aber welche Bedeutung kommt hierbei dem materiellen Untergrund der sichtbaren Dinge zu, dem Stoff, auf dem sie gründen und in den sie sich auflösen? Der Vorrang des Wesens vor der Existenz zeigt sich auch an Platons Einschätzung der Materie, in welche die Ideen wie in eine Knetmasse hineingeformt werden. Wie der Form die Wirklichkeit so wird der Materie die Möglichkeit zugeordnet. Den allen Einzeldingen zugrundeliegenden Stoffen erkennt Platon ähnlich wie sein Schüler Aristoteles jede Wirklichkeit ab. Der Stoff, aus dem Dinge bestehen, wird als etwas Unbestimmtes, aber Bestimmbares vorgestellt: Materie ist weiter nichts als Material, aus dem sich konkrete Einzeldinge formen lassen. So verstanden ist Holz lediglich ein potentieller Tisch, Zaun oder Dachstuhl. Jeder Stoff ist bloß Möglichkeit zur Verwirklichung bestimmter Ideen.

Nach Platon und Aristoteles setzt sich jedes Ding aus Form und Materie zusammen. Im Unterschied zu Platon gibt es nach Aristoteles die Formen allerdings nur in den Dingen und nicht zusätzlich noch in einem Ideenhimmel. Doch auch nach Aristoteles tragen allein die Formen die Wirklichkeit, während die Materie als bloße Möglichkeit eingestuft wird. Jedes Ding ist verwirklichte Potentialität. Allein die Vorstellung der Materie als Möglichkeit verhindert jedwede Verblüffung über die Tatsache, dass überhaupt etwas existiert. Eine Verwunderung über die rätselhafte Existenz der Dinge kann hier nicht aufkommen.

Das Gleiche gilt für die Antwort auf die Frage, wie Ideen überhaupt in das aufnahmeoffene Substrat hineinkommen. So merkwürdig es klingt: Die Ideen selbst sollen die Formgeber sein. Sie teilen sich den Einzeldingen aus sich heraus mit. Platon begreift die abstrakten Formen zugleich als Ursprung der konkreten Dinge. Die Abbilder verdankten ihr irdisches Dasein den Urbildern. Diese bewirkten, dass die irdischen Objekte existieren, indem sie auf die physische Materie einwirken. Sie prägten dem Stoff ihre Gestalten ein. Hiernach wäre jedes Urbild zugleich kausal wirksam, die Sinnenwelt ein Produkt der Ideenwelt. Allerdings bleibt es unverständlich, wie Ideen auf die Materie so einwirken können, dass konkrete Dinge entstehen.

Im Grunde genommen bedarf es hierzu einer zusätzlichen Kraft, die über die Macht der Ideen hinausgeht. Darum führt Platon zuletzt doch noch einen göttlichen Handwerker, Demiurgen, ein, der die Materie zur sichtbaren Welt formt. Der Demiurg findet sowohl die ewigen Ideen als Wirklichkeit wie auch die ungeordnete Materie als Möglichkeit außerhalb seiner selbst vor. Seine Aufgabe besteht lediglich darin, die Materie nach dem Vorbild der Ideen zu gestalten und zu ordnen. Hierbei beschreibt Platon als zeitliche Folge, was vermutlich als zeitlose Weltstruktur gemeint ist. Wie ein Lehrer eine geometrische Figur durch schrittweise Konstruktion nach und nach vor den Augen seiner Schüler entwickelt, so verdeutlicht Platon die ebenso anfangslose wie unvergängliche

Weltstruktur durch deren allmähliche Herleitung aus ihren Voraussetzungen in einem Schöpfungsmythos. Es gab keine vorkosmische Periode materieller Unordnung, die durch das Eingreifen des Demiurgen beendet wurde.

Bei Valérys Sokrates versagte die platonische Wesensschau. Dessen Fundstück regte nicht seine „Erinnerung" an den Ideenkosmos an. Der Wesensschleier war zwar zerrissen, aber Valérys Sokrates konnte in dem Fundstück noch nicht einmal eine für Ideen aufnahmeoffene Materie, reine Potentialität, erkennen. Stattdessen sah er etwas überaus Wirkliches, das er jedoch nicht zuordnen konnte, was ihn natürlich zutiefst verwirrte. Genauer betrachtet warf er einen Blick auf das hinter allen Wesen verdeckte Existenzrätsel, ohne dies allerdings zu durchschauen. Sein seltsames Erlebnis versetzte Valérys antiken Sokrates ohne Zwischenschritte an den Rand der Moderne. Da Sokrates aber nicht verstand, was er sah, entledigte er sich des befremdlichen Fundstücks gleich wieder. Obwohl an der Schwelle zur Moderne angekommen, verblieb er zuletzt doch in der Antike.

Für die Moderne schildert Jean-Paul Sartre in dem Roman *Ekel* ein Erlebnis, wie es Valérys Sokrates hätte haben können, wenn er bereits modern gewesen wäre. Allerdings hat dieses Erlebnis bei Sartre eine ähnlich verstörende Wirkung. In seinem Roman lässt nämlich Sartre seinen Hauptdarsteller angewidert einen befremdlichen „Kieselstein fallen", weil er das Gefühl hat, „eine Art Ekel in den Händen zu halten."[8] Anders als Sokrates erschrickt Roquentin aber nicht vor der totalen Wesenlosigkeit dieses Seienden, sondern vor dessen nackter, also wesenloser Existenz. Wenn Platon vom „Was" eines Gegenstandes abstrahiert, dann bleibt für ihn nur eine Leerstelle, Möglichkeit, übrig. Im Gegensatz dazu fühlt sich Sartre bei der gleichen Abstraktion mit dem reinen „Dass" des Gegenstandes, dessen bloßer Existenz konfrontiert. Diese kann er genauso wenig fassen wie Sokrates die Wesensleere. Da drängt sich nahezu unvermeidlich die Frage auf: Wie kann es zu einer solch unterschiedlichen Wahrnehmung derselben Sache kommen?

In der Antike bleibt die Frage nach der rätselhaften Existenz sowohl unter dem Vorrang der ewigen Ideen als auch unter der Deutung der ewigen Materie als Potentialität verschüttet. Damit übereinstimmend entfällt bei Platon gleichfalls die Frage, warum es Ideen, Materie und den Demiurgen überhaupt gibt. So erstaunlich deren Vorkommen für uns heute wäre, die alten Griechen verwunderte ihr Dasein nicht. Woran liegt das?

---

[8] Sartre, Der Ekel, S. 17.

Überforderte Vernunft

In der Kulturgeschichte wird die rätselhafte Existenz verschiedentlich zugunsten inhaltlicher Bestimmungen außer Acht gelassen. Ein prominentes Beispiel der Neuzeit hierfür liefert die Vernunftphilosophie Hegels, der die gesamte Wirklichkeit in der Vernunft verankert. Alles Wirkliche gilt als Ausdruck und Erscheinung der Vernunft, die wie Platons Ideen als gestaltende Kraft wirksam sei. Platons Auffassung ähnlich ist nach Hegel der menschliche Intellekt aufgrund seiner Verwandtschaft mit der Vernunft in der Lage, die Wirklichkeit als vernünftigen Ordnungszusammenhang zu rekonstruieren.

Hegels Studienfreund Schelling verlor im Laufe seines Lebens das Vertrauen in die Vernunft als tragenden Grund alles Wirklichen. Schelling hält es für verfehlt, die gesamte Wirklichkeit auf die Vernunft zurückzuführen, die mit der Hervorbringung der Dinge genauso überfordert ist, wie es die platonischen Ideen waren. Weder die Vernunft noch die Ideen können kausal wirksam werden. Es ist unsinnig, die Wirklichkeit als Werk der Vernunft in Betracht zu ziehen. Nach Schelling vermag die Vernunft nicht zu leisten, was sein ehemaliger Freund Hegel ihr zutraute. Weltall und Natur seien keine Setzungen der Vernunft. Allerdings gesteht der späte Schelling seinem Studienfreund Hegel zu, dass die Vernunft in der Lage sei, losgelöst von aller empirischen Erfahrung, gültig Auskunft darüber zu geben, welche Dinge, Arten und Klassen im Allgemeinen und in welcher Ordnung existieren können. Die Vernunft sei mächtig festzusetzen, „was existieren werde, wenn überhaupt etwas existiert."[9] Dabei stellt Schelling die Wirklichkeit wie Hegel als wohlgegliederten Ordnungszusammenhang dar. Allerdings sind auch diese Annahmen unhaltbar, was Schelling bald selbst erkannte, der wie später Schopenhauer und Nietzsche in der Natur zusätzlich wilde, regellose, triebhafte Kräfte am Werke sah. Nach Schelling bleibt die Vernunft zwar fähig festzusetzen, was existieren würde, wenn etwas existieren täte, aber außerstande festzustellen, ob die von ihr als möglich eingesehenen Dinge auch tatsächlich existieren. Vor allem aber verfügt die Vernunft nicht über die Macht, die möglichen Dinge zur Existenz zu bringen. Ob und dass es eine reale Welt gibt, darüber vermag die Vernunft nicht zu entscheiden. Sie muss sich damit begnügen, lediglich die Idee, das Wesen oder Was der Welt ihrer Möglichkeit nach zu bestimmen.

Auf die Frage, ob die mögliche Welt auch tatsächlich existiert, antworten empirische Erkenntnisse, und sie bestätigen diese Vermutung. Aber woher kommt ihre Existenz? Am Unvermögen der Vernunft, die Existenz der Dinge zu setzen, macht Schelling ihre Machtgrenzen fest. Geradezu ohnmächtig sieht sich seine Vernunft an die Wirklichkeit als einer undurchsichtigen Faktizität

---

[9] Schelling, Philosophie der Offenbarung II/3, 58.

ausgeliefert. Sie wird gezwungen, die Unrechtmäßigkeit ihres bisherigen Anspruchs einzusehen, für alles zuständig zu sein. Diese Anmaßung konnte nur ihr eigenes Scheitern bewirken. Unaufhaltsam treibt Schellings Vernunft an den Punkt, wo sie zugeben muss, mit der Setzung der Wirklichkeit maßlos überfordert zu sein. Die Existenz des Wirklichen übersteigt schlicht die Macht der Vernunft. Wo immer sie, von der Erfahrung belehrt, zur Einsicht gelangt, dass es Wirklichkeit gibt, dort wird sie auf das rätselhafte Dass alles Seienden aufmerksam. Das Wirkliche ist für die Vernunft einfach da. Sie kann von allem Seienden deshalb bloß sagen, dass es dies gibt. Denn wie Platons Ideen ist auch die Vernunft, der Logos, auf Bestimmtes, Formartiges, das „Was" bezogen, während das jeder Wesensbestimmung entledigte „Dass" gänzlich außerhalb ihrer Zuständigkeit liegt. Nachdem der Vernunft so klar geworden ist, dass die Existenz der Dinge nicht von ihr abhängen, drängt sich ihr das „Dass" alles Wirklichen als große Frage auf.

Dem entsprechend vermerkt Schelling: Selbst wenn wir alle Stoffe und Kräfte der Welt erklärt hätten, so bliebe doch die „eine Frage übrig: woher und wozu diese Kräfte und diese Stoffe selbst, welche Notwendigkeit haben sie zu existieren, warum gibt es solche?" Fast unweigerlich treibt dieses „große Rätsel" zur „letzten verzweiflungsvollen Frage: warum ist überhaupt etwas? warum ist nicht nichts? ... Kann ich jene letzte Frage nach beantworten, so sinkt alles andere für mich in den Abgrund eines bodenlosen Nichts."[10]

Im Vorigen hat sich gezeigt: Weder Vernunft noch Ideen können kausal wirken. Beide sind mit der Existenz der Dinge überfordert. Trotzdem hat Hegel die Vernunft wie Platon die Ideen zu höchster Macht gesteigert, als ob sich alles, was ist, ihr verdanken würde. Woher rührt solche Vermessenheit? Wie konnte sich die Vernunft so sehr verheben und die eigene Macht überschätzen? Es war doch abzusehen, dass ihr Anspruch auf Allzuständigkeit weit über ihre Leistungskraft hinausgeht. Freilich führten erst ihre Überanstrengung und die damit einhergehende Erfahrung eigener Ohnmacht zur Existenzgrundfrage: Warum ist überhaupt Seiendes? Aber weshalb hat sich die Vernunft diese viel zu schwere Aufgabe aufgebürdet? Und warum gibt es solche Ohnmachtserfahrung hinsichtlich der Existenz nicht bereits in der Antike? Zudem fällt auf, dass Schelling den Ideen oder Wesenheiten vorläufig nur den Status der Möglichkeit und nicht wie Platon von vornherein den Rang der Wirklichkeit zuerkennt. Auch diese Merkwürdigkeit bedarf einer Erklärung, die mit den zuletzt genannten Fragen zusammenhängt.

---

[10] A.a.O., II/3,5-8.

Göttliche Selbstgenügsamkeit

Die Erfahrung der rätselhaften Existenz lag außerhalb der Reichweite des antiken Philosophierens. Die letzte Existenzgrundfrage: „Warum ist überhaupt Seiendes?" konnte schlicht nicht gestellt werden, weil die Wesensfrage vorherrschte, aber auch weil das Weltall als sichtbarer Ausdruck des Göttlichen, ja sogar als Gott selbst gepriesen wurde. So heißt es bei Platon: „Diese Welt ist ein wahrnehmbarer Gott, dieser größte und beste, schönste und vollkommenste, dieser einzige und einzigartige Sternenhimmel."[11] Ähnlich Heraklit: „Gott ist Tag Nacht, Winter Sommer, Krieg Frieden."[12] In die gleiche Richtung Seneca: „Dieses All, von dem wir umfangen werden, ist das Eine und der Gott."[13] Gleichfalls betont Cicero, „dass das Weltall eine Gottheit ist."[14]

Das Gegenteil von Chaos bedeutet „Kosmos", was soviel wie „schönes Schmuckgebilde" bedeutet; der Ausdruck „Kosmetik" erinnert noch heute daran. Ursprünglich sind die Begriffe Weltall und Kosmos nicht gleichbedeutend, sondern das Weltall wird als Kosmos und das heißt als wohlgegliedertes Schmuckgebilde bezeichnet. Die alten Griechen erfahren das All als zweckmäßig und harmonisch eingerichtete Ordnung. Das herrlich eingerichtete Weltall gilt als göttlich, heilig und schön. Es gleicht einem zweckmäßig gebildeten Lebewesen, außer und über dem es sonst nichts gibt. Das kosmische Ganze soll aus sich heraus bestehen. Demgemäß heißt es bei Heraklit: „Diesen Kosmos hat weder einer der Götter noch der Menschen geschaffen, sondern er war immer und ist und wird sein."[15] Der Kosmos ist sich selbst genug. Als selbstgenügsam wird bezeichnet, was keines Weiteren zum Existieren bedarf. Nicht zuletzt seiner Selbstgenügsamkeit wegen wird das Weltall der Verehrung im höchsten Grade für würdig befunden.

Im antiken Erfahrungsraum, wo das All mit Gott angeredet wird, kann genauso wenig die Frage nach der rätselhaften Existenz der Dinge aufbrechen, wie eine Verblüffung über das Vorkommen von Ideen, Materie und Demiurg auftreten. Über deren Herkunft kann Platon schon deshalb nichts sagen, weil sich den alten Philosophen vorrangig solcherlei Fragen aufdrängen: Was sind die Dinge? Wie sind die Dinge geworden, was sie sind? Woraus entstanden sie? Dem entsprechend interessieren Vorsokratiker wie Thales, Anaximenes oder Empedokles lediglich, woraus die sichtbare Welt besteht. Sie führen alles Wirkliche auf Urstoffe wie Wasser, Luft, Feuer und Erde zurück. Aber die Frage, warum es das Weltall überhaupt gibt, stellt sich ihnen nicht. Das kosmische

---

[11] Platon, Timaios, 92c.
[12] Heraklit, Fragmente B30/31.
[13] Seneca, Philosophische Schriften IV, 92,30.
[14] Cicero, Vom Wesen der Götter, S. 169.
[15] Heraklit, Fragmente B30/31.

Ganze, woraus auch immer es zusammengesetzt ist und welche Vorgänge sich darin abspielen mögen, wird als „unentstanden und unvergänglich"[16] vorgestellt. Nachdrücklich betont Aristoteles, dass „der gesamte Sternenhimmel weder entstanden ist noch untergehen kann, sondern dass er einer ist und ewig und in seiner unbegrenzten Dauer weder Anfang noch Ende hat und in sich selbst die unbegrenzte Zeit fasst."[17] Aristoteles lehrt die Ewigkeit der Welt.

Mal wird hierbei die unerschaffene und unvergängliche Weltordnung als *statisch* vorgestellt. Das heißt, ungeachtet aller Wandlungen gilt der Kosmos seinem Bestand und Aufbau nach als unveränderlich. Nach Aristoteles bewegt sich die Welt zwar unentwegt, aber der anfangs- und endlose Kreislauf der Gestirne, der Wechsel der Jahres- und Tageszeiten seien stets gleich. Das aristotelische Weltsystem schließt jede Entwicklung aus.

Dann aber wird das ursprungslose All auch als *dynamisch* vorgestellt: Heraklit und Empedokles etwa gehen von einer periodischen Zerstörung und Neuentstehung der Welt aus. Sie vertreten ein zyklisches Weltbild. Regelmäßig werde die Weltordnung durch einen Weltbrand aufgelöst, um aus dem Feuer wie Phönix aus der Asche wieder neu hervorzugehen, meint Heraklit. Der Kosmos entsteht und vergeht in unaufhörlichem Turnus.

Ob statisch oder dynamisch, hier wie dort wird die Frage nach dem Sinn des Seins pantheistisch mit der Göttlichkeit des Alls beantwortet. Damit ist klar, warum die letzte Existenzgrundfrage in der griechischen Antike ausbleibt. Die Vollständigkeit des göttlichen Alls, das bedingungslos existiert, schließt die Frage: „Warum ist überhaupt Seiendes?" grundsätzlich aus. Denn als selbstgenügsame Gottheit oder Schmuckordnung, die anfangs- und endlos aus sich heraus besteht, ist das statisch oder dynamisch konzipierte All bereits das Ganze, darüber hinaus es sonst nichts geben kann. Das Weltall erschöpft gewissermaßen seine Möglichkeiten. Aber wieso bricht dann bei Schelling im 19. Jahrhundert die Existenzgrundfrage so massiv auf? Weshalb kann in der Neuzeit die Vernunft in einer Weise in Frage gestellt werden, wie es in der Zeit von Platon, Aristoteles und Heraklit noch undenkbar war?

Gottes Schöpfung
Zwischen Antike und Neuzeit liegt die Etablierung der monotheistischen Religionen im Abendland. Darin wird das Weltall weder als göttlich noch als zeitlich anfangs- und endlos vorgestellt. Die sichtbare Welt habe einen absoluten Anfang, heißt es nun, an dem mit dem Raum auch die Zeit entstand. Das Weltall gilt als das vergängliche Werk eines außerweltlichen Schöpfers, der sie mit Macht und Weisheit ins Dasein rief und darin fürsorglich erhält. Als Schöpfer

---
[16] Aristoteles, Vom Himmel. Von der Seele. Von der Dichtkunst, 277b.
[17] A.a.O., 284a.

aller Dinge brachte Gott auch die Materie hervor, den „Urstoff", aus dem „Himmel und Erde erschaffen"[18] wurden, wie die alten Kirchenväter bekräftigen. Bei Platon war der materielle Untergrund aller Dinge noch ohne Herkunft seit Ewigkeiten da. Für die monotheistischen Religionen aber ist auch der Grundstoff der Welt, die Materie, das Werk göttlicher Hände, den Augustinus zufolge Gott zuerst erschuf. Wie Platon stellt der Kirchenvater die Materie als formloses Substrat vor, in das die Welt hineingestaltet wird. Sie gilt als unbestimmte, aber bestimmbare Masse, vergleichbar mit einem Haufen unförmigen Lehms, aus dem sich wie aus einem Teig die Dinge herausstechen lassen. Im Gegensatz zu Platon und Aristoteles sieht Augustinus aber diese amorphe Masse nicht mehr als bloße Möglichkeit, sondern als vollwertige Wirklichkeit. Sie ist der Stoff, aus dem die Welt gemacht wurde, das Substrat allen Werdens und Vergehens, und als solches der Träger ihrer Existenz. Die Existenz findet nun Unterschlupf in der Materie. Die Begriffe Materie, Wirklichkeit und Existenz bedeuten jetzt nämlich fast dasselbe. Sie bilden gewissermaßen den Rohstoff, aus dem alles Seiende gestaltet ist.

Wie die Modalität der Materie von der Möglichkeit zur Wirklichkeit so wechselt in der Schöpfungstheologie umgekehrt auch das Vorzeichen der platonischen Idee von der Wirklichkeit zur Möglichkeit. Das Wesen ist für sich betrachtet vorerst nur Möglichkeit, die erst dadurch Wirklichkeit erlangt, dass sie in die Materie als Träger der Existenz geformt wird. Jedes „Was-etwas-ist" übernimmt so von dem Stoff, aus dem es besteht, sein „Dass-es-ist".

Allgemein wird im Mittelalter bestritten, dass die Ideen oder Wesenheiten unabhängig von Gott sein können. Deren wahrer Ursprungs- und Aufenthaltsort sei der göttliche Verstand (intellectus divinus), wo sie wie die gesamte sichtbare Welt noch vor deren Erschaffung lediglich als Gedanken Gottes und das heißt als bloße Möglichkeiten seiner Macht vorkommen. Wie im Kopf eines Architekten befindet sich im Geiste Gottes seit Ewigkeiten alles, was jemals existieren kann, als reines Konzept, Plan oder Entwurf. Doch ist der göttliche Verstand unfähig zu entscheiden, ob die als möglich eingesehene Welt und welche der als möglich in Betracht gezogenen Welten wirklich werden soll. Gänzlich überfordert ist der göttliche Verstand mit der Aufgabe, die ausgewählte Welt in Existenz zu setzen. Für beides ist der göttliche Wille (voluntas divina) zuständig. Augenscheinlich hat der Allmächtige entschieden, dass eine sichtbare Welt sei und die gewollte Welt nach dem Bild, das er von ihr in sich trägt, anschließend in Existenz gesetzt. Deren Erschaffung dauert bis heute an, weshalb in der Theologie von kontinuierlicher Schöpfung (creatio continua) gesprochen wird.

---

[18] Augustinus, Bekenntnisse, 12/29.

Auf dem Hintergrund dieses Modells wird leicht verständlich, wie es zur Überanstrengung der neuzeitlichen Vernunft und zur Existenzgrundfrage bei Schelling kommen konnte. Im religiösen Deutungshorizont bekleidet der göttliche Verstand die gleiche Position wie bei Hegel und Schelling die Vernunft. Dem entsprechend werden im religiösen Deutungshorizont die platonischen Ideen auch nicht mehr als Wirklichkeiten, sondern wie später bei Schelling als Möglichkeiten eingestuft. Sie sind zunächst einmal Gedanken Gottes. Grundsätzlich übernimmt die neuzeitliche Vernunftphilosophie den monotheistischen Deutungsrahmen, dessen Ansprüche aber über das hinausgehen, was die Vernunft zu leisten vermag. Genauer betrachtet hätte die Vernunft ohne die monotheistischen Religionen sich niemals die Aufgabe zugemutet, die Welt in Existenz in setzen. Aber das Christentum hinterließ Anforderungen an die Vernunft, welche deren Kompetenzen schlicht übersteigen. Die antiken Griechen kannten solche Herausforderungen nicht. Doch in der Neuzeit traut sich die Vernunft nicht bloß zu, die Funktion des göttlichen Verstandes zu erfüllen, sondern dazu noch die Macht des göttlichen Willens zu ersetzen. Damit geht sie weit über das hinaus, wozu sie fähig ist. Deshalb muss sie irgendwann auf ihre Grenzen und Ohnmacht stoßen.

Anders formuliert: Die monotheistischen Schöpfungsmythen brachten eine Leerstelle ins bisherige System der Welterklärung, die es in der antiken Philosophie noch nicht gab. Die religiösen Schöpfungslehren füllten diese Leerstelle ohne viel Aufhebens auf. Sie gaben eine Antwort auf die Frage, warum es die sichtbare Welt gibt, noch bevor diese Frage überhaupt gestellt wurde. Denn damals war es tendenziell selbstverständlich, dass alles, was irgendwie ist, von Gott stammt. Gott stand als Schöpfer der Welt von Anbeginn außer Frage. Diese in den monotheistischen Religionen von vornherein besetzte Leerstelle hatte die Vernunftphilosophie in ihren Bezugsrahmen aufgenommen, um sie selber auszufüllen. Allerdings sprengte dieses maßlose Unterfangen ihre Möglichkeiten, kann sie doch bestenfalls das „Was", nicht aber das „Dass" der Dinge bestimmen. Eine Folge dieser Ohnmachtserfahrung der Vernunft ist das drastische Hervortreten der nackten Existenz aller Dinge und, damit verbunden, die aufrüttelnde Existenzgrundfrage: Warum ist überhaupt etwas und nicht vielmehr nichts?

Wir Menschen können das Überdenken des großen Ganzen nicht lassen. Nur in welche Richtung unsere Überlegungen gehen, steht nicht ein für allemal fest. Jede Epoche lässt bestimmte Sichtweisen zu; andere schließt sie aus. Erst der schöpfungstheologische Hintergrund eröffnet einen Spielraum, innerhalb dessen die Existenzgrundfrage überhaupt gestellt werden kann, während sie im Verständnishorizont der Antike unmöglich bleibt.

Doch ist die fraglose Hinnahme alles Existierenden erst einmal erschüttert und aufgelöst, lässt sich die radikale Warumfrage nicht mehr ohne weiteres rückgängig machen, selbst wenn sie eine unübersteigbare Grenze menschlicher Erkenntniskraft markieren sollte. Die Versuchung bleibt deshalb groß, unter dem Impuls dieser Frage den Anspruch ins Unermessliche zu steigern, hinter allem eine göttliche Schöpferkraft entdecken zu dürfen. Die große Warumfrage legt bis heute eine religiöse Antwort nahe, in der das Sein des Seienden als Kreatürlichkeit ausgelegt wird. Jedoch bezeugt die Welt durch ihr bloßes Dasein noch keinen Schöpfer. Darum sei hier dieser voreiligen Verlockung einstweilen widerstanden.

Inventur der Tatsachen

Unverborgenheit

Was ist das „Eine in Allem"? Was ist der allgemeinste Begriff, der zusammenfasst, worin alle Dinge der Welt übereinstimmen? Was ist das Sein des Seienden? Platonisch betrachtet ist es dessen anschauliche Wesensform, pantheistisch interpretiert die Göttlichkeit des Wirklichen und monotheistisch ausgelegt seine Kreatürlichkeit. In der Geschichte der Seinsfrage werden viele Anwärter für das Sein in Stellung gebracht, die sich gegenseitig zu übertrumpfen suchen. Möglicherweise führt erst ein angemessenes Verständnis vom Seienden zu einer zeitgemäßen, überzeugenden Antwort auf die Frage nach dem Sinn des Seins. Nur gibt es das „Sein" überhaupt?

„Dieser Baum ist eine Eiche. Die Rotbuche ist aber hoch." In beiden Sätzen wird das Hilfsverb „ist" als substantivisches und adjektivisches Prädikatsnomen gebraucht. Es fungiert als Kopula, die dem Subjekt ein Prädikat zuordnet. Dagegen verbindet das Hilfszeitwort „ist" in dem Satz „Mein Freund ist in Barcelona" ein Subjekt mit einer Ortsangabe – und meint „Mein Freund befindet sich in Barcelona". In dem Satz „Solange Oma noch ist, können wir nicht in Urlaub fahren" bedeutet das „ist" wiederum soviel wie „existiert". Hier ist das „ist" ein Vollverb. In „Tot ist tot" vertritt das „ist" schließlich ein Gleichheitszeichen: „=". In unserer Umgangssprache kommt es öfter vor, dass ein und dasselbe Wort auf vielfältige Weise gebraucht werden kann, wie Wittgenstein und Heidegger betonen.[19]

Der Infinitiv von „ist" lautet „sein", aus dem in der Kulturgeschichte das Substantiv „Sein" gebildet wurde. Dessen grammatikalische Funktion wird schon seit mehr als zwei Jahrtausenden philosophisch überhöht. Wie angedeutet hat die Frage nach dem Sinn des Seins eine lange Geschichte, die im 5. Jhd. v.

---

[19] Vgl. Wittgenstein, Tractatus, 3.323; ders., Philosophische Untersuchungen, S. 14; Heidegger, Die Grundbegriffe der Metaphysik GA 29/30, S. 474ff

Chr. mit dem griechischen Philosophen Parmenides begann. Jedoch wird die Disziplin, die sich mit dem Sein oder Sein des Seienden befasst, erst seit der Neuzeit Ontologie genannt. Diese Bezeichnung entstammt dem 16. Jhd. und geht auf den schwäbischen Philosophen Jacob Lorhard zurück. Aristoteles handelt die Ontologie unter dem Namen „Erste Philosophie" ab. Traditionell untersucht die Wissenschaft vom Seienden als solchem die allgemeinsten Eigenschaften (Qualität, Quantität, Ort etc.) und Arten des Seienden sowie die Beziehungen zwischen ihnen. Während der Begriff Seiendes (ens, on), der sich auf einzelne Dinge oder Tatsachen bezieht, relativ klar ist, bleibt der Begriff Sein (esse, einai) seit jeher eher vage und vieldeutig. Überhaupt halten moderne Wissenschaftstheoretiker und Sprachkritiker die Substantivierung des mehrdeutigen Zeitworts „sein" für unzulässig, weil es eben nichts anderes als ein Hilfs- oder Vollverb sei. Die tiefsinnigsten Begriffe beruhten auf einem unsinnigen, fehlerhaften Sprachgebrauch. Der Ausdruck „Sein" gehöre dazu. Dieser besage nicht einmal etwas Falsches, sondern im Grunde gar nichts; das Wort „Sein" sei schlicht sinnlos. So berechtigt solche Kritik teilweise ist, alles in allem schießt sie übers Ziel hinaus.

Was ist der Sinn von Sein? Als aussichtsreichster Kandidat für diesen Posten konnte sich lange Zeit die platonische Wesensform behaupten. Nach Martin Heidegger aber soll gerade das starke Interesse an der Wesensform eines Dinges in der abendländischen Philosophie das eigentliche Sein verdeckt haben. Allerdings versteht Heidegger unter Sein nicht die von Wesensbestimmungen überlagerte Existenz alles Wirklichen, wie man annehmen könnte. Das Sein ist für Heidegger weder die *essentia* noch die *existentia*, sondern ein Drittes: die Unverborgenheit (aletheia). Nun überdeckt zwar auch Heideggers Philosophie der Unverborgenheit die rätselhafte Existenz, doch ermöglicht erst sein Ansatz, diese offenzulegen. Nur was versteht Heidegger unter Unverborgenheit?

Bevor Sätze wie „Dieser Baum ist eine Eiche. Die Rotbuche ist aber hoch." gebildet werden können, müssen die darin ausgedrückten Sachverhalte für uns bereits aus ihrer Verborgenheit herausgetreten sein. Wir können nur deshalb prädikative Aussagesätze bilden, weil das darin Geäußerte uns zuvor schon vorausdrücklich bewusst war. Die Bäume hatten sich uns bereits auf vorausdrückliche Weise offenbart. Denn sie gehörten zu unserem Wahrnehmungsfeld, innerhalb dessen sie als Teile unserer näheren Umgebung in *vorprädikativen Erfahrungen* gegeben waren, aus der sie sich heraushoben. Ihre Farbe, Größe oder Gestalt übte einen solchen Reiz auf uns aus, dass der Blick fast zwangsläufig zu ihnen hingezogen wurde. Anschließend bildeten wir beide Sätze. Dabei vollzog sich unsere aufmerksame Zuwendung zu den Bäumen vor dem Hintergrund eines Umfelds, das mit in unser Gesichtsfeld fiel. Das kann ein Park, ein Wald oder eine Straße sein. Unsere Urteile über die Bäume erwuchsen also aus vorprädikativen Erfahrungen. Um Urteile über die Gleichheit oder Verschiedenheit von Bäumen fällen zu können, müssen diese zuvor bereits als gleich, ähnlich oder verschieden wahrgenommen worden sein. Urteile solcher Art bringen auf den Begriff, was bis dahin eher beiläufig im Blickfeld stand, indem sie ein bestimmtes Satzsubjekt mit einem Prädikat verknüpfen. Mit anderen Worten, man muss die Dinge schon kennen, um sie erkennen zu können. Noch bevor die Bäume thematisiert wurden, waren sie als solche für uns bereits unverborgen, aber nicht bloß auf vorprädikative oder vorausdrückliche Weise, sondern ebenso auf vortheoretische und vorwissenschaftliche Art.

Im Alltag sind uns die anschaulichen Dinge gewöhnlich weder wissenschaftlich noch theoretisch gegeben. Dort bewegen wir uns in einem mehr oder weniger engen Bezirk des Vertrauten, in dem wir ganz selbstverständlich mit den Dingen umgehen. Viele Gegenstände unserer näheren Umgebung sind Gebrauchsdinge, Objekte, mit denen wir hantieren – Stühle, Bleistifte, Tassen. In unserer *vorwissenschaftlichen und vortheoretischen Praxiswelt* nehmen wir zahlreiche Dinge aus der Perspektive ihrer möglichen Funktion wahr. Wenn wir einen Stuhl sehen, dann sehen wir automatisch ein Sitzobjekt. So ist der Alltagsbereich nicht primär eine Welt der bloß anschauenden Wahrnehmung, sondern vielmehr eine Welt der praktischen Anwendungen. Hier hat alles seinen Platz: das Auto vor dem Haus, die Tulpen im Garten, der Liegestuhl auf der Terrasse, die Wohnung, der Marktplatz. Die Welt um uns herum ordnet sich zu einem übersichtlichen, verständlichen Ganzen. Dieses ist unsere Lebenswelt, in der wir uns immer schon in bestimmten Situationen befinden. Zwar hat jeder eine eigene Lebenswelt, aber zu einem erheblichen Teil ist sie unsere gemeinsame Welt, in der wir Sprache, Konventionen, Traditionen und Ähnliches teilen.

Nun ist der vorprädikative Erfahrungsboden, in dem uns die Dinge auf vorausdrückliche und vorwissenschaftliche Weise gegeben sind, zugleich auch *vorkognitiv* geprägt. Damit ist gemeint, dass unser alltägliches Lebens- und Weltverständnis stets auch von einem Stimmungsboden getragen wird. Das jeweils vorherrschende Lebensgefühl färbt auf unsere Wahrnehmung der Dinge ab. Unsere Befindlichkeit ist mal eher schwermütig oder leicht, traurig oder freudig, zuversichtlich oder ängstlich. Solche Lebensgefühle wirken meist hintergründig und unbemerkt. Selbst sie gehören zu den Fundamenten ursprünglicher Dingerfahrung, die jeder Ausdrücklichkeit vorausliegen. Im Licht sich wandelnder Stimmungen erschließt sich uns die alltägliche Wirklichkeit auf ganz unterschiedliche Weise.

Einen solchen *Verständniszusammenhang* oder *Bedeutungshorizont*, in dem uns die Dinge als solche *vorprädikativ*, *vortheoretisch* und *vorkognitiv* aufgehen, bezeichnet Heidegger mit dem diffusen Ausdruck *Sein*. Damit soll die von uns gemeinhin für selbstverständlich erachtete Offenbarkeit alles Seienden zum Ausdruck gebracht werden. Dabei nehmen wir das Seiende immer nur ausschnitthaft im Lichte alltäglicher Bedeutungen wahr. Indem Heidegger den Akzent vom Seienden aufs Sein verlagert, erhebt er die unbeachtete *Offenheit* oder *Unverborgenheit* alles Seienden zu einem eigenen Thema. Hierin folgt er dem späten Paul Natorp, der gleichzeitig mit dem frühen Heidegger in Marburg lehrte und, was bis heute kaum bekannt ist, gleichfalls von der „Unverborgenheit (Aletheia)" sprach, die er mit der Feststellung erläutert, dass „für uns alles da ... offenliegend, unverborgen (ist), ... sei es das sichtbare Universum oder das verschwindende Stäubchen oder was man nur Höchstes und Niederstes nennen mag, das stellt sich eben mir dar, tritt für mich heraus (existit)."[20]

In all diesen Überlegungen spielt das kleine Wörtchen *als* eine herausragende Rolle, vergegenwärtigt man doch die Dinge um sich herum stets *als solche*. In der Fähigkeit zu diesem *als* liegt eine besondere Auszeichnung des Menschen. Die Bewusstwerdung des *Seienden als eines solchen* geschieht im alltäglichen Wachzustand *vorausdrücklich*, *unreflektiert* und *vorkognitiv*. So blicken wir etwa mit einer hintergründigen Stimmung ins Wohnzimmer oder aus dem Fenster und sehen dort vorausdrücklich weiße Möbel, bunte Pflanzen oder die befahrene Straße *als* solche. Wo immer etwas *als* etwas vergegenwärtigt wird, dort erfahren wir im *als* das Seiende als unverborgen. Vom *als* hängt also die im Alltag unverstandene Unverborgenheit der Dinge ab. Diese ist eine implizite Voraussetzung, um überhaupt Seiendes erfahren und erkennen zu können. Heidegger spricht mit Bezug auf die verdeckte Unverborgenheit von Seinsvergessenheit. Diese zu beheben heißt, die im erlebten Seienden als Seienden unreflektierte Unverborgenheit eigens zu bedenken. Hier meinen Sein und Unverborgenheit dasselbe.

Im Grunde genommen ist es die Unverborgenheit, so Heidegger, die uns etwas als etwas sehen lässt. Sie offenbart uns das Glas als Glas, die Tulpe als Tulpe, die Rotbuche als Rotbuche. Die Unverborgenheit, von Heidegger gelegentlich auch das Offene genannt, lässt die Dinge implizit oder explizit als solche aufgehen. Das Offene lässt die Dinge als Dinge auf vorprädikative Weise vorliegen und bringt sie so überhaupt erst zum Vorschein. *Sein, Unverborgenheit* oder das *Offene* bezeichnet einen *unauffälligen Sinnhintergrund*, vor dem den vertrauten Dingen ihre alltäglichen Bedeutungen zufallen, noch bevor diese als solche ausgesprochen werden. Sinn meint hier nicht höchster und letzter Zweck wie in der Frage nach dem Sinn des Lebens, sondern lediglich Inhalt möglichen Verstehens. Sinn hat vor Ort also den Sinn von alltäglicher Bedeutung, die sich von selbst versteht. Diese bezieht sich auf die Straßen, Häuser

---

[20] Natorp, Philosophische Systematik, S. 193f.

und Geschäfte unserer näheren Umgebung. So blicken wir stets in einen Sinnhorizont, der uns eine Aussicht auf vielerlei Dinge *als solche* bietet. Diese kommen uns aus einem gewöhnlich unbemerkten Gesichtskreis mit speziellen Bedeutungen entgegen. Der Horizont ist die Unverborgenheit, das Offene, in dem uns die Dinge *als solche* erscheinen und ihr Aussehen, ihre Gestalt oder ihre Gebrauchsbedeutung präsentieren.

Geschichts- und Naturmacht
Heidegger hat im Laufe seiner Denkentwicklung das Sein immer mehr in den Rang einer eigenständigen Macht erhoben. Zwar lässt er vorerst die angedeutete Unverborgenheit nicht das Seiende selbst, sondern lediglich dessen Bedeutungen hervorbringen. Jedoch hätten sich diese in der Geschichte auf eine dem bewussten Denken unverfügbare Weise mehrfach gewandelt. In letzter Beziehung sei der Mensch außerstande zu bestimmen, wie sich ihm die Dinge offenbarten. Er käme immer schon zu spät, wenn er festlegen wolle, auf welche Weise sich ihm die Dinge zeigen sollen. Das jeder menschlichen Verfügbarkeit entzogene Sein stelle einen geschichtlichen Deutungsrahmen dar, in dem sich das Seiende den Menschen auf jeweils andere Weise präsentiere: als Abbild einer Idee bei Platon, Geschöpf Gottes bei Augustinus, Objekt eines Subjekts bei Kant oder Wille zur Macht bei Nietzsche. So lasse die Unverborgenheit als sich geschichtlich verändernder Erfahrungshorizont die Dinge mit jeweils anderer Bedeutung ans Licht treten. Das Sein umgrenzt also einen Verständniszusammenhang, welcher der Sicht- und Denkweise jeder Epoche seine Richtung und sein Gepräge gibt.

Nun ist das Seinsdenken des späten Heidegger aber nicht bloß Geschichtsphilosophie, sondern ebenso Naturphilosophie. Dieser zufolge bleibt das Sein nicht bei der Bedeutung des Seienden stehen, die es aus sich hervorgehen lässt, sondern bringt das Seiende selbst auch hervor. Heideggers Seinsphilosophie bewegt sich im Zwielicht beider Ansätze; die Unverborgenheit schwankt gleichsam hin und her zwischen der Hervorbringung lediglich der *Bedeutung* des Seienden und der *Erschaffung* des Seienden selbst. So betrachtet ist das Sein mehr als nur eine Geschichtsmacht, welche die Wissens- und Aussagenproduktion einer Zeit organisiert und somit die Denkweise definiert, die in einer Epoche triumphiert. Das Sein ist zugleich auch eine Naturmacht, aus deren verborgenem Grund alles Seiende wie die Blumen aus der Erde hervorgehen.

Tatsächlich lässt der späte Heidegger wie die antiken Griechen alles Seiende aus einem allumfassenden Einen ans Licht kommen. Dieses All-Eine darf nicht mit einem außerweltlichen Schöpfer verwechselt werden. Es ist keine göttliche Person, sondern eine Art kosmischer Macht, die zur vergöttlichten Welt als einem zweckmäßig geordneten Ganzen gehört. Das Eine, aus dem sich der Bestand und die Ordnung der Welt erklärt, übergreift das Viele, in dem es stets gegenwärtig ist. Heraklit nannte diese produktive Kraft, die alles durchdringt und trägt, Urfeuer und Weltvernunft, aus denen alles hervorgeht und wodurch alles gelenkt wird, Anaximander wiederum Apeiron, das Unbegrenzte, aus dem alles Begrenzte hervorgehen soll, womit die Vielheit der Dinge gemeint ist. Im Übergang zum Mittelalter bezeichnet Boethius diese der Welt innewohnende Macht als Liebe. Sie knüpfe die Ordnung der Dinge, regiere den Sternenhimmel und lenke die Meere und Kontinente. Im Hochmittelalter wird dieser der Weltordnung immanenten Macht der Name Actus essendi verliehen. Dieser Begriff bezieht sich allein auf das Wirken Gottes, nicht aber auf die Person Gott. Vom Schöpfer abgezogen, steht der Actus essendi allein für den Schöpfungsakt, durch den alle Dinge erschaffen und erhalten werden. Im Übergang zur Neuzeit charakterisiert Giordano Bruno diese seltsame Ursprungsmacht als Weltseele, und in der Neuzeit schließlich ist es Baruch de Spinoza, der dieses kosmische Wirken als Natura naturans kennzeichnet, die alle sichtbaren Dinge, von Spinoza Natura naturata genannt, aus sich hervorgehen lässt. Der mittlere Schelling schließlich beschreibt diese produktive Kraft der Natur ebenfalls als Weltseele und Rainer Maria Rilke in der *VIII. Duineser Elegie* als das Offene.

Das Sein in der Spätphilosophie Heideggers ist diesen merkwürdigen Ursprungsmächten vergleichbar. Im Hinduismus entspricht den genannten Beispielen das Brahman, was tatsächlich auch als Weltseele übersetzt wird, und in der chinesischen Philosophie das Tao. Denn auch der Taoismus geht von einer allem Wirklichen immanenten Kraft aus, dem Tao, das alles Seiende aus sich entlässt, trägt und erhält. Diese anonymen Ursprungsmächte sind mit den von ihnen hervorgebrachten Dingen nicht identisch, aber ebensowenig auch nicht von ihnen ablösbar. Das gilt von Heideggers Sein in Bezug auf das Seiende genauso wie von Spinozas Natura naturans in Hinblick auf die Natura naturata oder Heraklits, Giordano Brunos und Schellings Weltseele bezüglich allen Werdens und Vergehens.

Da nun der späte Heidegger das Sein weiter als Unverborgenheit charakterisiert, überrascht es nicht, dass in seiner Naturphilosophie der Lichtmetapher eine besondere Rolle zufällt. Wie das Licht die Dinge erscheinen lässt, ihnen ein Aussehen verleiht, und wie seine Wärme die Blumen aus der Erde emportreibt, genauso lasse das Sein die Berge, Wälder, Meere, die leuchtenden Sterne am Nachthimmel aus seiner verschlossenen Tiefe zum Vorschein kommen. Alle Dinge träten ins Dasein, indem sie aus der Verborgenheit ins lichte Offene aufstiegen. Das Sein lasse alle Dinge hervortreten und nehme sie wieder in sich zurück. Jedoch gebraucht Heidegger den Lichtbegriff nicht nur metaphorisch, sondern ebenso metaphysisch. So könnten wir Menschen bloß deshalb die Dinge sehen, weil wir am Licht teilhätten, das alles Sichtbare hervortreibe. Zu sehen sei nur möglich, weil das Licht die Dinge aufscheinen lasse, ihnen Gestalt und damit Sichtbarkeit verleihe. Im Licht erscheine der Kosmos als einsichtige Ordnung, dessen Wahrheit uns Menschen buchstäblich einleuchte. So werden die Dinge nicht bloß ans Licht gebracht, sondern vom Licht, dem Sein oder der Unverborgenheit, auch hervorgebracht und für uns sichtbar gemacht.

Hier wird Anschaubarkeit mit einem höheren Sinn gleichgesetzt, das Betrachten der Dinge als besonderes Sinnerlebnis beschrieben. Nun meint Sinn mehr als Inhalt möglichen Verstehens. Die Dinge haben jetzt eine tiefere Bedeutung. Sie stellen einen Wert dar, den sie in sich selbst tragen. Damit knüpft Heidegger sowohl an die antike pantheistische Wertschätzung der Welt als eines göttlichen, sichtbaren Kosmos wie auch an die Philosophie seines Lehrers Edmund Husserl an, der im sichtbaren Dingzusammenhang, den Phänomenen, gleichfalls eine sinnerfüllte Vernunftordnung sah.

Überholter Geozentrismus

Eines ist die Frage, ob es die von Heraklit bis Heidegger vermuteten kosmischen Ursprungsmächte, die alles ordnen, lenken und durchdringen, tatsächlich gibt. Ein anderes ist die Frage nach dem Weltbild, das hier gezeichnet wird. Beschreibt Heideggers Philosophie der Unverborgenheit die Wirklichkeit angemessen? Sein Weltverständnis ist am Augenschein orientiert. Diese Privilegierung der Wahrnehmung führt zu einer Reduktion der Wirklichkeit auf die sichtbaren Dinge ringsum und den klaren Sternenhimmel, wie er sich dem Betrachter nachts darbietet. Dem entsprechend ist bei Heidegger die Rede von „Erde und Himmel, Meer und Gebirg, Baum und Tier". Die Erde wird gefeiert als „dienend Tragende, blühend Fruchtende", der Himmel als der „wölbende Sonnenuntergang ... der wandernde Glanz der Gestirne."[21] Hier drehen sich noch Sonne, Mond und Sterne um die Erde. Der Weltraum gehört zu unserem Planeten.

Ganz ähnlich sieht Rainer Maria Rilkes Kosmos in den *Duineser Elegien* aus, in denen es nur „Sterne der Erde"[22] gibt.[23] Bei Heidegger und Rilke behält die Erdkugel wie bei einigen Romantikern ihre vormoderne Sonder- und Mittelpunktstellung. Bei Novalis, Wackenroder und Tieck kann man noch lesen, dass „auf wunderbare Weise die Sonne um den Erdball in gemessenen Kreisen herumgeführt (werde), dass ihre Strahlen in tausend Richtungen zur Erde kommen."[24] Dieser anachronistische Geozentrismus ergibt sich aus einer besonderen Wertschätzung der sinnlichen Anschauung. In Rilkes geozentrischer Poesie

---

[21] Heidegger, Vorträge und Aufsätze, S. 143f.
[22] Rilke, VII. Duineser Elegie.
[23] Vgl. Wetz, Das Fest der gewöhnlichen Dinge.
[24] Wackenroder, Herzensergießungen eines einsamen Klosterbruders, S. 50

wie Heideggers geozentrischer Philosophie spielen Himmelskörper nur eine untergeordnete Rolle. Inbegriff alles Wirklichen sind die Dinge um uns, aber nicht der Sternenhimmel über uns. Sterne werden bloß als Trabanten der Erde wahrgenommen und auf ihre Betrachter bezogen, die sich vorrangig mit den sichtbaren Dingen und Ereignissen ringsum befassen: Im Offenen wechseln Morgen, Mittag und Abend, Tag und Nacht, Frühling, Sommer, Herbst und Winter. Im Frühling schließt die Sonne zahllose Blüten auf, und es trällern die Vögel mit ganzer Freude ihre hellen Klänge. Im Sommer erstrahlt der heitere Morgen voller Anfang, und nach der schwülen Mittagshitze atmen die durch Gewitter abgekühlten Wiesen wieder neues Leben, wie es in Rilkes *VII. Duineser Elegie* heißt. Bei alledem lenkt der Blick auf die Unverborgenheit der Dinge nicht nur von deren rätselhaften Existenz, sondern gleichfalls vom unermesslichen Universum ab. Beides bleibt unbeleuchtet.

Allerdings ist zu fragen, wie nahe unsere Wahrnehmung tatsächlich an die Wirklichkeit herankommt. Was ist wirklich? Was ist das Seiende? Die Antworten hierauf entlarven die geozentrische Unverborgenheit als schöne Illusion, die wesentlicher Korrekturen und Ergänzungen bedarf. Jedoch bleibt hierdurch die an das kleine Wörtchen *als* geknüpfte Unverborgenheit unangetastet. Sie hält uns die Dinge *als solche* gegenwärtig. Wie sich noch zeigen wird, ermöglicht sogar erst die Unverborgenheit, der rätselhaften Existenz der Dinge gewahr werden zu können.

Optische Täuschungen

Die alltägliche Unverborgenheit ist der Wirklichkeitsbereich, den der wache und normale Bürger in der Einstellung des gesunden Menschenverstandes als schlicht gegeben vorfindet. Sie ist die Welt des Alltagslebens, in dem sich vieles von selbst versteht, die sogenannte Lebenswelt, die Konturen des Selbstverständlichen trägt. Die Lebenswelt besteht aus Netzwerken zumeist typischer und vertrauter Situationen, einem feinmaschigen Geflecht unhinterfragter Tätigkeiten, eingespielter Regelungen und bewährter Orientierungen. In der Lebenswelt begegnen uns die meisten Dinge auf vorausdrückliche, vortheoretische und vorkognitive Weise. Doch ohne die Sinnesorgane – Gesichts-, Gehör-, Geruchs-, Geschmacks- und Tastsinn – könnten uns diese nicht als solche aufgehen. Daher vergleicht Kurt Tucholsky die fünf Sinne mit Laternen, welche uns die dunklen Pfade der Welt beleuchten. Wenn wir nichts sehen, hören, riechen, schmecken und betasten könnten, dann wüssten wir nicht, dass etwas außer uns existiert. Nach Leoardo da Vinci bedeutet deshalb der Verlust aller Sinne, bei lebendigem Leibe begraben zu werden. Jedoch wie zuverlässig arbeiten die Sinnesorgane? Die Alltagsdinge sind zwar im Augenblick ihrer Präsenz für uns unwiderstehlich da, aber enthüllen oder verdecken die Sinne eher ihre Wahrheit vor uns?

Auf die natürliche Leuchtkraft der Dinge ist kein Verlass. Das Sichtbare steht nicht automatisch im Licht der Wahrheit. Obwohl es sich von selbst zeigt, muss doch seine Wahrheit erst ermittelt werden. Es genügt nicht, mit offenen Sinnen die Phänomene auf sich wirken zu lassen, um zur Wahrheit vorzustoßen. Mitnichten darf man seinen Augen immer trauen. Schon der gebrochene Stab im Wasserglas setzt den Gesichtssinn ins Unrecht. Jeder sieht den Mond zu- und abnehmen. Dieses Trugbild entsteht durch das Spiel von Licht und Schatten auf der Mondoberfläche. Schwerer und bedeutsamer wiegen der scheinbare Stillstand der Erde und der tägliche Sonnenlauf. Wir leben auf extrem bewegtem Untergrund und merken es nicht einmal. Dem unaufhebbaren Augenschein nach steht die Erde still. Von unserem vermeintlich festen Boden aus sehen wir die Sonne auf- und untergehen. In Wahrheit jedoch rotiert die Erde am Äquator mit 1670 km/h und an unserem Standort mit rund 1000 km/h um die eigene Achse. Dabei zieht die Erdachse in einer Art langsamer Taumelbewegung im Verlauf von etwa 25800 Jahren einen Kreis. Mit einer Geschwindigkeit von über 100 000 km/h sogar bewegt sich die Erde auf ihrer jährlichen Reise um die Sonne. Diese wiederum dreht sich mit rund 800 000 km/h um das Zentrum der Milchstraße, die ebenfalls um sich selbst kreist. Natürlich nimmt die Sonne die Erde auf dieser Rundreise durch die Milchstraße mit. Aus alledem erhellt, wie sehr die Welt des Augenscheins einiger Korrekturen bedarf. Zwangsläufig sehen wir die Sonne auf- und untergehen, aber erst rationale Einsicht durchschaut diesen vordergründigen Schein als Fehlwahrnehmung.

Außerdem irritieren Mikroskope und Teleskope. Indem deren speziellen Linsen die Sehkraft unserer Augen verschärfen und erweitern, bringen sie Wirklichkeiten an den Tag, die dem bloßen Auge verborgen bleiben. Zum einen machen sie bis dahin Unsichtbares sichtbar, zum anderen lassen sie einen Ozean des Unsichtbaren erahnen, der alles Sichtbare umgibt. Die Welt des natürlichen Augenscheins deckt sich nicht mit der Wirklichkeit.

Da Teleskope bloß Augenscheinliches offenlegen, ist noch aus anderen Gründen Skepsis angebracht: Bekanntlich verbreitet sich Licht mit einer Geschwindigkeit von ungefähr 300 000 km/s. Darum nehmen wir die Strahlen weit entfernter Sterne manchmal erst nach Lichtjahren wahr. Nicht selten ist es das Licht bereits erloschener Himmelskörper; die Sterne existieren zum Zeitpunkt unserer Wahrnehmung gar nicht mehr. So täuscht auch hier der Augenschein. Man ist schlecht beraten, anschaulicher Evidenz unkritisch Beweiskraft zuzubilligen.

Nun haben sich die modernen Naturwissenschaften sowieso immer stärker vom sinnlich Anschaulichen gelöst. Die wahrnehmbare Welt verschwindet gleichsam im Nebel mathematischer Formeln. Die in den Relativitätstheorien und der Quantenphysik erschlossenen Wirklichkeiten sind überaus abstrakt. Die heutige Physik stößt in mikro- und makrokosmische Bereiche vor, die sich jeglicher Wahrnehmbarkeit entziehen. Sinnliche Vorstellungen werden diesen nicht mehr gerecht; bildliche Darstellungen versagen. Wie das unendlich Große, der Makrokosmos, und das unendlich Kleine, der Mikrokosmos, lassen sich physikalische Gesetzmäßigkeiten bestenfalls mit heiklen Vergleichen und prekären Metaphern veranschaulichen. Mögen aber rationale Einsichten die Welt des Augenscheins noch so stark in Frage stellen, nicht selten wird sie bis heute für die wahre Wirklichkeit gehalten.

Wahrheit statt Methode
Die in der alltäglichen Unverborgenheit aufgetauchten Dinge sind der Ausgangspunkt wissenschaftlicher Forschungen. Erst auf dem Boden eines praktischen Lebensverständnisses erhebt sich die theoretische Erkenntnis. Ursprünglicher als die Wissenschaft sind der tägliche Umgang mit den Dingen und die Art, wie diese uns im Alltag begegnen. Jedoch ist der alltägliche Lebenszusammenhang der Wissenschaftswelt lediglich vorgeordnet. Die wissenschaftliche Welterschließung darf als kritische Fortführung des naiven und alltäglichen Weltverständnisses interpretiert werden, wie Max Planck und Karl Raimund Popper betonen.

Jedoch wird die vorwissenschaftliche Welt des Augenscheins gelegentlich höher bewertet als die Welt der modernen Physik. So kann man bei Heideggers Lehrer Edmund Husserl lesen, der wohlgemerkt selbst Mathematiker war, dass die exakten Naturwissenschaften die Wirklichkeit in ein Zahlenkorsett zwängten und ihr ein „Ideenkleid" anlegten, das ihr gar nicht stehe. Der Welt des Augenscheins würden arithmetische Gebilde untergeschoben, durch die für „wahres Sein" genommen werde, was lediglich Ergebnis einer „Methode" sei. Die naturwissenschaftlich geprägte Unverborgenheit lässt das *Sein als mathematisch strukturierte Wirklichkeit* aufgehen. Allerdings sei das „wahre Sein" sichtbar, betont Husserl. Es zeige sich in der Wahrnehmung, die von ihm der Wissenschaftswelt nicht bloß vor- und übergeordnet, sondern sogar entgegengesetzt wird.[25]

Die ungeheure Aufwertung der augenfälligen Welt ringsum gegenüber dem naturwissenschaftlichen Verständnis der Wirklichkeit erinnert an Johann Wolfgang von Goethes kritische Auseinandersetzung mit Isaac Newton, nach dessen Ansicht alle Farben im Licht enthalten sind, während nach Goethe das Licht sie lediglich hervortreten lässt. Farben entstünden aus dem Kampf zwischen Hel-

---

[25] Husserliana VI, S. 52.

ligkeit und Finsternis. In diesem Streit um die richtige Erklärung der Farben warf Goethe Newton vor, die sinnliche Qualität der Natur aus dem Blick verloren zu haben, indem er ihr fragwürdige Geständnisse mit Folterinstrumenten wie dem Prisma oder Mikroskop abrang, anstatt sie mit bloßem Auge zu betrachten: „Das ist eben das größte Unheil der neuen Physik, dass man die Experimente gleichsam vom Menschen abgesondert hat und bloß in dem, was künstliche Instrumente zeigen, die Natur erkennen, ja, was sie leisten kann dadurch beschränken und beweisen will."[26] Dieser Ausspruch könnte auch von Edmund Husserl stammen, der die Wahrheit der naturwissenschaftlichen Methode gegenüberstellte.

Heideggers Schüler und somit Husserls akademischer Enkel Hans-Georg Gadamer griff die Unterscheidung von „Wahrheit und Methode"[27] ebenfalls auf, um speziell die Geisteswissenschaften und Künste wie Husserl die Welt des Augenscheins nicht bloß gegen ihre Abwertung durch die Naturwissenschaften in Schutz zu nehmen, sondern um jene sogar höher zu bewerten als diese. Die Geisteswissenschaften und Künste hätten es mit Wahrheit zu tun, während die Naturwissenschaften vor allem Methode seien.

Diese seltsame Auseinandersetzung erinnert an eine Kuriosität zu Beginn der Neuzeit, als der Wahrheitsgehalt der sich allmählich durchsetzenden Naturwissenschaften mit Rücksicht auf die christliche Religion vernebelt wurde. Im 16. Jahrhundert schwächte der Nürnberger Hauptpastor Andreas Osiander in seinem Vorwort zu *De revolutionibus orbium coelestium* von Nikolaus Kopernikus gegen dessen Absicht den Wahrheitsanspruch seines Hauptwerks ab. Osiander betreute mit die Drucklegung dieses Buches, dem er im Alleingang eine Vorrede hinzufügte, nachdem er zuvor mehrfach Kopernikus erfolglos brieflich darum gebeten hatte, mehr Zurückhaltung in der Wahrheitsfrage zu üben. In seinem Kopernikus untergeschobenen Vorspann spielt Osiander dessen Anschauungen, denen zufolge die Sonne den Mittelpunkt des Weltalls bildet und die Erde sich täglich um die eigene Achse und jährlich um die Sonne dreht, zu bloßen „Hypothesen"[28] herunter, die nicht beanspruchten, „wahr" zu sein. Wie Husserl und Gadamer die Methode stellte Osiander die Hypothese der Wahrheit entgegen.

Osiander verstand unter einer Hypothese eine Grundannahme, deren Wahrheit zwar unbewiesen sei, die sich aber gut dafür eigne, beobachtbare Phänomene stimmig darstellen und berechnen zu können. So gehöre es zu den Aufgaben eines Sternforschers, sorgfältig die Bewegungen am Himmel zu verfolgen und sich dann Hypothesen im Sinne von Axiomen auszudenken, unter deren

---

[26] Goethe, Brief vom 22. Juni 1808.
[27] Gadamer, Wahrheit und Methode.
[28] Kopernikus, Das neue Weltbild, S. 61.

Voraussetzung sich diese Bewegungen geometrisch berechnen ließen. Hypothesen bilden also Grundlagen für Berechnungen (fundamenta calculi). Wie für mathematische Axiome soll für Hypothesen aber nicht das Kriterium der Wahrheit gelten, selbst wenn die mit ihnen verbundenen Beobachtungen, Berechnungen und Schlussfolgerungen zutreffen würden, weil sie von Menschen zur stimmigeren Darstellung der beobachteten Phänomene „gesetzt" wurden. Die Astronomie war gewissermaßen ein Zweig der Mathematik. Hier wird wie bei Husserl und Gadamer den Naturwissenschaften gegenüber eine vorbehaltsvolle, verwirrende, unklare Haltung eingenommen. Naturwissenschaftlich erkannte Phänomene sollen mehr sein als konstruierte Fiktionen, aber zugleich weniger als konstatierte Fakten.

Unweigerlich drängt sich deshalb hinsichtlich der Begriffe Methode und Hypothese die Frage auf, was naturwissenschaftliche Erkenntnisse denn überhaupt wert sind, wenn sie nicht die wahre Gestalt der Welt (forma mundi) darstellen. Bei Osiander hatte das Herunterspielen der kopernikanischen Erkenntnisse den Sinn, diese als ungefährlich für die christliche Religion zu erweisen. Damals gingen die Theologen davon aus, dass die Erde der stillstehende Mittelpunkt des Weltalls ist. Obwohl Osianders Vorrede großen Unmut bei den Astronomen hervorrief und deren Missbilligung erregte, verfolgte er mit seiner Irreführung aber das lobenswerte Ziel, Kopernikus vor Schwierigkeiten mit Kirchenvertretern zu schützen. Noch bevor diese Anstoß an seiner Theorie nehmen konnten, sollten sie beschwichtigt werden. Dagegen möchten Husserl und Gadamer durch ihre Abwertung der Naturwissenschaften als bloße Methode der sichtbaren Welt sowie den Geisteswissenschaften und Künsten zu größerer Geltung verhelfen. Dabei lassen beide wie Osiander den Wahrheitswert der Naturwissenschaften tendenziell unbestimmt.

Gibt es bunte Dinge?
Sowohl die angedeutete Vagheit als auch die einseitige Bevorzugung der Welt des Augenscheins sind völlig unhaltbar. Aber wenn die Privilegierung der sinnenfälligen vor der physikalischen Welt ungerechtfertigt ist, gibt es dann überhaupt sichtbare Dinge? Sind unsere Sinne womöglich gänzlich ungeeignet zur Erfassung der Wirklichkeit? Solche Zweifel werden seit Nietzsche über Whitehead bis zur modernen Physik immer wieder laut. Nietzsche zufolge beruht die im Alltagsleben unhinterfragte Annahme auf einem Irrtum, „dass es Dinge, Stoffe, Körper gebe, dass ein Ding das sei, als was es erscheine."[29] In Wahrheit gebe es überhaupt keine materiellen Körper, sondern nur dynamische Prozesse, ein interagierender Zusammenhang kreativer Energien. Dieser Streit ähnelt ei-

---
[29] Nietzsche, KSA Bd. 3, S. 469.

ner Auseinandersetzung in der theoretischen Physik zu Beginn des 20. Jahrhunderts, deren Kernfrage Ludwig Boltzmann so zusammenfasst: Lassen sich die Phänomene am besten durch Atome, also Teilchen, oder durch Energien, das heißt Kräfte erklären? Im Gegensatz zu seinem Kontrahenten Wilhelm Ostwald war Boltzman von der atomistischen Zusammensetzung der Materie überzeugt.

Bereits die Frage nach den Farben weckt Zweifel am dinghaften Aufbau der Wirklichkeit, ist doch der Garten nur für sehende Augen mehrfarbig. Folglich gibt es das Blau des Himmels, das Grün der Wälder und den Farbenreichtum der Blumen gar nicht? An sich sieht die Wirklichkeit nicht aus. Sie leuchtet und strahlt nicht in lebhaft schillernden Farben. Was wir Licht nennen, ist physikalisch gesprochen der für das menschliche Auge sichtbare Teil des elektromagnetischen Spektrums mit Wellenlängen zwischen 380 und 780 Nanometern. Daher ist es falsch zu sagen, ein Gegenstand sei blau. Richtiger wäre es zu sagen, der Gegenstand erregt eine Blauwahrnehmung. Mit anderen Worten, Sinneserscheinungen wie Farben, Töne und Gerüche enthalten Anteile, die auf die Eigenart unserer Sinnesorgane zurückgehen. Sie sind subjektiv, wie man sagt, aber nicht beliebig, liegt ihnen doch jeweils etwas Wirkliches zugrunde, das unsere Sinnesnerven zu reizen vermag. Wo mehrere Farben gesehen werden, dort lassen sich auch unterschiedliche Wellenlängen messen.

Aber obwohl es an sich keine bunten Dinge gibt, ist im Alltagsleben die Orientierung an sichtbaren Dingen ebenso unvermeidlich wie unentbehrlich. Wir finden uns nur in einer dinghaft aufgebauten Welt mit klaren Konturen zurecht. Unsere gewohnten Vorstellungen hiervon könnten wir uns selbst dann nicht abgewöhnen, wenn sie gänzlich falsch wären. Nach Nietzsche sind sie ein „Irrtum, ohne welche eine bestimmte Art von lebendigen Wesen nicht leben könnte."[30]

Ursprünglich sind Sinne, Verstand und Sprache wirksame Instrumente zum Überleben. Sie gleichen Werkzeugen, mit deren Hilfe wir uns besser in der Wirklichkeit zurechtfinden können. Sie sind Hilfsorgane, deren primäre Aufgabe in der praktischen Lebensbewältigung besteht, nicht aber in der vollständigen Rekonstruktion der Wirklichkeit. Darum können wir uns nicht blind auf unsere Sinne verlassen. Nach Pragmatisten wie John Dewey bis Richard Rorty hat sich unser Erkenntnisapparat zum sichereren Überleben entwickelt. Ziel von Erkenntnis sei nicht Wahrheit, sondern Nützlichkeit: Gewährleistung von Selbsterhaltung und Vermehrung von Glück.

Pluralität der Welten
Seit Blaise Pascal heißt es immer wieder, dass der Mensch in der Mitte zwischen dem mikroskopisch Kleinen und teleskopisch Großen stehe. Er sei ein Nichts in

---

[30] Nietzsche KSA Bd. 11, S. 506.

Anbetracht des unermesslichen Alls, aber ein All im Vergleich zum Nichts. Dieser mittleren Position entsprechen unsere Fähigkeiten. So ist unserem Wahrnehmungs- und Erkenntnisapparat nur ein verhältnismäßig kleiner Ausschnitt der Wirklichkeit problemlos zugänglich. Unsere Sinnesorgane, Erfahrungsstrukturen und Alltagssprache sind auf den mittleren Bereich der Wirklichkeit, den Mesokosmos, nicht aber auf den Mikro- und Makrokosmos zugeschnitten, wie Gerhard Vollmer betont. Mesokosmische Dimensionen reichen von Gramm zu Tonne, Sekunde zu Jahr, Millimeter zu Kilometer. Nicht nur unsere Sinnesorgane, auch unsere Raum- und Zeitformen sowie andere Kategorien wie Kausalität sind uns angeboren. Wir können gar nicht anders als dreidimensional sehen und nach der Ursache eines Ereignisses fragen. Von den sogenannten sekundären Sinnesqualitäten, Farben, Tönen und Gerüchen, die unsere Sinnesorgane mitprägen, werden seit John Locke primäre Sinnesqualitäten unterschieden. Hierzu zählen räumliche Anordnung, Größe, Gestalt, Ruhe und Bewegung. Im Gegensatz zu Farben, Tönen und Gerüchen gilt von diesen Strukturen und Eigenschaften, dass wir unsere Umgebung nicht nur so geordnet wahrnehmen, sondern dass sie auch tatsächlich so beschaffen zu sein scheint.

Natürlich ist diese starke Behauptung nicht unwidersprochen geblieben. Es heißt, der räumlich-zeitliche Zusammenhang mit den dazu gehörigen Dingen, Zuständen und Prozessen existiere nur relativ auf unsere Gedanken. Deswegen könnten wir gar nicht wissen, wie die Welt an sich beschaffen sei. Denn es könne nichts vorgestellt werden, ohne dass zugleich ein Subjekt mitgedacht werde, das diese Vorstellungen habe. So sei für uns eine Welt undenkbar, die nicht erst im Denken als solche gesetzt wäre; was außerdem und vordem die Wirklichkeit sei, bilde keine sinnvolle Frage. Ein Sosein der Wirklichkeit, das unabhängig von seiner Beschreibung wäre, gäbe es nicht. Pointiert hierzu Nietzsche: „Tatsachen gibt es nicht, nur Interpretationen. Wir können kein Faktum an sich feststellen; vielleicht ist es ein Unsinn, so etwas zu wollen."[31] Heute wird gerne die Sprachrelativität unserer Weltbilder betont. Die Welt wird mit Sprachstrukturen, Begriffssystemen, Theorieentwürfen, Diskursen und Ähnlichem gleichgesetzt. Diese kulturellen Gebilde bestreiten alle, dass es einen Zugang zur Wirklichkeit an sich gibt. Hierüber könne genauso wenig sinnvoll gesprochen werden wie über das wahre Aussehen der Dinge. Wie an unsere Sinnesorgane seien wir auch an unsere Sprach- und Denkformen gebunden. Die Wirklichkeit sei uns nur im Rahmen unserer Sprache, Begriffe und Denkstrukturen präsent.

Hiermit aufs engste verbunden ist die Feststellung, dass es ganz unterschiedliche Deutungen der Wirklichkeit gibt, die alle ihre Berechtigung hätten. Tat-

---

[31] Nietzsche, KSA Bd. 12, S. 315.

sächlich lässt sich die Pluralität von Weltauffassungen kaum leugnen. Fraglich ist nur, ob sie alle gleichwertig sind. Meistens behaupten die Mehrwelttheoretiker, dass kein Weltbegriff einem anderen etwas voraus habe. So vertritt Nietzsche die Auffassung, dass der Glaube „an eine Welt" verfehlt sei. Man soll nicht die Welt ihres „vieldeutigen Charakters entkleiden wollen." „Die Welt ist uns vielmehr noch einmal unendlich geworden: insofern wir die Möglichkeit nicht abweisen können, dass sie unendliche Interpretationen in sich schließt." Die „wissenschaftliche Welt-Interpretation" sei nur eine Weltauslegung, ja Weltzurechtlegung und nicht gerade die beste von allen „möglichen Welt-Interpretationen,"[32] meint Nietzsche.

Die Reihe der Philosophen, die in wie auch immer abgewandelter Form für einen Pluralismus der Welten und einen Relativismus der Weltansichten eintreten, ist lang. Stellvertretend seien hier lediglich Nelson Goodman und Richard Rorty genannt, dem zufolge „viele verschiedene Welt-Versionen unabhängig voneinander von Interesse und Wichtigkeit sind." Solche Welt-Versionen seien etwa die „verschiedenen Symbolsysteme der Wissenschaften, der Philosophie, der Künste, der Wahrnehmung und der alltäglichen Rede." Hierbei wendet sich Goodman wie Nietzsche gegen den Physikalisten, „der behauptet, ein einziges System, nämlich die Physik, sei vorrangig und allumfassend, weshalb jede andere Version letztlich auf diese reduziert und andernfalls als falsch oder bedeutungslos verworfen werden müsse."[33]

Nun erschöpft sich für uns Menschen die Wirklichkeit tatsächlich keineswegs in mathematisch-naturwissenschaftlichen Theorien. Trotzdem stehen die verschiedenen Auffassungen der Wirklichkeit nicht gleichrangig nebeneinander, sondern kommt der naturwissenschaftlichen Welt, die vielerlei Aspekte unserer Alltagserfahrung als illusionär entlarvt, ein Vorrang vor der alltäglichen Lebenswelt zu.

Wirklichkeit an sich

Mehrwelttheoretiker wie Goodman oder Rorty halten es für unmöglich, über Wirklichkeit an sich zu reden, da jedes Verständnis der Dinge an ein Erkenntnissubjekt, an Sprachstrukturen, Begriffs- und Deutungssysteme rückbezogen bleibe, die ungeeignet seien, die Realität an sich wiederzugeben. Doch so richtig es ist, dass es für uns keine Welt ohne Denken geben kann, so kann sie doch vom Denken *als* unabhängig vom Denken gedacht werden. Sprachrelativität und Begriffsgebundenheit jedes Weltverständnisses stimmen mit dem Anspruch überein, dass die in einer Theorie erfassten und zur Sprache gebrachten Sachverhalte *als* von Theorie, Sprache und Begriff unabhängig existierend vor-

---

[32] Nietzsche, KSA Bd. 3, S. 625-627.
[33] Goodman, Weisen der Welterzeugung, S. 10, 17.

gestellt werden können. Die Wirklichkeit ist nicht nur Verstandenes einer Theorie oder Deutung. Erneut ist es das kleine Wörtchen *als*, das eine weitere Annäherung an die Wirklichkeit gewährleistet. Die Unverborgenheit ermöglicht uns nicht nur die Dinge als solche zu erfassen, sondern auch ihre Unabhängigkeit von uns zu verstehen – zwei wesentliche Voraussetzungen, um ihrer rätselhaften Existenz innewerden zu können.

Nach Wilhelm Dilthey, Nicolai Hartmann und Max Scheler liegt ein elementarer Beweis für die Wirklichkeit in der schmerzhaften Begrenzung unseres Wollens und Strebens durch die Außenwelt. Damit übereinstimmend charakterisiert Hans Blumenberg die Wirklichkeit als „das dem Subjekt nicht Gefügige, ihm Widerstand Leistende."[34] Wo unsere Wünsche an der Wirklichkeit abprallen und durch deren Widerstände gehemmt werden, dort bekommen wir ihre unverfügbare Übermacht unmissverständlich zu spüren, die fast jeden Zweifel an ihrem Bestehen zerstreut. Selbst wenn ein Großteil unserer natürlichen Umwelt unübersehbare Spuren des Menschen trägt, der sie pflegt, bebaut, verbraucht und verwüstet, so sind doch Weltall und Natur ohne unser Zutun da. Die Unverborgenheit erschließt also nicht nur das Wirkliche *als* solches, sondern damit zugleich auch *als* von uns unabhängiges Seiendes.

Heute trauen viele Zeitgenossen den mathematischen Naturwissenschaften erfolgreiche Vorstöße in die Wirklichkeit zu. Sie halten den sogenannten hypothetischen Realismus für plausibel, wonach es eine von Bewusstsein, Sprache und Begriffen unabhängige Wirklichkeit gibt, welche die Naturwissenschaften teilweise rekonstruieren. Henri Poincaré nennt die Existenz der Außenwelt und deren Erkennbarkeit „natürliche Hypothesen", die für den Wissenschaftsbetrieb unverzichtbar seien. Als Inbegriff der unabhängigen Wirklichkeit gilt das Weltall, das gleichgültig gegenüber allen Theorien existiert, die sich ein Begriff von seinem Aufbau oder ein Bild von seiner Struktur, Beschaffenheit und Größe machen. Aber was rechtfertigt solche starken Vermutungen? Ist der menschliche Erkenntnisapparat wirklich dem Seienden im Ganzen angemessen? Mutmaßlich arbeitet unser Hirn nur im mittleren kosmischen Bereich verhältnismäßig zuverlässig. Kosmische Strukturen mittlerer Reichweite vermag es noch gut zu erfassen.

Diese Passung unseres Erkenntnisapparats auf den Mesokosmos hängt mit der biologischen Evolution zusammen. Darin entstanden Sinne, Nervensystem und Gehirn, wie angedeutet, keineswegs als Erkenntnis-, sondern vielmehr als Überlebensorgane, die deshalb auch nur begrenzt zur Rekonstruktion der Wirklichkeit taugen. Diese funktionieren im Mesokosmos aber ziemlich gut, weil wir andernfalls nicht überlebt hätten. Sie haben sich bei der Bewältigung lebensnot-

---

[34] Blumenberg, Wirklichkeitsbegriff, S. 14.

wendiger Aufgaben also bewährt. Wie Gerhard Vollmer schreibt, „passen die subjektiven Erkenntnisstrukturen auf die Welt, weil sie sich im Laufe der Evolution in Anpassung an die reale Welt herausgebildet haben. Und sie stimmen mit den realen Strukturen (teilweise) überein, weil nur eine solche Übereinstimmung das Überleben ermöglichte."[35]

Grenzen der Erkenntnis
Ohne unsere fünf Sinne hätten wir zwar keine Welt, aber mit unseren fünf Sinnen haben wir keine andere Welt, als uns über unsere Empfindungen vermittelt wird. Doch „wer weiß", mit Barthold Hinrich Brockes im 18. Jhd. gefragt, „ob fünf genug zu der Erkenntnis sein,/Die nötig, der Natur Geheimnis zu ergründen./ Und ob nicht tausend Art von Sinnen noch zu finden,/ die uns hier unbekannt, und die uns künftighin/Noch vorbehalten sind?"[36] Unter Umständen sind wir gar nicht mit allen möglichen Sinnen ausgestattet.

Dessen ungeachtet fällt es ohnedies schwer, komplexe mikro- und makrokosmische Strukturen oder Prozesse angemessen zu erkennen, weil unser Erkenntnisapparat mesokosmisch ausgerichtet ist. Es liegt an unserer mesokosmischen Veranlagung, dass wir nur einen Teil des Weltalls überblicken. Wir erfassen nur Ausschnitte des Ganzen. Mit Immanuel Kant gesprochen: „Wir haben jetzt das Land des reinen Verstandes nicht allein durchschreitet (…), sondern auch durchmessen, und jedem Dinge auf demselben seine Stelle bestimmt. Dieses Land aber ist eine Insel (…), umgeben von einem weiten stürmischen Ozeane, (…) wo manche Nebelbank, und manches bald wegschmelzende Eis neue Länder lügt, und indem es den auf Entdeckungen herumschwärmenden Seefahrer unaufhörlich mit leeren Hoffnungen täuscht, ihn in Abenteuer verflechtet, von denen er niemals ablassen, und sie doch auch niemals zu Ende bringen kann."[37] Aber nicht erst vor dem Hintergrund der unermesslichen Weiten des Alls gewinnt Kants Feststellung ein Höchstmaß an Plausibilität, dass das Universum im Ganzen kein Gegenstand menschlicher Erfahrung werden kann. Die *eine* Welt bleibt grundsätzlich empirisch unzugänglich. Sie ist eine Vernunftidee, wie Kant betont.

Davon abgesehen lassen sich vom astronomisch Großen und atomar Kleinen nur zum Teil richtige Vorstellungen machen. Beide Bereiche übersteigen unsere Einbildungskraft. Trotzdem können wir mit Hilfe unseres Erkenntnisapparats den Mesokosmos überschreiten. Zahlreiche Sachverhalte der Elementarteilchen- und Astrophysik überfordern zwar unsere Anschauung, nicht aber unsere Denkkapazität, wenngleich sie wie die Quantenphyisk, auf die wir noch einge-

---

[35] Vollmer, Was können wir wissen Bd. 1, S. 38
[36] Vgl. Blumenberg, Höhlenausgänge, S. 540.
[37] Kant, Werke Bd. 3, S. 202.

hen werden, unsere Auffassungskraft an ihre Grenzen führen. Natürlich wird hierbei niemals ausgeschlossen, dass es mehr und anderes gibt, als wir bisher kennen. Wie unsere Sinne zwar Licht und Wärme, nicht aber die uns umgebenden Strahlen in der Luft wahrnehmen, genauso gibt es womöglich Naturkräfte, für die uns vielleicht nicht nur das ihnen entsprechende Sinnesorgan, sondern auch das ihnen gemäße Erkenntnistalent fehlt. Einem helleren Kopf mit höherer Denkleistung wären sie vielleicht zugänglich. So erahnen die Wissenschaften möglicherweise manche Naturkräfte nicht einmal, weil sie nicht über eine diesen komplexen Prozessen entsprechende Erkenntnisbegabung verfügen. Der Mensch wäre dann auf eine Art Erkenntnis festgelegt, die entweder an der Komplexität der Naturprozesse scheitern muss oder überhaupt ungeeignet ist, diese zu erfassen.

Es ist sogar denkbar, dass es Naturkräfte und Naturereignisse gibt, die selbst Geistwesen mit unbegrenzter Denkkapazität verschlossen blieben. Hier träfe dann zu, was Emil du Bois Reymond in anderem Zusammenhang „Ignorabimus" nannte: „Wir werden niemals wissen".[38] Nicolai Hartmann nennt solche für uns und jedes Denktalent unbegreiflichen Wirklichkeiten das „Transintelligible". Hierunter versteht er mehr als bloß das noch nicht wissenschaftlich Erkannte, das „Transobjektive", sondern vielmehr das wissenschaftlich Unerklärbare, ja Undenkbare, weil es sich dem menschlichen und womöglich jedem beliebigen Erkenntnisapparat grundsätzlich entzieht.[39] Unter Umständen verbirgt sich im mutmaßlich Unerkannten noch allerlei Unerkennbares, das sich jeder rationalen Durchdringung verweigert.

Selbst wenn die Möglichkeit solcher Erkenntnisgrenzen ernsthaft in Betracht gezogen werden muss, werden hierdurch die Errungenschaften der mathematischen Naturwissenschaften doch keineswegs geschmälert. Ob Pythagoras, Platon, Boethius, die Vertreter der mittelalterlichen Schule von Chartres oder Nikolaus von Kues – sie alle gehen davon aus, dass ein wesentlicher Schlüssel zur Natur in der Mathematik liegt. Die Wirklichkeit sei nach zahlenartigen Verhältnissen aufgebaut. Selbst in der Bibel steht in Weisheit 8.21, dass Gott alles nach „Maß, Zahl und Gewicht" geordnet habe. Dennoch kombinierten erst Galileo Galilei wie auch seine Nachfahren die Mathematik mit Messungen und Experimenten und begründeten so die exakten Naturwissenschaften. Nach Galilei ist das Universum „in der Sprache der Mathematik geschrieben, deren Buchstaben Dreiecke, Kreise und andere geometrische Figuren sind."[40] Die Mathematik stülpt der Welt keineswegs ein „Ideenkleid" über, das ihr nicht passt, wie Edmund Husserl moniert. Im Gegenteil scheinen wir in einem durch und durch

---

[38] Bois Reymond, Die Grenzen des Naturerkennens, S. 67.
[39] Hartmann, Grundzüge einer Metaphysik der Erkenntnis, S. 162.
[40] Galilei, Il Saggiatore, S. 23.

mathematischen Universum zu leben. Abstrakte Formeln und Gleichungen erfassen das Wirkliche angemessener als Wahrnehmungen. Wie Kanitscheider betont, hat das Weltall mathematische Qualitäten.[41] Mit Hilfe der Mathematik rekonstruiert die moderne Physik nicht bloß erfolgreich mesokosmische, sondern ebenso mikro- und makrokosmische Bereiche. Mathematische Gesetzmäßigkeiten strukturieren die gesamte Weltordnung. In der Sprache des mittelalterlichen Universalienstreits gesprochen, haben mathematische Formen offenbar ein Fundament in der Wirklichkeit (fundamentum in re). Impulsgeber für die Entflammung des erwähnten Universalienstreits, an dem kein Philosoph des Mittelalters vorbeikam, war Boethius im 6. Jahrhundert.

Im Zentrum dieses Streits stand die Frage nach der Daseinsweise allgemeiner Begriffe (Universalien) wie Ideen, Klassen und Zahlen. Wie ausgeführt sind nach platonischer Lehre Ideen eigenständige Wirklichkeiten, die unabhängig von uns für sich bestehen und an denen die Einzeldinge als deren Abbilder teilhaben (fundamentum ante rem). Nach sogenannter nominalistischer Auffassung bestehen Allgemeinbegriffe bloß aus Namen, die von uns konstruiert wurden und mit deren Hilfe sich die Natur begrifflich ordnen und strukturieren lässt (fundamentum post rem). Nach Aristoteles hingegen haben abstrakte Formen, Zahlen und Klassen ihre Grundlage in den Dingen selbst. Sie gehören zur Realität (fundamentum in re).

Eine mittlere Position zwischen Nominalisten und Aristotelikern beziehen die Konzeptualisten. Hiernach besitzen Allgemeinbegriffe, Klassen, Zahlen zwar objektive, das heißt verallgemeinerungsfähige Bedeutungen, die sich in der Erfahrung bewährt haben. Dennoch sind sie von Menschen gemacht und korrelieren mit der Sprache, in der sie konzipiert wurden. So sind sie zwar keine fiktiven Dinge, aber auch nicht unabhängig vom Menschen, der die abstrakten Ausdrücke bildete. Mit Bezug hierauf wird von semantischen Tatsachen gesprochen.

In der Frage, wieso die Mathematik verhältnismäßig gut zur Beschreibung der Wirklichkeit taugt, nimmt Kanitscheider wie schon Jahrzehnte zuvor Albert Einstein eine aristotelische Position ein: schlicht weil die Wirklichkeit mathematisch strukturiert ist. Die Mathematik hat ein Fundament in Natur und Kosmos (fundamentum in re).

Nur welche Garantien gibt es, dass es sich auch wirklich so verhält? Die realen Gegebenheiten können nicht für die Zuverlässigkeit und Gültigkeit unseres Realitätsbezugs bürgen. Nach traditioneller Auffassung garantiert Gott, dass wir aufgrund unserer Gottebenbildlichkeit seine Schöpfung angemessen verstehen können. Nachdem aber jede theologische Wahrheitssicherung ausfällt,

---

[41] Vgl. Kanitscheider, Natur und Zahl.

bleibt nur die geduldige Arbeit der Forschergemeinschaft – ein endloser Prozess, in dem hypothetische Forschungsergebnisse sich zu einem stimmigen Zusammenhang verbinden sollen. Allerdings treten regelmäßig Elemente auf, die bis dahin anerkannte Fakten immer wieder als überholte Fiktionen entlarven. Wir haben keinen Standort oberhalb des Ganzen, von wo aus wir unsere Vorstellungen mit der Wirklichkeit an sich vergleichen können. Jedoch liefern bereits der erstaunliche Vorhersage- und Beschreibungserfolg der modernen Naturwissenschaften ausreichend Indizien dafür, dass unsere Erkenntnisse zu objektiven Wahrheiten führen, auch wenn wir nicht wissen, in welchem Ausmaße sie es tun. Wo zudem Irrtümer nachgewiesen und ausgeräumt werden können, dort ist ein Wissensfortschritt wahrscheinlich. Stehen mehrere erfahrungsgesättigte Theorien zur Auswahl, so soll die Theorie von größerer Einfachheit, Systematik, Kohärenz und Widerspruchsfreiheit den anderen vorgezogen werden, wie Quine betont.

Heute erlauben neuere naturwissenschaftliche Methoden immer tiefere und genauere Einblicke in die naturgesetzlichen Zusammenhänge des Universums. Mit Hilfe gigantischer Teleskope und riesiger Teilchenbeschleuniger sind die Einsichten in das unendlich Große und unendlich Kleine inzwischen geradezu schwindelerregend. Trotzdem beschreiben die mathematischen Strukturen und Formeln, mit denen wir die Wirklichkeit erfassen, aber, wie angedeutet, vielleicht doch nur die Oberfläche tieferer Realitäten. Tiefe ist nicht nur eine Dimension des Raums, sondern auch ein Symbol. Die Oberfläche ist die Seite der Dinge, die uns zuerst erscheint. Die Wissenschaft dringt unter die Oberfläche, um mehr über die wahre Beschaffenheit der Dinge zu erfahren. Bildhaft formuliert versucht sie eine Schicht nach der anderen zu durchstoßen, überzeugt davon, dass die Wahrheit in der Tiefe wohnt.

Wie wirklich ist das Wirkliche?
Einst waren Gott, Mensch und Welt die großen Themen der Philosophie. Dann kam mit Nietzsche, Marx und Freud der Tod Gottes. So gab es nur noch Mensch und Welt. Anschließend lösten Poststrukturalisten wie der frühe Michel Foucault und Naturalisten wie der frühe Rorty den Menschen auf, weil es einerseits nur Zeichenketten und Diskurse, andererseits lediglich Neurone, Botenstoffe und Gene gebe. Dies rechtfertigte die Rede vom Tod des Subjekts oder vom Ende des Menschen, so dass jetzt nur noch die Welt übrigblieb. Schließlich bestritten sprachanalytische Philosophen, Hermeneutiker, Phänomenologen, Transzendentalphilosophen, ja selbst Quantenphysiker dass die Welt an sich existiere. Wo über Welt geredet werde, dort habe man es immer nur mit Verständnishorizonten, Begriffssystemen, Bedeutungsschemata und Sprachstrukturen oder Versuchsanordnungen zu tun. Hiernach gibt es – dem gesunden Men-

schenverstand und Augenschein zum Trotz – gar nichts. Bestenfalls ist die Wirklichkeit ein Traum, aber ein Traum ohne Träumer, Geträumtes ohne harte Wirklichkeit, ohne Realität an sich. Jedoch darf nach allem bisher Ausgeführten dies nicht das letzte Wort bleiben.

Nur was gehört denn alles zum Inventar der Welt? Wer so fragt, für den ist *das Sein der Inbegriff alles Wirklichen*. Der berühmte Wissenschaftstheoretiker Quine nennt ein Kriterium zur Bestimmung dessen, was eine Theorie als existent zulässt. Sein Kriterium lautet: Sein heißt, Wert einer gebundenen Variablen zu sein.[42] Gebundene Variablen sind Quantifikatoren wie „alle", „ein", „nichts", „etwas". Sätze mit gebundenen Variablen haben die Form: „Für alle x gilt ..."; „Es gibt ein x, für welches gilt ..."; „Es gibt nichts oder etwas, das x ist." Solche Aussagen behaupten von den Gegenständen, die sie als Werte für x einsetzen, dass sie wirklich existieren. Man erkennt, Quines Kriterium dient nicht zur Feststellung dessen, was es wirklich gibt, sondern nur zur Ermittlung dessen, welche Arten von Gegenständen eine Theorie als existent annimmt. Allgemein vertritt Quine die Ansicht, dass nur die modernen Naturwissenschaften ermitteln, was es wirklich gibt. Hierbei lässt er keinen Zweifel daran, dass in wissenschaftlichen Theorien der berechtigte Anspruch steckt, die Wirklichkeit an sich zu erfassen. Eines aber ist die allgemeine Behauptung, dass wir grundsätzlich in der Lage sind, mit wissenschaftlichen Mitteln die Wirklichkeit teilweise zu erkennen; ein anderes die Frage nach den tatsächlichen Werten der gebundenen Variablen.

Gibt es – in den Horizont des Allgemeinen hineingefragt – tatsächlich so etwas wie Universalien, das heißt Zahlen, Relationen, Funktionen, Klassen?[43] Wie Galilei und seine Nachfahren bis zu Kanitscheider und Vollmer so ist Quine davon überzeugt, dass das Buch der Natur in mathematischer Sprache verfasst ist: „Ich glaube nicht, dass es nur physikalische Objekte gibt. Es gibt auch abstrakte Objekte: Objekte der Mathematik, die nötig zu sein scheinen, das System der Welt auszufüllen."[44] Aber wie steht es um die Existenz der „Dinge", die seit Nietzsche bis Whitehead in Zweifel gezogen werden? Denen zufolge verdecken Logik und Sprache mit ihren festen Begriffen, die etwas Beständiges vortäuschen, zwangsläufig das einzig Beständige: Werden und Vergehen.

Als „Ding" wird bis heute gerne das bezeichnet, was überhaupt und irgendwie ist. Dem Wandel der Denkgeschichte gemäß ändert sich dessen Bedeutung in Antike, Mittelalter und Neuzeit. Doch über alle Deutungen hinweg gilt das Ding stets als Prototyp der Wirklichkeit. Nach traditioneller Auffassung besteht die Wirklichkeit aus räumlich-zeitlich ausgedehnten Einzeldingen. So orientiert

---

[42] Vgl. Quine, Von einem logischen Standpunkt, S. 9f.
[43] Vgl. Künne, Abstrakte Gegenstände.
[44] Quine, The Ideas, S. 144.

sich die traditionelle Philosophie stärker an der Natur um uns als am Sternenhimmel über uns. Sprachanalytiker betonen zwar, dass man als Dingbetrachter kein Objekt vorstellendes Subjekt sei, sondern vielmehr ein Bewusstsein von dem Sachverhalt, dass sich hier oder dort so und so geartete Gegenstände befänden. Die Vergegenwärtigung eines Dinges impliziere also nicht die Subjekt-Objekt-Relation, sondern habe die Struktur des Wissens, dass etwas der Fall sei.[45] Damit ist aber noch nicht die Frage nach dem Status eines Dinges beantwortet. Die moderne Physik lässt die Dinge der sinnlichen Anschauung weitgehend hinter sich und spricht stattdessen lieber von Energien, Feldern, Teilchen und Impulsen. Doch mögen solche Objekte wie Sandkörner, Steine, Meere, Pflanzen, Bäume, Wälder, Tiere, Gebirge, Sonne, Mond und Sterne nicht oder nicht ganz so beschaffen sein, wie sie sich der alltäglichen und wissenschaftlichen Wahrnehmung darbieten, es gibt doch gute Gründe anzunehmen, dass sich unsere Bewusstseinsvorgänge hier auf etwas beziehen, das wirklich existiert, und allein darauf kommt es an dieser Stelle an.

Im Dickicht bizarrer Entdeckungen
Das Gleiche gilt für Einsteins Spezielle und Allgemeine Relativitätstheorie (1905 und 1915), in der Raum und Zeit zu einer Einheit verschmelzen. Das *Raum-Zeit-Kontinuum* gibt es wirklich, in dem die Zeit eine zusätzliche vierte Dimension des dreidimensionalen Raums bildet, worauf an späterer Stelle eingegangen sei.

Allgemein ist es unmöglich, bestimmten Orten, Zeiten und Richtungen im All einen unterschiedlichen Wert oder Rang beizulegen. Das Universum ist zeitlich und räumlich *homogen*: Jeder Zeit- und Raumpunkt ist gleichberechtigt. Es gibt keine ausgezeichneten Punkte, weder Rand noch Zentrum, kein Oben und kein Unten. Überdies ist das Universum *isotrop*: Es gibt keine bevorzugte Richtung im Raum. Solcherlei Bestimmungen beschreiben reale Aspekte der Wirklichkeit.

Das Gleiche trifft auf die beiden Hauptsätze der Thermodynamik zu, die in der Natur schon galten, als noch niemand über sie nachdachte. Nach dem I. Hauptsatz der Wärmelehre bleibt die *Energie* der Welt stets konstant. Sie ist unzerstörbar und wechselt lediglich die Form, in der sie auftritt; so geht Wärme beispielsweise in Bewegung über. Nach dem II. Hauptsatz der Thermodynamik strebt die sogenannte *Entropie* einem Maximum zu. Alle Prozesse innerhalb eines Systems, in dem eine hochstrukturierte Ordnung herrscht, versuchen in einen Zustand größtmöglicher Unordnung, also unstrukturierter Gleichförmigkeit (Entropie) zu gelangen. Wenn trotzdem Ordnung und Struktur vorherrschen,

---

[45] Tugendhat, Selbstbewusstsein und Selbstbestimmung, S. 21.

dann unter anderem deshalb, weil Gravitation mit hohem Energieaufwand die Zunahme von Entropie verhindert.

Im Universum gibt es vielerlei, seien es Gravitationsfelder oder Naturkonstanten wie die Lichtgeschwindigkeit, die im Vakuum bei knapp 300 000 km/s liegt. Nur einmal, kurz nach dem gewaltigen Urknall scheint es eine Phase extrem rascher Expansion des Weltalls mit Überlichtgeschwindigkeit gegeben zu haben, *Inflation* genannt.

Alle Sterne, Planeten und Lebewesen bestehen aus 92 bekannten chemischen Elementen. Die *Elementarteilchen* sind die kleinsten Konzentrate der uns bekannten Wirklichkeit. Sie bestehen aus Masse, drehen sich um sich selbst, haben also einen Drehimpuls oder Spin, und sind – weil nicht weiter teilbar – punktförmig. Freilich bleibt es unvorstellbar, wie sich Punktförmiges um sich selbst drehen kann.

Die fundamentalen Bausteine, aus denen alles zusammengesetzt ist, werden zum einen Kraftteilchen, Bosonen, zum anderen Materieteilchen, Fermionen, genannt. *Bosonen* sind die Träger der *vier bekannten Grundkräfte,* die das All zusammenhalten: schwache und starke Kernkraft, Elektromagnetismus und Gravitation. Die Grundstoffe der Materie, die *Fermionen*, werden wiederum unterteilt in *Leptonen*, deren bekanntester Vertreter das *Elektron* ist, und in *Hadronen*, die sich aus *Quarks* zusammensetzen. Die uns vertraute Materie, die baryonische Materie, aus der wir selbst auch bestehen, setzt sich aus Leptonen und Quarks zusammen. Die stark wechselwirkenden Quarks halten masselose Gluonen und Photonen oder sogenannte Higgs-Felder zusammen. Quarks sind zwar die kleinsten Teilchen der Atome, aber womöglich auch nicht die elementarsten Bausteine der Materie. Das sind möglicherweise sogenannte *Strings* (Bänder, Fäden), die gerne mit hin und her schwingenden Gitarrensaiten verglichen werden und somit Schwingungsenergie besitzen, welche sich in Masse umwandeln lässt. Stark schwingende Strings ergeben umgerechnet eine schwere Masse. So es Strings wirklich gibt, liegen sie den Quarks zugrunde, welche, wie gesagt, die kleinsten Teilchen der Atome sind, die aus *Atomkern* und *Atomhülle* bestehen. Letztere setzt sich zusammen aus negativ geladenen, leichten Elektronen. Dagegen besteht der Atomkern aus positiv geladenen, schweren Protonen und elektrisch neutralen Neutronen. Zu jedem Teilchen gibt es ein sogenanntes Antiteilchen. Das ist ein Teilchen mit gleicher Masse, aber entgegengesetzter Ladung. Das Antiteilchen des Elektrons ist das Positron. Das Anti-Proton und Anti-Neutron wiederum werden aus Anti-Quarks zusammengesetzt. Die Antiteilchen zusammen bilden die Antimaterie, die zu Energie zerstrahlt, sobald sie mit Materie in Berührung kommt. – Sachen gibt`s!

Spuk und Zufall

Sachen gibt's, die gibt's gar nicht! Dies trifft insbesondere auf die *Quantenphysik* zu, die im Jahre 1900 mit Max Plancks Arbeiten über die Strahlungstheorie begann und bis heute mit einer Reihe spektakulärer Hypothesen beeindruckt. Planck und Einstein zeigten, dass Atome ihr Licht oder ihre Energie nicht kontinuierlich, sondern gleichsam stoß- und portionsweise abgeben. Daher kommt das Wort Quant, was soviel wie Päckchen oder Portion heißt. So sagt man, dass dem Salat noch ein Quäntchen Salz fehlt oder dass es zum Gelingen der Prüfung auch eines Quäntchens Glück bedarf. Nach Planck und Einstein geben Atome ihre Strahlen oder Energie also nicht stetig, sondern diskontinuierlich ab, weil es diese nur in Portionen aufgeteilt gibt. Solche diskreten „Quantensprünge", bei denen mal Energie freigegeben, mal aufgenommen wird, erschütterten den alten Grundsatz, nach dem die Natur keine Sprünge macht (natura non facit saltus). Allerdings sind die Sprünge auf der atomaren Bühne verschwindend klein. Sie haben eine fast infinitesimale konstante Größe.

In den Zusammenhang dieser Erkenntnis gehört Einsteins verblüffende Entdeckung, dass Licht und Materie gleichermaßen als Welle wie auch als Teilchen verstanden werden können. Je nach Versuchsanordnung zeigen sich also ein und dieselben Objekte mal als Welle, mal als Masse- oder Lichtteilchen (Photonen). Die mathematischen Grundlagen für den *Wellen-Teilchen Dualismus* erarbeiteten Erwin Schrödinger, demzufolge Atome schwingende Systeme sind, und Werner Heisenberg, nach dem sie aus Teilchen bestehen. Beide entwickelten verschiedene mathematische Beschreibungen derselben Sachverhalte, die gleichberechtigt nebeneinanderstehen. Doch erst beide Ansätze zusammen ermöglichen eine vollständige Beschreibung der atomaren Vorgänge.

Was im Jahre 1900 mit Plancks Quantentheorie begann, wurde Mitte der zwanziger Jahre des vorigen Jahrhunderts zur Quantenmechanik.[46] Heute kennt man Heisenberg vor allem durch die sogenannte *Heisenbergsche Unschärferelation* (1927). Hiernach ist es unmöglich, „den Ort und die Geschwindigkeit eines atomaren Teilchens gleichzeitig mit beliebiger Genauigkeit anzugeben."[47] Die Welt im Kleinsten scheint aus nicht exakt lokalisierbaren energetischen Strukturen mit unterschiedlicher elektrischer Ladung und Masse zu bestehen. Zwar kann man den Aufenthaltsort oder die Energie eines Teilchens ziemlich genau messen, dann aber verwischt sich dessen Impuls (= Produkt aus Masse und Geschwindigkeit) oder der Zeitpunkt, an dem es über eine bestimmte Energie verfügt. Umgekehrt ist ein Teilchen nicht mehr lokalisierbar, wenn man seine Geschwindigkeit exakt bestimmen kann. So kann Objekten von atomarer

---

[46] Dank für die geduldigen Gespräche an die Physiker und Philosophen Rüdiger Vaas und Helmut Fink.
[47] Heisenberg, Das Naturbild der heutigen Physik, S. 28.

Größenordnung entweder ein bestimmter Ort bzw. eine bestimmte Energie oder ein bestimmter Impuls bzw. bestimmter Zeitpunkt zugeordnet werden. Bei einer Ortsmessung trifft ersteres zu, bei einer Impuls- oder Zeitmessung letzteres. Allerdings haben diese Unschärfen bei der Orts- und Impulsmessung von atomaren Teilchen nichts mit Messfehlern zu tun, sondern ergeben sich „durch den Eingriff des Beobachtungsinstruments", wie Heisenberg betont.[48]

Nun bleibt die Quantenphysik aber nicht bei dieser merkwürdigen Unschärfe, besser: Unbestimmtheit stehen. Sie geht noch einen Schritt weiter. Nach der Kopenhagener Deutung der Quantenmechanik, die mit den Namen Niels Bohr, Werner Heisenberg und Wolfgang Pauli verbunden ist, bleibt nicht nur der Ort eines Elektrons unbestimmt, sobald dessen Impuls durch Messung feststeht. Elektronen sind überhaupt unbestimmt und haben solange keinen Ort, bis sie durch Messvorrichtungen bestimmt werden. Das heißt, vor und außerhalb solcher Messungen befindet sich das Quantensystem in einem indeterminierten, uneindeutigen Schwebezustand, den erst eine Messung aufzuheben vermag.

Verdeutlichen wir uns dies anhand eines Bildes: Man stelle sich zwei hochgeworfene Münzen vor, die mit einer Black-Box eingefangen werden, so dass nicht gewusst werden kann, ob zwei Mal Kopf oder zwei Mal Zahl oder einmal Kopf und Zahl oben liegen. Da nun der Zustand vor der Messung unbestimmt ist, müssen die beiden Münzen in der schwarzen Kiste mit gleicher Wahrscheinlichkeit sowohl Kopf als auch Zahl noch oben zeigen. Es ist dieser quantenmechanische Verstoß gegen den Satz des zu vermeidenden Widerspruchs, der *Superposition* genannt wird. Demnach können Quanten zugleich in gegenteiligen Zuständen sein. Mit Bezug auf die beiden Münzen formuliert, zeigen diese nicht entweder Kopf oder Zahl nach oben, sondern sowohl Kopf als auch Zahl und – weil auch immer die jeweils andere Seite oben liegt – weder Kopf noch Zahl. Da beide nicht genau fixiert sind, flimmern sie gleichsam ineinander. Sie wabern in Überlagerungszuständen.

Zur vertieften Veranschaulichung dieser verwirrenden Situation in der Black-Box ein weiterer Vergleich: Auch die visuelle Information einer Kippfigur ist nicht eindeutig, sondern lässt zwei gegenteilige Sichtweisen zu, zwischen denen unsere Augen hin und her springen. Bekannt ist das Bild, auf dem ein und dieselbe Figur sowohl eine junge als auch alte Frau zeigt. Diese optische Täuschung stellt nicht entweder die alte oder junge Frau dar, sondern beide zugleich und beide auch wieder nicht, wenn sie die jeweils andere zeigt. Dieser uneindeutige Schwebezustand ist selbst „eine Art von Wirklichkeit"[49], wie Hei-

---

[48] Ebd.
[49] Heisenberg, Die Plancksche Entdeckung und die philosophischen Probleme der Atomphysik, S. 140.

senberg schreibt, „ein Zwischending zwischen Möglichem und Faktischem"[50], mit einer „Tendenz zu einem Geschehen"[51], das aber indeterminiert, gewissermaßen im Ungefähren bleibt. Erst mit dem Messvorgang entsteht ein eindeutiges Resultat, das objektiv registrierbar, also allgemein zugänglich ist. In unserem Bild gesprochen: Eine Messung vorzunehmen heißt, die Black-Box zu öffnen, und erst indem deren Deckel abgehoben wird, entsteht eine Eindeutigkeit, die es in der geschlossenen Kiste zuvor nicht gab: Nun liegt entweder die Zahl oder der Kopf der Münzen oben. Mit anderen Worten, erst am Messapparat geht die Unbestimmtheit zu Ende.[52]

So ist es also in der Quantenmechanik nicht mehr möglich, von eindeutiger Realität unabhängig von der Korrelation zwischen Messapparat und Messergebnis zu reden. Die Versuchsanordnung beeinflusst nicht nur als Teil des jeweiligen Messvorgangs das Messresultat, grundsätzlich entstehen hierdurch überhaupt erst eindeutige Fakten. Die Messvorrichtung bestimmt, was zuvor unbestimmt war. Die atomaren Vorgänge bleiben hiernach solange indeterminiert, bis sie experimentell „fest-gestellt" werden. Entsprechend betont Heisenberg, dass die in der Quantentheorie mathematisch formulierten Naturgesetze „nicht mehr von den Elementarteilchen an sich handeln, sondern von unserer Kenntnis der Elementarteilchen. Die Frage, ob diese Teilchen an sich in Raum und Zeit existieren, kann nicht mehr festgesellt werden, da wir stets nur über die Vorgänge sprechen können, die sich abspielen, wenn durch die Wechselwirkung des Elementarteilchens mit irgendwelchen anderen physikalischen Systemen, z.B. den Messapparaten, das Verhalten des Teilchens erschlossen werden soll."[53] Mit anderen Worten: Das quantenmechanische Experiment übt einen signifikanten Einfluss auf das eindeutige Messergebnis aus, so dass nicht die Natur an sich der Gegenstand solcher Messvorgänge ist.

Jetzt wäre es aber falsch anzunehmen, dass im Quantenreich diese eindeutigen Fakten erst durch die konkreten Beobachter der Messgeräte zustande kommen. Es sind die Messgeräte oder Experimente als Teil der Wirklichkeit und nicht deren Beobachter, die an der Entstehung der eindeutigen Resultate mitwirken. Die Versuchsanordnung selbst beeinflusst die Messergebnisse und macht Informationen über das Quantensystem verfügbar, die es vorher noch nicht gab. Selbstverständlich können diese objektiven Befunde von jedermann an der Versuchsvorrichtung überprüft werden.

---

[50] Heisenberg, Quantentheorie und Philosophie, S. 72.
[51] Heisenberg, Die Plancksche Entdeckung und die philosophischen Probleme der Atomphysik, S. 140.
[52] Helmut Fink, Physiker, gesprächsweise.
[53] A.a.O., S. 12.

Eine weitere Besonderheit atomarer Prozesse ist deren *Unvorhersehbarkeit*. Es ist objektiv unklar, ob beim Übergang von der Unbestimmtheit zur Bestimmtheit, die durch den Messapparat entstand, Zahl oder Kopf der Münze oben liegen werden. Denn es gibt keine Ursache dafür, weshalb das eine oder das andere geschehen wird. Erst bei der Messung ergibt sich die wohlgemerkt indeterminierte „Entscheidung". Deshalb wird in der Quantenmechanik hier von *objektivem Zufall* gesprochen. Die Messung behebt den Zustand der Superposition der Teilchen. Sie hebt den Schwebezustand auf und schafft Eindeutigkeit.

Solche objektiven Zufälle sind vom Zerfall radioaktiver Atome bekannt. Es kann „keine Ursache dafür angegeben werden, dass ein Atom gerade jetzt und nicht früher oder später zerfällt, dass es gerade in dieser Richtung und nicht in einer anderen das Elektron aussendet."[54] Dies alles hat nichts mit fehlenden Kenntnissen oder menschlichem Unvermögen zu tun, sondern ereignet sich offenbar ursachlos, indeterminiert, eben zufällig, so dass es grundsätzlich unmöglich ist zu bestimmen, warum gerade dieses oder jenes zu einem bestimmten Zeitpunkt geschieht. Der Gedanke ursachloser Ereignisse wurde erstmals in der Antike vorgetragen. Die Idee geht auf Epikur und Lukrez zurück, die in ihren Modellen von einem plötzlichen Ausscheren der kleinsten Bausteine der Welt aus geraden Fallbahnen ausgehen.

In der Quantenphysik gibt es allerdings eine *statistische Wahrscheinlichkeit*, mit der die unvorhersehbaren Ereignisse eintreten. Denn hierüber sind mathematische Aussagen möglich, die durch die Häufigkeiten, mit denen die Messwerte an den Versuchsgeräten ins Dasein treten, getestet und bestätigt werden können. Im Einzelfall bleiben die Resultate aber natürlich unvorhersehbar und somit objektiv zufällig.

Eine weitere Besonderheit im Innersten der atomaren Wirklichkeit ist – neben Unbestimmtheit, Superposition, Indeterminismus und Zufall im Sinne von Grundlosigkeit – die sogenannte *Verschränkung*. Nach gegenwärtigem Forschungsstand gibt es Teilsysteme im atomaren Bereich, die miteinander korrelieren, ohne dass zwischen ihnen eine physikalische Wahrscheinlichkeit nachweisbar wäre. Photonen und Elektronen etwa scheinen auf gespenstische Weise miteinander verbunden zu sein. Anscheinend haben sie nicht nur keinen festen Ort, sondern können auch nicht unabhängig voneinander existieren. Bleiben wir bei unserem Beispiel: Stellen wir uns die beiden Münzen jetzt in zwei unabhängigen Black-Boxen vor. Trotz ihrer Trennung scheinen sie wechselweise ineinander zu wirken. Denn sobald die eine Box geöffnet, also eine Messung vorgenommen wird, durch die der Zustand der ersten Münze eindeutig festliegt,

---

[54] Heisenberg, Quantentheorie und Philosophie, S. 65.

steht ohne jede Zeitverzögerung auch schon der Zustand der in der anderen Kiste untergebrachten zweiten Münze fest, obwohl diese mit der ersten Münze in keinerlei Kontakt zu stehen scheint. Dennoch ist der Zwischenraum augenblicklich überbrückt. Zeigt also die erste Münze Kopf, so liegt auf der zweiten Münze die Zahl oben, wenn es zuvor umgekehrt war. Physikalischer formuliert: Rotiert das eine Elektron im Uhrzeigersinn und das andere Elektron gegen den Uhrzeigersinn um die eigene Achse, so dass der Drehimpuls insgesamt bei null liegt, so ändert sich die Drehrichtung beim zweiten Elektron im selben Augenblick, zu dem die Drehrichtung des ersten Elektrons wechselt, so dass der gesamte Drehimpuls weiter bei null bleibt.

Diese Art der Verschränkung ist erstaunlich. Aber noch viel erstaunlicher ist die Tatsache, dass die Verschränkung der Teilchen über beliebige Entfernungen hinweg besteht. Das heißt, eine Umkehrung der Rotationsrichtung würde selbst dann eintreten, wenn die beiden Elektronen sehr weit voneinander entfernt wären; eine überlichtschnelle Übertragung von Informationen bleibt allerdings ausgeschlossen. Einstein sprach in diesem Zusammenhang von „spukhaften Fernwirkungen".[55] Eine mögliche Lösung dieses Problems, über die heute diskutiert wird, liegt in der Annahme, dass die ineinander verwobenen Elektronen gar nicht zwei Objekte, sondern nur ein Objekt sind – also die beiden Münzen schlussendlich doch nur einer Münze gleichen, die auf einer Seite Zahl, auf der anderen Kopf zeigt und die bei einer Umkehrung der einen Seite die andere mit umdreht. Der Raum zwischen den beiden verschränkten Münzseiten wäre für diese gleichsam ohne Bedeutung, selbst wenn er sehr groß wäre, weil die Teilchen ja nur den beiden Seiten einer Münze ähnelten.

Auf der Suche nach der Wirklichkeit

Eines ist der quantenmechanische Formalismus, ein anderes dessen Interpretation mit der Frage, was die mathematischen Symbole und Größen denn über die Wirklichkeit aussagen – eine Frage, über die seit Kopernikus debattiert wird. Wieder ein anderes sind die Experimente, mit denen die Interpretationen auf den Prüfstand gestellt werden. Selbst wenn es die eine Kopenhagener Deutung nicht gibt, so teilen ihre Vertreter doch die angedeuteten Kuriositäten weitgehend, über die bis heute diskutiert wird. Alle Versuche ihrer Widerlegung führten bislang fast immer nur zu deren Bestätigung.

Obwohl Albert Einstein selbst wesentliche Beiträge zur Quantenphysik leistete, bereiteten ihm ähnlich wie Max Planck und Erwin Schrödinger die angedeuteten Extravaganzen der Kopenhagener Deutung großes Unbehagen. Einstein mochte sich weder mit der angedeuteten Verschränkung noch mit dem

---

[55] Einstein, Brief an Max Born, 3. März 1947.

objektiven Zufall, der Unbestimmtheit, dem Indeterminismus und der statistischen Wahrscheinlichkeit anfreunden. Erst recht konnte er sich nicht mit der Preisgabe des wissenschaftlichen Realismus durch die nachweisliche Abhängigkeit der eindeutigen Messergebnisse von der Versuchsanordnung abfinden. Natürlich ist, wie schon ausgeführt, unsere Erkenntniskraft durch unsere sprachlichen und kognitiven Möglichkeiten begrenzt. Allerdings sind Realisten wie Einstein davon überzeugt, dass wissenschaftliche Modelle zumindest teilweise die Wirklichkeit an sich hypothetisch beschreiben. Logischerweise kann zwar nicht ohne Bezug auf ein Erkenntnissubjekt oder eine Wissenschaftsgemeinschaft über das Universum und dessen Teile gesprochen werden. Es gibt keine „Welt ohne Selbst", wie es heißt. Aber wie ausgeführt, kann sich unsere Erkenntnis doch so auf die Wirklichkeit beziehen, dass diese darin *als* ein von uns unabhängiges Vorkommnis verstanden wird. In diesem Falle beansprucht der Gedanke, dass etwas ist und so ist, wie es ist, dass es dies ist, gleichviel, ob es gedacht wird oder nicht. Dieser Anspruch scheint mit der Kopenhagener Deutung unvereinbar zu sein.

Allerdings geht die Quantenmechanik keineswegs von einer Abhängigkeit der Messergebnisse von deren Beobachtern aus. Sie behauptet lediglich, dass die Messresultate einen Anteil enthalten, der auf die Messgeräte zurückgeht. Nun lässt sich schwerlich bestreiten, dass die quantenmechanische Messvorrichtung selbst in Verbindung mit den durch den Messvorgang entstandenen Messdaten, also die experimentelle Anordnung und die durch den Messprozess entstandenen Fakten echte Realitäten darstellen. Denn dass sie sind und wie sie sind, das sind sie doch, gleichgültig, ob sie gedacht werden oder nicht. So stimmt zwar, dass die Messung des Experiments das Ergebnis beeinflusst. Dies alles aber sind reale Vorkommnisse, die bereits zum Staunen anregen.

Dessen ungeachtet gesteht Heisenberg zu, dass das Messresultat nicht allein von der Versuchsanordnung, sondern ebenso vom Messobjekt abhängt. Das heißt, die ermittelte Eigenschaft des Objekts wird nicht nur von der experimentellen Anordnung bestimmt, sondern ebenfalls von der physikalischen Mikrowelt, die auch vor und außerhalb des Menschen samt seiner Messgeräte ist, was sie ist. Mit Heisenberg gesprochen, gibt das Ergebnis einen „echten Zug der Natur"[56] wieder. Auch wenn es also unmöglich ist, die Atome und ihre Bewegung losgelöst von der experimentellen Fragestellung zu beschreiben, so ist doch Heisenbergs berühmte Aussage überpointiert, dass der Quantenmechaniker in seinen Forschungen nur sich selbst gegenübersteht und begegnet.[57]

Wie aber steht es um den Realitätsgehalt des „echten Zugs der Natur" in Form objektiver Zufälle? Wenn es heißt, der genaue Zeitpunkt sei prinzipiell

---

[56] A.a.O., S. 40.
[57] Vgl. Heisenberg, Das Naturbild der heutigen Physik, S. 17f.

unbestimmt und somit unvorhersagbar, wann ein Radiumatom zerfällt, dann ist das realistisch gemeint. Es gehört zur Eigenart eines solchen Zufalls, dass es ihn wirklich gibt. Aber wie realistisch interpretierbar ist der Zufall bei der eindeutigen Festlegung der „Münzoberseite" oder „Münzunterseite" im Experiment? Über diese „Entscheidung" heißt es ja gleichfalls, sie sei unvorhersehbar, nur nach statistischer Wahrscheinlichkeit bestimmbar, alles in allem aber indeterminiert, mithin zufällig. Im Grunde genommen können solche Zufälle, die bei der Entstehung der Messfakten auftreten, gar nicht anders denn als objektiv real bezeichnet werden.

Bekanntlich setzen diese objektiven Zufälle die Superposition der Teilchen in der „Black-Box" voraus. Mit Bezug auf Superposition, Unbestimmtheit, Indeterminismus drängt sich erst recht die Frage nach ihrem Realitätsgrad auf. Denn jene Sachverhalte liegen ja außerhalb der Messung und bleiben somit auf irgendeine Weise unabhängig von der Versuchsanordnung.

Nun könnte man sagen, und Niels Bohr hätte vermutlich so argumentiert, dass Unbestimmtheit, Superposition, Indeterminismus dem Versuch immanent sind, soweit sie sich durch dessen Anordnung ergeben und somit in dessen Bereich hineinfallen. Hiernach sind sie zwar keine Illusionen, aber perspektivisch von der Versuchssituation abhängig. Sie stellen keine Wirklichkeiten an sich dar. Allerdings „überschreiten" sie zugleich die Grenzen der Versuchsanordnung und sind in diesem Sinne „transzendent", sofern sie als nicht experimentell registrierbare Inhalte der „Black-Box" unabhängig vom Messvorgang bleiben. So gesehen wären sie eine Transzendenz in der Immanenz des Messprozesses. Das heißt, Superposition, Indeterminismus, Unbestimmtheit wären in das Feld der Versuchsanordnung eingebettete Wirklichkeiten, die insofern die Messung überschreiten, als sie dieser vorausliegen. In der Diskussion bleibt oft im Vagen, in welchem Maße die „Black-Box" als losgelöst vom Messvorgang gedacht werden darf. Gibt es die indeterminierte Überlagerung der Münze oder Teilchen nur als etwas nicht beobachtbares Transzendentes im Bezugsfeld der Versuchsanordnung oder darf dieses Transzendente zugleich auch in irgendeiner Weise als unabhängiges Vorkommnis gedacht werden? Darf also das Korrelat Superposition zugleich als Nicht-Korrelat verstanden werden? Mit Heisenberg gesprochen ist es durchaus möglich, Unbestimmtheit und Indeterminismus als „echte Züge der Natur" zu bewerten, die es auch ohne alle Messgeräte gibt. Allerdings zeigen sie sich nur indirekt in der statistischen Wahrscheinlichkeit der Messergebnisse, also in der Streuung der entstehenden Werte. So verstanden sind der objektive Zufall, die Entstehung eindeutiger Fakten am Messapparat, die Verschränkung, der Indeterminismus, die Superposition alles objektive Gegebenheiten, die wie die Versuchsanordnung selbst als Korrelate unserer Gedanken als Nicht-Gedanken und so als echte Wirklichkeiten gedacht werden können. Wie viel Selbstständigkeit und Unabhängigkeit von der Versuchsanordnung letzten Endes der Superposition, Unbestimmtheit und dem Indeterminismus auch zukommen -so oder so sind sie nicht nichts, sondern stehen jedenfalls für die Wirklichkeit, für deren „Amt" sie mitkandidieren. Selbst wenn das Geflecht der aufgespannten Beziehungen im atomaren Bereich die reale Welt nur unzureichend präsentieren sollte, so vermag es sie doch vielleicht stellvertretend zu repräsentieren.

Inzwischen gibt es eine Reihe quantenmechanischer Interpretationen, die über die Kopenhagener Deutung hinausgehen. Dazu gehören solche, die an die Stelle statistischer Wahrscheinlichkeiten und des Indeterminismus einen *Superdeterminismus* setzen. Hiernach wären alle Naturereignisse am Ende doch wieder kausal vorherbestimmt.[58] Waren vielleicht Einsteins Bedenken doch berechtigt? Niemand kann hier etwas mit absoluter Sicherheit sagen. Fest steht nur: Letztlich ist auch im Mikrokosmos alles so, wie es ist, gleichviel, ob der Gedanke „es ist so" ist oder nicht.

Der nur grob aufgespannte Mikrokosmos mit seinen bizarren Prozessen, Elektronen, Protonen und Neutronen, seinen Kraft- und Materieteilchen und Antiteilchen, seinen Wellen, Energien und Feldern vermag uns das Staunen zu lehren. Jedoch gilt dies in noch weitaus stärkerem Maße vom Makrokosmos. Es wird vermutet, dass das Universum zum gegenwärtigen Zeitpunkt nur zu etwa fünf Prozent aus „normaler", das heißt baryonischer oder atomarer Materie, zu 23 Prozent aber aus sogenannter Dunkler Materie und zu 72 Prozent aus Dunkler Energie besteht. Allerdings konnten Dunkle Materie und Dunkle Energie bislang noch nicht experimentell nachgewiesen werden. Sie wurden lediglich erschlossen. Mit *Dunkler Materie* lässt sich die Bewegung der sichtbaren Galaxienhaufen um die eigene Achse erklären. Den Hintergrund bildet die stupende Erkenntnis, dass die Geschwindigkeit, mit der die sichtbaren Sterne in den Außenbereichen einer Galaxie um deren Zentrum rotieren, deutlich höher ist, als sie aufgrund der Gravitation der Sterne sein dürfte. Hier wirkt offenbar die Gravitation einer zusätzlichen Materie. Ähnliches gilt für die *Dunkle Energie*: Aufgrund der bekannten Materie im All und der durch sie wirkenden Ausdehnung des Alls müsste sich die Expansionsgeschwindigkeit des Universums verlangsamen. Messungen haben aber eine Zunahme der Ausdehnungsgeschwindigkeit ergeben, die auf eine bislang unerkannte Dunkle Energie zurückgeführt wird. Doch wie es hiermit auch ist, die Existenz des unermesslichen

---

[58] Vgl. Vaas, Kontroverse Quantenrealität, S. 27f.

Universums mit Milliarden Galaxien, bestehend aus Wasserstoff und Helium, lässt sich jedenfalls nicht sinnvoll leugnen.

Milliarden Himmelskörper
Das sogenannte kosmologische Standardmodell ist inzwischen nicht nur wissenschaftlichen Experten bekannt, sondern auch ein Stück lebensweltlicher Wissensvorrat und eine Art Hintergrundüberzeugung vieler Menschen geworden. Moderne Kosmologen schätzen das Alter des Universums auf knapp 14 Milliarden Jahren. Es wird gelehrt, dass im Augenblick des Urknalls ein unvorstellbar kompakter Zustand unendlich hoher Energiedichte aufglühte und mit Überlichtgeschwindigkeit explodierte. Aus diesem kosmischen Feuerzauber entstanden außer Raum und Zeit weitaus mehr als 150 Milliarden Galaxien, von denen sich die meisten aus mehr als 100 Milliarden Sonnen zusammensetzen; unsere Milchstraße enthält rund 200 Milliarden Sonnen. Unserem Planeten kommt innerhalb dieses unermesslichen Universums eine Randstellung zu. Im Universum gibt es ganz verschiedenartige Objekte wie Doppelsterne, die sich um einen gemeinsamen Schwerpunkt bewegen, dann Pulsare, das sind schnell rotierende Neutronensterne, oder Quasare, um nur drei Beispiele zu nennen. Quasare sind sternenähnliche Radioquellen. Sie bilden die aktiven Kerne der Galaxien und bestehen vermutlich aus aktiven Schwarzen Löchern, die von leuchtender Materie umgeben werden.

Für Schwarze Löcher ist eine ungeheuer starke Gravitation aufgrund extrem verdichteter Masse charakteristisch. Schwarze Löcher können entstehen, wenn Sterne kollabieren, nachdem sie ausgebrannt sind. Obwohl sie vielleicht nur einen Durchmesser von ein paar Kilometern haben, enthalten sie die verdichtete Masse einiger Sonnen. Supermassereiche Schwarze Löcher im Zentrum der Galaxien haben schätzungsweise sogar die unvorstellbare Masse von Millionen bis Milliarden Sonnen.

Die Expansion des Weltalls verläuft nicht linear. Wie erwähnt, wurde eine Verlangsamung der sich voneinander wegbewegenden Galaxien erwartet. Doch ist das genaue Gegenteil der Fall. Ob aber die beschleunigte Expansion unaufhörlich weitergehen oder eines Tages aufhören wird, ist unsicher. Hält die Ausdehnung an, so nennt man das Universum offen, geht man hingegen davon aus, dass die Gravitationskräfte irgendwann der Expansion Einhalt gebieten und das Universum zum Kontrahieren bringen, so bezeichnet man das Universum als geschlossen. Außerdem ziehen neuere astrophysikalische Vermutungen in Betracht, dass es außer unserem riesigen Universum als abgeschlossenem System noch weitere Universen geben könnte. Seriöse Astrophysiker spekulieren über ein Multiversum, worauf an anderer Stelle eingegangen sei.

Drama der Evolution
Unser Planet Erde ist lediglich einer von acht im Sonnensystem. Er soll sich vor ungefähr 4,6 Milliarden Jahren am Rande einer durchschnittlichen Spiralgalaxie mit rund 200 Milliarden Sonnen gebildet haben. Es dauerte mehr als 160 Millionen Jahren bis sich die Erdkugel aus flüssigem Gestein mit heißen Gasen so weit abgekühlt hatte, dass sich eine Kruste bilden konnte. Vulkane spien heißen Wasserdampf aus, der über mehrere Millionen Jahre ununterbrochen als Regen auf die Erde fiel. Die ganze Erdkugel war mit Wasser bedeckt. Vor rund 2,5 Milliarden Jahren war die Erde für die nächsten 300 Millionen Jahre vollständig mit Eis überzogen. Die ersten Kontinente bildeten sich vor 1,3 Milliarden Jahre und vor 450 Millionen Jahren kletterten die ersten Pflanzen an Land. Der erste Landgang der Wirbeltiere erfolgte vor schätzungsweise 375 Millionen Jahren.

Nach der Evolutionstheorie sind alle Lebensformen auf der Grundlage von Selektion und Mutation in einem natürlichen Entwicklungsprozess entstanden. Die Entstehung neuer Arten ist nicht ein Wunder, sondern das Ergebnis eines natürlichen Prozesses. Auch der Mensch ist das Ergebnis eines Wechselspiels zufällig streuender Mutationen mit dem harten Kampf ums Dasein. Er hat seinen Platz im phylogenetischen System der Organismen und ist genauso wie alle übrigen Lebewesen ein Produkt der Evolution, das sich im Laufe von Jahrmillionen aus seinen tierlichen Vorfahren entwickelte. Allerdings verlief der Naturprozess keineswegs so geradlinig, wie oftmals angenommen wird. Die zwei geläufigen Bilder der Naturgeschichte – die Leiter des Fortschritts und der Kegel der wachsenden Vielfalt – haben sich vor dem Hintergrund der großen Veränderungen, die in den vergangenen 700 Millionen Jahren manchmal bis zu 95 Prozent der jeweils bestehenden Arten ausrotteten, als problematisch erwiesen. Denn die Entwicklung des Lebens ging keineswegs ständig aufwärts zu immer Höherem und Komplexerem, sondern ist gekennzeichnet von Phasen massenhaften Aussterbens mit anschließender Differenzierung der überlebenden Stämme.

So soll im Kambrium, vor rund 600 bis 500 Millionen Jahren, die Verschiedenartigkeit des Lebens am größten gewesen sein, während in den darauffolgenden Jahrmillionen nach heutigem Erkenntnisstand ein ungeheurer Dezimierungsprozeß aller bis dahin entstandenen Lebewesen stattfand. Allein im Perm, vor rund 290 Millionen Jahren, gingen wissenschaftlichen Schätzungen zufolge mehr als 90 Prozent aller aus dem Meer stammenden Arten zugrunde – und rund 75 Prozent aller Landlebewesen. Wenn am Ende der Kreidezeit, vor rund 65 Millionen Jahren, die Dinosaurier, welche ungefähr 170 Millionen Jahren auf der Erde lebten, nicht ausgestorben wären, dann hätten sich die bis dahin nur in Nischen überlebenden Säugetiere gar nicht weiterentwickeln können. Daraus tauchte vor nahezu zwei Millionen Jahren die erste Menschenform empor, der

Homo habilis, aus der dann der frühe Homo erectus und schließlich der archaische Homo sapiens in Afrika vor 400 000, in Ostasien vor 200 000 bis 300 000 Jahren entstand. Der anatomisch moderne Mensch, wie die Spezies Homo sapiens sapiens heute bezeichnet wird, existiert seit mehr als 100 000 Jahren auf der Erde; der Homo sapiens sapiens selbst aber erst seit rund 40 000 Jahren. Weit davon entfernt, strahlender Höhepunkt und Endzweck einer auf ihn ausgerichteten Naturentwicklung zu sein, ist der Mensch das Ergebnis eines vermutlich richtungslosen, zumindest höchst wechselvollen Evolutionsdramas und darin nur ein flüchtiges Detail, ein winziger Zweig an einem Ast des üppigen Naturbaums.[59]

Unsere Erde, auf welcher der Entwicklungsgang des Lebens über Umwege zum Bewusstsein führte, ist vergänglich. Nachdem die Sonne in voraussichtlich fünf Milliarden Jahren ihren Wasserstoff-Brennstoff aufgebraucht und sich zu einem Roten Riesen verwandelt haben wird, wird sie die Erde verschlucken, auf der es dann schon längst kein Leben mehr gibt. Spätestens nach ein bis zwei Milliarden Jahren wird die Sonne so heiß werden, dass Leben auf der Erde nicht mehr möglich sein wird. Der Rote Riese wird schließlich zu einem Weißen Zwerg zusammenfallen, ein Himmelskörper mit extrem dichter Materie. Irgendwann werden immer weniger Sterne im Universum noch Licht aussenden können. Vielleicht wird es am Ende nur noch eine Wärmestrahlung geben, die immer kälter wird. Möglicherweise bleibt vom Weltall nur ein sich ausdehnendes und langsam dem absoluten Nullpunkt sich näherndes Strahlungsfeld übrig.

In der gegenwärtigen Wissenschaft steht nicht mehr so sehr die Tatsache der Evolution des Kosmos, des Lebens und des Menschen samt seiner Kultur als vielmehr ihr Wie in Frage. Der Entwicklungsgedanke und die Evolutionsidee als solche werden kaum mehr kontrovers diskutiert, sondern hauptsächlich die verschiedenen Theorien über den Entwicklungsgang des Weltalls und des Lebens. Diese Anerkennung des wissenschaftlichen Weltmodells erzwingt die schlichte Tatsache, dass denkmögliche Alternativen nicht mehr überzeugen. Es bedarf keiner großen Urteilskraft, um zu erkennen, dass alle philosophischen Beschreibungen der Gesamtwirklichkeit ohne Bezug auf die physikalische Kosmologie und die übrigen Einzelwissenschaften nur ihr eigenes Scheitern bewirken können. Die philosophische Reflexion aufs Ganze der Wirklichkeit kann sich nicht mehr von der physikalischen Kosmologie freimachen.

Stillschweigende Voraussetzung
Unverborgenheit des Seienden im Ganzen bedeutet Vergegenwärtigung der Wirklichkeit als eines unermesslichen Universums, das unabhängig von uns

---
[59] Vgl. Gould, Zufall Mensch, S. 1994.

existiert. Das Seiende im Ganzen, in das wir hineingeboren werden, in dem wir leben und sterben, ist ein seit dem Urknall expandierendes, mit Milliarden von Milchstraßen erfülltes, unvorstellbar großes Weltall. Darin bewohnen wir einen vergänglichen, winzigen Planeten, auf dem sich im Laufe eines naturgeschichtlichen Prozesses irgendwann menschliches Leben herausbildete, das es über kurz oder lang nicht mehr geben wird. Die geschichtliche und alltägliche Lebenswelt der heutigen Kulturen mit ihren verschiedenartigen Alltagswelten ereignet sich am Rande einer durchschnittlichen Spiralgalaxie auf dem Planeten Erde. Darauf ist einst der Mensch erstmals im Reich der Organismen als spätes Ergebnis der natürlichen Evolution aufgetaucht, die ihrerseits Teil des sich in unermessliche Weiten hin erstreckenden und von Milliarden auseinanderstrebenden Galaxien erfüllten Weltalls ist. Natürlich verzeichnet die skizzierte „Weltkarte" nur grob und lückenhaft, was es alles gibt.

Im Vorstehenden bezeichnet das *Sein* mehr als nur das *anschauliche Wesen* des Seienden oder dessen *mathematische Struktur*. Es meint auch noch etwas anderes als nur die *Unverborgenheit* des Seienden. Das Sein ist dort *Inbegriff alles Wirklichen*, mit Wittgenstein gesprochen: die Gesamtheit dessen, was der Fall ist, der Sachverhalte oder Tatsachen im Großen wie im Kleinen. Das Sein steht da für alle Prozesse und Zustände im Weltall. Es ist das Weltall selbst. Da sich der Begriff Sein auf alles beziehen soll, was existiert, bekommt es hier nun den weitest möglichen Bedeutungsumfang. Anknüpfend an die oben formulierten Zweifel, ob es denn Gott, Mensch und Welt überhaupt gibt, muss zwar festgehalten werden, dass wir die Welt als Ganzes niemals sehen, nicht einmal vorstellen, sondern bestenfalls denken können. Denn in allen Vorstellungen und Gedanken haben wir es nur mit Sachen oder Sachverhalten zu tun. Allerdings lassen sich diese in der Idee der Welt zu einer Einheit zusammenfassen. Mit dieser Idee wird selbstverständlich die Welt nicht *als Idee* gedacht, sondern *als Inbegriff dessen, was es alles gibt*: Wirklichkeit.[60]

Obgleich dieses Verständnis von Sein den größtmöglichen Umfang hat und nichts wirklicher als das Weltall ist, entgeht aber auch den wissenschaftlichen Vorstößen zum mikroskopisch Kleinen und teleskopisch Großen der grundlegendste Aspekt der Wirklichkeit. Wie die antiken Griechen übersehen wir in Alltag und Wissenschaft für gewöhnlich den fundamentalsten Aspekt des Seins als Inbegriffs alles Wirklichen. Ohne dieses Kennzeichen könnte es die Gesamtheit des Seienden, mithin das alltägliche, anschauliche oder mathematisch strukturierte Seiende gar nicht geben. Jedoch verfehlen Wissenschaft und Alltag dieses Spezifikum nicht versehentlich, sondern zwangsläufig, weil es sich

---

[60] Vgl. Alexander v. Humboldt, Jugendbriefe II.

grundsätzlich alltäglichen Routinen und wissenschaftlichen Forschungen entzieht.

In der Unverborgenheit tauchte das Wirkliche bislang zwar als alltägliches, anschauliches und wissenschaftliches Seiendes auf, dessen Überhauptsein blieb aber außer Acht. Selbst wo das Sein mit der Gesamtheit dessen, was der Fall ist, gleichgesetzt wird, bleibt dessen rätselhafte Existenz verborgen, so merkwürdig es klingt. Doch wenn Sein das ist, was allem zukommt, und wenn dessen Gegenbegriff das Nichts ist, dann müsste Sein doch soviel wie Überhauptsein bedeuten. Ist das Sein also die von platonischen Wesenheiten, alltäglichen Anschauungen und mathematischen Formeln verschüttete Existenz alles Seienden? Aber ist Existenz nicht eine zu selbstverständliche, triviale Voraussetzung alles Wirklichen, um mit dem erhabenen vagen Sein identifiziert werden zu können? Zweifellos ist das Überhauptsein eine stillschweigende Voraussetzung alles Wirklichen, gleichviel, wie dieses beschafften und strukturiert sein mag. Allerdings wird die Existenz hierdurch keineswegs so belanglos, dass sie nicht eigens hervorgehoben und erhellt zu werden verdient. Genauer betrachtet ist das Überhauptsein sogar das blanke Gegenteil einer Banalität, selbst wenn die Rangerhöhung dieser scheinbaren Harmlosigkeit zu etwas Besonderem nicht auf Anhieb einleuchten sollte.

Hiersein ist merkwürdig

Last des Daseins

Wir Menschen kennen uns nicht aus. Tiere wissen Bescheid. Sie haben mehr Ahnung, wo es lang geht. Sie sind instinktsicher. Wir nicht. Wir müssen unser Leben selbst führen. Daher ist das Vertrauen in die Lebbarkeit des eigenen Daseins keineswegs selbstverständlich. Der Mensch ist nicht einfach nur da, er muss sogar viel dafür tun, um da sein zu können. Der Mensch ist ein ebenso begieriges wie bedrängtes Lebewesen, das die ihn umgebende Welt sowohl unter dem Gesichtspunkt möglicher Nutzung als auch aus der Perspektive möglicher Bedrohung wahrnehmen muss. Dadurch wird menschliches Leben mühsam und sorgenvoll. Des Gelingens ist es niemals sicher. Als biologisches Wesen mag der Einzelne an die Natur angepasst sein, an die Probleme, vor die das Leben ihn stellt, ist er es häufig nicht. Indem man sein Leben führt, tut man sogar dauernd etwas, das man gar nicht kann: leben. Dies fällt uns deshalb schwer, weil wir hierauf schlecht vorbereitet und hierfür unzureichend ausgebildet sind. Deshalb nennt Hans Blumenberg den Menschen „das Unmögliche". Damit ist die einfache Tatsache gemeint, dass das Leben, wie es dem Einzelnen geschenkt oder zugemutet wird, ihn oftmals überfordert. Immer wieder drängt sich ihm schmerzhaft die übermächtige Wirklichkeit auf. Leidvolle Widerfahrnisse stoßen jedem hin und wieder zu, ohne einen zu fragen, ob man sie ertragen kann. In deren Unerbittlichkeit liegt ihre Härte. Wenn das Unglück kommt, ist es einfach da – sei es als Krankheit, Unrecht, Verlassenheit oder Tod. Die Krise hat viele Gesichter. „Nie ruhen die Menschen aus von Mühe und Leid am Tage, und selbst bei Nacht endet nicht die Mühsal", heißt es in Hesiods *Werke und Tage*,[61] 7. Jhd. v. Chr. Diese Erkenntnis hat bis heute nichts von ihrer Aktualität eingebüßt: „Ja, jeder Tag hat seine Plage", heißt es in Samuel Becketts *Texte um Nichts*.[62]

Ursprünglich schutz- und hilflos der übermächtigen Wirklichkeit preisgegeben, sucht jeder seinen Sorgen zu entkommen. Indes sind wir niemals verlässlich in der Welt zuhause, wie Rilke in der *I. Duineser Elegie* schreibt, sondern fallen „wie Wasser von Klippe zu Klippe ins Ungewisse hinab", so Hölderlin im *Schicksalslied*. Unser von Ungewissheit geplagtes Leben gleicht dem Dasein rastlos umherziehender Gaukler und Artisten, meint Rilke in der *V. Duineser Elegie*. „Bleiben ist nirgends."[63] Alle sind auf Wanderschaft: „Wir sind nur Gast auf Erden und wandern ohne Ruh` mit allerlei Beschwerden der ewigen Heimat zu", lautet der Text eines bekannten Kirchenlieds. Nach der Religion liegt die versprochene Heimat im jenseitigen Himmel. „Denn wir haben hier keine bleibende Statt, sondern die zukünftige suchen wir", schreibt Paulus im *Hebräerbrief*. Gerade das Bild des Wanderers veranschaulicht die Kluft zwischen der Stätte, an der man weilt, und dem Ziel, zu dem man unterwegs ist. Ein Wanderer lebt zwischen zwei Orten. „Ruhelos ist unser Herz, bis es ruht in Dir, o Herr", bekennt der Kirchenvater Augustinus. In Gott werde vollendet, was hier unabgeschlossen bleibe: „Des Menschen Leben … hat wohl einen Anfang, hat ein Ende. Allein ein Ganzes ist es nicht", dichtet Goethe im *Faust*. Bis in die moderne Wohlstandsgesellschaft kommt der Einzelne niemals zur Ruhe. Wie unsicher und heimatlos wir eigentlich sind, bezeugen die vielfältigen Krisenerfahrungen und Beschwernisse des Alltags. Vieles wirkt bedrohlich, manches ist zum Verzweifeln, einiges zum Weinen, so dass nicht erst gebrochene Herzen, sondern mitunter sonst standhafte Gemüter am Leben irrewerden.

Preis der Verblüffung
Trotz aller Mängel, Probleme und Sorgen ist der Mensch imstande, die Unannehmlichkeiten seiner Existenz größtenteils zu bewältigen. Ratlosigkeit ist nicht seine Stärke. Denn obwohl wir nicht existenzfähig zu sein scheinen, existieren wir trotzdem! Hierbei helfen uns Technik und Kultur, Recht und Politik,

---

[61] Hesiod, Werke und Tage, S. 13, 16.
[62] Beckett, Erzählungen und Texte um Nichts, S.125.
[63] Rilke, I. Duineser Elegie.

Freundschaften, Ablenkungen sowie Betäubungsmittel aller Art. Wie Arnold Gehlen betont, überlebt der Mensch nur durch Mängelausgleich. Es bedarf großer Anstrengungen, bis unser Dasein im Rahmen tragender Gewohnheiten verhältnismäßig reibungslos ablaufen kann. Dabei sind es meist nicht mal große Ziele, die uns auf Trab halten, sondern nach Abhilfe verlangende Alltagsnöte, die immer wieder neu bearbeitet werden müssen. Nach Odo Marquard ist der Mensch „überwiegend nicht Zielstreber, sondern Defektflüchter."[64] Aber selbst Defektflüchter müssen einen Weg durchs Labyrinth des Alltags finden. Der Handlungsdruck und Orientierungsbedarf sind enorm.

Nun ist es gerade diese prekäre Ausgangssituation, der wir unsere Weltoffenheit zu verdanken haben. Schutz- und hilflos in die Wirklichkeit gestellt, müssen wir mit ihr und uns darin fertig werden. Dafür sind wir uns selbst und der Welt auf vorprädikative, vorkognitive und vortheoretische Weise bewusst. Jeder von uns weiß um sich und die Wirklichkeit als solche. Einerseits sind Selbst- und Weltbewusstsein notwendig, um das Leben anpacken und meistern zu können; Sinnesorgane, Hirn und Sprache sind im Laufe der Evolution als Überlebensorgane entstanden. Andererseits kann erst ein selbstbewusstes weltoffenes Lebewesen sich in der Wirklichkeit heimatlos, ungesichert und zur Daseinsführung bestimmt fühlen. Hier hängt alles mit allem zusammen.

Allerdings liegt gerade in der Bedürftigkeit, Schutzlosigkeit und Beschwerlichkeit des Lebens eine große Chance. Die mit unserer schwierigen Ausgangslage verbundene Weltoffenheit ist nicht bloß Bürde und Last, sondern ebenso Privileg und Auszeichnung, ermöglicht doch erst sie es, dass uns die Dinge *als solche und als unabhängig von uns vorhanden* aufgehen und sich die Frage nach dem Sein des Seienden aufdrängen kann. Pointiert formuliert liegt gerade in der heiklen Grundverfassung des Menschen das Fundament seiner Verblüffung darüber, dass überhaupt etwas existiert, wie schon Max Scheler, Helmuth Plessner, Karl Jaspers und Martin Heidegger erkannten. Ähnliches steht in Rilkes *Duineser Elegien*: Erst das schwere Los des Menschen ermöglicht eine hymnische Rühmung der Erde.[65]

Für die Anwendung dieser kostbaren Fähigkeit ist die Dürftigkeit ihrer Herkunft zwar irrelevant, aber keineswegs unerheblich. Denn nur ein ungesichertes, hinfälliges, vergängliches Lebewesen wie der Mensch ist aufgrund seiner Weltoffenheit und seines Reflexionsvermögens in der Lage, seinem Dasein eine hohe Intensität und den Dingen eine starke Gegenwärtigkeit zu verleihen. Zu diesem verborgenen Schatz gehört ebenso die überraschende Möglichkeit, des majestätischen Weltalls bedachtsam innewerden zu können. Gerade die Unverborgenheit, in welcher der Mensch sein geplagtes Dasein bearbeitet, eröffnet

---

[64] Marquard, Philosophie des Stattdessen, S. 42.
[65] Vgl. Wetz, Das Fest der gewöhnlichen Dinge.

ihm die einzigartige Gelegenheit, die Natur ringsum verherrlichen zu dürfen. Der Preis hierfür ist seine Schutzlosigkeit, Ungeborgenheit und Bedürftigkeit. Der gleiche Preis muss entrichtet werden, um auch der nackten Existenz alles Wirklichen als solcher gewahr werden zu können. Wie aber die prekäre Grundverfassung des Menschen wesentliche Voraussetzung dafür ist, der Existenz alles Wirklichen überhaupt und der Frage nach dem „Einen in Allem" bewusst werden zu können, genauso verdeckt sein Überlebenskampf das faszinierende nackte Dass der Wirklichkeit auch wieder, das durch seine Alltagssorgen in der Regel verschüttet bleibt.

Lebensweltlicher Sternenhimmel
Die rätselhafte Existenz des Wirklichen bleibt verborgen, solange die vertraute Lebenswelt den bedürftigen und bedrängten Mensch gänzlich in Anspruch nimmt. Die Lebenswelt vermag seine natürliche Bedürftigkeit, Schutzlosigkeit und Heimatlosigkeit zu reduzieren. Wie ausgeführt, ist sie eine Sphäre fragloser Selbstverständlichkeiten. Für diesen übersichtlichen Umkreis vertrauter Alltagsdinge sind – neben Bekanntheit, Verständlichkeit und Beherrschbarkeit – auch Unauffälligkeit und Fraglosigkeit charakteristisch. Sich im Schutz seiner Lebenswelt aufzuhalten bedeutet, von einem Ensemble Halt und Entlastung gewährender Gewohnheiten getragen zu werden. In der Lebenswelt, in die man hineinwächst und in der man wohnt und arbeitet, begegnen einem die Dinge auf vorausdrückliche und vorkognitive Weise primär unter dem Gesichtspunkt ihrer Verwendbarkeit. Im alltäglichen Dahinleben nimmt man Türgriffe, Zahnbürsten und Kaffeemaschinen nicht sehr bewusst wahr. Man sieht sie zwar, bemerkt sie aber nicht, so sehr hat man sich an ihren Anblick und die soziale Umgebung gewöhnt. Obwohl man sie fest im Blick hat, fasst man sie doch kaum ins Auge. Man nimmt sie fraglos hin, erliegt gleichsam der Illusion ihrer Bekanntheit. In unseren von Routinen geprägten Tagesabläufen ist ihre Unverborgenheit das Normale. Mechanisierte Verrichtungen, standardisierte Handlungsrituale, die immer gleichen Wiederholungen stiften Vertrauen und schaffen Vertrautheit, führen aber zugleich zur Abstumpfung unserer Merkfähigkeit. Gewohnte Tagesabläufe schließen geschärfte Aufmerksamkeit aus.

Von dieser Verwandlung unserer näheren Umgebung ins Selbstverständliche bleibt nicht einmal der gestirnte Himmel verschont. Dieser ist für die meisten so normal, dass bunte Feuerwerke am Nachthimmel zum Jahreswechsel sie mehr zu faszinieren scheinen als die sichtbaren Sterne dahinter. Auf den ausgetretenen Wegen der Gewohnheit übersehen wir nicht nur das meiste, wir sehen auch meist nur die sichtbaren Dinge um uns, nicht aber die funkelnden Sterne über uns. Selbst das Universum ist für ein Großteil der Menschheit eine gewöhnliche Sache, ein Bestandteil ihres gewohnten Ambientes, das Passepartout ihrer Routinen. Weit davon entfernt, als Gegenentwurf zu ihrem Alltag verstanden zu werden, gehört der gestirnte Himmel so sehr zur Lebenswelt, dass nur einige sich hiermit näher befassen. Er ist hauptsächlich Dekoration, oberflächlich beachteter Hintergrund unseres Lebens. Wird er noch dazu als Bote für schönes und schlechtes Wetter, warme und kalte, trockene und feuchte, ruhige und stürmische Witterung der Lebenswelt integriert, so bleibt er fast gänzlich unsichtbar. Kalenderrechnung, Landwirtschaft, Flug- und Seefahrt ziehen den Himmel in die Lebenswelt hinein und ordnen ihn alltäglichen Belangen unter.

Folglich bedarf das unermessliche Universum spezieller menschlicher Anstrengungen, um bemerkt zu werden, obwohl sich ein klarer Sternenhimmel doch selbst imponiert. Allerdings vermag sein Anblick nachdenkliche Betrachter so sehr zu beunruhigen, dass sie sich manchmal den grauen Tageshimmel zurückwünschen: „Sag, traust du dich hinaufzuschauen?", heißt es in einem Roman Arthur Schnitzlers. „Wohin? Er deutete mit dem Finger auf den Himmel. Da gerade hinauf, ins Dunkelblaue. Ich kann's nämlich nicht. Es ist mir unheimlich. Sie schaute hinauf und verweilte mit ihren Blicken ein paar Sekunden oben. Mit tut's eher wohl, sagte sie. So? erwiderte er. Wenn der Himmel so klar ist wie heute, bring' ich es schon gar nicht zusammen. Diese Ferne, diese schauerliche Ferne! Wenn Wolken oben stehen, ist es mir nicht so unangenehm, die Wolken gehören doch noch zu uns; – da schaue ich in Verwandtes hinein."[66]

Apollinische Exzesse
Um ruhig in den Nachthimmel schauen zu können, darf das Nächste nicht mehr dringlich sein. Erst wo das Überleben gesichert und die Lebenswelt verlassen ist, wird es möglich, die Dinge selbst zu bestaunen. Seit jeher steht der Beschaulichkeit die Beschwerlichkeit des Alltags entgegen. „Man muss Zeit haben, um den Himmel zu schauen und ihn aufmerksam zu betrachten. Aber die Leute blicken nicht auf. Die Arbeit, die Sorgen lassen ihnen keine Ruhe," schreibt Ionesco im *Einzelgänger*.[67] Schon nach Cicero muss der Weise einen mittleren Weg finden zwischen den Ansprüchen seines praktischen und politischen Lebens auf der einen Seite und der freien Muße auf der anderen. Hierzu ist nur fähig, wer bereits in guten äußeren Verhältnissen lebt, meint Aristoteles: „Ein betrachtendes Leben bedarf der leiblichen Gesundheit, der Nahrung und alles anderen, was zur Notdurft des Lebens gehört."[68]

Höher als das aktive steht das kontemplative Dasein, dem es an Antrieb zum Handeln, also Tatkraft mangelt, nicht aber an Bereitschaft zur stillen Hingabe in müßiger Betrachtung als Voraussetzung zum gesuchten Seinserlebnis. Zum

---
[66] Schnitzler, Sterben, S. 21f.
[67] Ionesco, Einzelgänger, S. 149.
[68] Aristoteles, Nik. Ethik 10, 1178b-1179b.

tatenarmen Sinnieren bedarf es eines einsamen Ruheplatzes, der den erforderlichen Ansprüchen schon dadurch genügt, dass er den nachdenklichen Betrachter von alltäglichen Verrichtungen fernhält. Wie es in Paul Valérys *Monsieur Teste* heißt, ist hierzu nur ein von Hoffnungen, Ängsten und Schrecken befreites Leben imstande. Lediglich ein solches vermag sich in die Anschauung eines Baums, einer Landschaft oder des Nachthimmels zu vertiefen, um das Bewusstsein mit deren noch unverstandenem Sein ausfüllen zu lassen. Mit anderen Worten, der Weg verläuft vom interessegeleiteten Spähen zum interesselosen Schauen, bei dem am Seienden das Sein hervortreten soll.

In der heutigen Zeit bleibt die Erstaunlichkeit des Wirklichen für gewöhnlich hinter unserer hektischen Betriebsamkeit verborgen. Wir leben in einer beschleunigten, ruhelosen Non-Stopp-Gesellschaft, in der sich auf allen Ebenen alles immer schneller verändert, Stress und Zeitnot stetig wachsen, das Lebenstempo ständig steigt und die Geschwindigkeit technischer Innovationen dauernd zunimmt. Die meisten sind gezwungen, mit diesen Veränderungen Schritt zu halten, um nicht in Rückstand zu geraten. Der Anpassungsdruck ist hoch. Dazu kommt eine quälende Verpassensangst. Man hat doch nur das eine Leben, in das man möglichst viel unterbringen sollte. Handlungs- und Erlebnisangebote gibt es hierfür genug. Da ist die Versuchung groß, doppelt so schnell leben zu wollen, um doppelt so viele Optionen nutzen zu können.

Hinzu kommt ein diffuses Verlangen, hin und wieder aus dem geordneten Alltag auszubrechen, um außergewöhnliche Abenteuer abseits bürgerlicher Behaglichkeit und eingeübter Anstandsregeln zu erleben. Der Wunsch ist groß, die gewohnten Tagesabläufe zu durchbrechen, weil man der täglichen Routinen überdrüssig ist. Flügelschlagende Sehnsüchte erwachen. In unserer vergnügungsorientierten Erlebniskultur suchen die Menschen mehr nach interessanter Abwechslung als nach ernster Besinnung. Ihre Entscheidung zwischen vielfältigen Angeboten wird durch den zu erwartenden Erlebniswert der gewählten Alternative bestimmt. Hierbei lassen die tausendfachen Möglichkeiten kaum Zeit, sich mit etwas eingehender zu befassen, wenn man nichts verpassen möchte. Daraus folgt die viel beklagte Oberflächlichkeit unserer Gesellschaft, deren Mitglieder oftmals abnehmende Ausdauer, mangelnde Konzentration und ein ruheloses Verlangen nach kurzweiligen Erlebnisreizen kennzeichnen. Wie viele möchten die volle Intensität des Lebens genießen, dichte Erfahrungen auskosten, welche die rationale Fassungskraft übersteigen. Dabei sind sie nicht auf tiefe Erkenntnisse aus. Sie wollen lediglich die eingeschliffenen Routinen ihres vertrauten Alltags abstreifen. Bei alldem werden körperliche Freuden, amouröse Abenteuer und krasse Events bevorzugt, die positive Erregungen garantieren. Allerdings ist nicht immer klar, was man erleben möchte, sondern lediglich, wie man erleben möchte. In wilde Feierlaune versetzt, hoffen viele, von starken

Gelüsten durchzuckt zu werden, die den lauen Alltagsroutinen entgegengesetzt sind. Aufpeitschende Technoclubs, aufreizende Popkonzerte, aufwühlende Sportveranstaltungen und ausschweifende Feste, um nur einige Beispiele zu nennen, versprechen unvergleichlichen Genussreiz. Hier steht die Aktion vor der Kontemplation, mit deren Hilfe das Sein des Seienden erlebbar werden soll. Zwar wird das Gelingen solcher Kontemplation gleichfalls ein von allem Streben und Wollen gelöstes Außer-sich-Sein bewirken, doch wird sich darin die Ekstase mit Askese, die Leidenschaft mit Vernunft mischen.

Nietzsche unterscheidet zwischen dem Dionysischen und Apollinischen. Ersteres steht für sinnlichen Rausch, maßlose Delirien, orgiastische Raserei. Dagegen kennzeichnet das Apollinische gesammelte Stille, ruhige Besinnung, gemäßigte Form. Der Abenteurer von heute ist vorrangig auf der Suche nach dionysischen Exzessen. Doch sind auch apollinische Exzesse möglich, die zwar auf andere Weise, aber gleichermaßen den Einzelnen aus seinem Alltag hinaustragen. In diesen Zusammenhang gehören meditative Übungen, in denen sich auf den eigenen Atem, ein Bild, einen Vers, Spruch oder auf ein durch unablässiges Wiederholen eingeprägtes Mantra konzentriert wird, bis die Gedanken nicht mehr abdriften, die alltäglichen Sorgen das Denken nicht mehr erreichen. Das Bewusstsein hat einen Fokus erhalten. Alle alltäglichen Bilder, Vorstellungen und Gedanken, die durch den Kopf schwirren, sind jetzt gegen null heruntergepegelt. Es stellt sich ein Zustand erhöhter Achtsamkeit ein.

Im Vergleich zur religiösen Mystik soll sich hier der Einzelne aber nicht von allen sinnlichen Eindrücken befreien, um mit Gott, dem All-Einen oder anderen höheren Mächten zu verschmelzen. Im Gegenteil gilt an dieser Stelle die erhöhte Achtsamkeit dem Wirklichen um und über uns. Der apollinische Exzess, ein intellektueller Rauschzustand, führt zur gesteigerten Wahrnehmung alles Seienden, damit dessen bloße Präsenz bereits den Betrachter faszinieren, ja überwältigen kann. Noch ungeachtet der Frage, ob die hierbei erfahrene Wirklichkeit tatsächlich existiert, kommt es in apollinischen Exzessen zu ganz speziellen Erlebnissen. Solche asketischen Ekstasen, die in der heutigen Eventkultur eher vernachlässigt werden, weisen in die Richtung, wo das Sein des Seienden, die nackte Existenz des Wirklichen aufgespürt werden kann; Wissenschaft und Lebenswelt lassen sie zwangsläufig außer Acht. Um aber dem „Einen in Allem" *angemessen* innewerden zu können, muss man nicht nur zu einem die Alltagsgrenzen sprengenden Enthusiasmus fähig sein, sondern auch weiter neugierig auf die wissenschaftliche Wirklichkeit bleiben.

Neugierde
Seit jeher machen das Geheime, Wunderliche, Ausgefallene und Seltsame neugierig. „Kursiositäten" regen die „Curiositas": Neugierde an. Sie versprechen

lustvolles Gruseln. Wenn auch mit abgemilderter Stärke wenden sich heutige „Sensationstouristen" und „Gaffer" genauso neugierig schlimmen Katastrophen zu wie früheres Publikum grausamen Gladiatorenkämpfen, Hexenverbrennungen und Hinrichtungen. Hieraus folgt: Wer Aufmerksamkeit erlangen möchte, der sollte auf dem Amboss der Öffentlichkeit sprühende Funken schlagen. In der modernen Eventkultur lassen sich selbst Informationen am besten als Sensationen verbreiten. Das Interesse an Wissenschaft wächst in dem Maße, wie ihre Erkenntnisse spannend, verblüffend und leichtbekömmlich dargeboten werden. Wissen und Bildung sollen Spaß machen. Dabei werden nicht unbedingt Wissbegier und Wissen als reizvoll erlebt, sondern die damit verbundenen Zerstreuungen. Neugier wird weniger durch Weltbewunderung als vielmehr durch die Eintönigkeit des Lebens hervorgerufen. Der entlastete Mensch von heute sucht Abwechslung in seinem monotonen Alltag. „Das Leben ist ein so langweiliges Schauspiel und die Menschen sind meistens so schlaffer Natur, dass alles, was sie unterhält, sei es auch ein mit Schmerz gemischter Affekt, ihnen im Ganzen genommen eine merkliche Lust bereitet,"[69] schrieb bereits David Hume im 18. Jhd., und er fügte sogleich hinzu, dass die theoretische Neugierde beziehungsweise „die Lust am Studium hauptsächlich in der Tätigkeit des Geistes und dem Gebrauch der geistigen Kraft und des Verstandes bei der Auffindung und dem Verständnis einer Wahrheit besteht." Die neugierige Erforschung der Welt hielt Hume für genauso aufregend wie Jagd und Spiel. Gleichfalls war G. E. Lessing davon überzeugt, dass die Wissenschaft ihre meisten Verehrer der Neugierde verdanke. Im Grunde komme es gar nicht auf Wahrheitsbesitz, sondern vielmehr auf Erkenntnislust, mithin auf Wahrheitsstreben an.[70] Aber das Vergnügen an der Erforschung und Betrachtung der Dinge allein um ihrer selbst willen ist keineswegs selbstverständlich. Zwar schreibt Aristoteles in der *Metaphysik*: „Alle Menschen verlangen von Natur aus nach Wissen"[71] und macht als letztes Motiv hierfür in der *Nikomachischen Ethik* die Glückseligkeit ausfindig. Allerdings sind wir Heutigen weit davon entfernt, Wissen noch mit Glück gleichzusetzen.

Ursprünglich stand die Neugier im Dienst des menschlichen Überlebenskampfes. Schon deshalb ist sie ein allgemein-menschliches Phänomen, obgleich sie im 19. Jahrhundert noch als rein weibliche Eigenschaft angesehen wurde. „Der Mensch ist ein neugieriges Wesen, weil er nicht ausreichend programmiert ist auf die seinen Lebensbedarf und Lebensschutz kennzeichnenden Merkmale seiner Umwelt," betont Hans Blumenberg.[72] Weit davon entfernt, überflüssigen

---

[69] Hume, Traktat über die menschliche Vernunft, II, 3, 10.
[70] Blumenberg, Legitimität der Neuzeit, S. 491ff.
[71] Aristoteles, Metaphysik A 1, 980a2.
[72] Blumenberg, Vollzähligkeit der Sterne, S. 349.

Luxus darzustellen, ermöglicht Neugier eine bessere Anpassung an die Wirklichkeit und erhöht dadurch die Überlebenschancen der Menschen. Hierzu passt *zum einen* das Neugierverhalten der Tiere, das mit ansteigender Entwicklungshöhe zunimmt. Je weniger ein Lebewesen an eine ökologische Nische angepasst ist, umso mehr hängen dessen Handlungserfolge davon ab, dass es die Vorteile und Gefahren neuer oder sich ändernder Umweltbedingungen kennt. Diese erfordern ein gewisses Maß an Neugier, zu der ein Bedürfnis nach Herausforderungen gehört. Der Grad an Neuheit und Überraschung entscheidet mit, wie stark die Neugier angeregt wird.

Zum anderen ist die Neugier als natürliche Disposition am Verhalten von Kleinkindern beobachtbar, die schon wenige Tage und Wochen nach der Geburt ohne Not aufmerksam mit ihren Augen und entsprechenden Kopfbewegungen die Ereignisse in ihrem Sichtfeld verfolgen. Bald greifen sie nach den nächsten Gegenständen, um sie sich vor Augen zu halten und in den Mund zu stecken, bevor sie ihre Aufmerksamkeit verstärkt weiter entfernten Objekten zuwenden. Dann kommt der Zeitpunkt, zu dem sie mit den Dingen regelrecht zu experimentieren beginnen, um herauszufinden, was sich damit alles machen lässt. Sobald sie anschließend auf Stühle und Sofas klettern können, sind alle erreichbaren Schalter, Knöpfe und Schubladen nicht mehr vor ihnen sicher. Beim Ausprobieren von Schaukeln und Rutschen, Schwimmen und Radfahren gesellt sich zur Neugier ein Impuls zum Wagnis, bei dem Erkenntnisdrang und Lernwille so groß werden, dass sie sogar Verletzungsrisiken einzugehen bereit sind. Spielerisch bereitet die Neugier das Kind aufs Leben vor. Denn aktives Welterkunden trägt wesentlich zur Ausbildung kognitiver Strukturen und zur Bildung lebensdienlicher Erfahrungen bei.

Allgemein bezeichnet Neugier ein Streben, das vor allem durch unerwartete, komplexe, neue Umweltreize ausgelöst wird, die im Widerspruch zu Vertrautem, Bekanntem und Gewohntem oder zu vorherrschenden Konventionen und Sitten stehen. Solche Reize können die Lust zur Lebens- und Welterforschung anfeuern. Ist der Umgebungsreiz aber zu stark, folgen Furcht und Fluchtverhalten, bleibt er dagegen zu schwach, entsteht quälende Langeweile. Der evolutionäre Sinn der Neugier liegt in der Verwandlung des Fremden in Bekanntes, des Unverfügbaren in Beherrschbares oder des Bedrohlichen in Vertrautes. Je mehr Wissen und Fertigkeiten sich die Menschen mit Hilfe ihres Neugiertriebs aneignen, desto sicherer und heimischer fühlen sie sich in der Welt. Wie die Sinnesorgane oder die Sprache gehört die Neugier zu jenen Talenten, die uns das Überleben sichern, auch indem sie uns auf Kampf oder Flucht vorbereiten. Allerdings wirkt Angst der Neugier bei der Erkundung des Fremden und Bedrohlichen oftmals entgegen. Sie kann die Neugier ersticken und das Handeln lähmen. Dann tritt Neophobie an die Stelle von Neophilie. Die Furcht vor Neuem und die Angst vor Unbekanntem lassen die Neugierde verkümmern. Wohl dosiert aber kann Angst der Neugier förderlich sein. In diesem Falle gemahnt sie lediglich zu behutsamer Vorsicht und Langsamkeit.

Die aus innerem Antrieb und intellektueller Lust entwickelte Neugier war für die Entwicklung der Menschheit von elementarer Bedeutung. Wie Voltaire treffend vermerkt, sind die Wissenschaften nicht zuletzt aus Neugier entstanden. Bis heute hält das Wissensstreben die Grundlagenforschung in Gang. In dem Maße, wie Neugier im Daseinskampf an Bedeutung verliert, kann sie sogar in den Dienst menschlicher Selbsterfüllung treten, zu der das Vergnügen an Zerstreuung, Makabrem und Grenzerfahrungen gehört.

Einer starken Neugier bedarf es auch, um der rätselhaften Existenz der Dinge *angemessen* innewerden zu können. Sie dient dem Erwerb wichtiger Erkenntnisse über die Wirklichkeit an sich, auf die sich dann die Vergegenwärtigung ihrer rätselhaften Existenz beziehen soll. Der apollinische Exzess, das Seinserlebnis, benötigt zuverlässige Anknüpfungspunkte wissenschaftlicher Art. Allerdings steht jeder emsige Wissensdrang, so unverzichtbar dieser hierbei ist, der gesuchten Existenzerfahrung auch wieder entgegen, die ja eher kontemplativ-enthusiastischer Betrachtung als rastloser Forschung gleicht.

Der Auftrag

In der *I.* und *IX. Duineser Elegie* wirft Rilke seltsame Fragen auf: Wodurch ist das menschliche Dasein gerechtfertigt? Warum gibt es über die vielgestaltige Natur hinaus noch Menschen? Was hat der Mensch, das die Natur nicht schon besäße? Das erfolgreiche Überstehen seines gefährdeten, schutzlosen Lebens reicht Rilke als Existenzrechtfertigung nicht aus. Auch erfüllte Neugier als Spannung auf Unverhofftes in Alltag und Wissenschaft oder das Abenteuer genügen Rilke nicht.

Selbst das große Glück ist ihm aufgrund seiner Unerreichbarkeit oder Brüchigkeit und Vergänglichkeit zu wenig. Glück ist ein Zustand, der nichts zu wünschen übrig lässt: *Vergnügte Ruh`*, wie es in einer Bach-Kantate heißt. Man könnte es auch Sorglosigkeit ohne Langeweile nennen. So der Einzelne zeitweilig solch erfüllter Leichtigkeit teilhaftig wird, zerbricht sein Wohlergehen – „dieser voreilige Vorteil eines nahen Verlusts"[73] – doch häufig bald schon wieder. Die Freuden des Lebens vergehen rasch. Aber selbst wenn der unwahrscheinliche „Vorteil" mal ausnahmsweise andauern sollte, schlägt starkes Wohlbefinden allzu schnell in laues Behagen um: Jedes Glück erschlafft an sich selbst! Darum kann hierin nicht die wahre Bestimmung des Menschen liegen.

---

[73] Rilke, IX. Duineser Elegie.

Poetisch sinniert Rilke weiter, ob diese vielleicht von den „Übungen des Herzens"[74], der Bewältigung von Lieb und Leid, der Erfahrung von Sehnsucht und Erfüllung abhängt. Jedoch wird auch diese Frage verneint. Vielleicht geben sich frisch Verliebte einen guten Grund, auf der Welt zu sein? „Ach, sie verdecken sich nur mit einander ihr Los"[75], selbst in ihrer Zweisamkeit einsam zu bleiben. Überhaupt ist nach Rilke jeder für sich allein, weshalb man grundsätzlich nicht in anderen Menschen seinen Lebenssinn finden könne. Möglicherweise liegt der gesuchte Sinn in der Erfahrung überwältigender Schönheit. Doch sollten wir hierauf nicht vertrauen, da uns das absolut Schöne an den Rand des Wahnsinns bringt. Dann schenkt uns vielleicht eine ruhige Nacht die ersehnte Erfüllung? Nein, denn sie zehrt mehr am schlaflosen Grübler, als dass sie ihn beglückt. Natürlich genügen Rilke auch liebgewonnene Gewohnheiten, Routinen, der täglich erblickte Baum am Straßenrand zur Daseinsrechtfertigung nicht, mag die vertraute Lebenswelt auch von der ursprünglichen Schutz- und Heimatlosigkeit entlasten.

Rilke schlägt einen anderen Weg ein. Der Dichter dreht die Fragerichtung um, indem er nicht mehr Sinnerwartungen an die Wirklichkeit heranträgt, sondern umgekehrt unter dem scheinbar Alltäglichen einen Auftrag der Wirklichkeit an den Menschen aufdeckt. Allerdings überhörten die meisten diesen Auftrag, weil sie zu sehr von ihren lärmigen Sorgen in Anspruch genommen würden. In der Regel beschäftigen uns Alltagsfragen so stark, dass die Wirklichkeit trotz ihrer Ansprüche an uns nicht über die Rolle einer Kulisse hinauskommt. Mag sich die Natur jedem Einzelnen auch als Sehenswürdigkeit darbieten, sein sorgenreiches Leben hat ihn oftmals so sehr abgestumpft, dass er ihren Auftrag nicht vernimmt. Dabei liegt nach Rilke erst in der Befolgung dieses merkwürdigen Auftrags der wahre Sinn des Lebens.

Es klingt grotesk: Seiner Auffassung nach möchte die Erde vom Menschen verstanden werden. Sie benötigt ihn: „die Frühlinge brauchen dich wohl."[76] Zwar wirst du nicht von ihnen erhört, aber du kannst sie erhören. Der Mensch soll die Natur in sich aufnehmen. Seine Existenz sei erst dadurch gerechtfertigt, dass ihn „alles das Hiesige braucht."[77] Denn nur der Mensch ist in der Lage, es als solches zu erfassen und auszusprechen. Schon in jungen Jahren fasste Rilke die Kunst als etwas auf, worauf die Dinge warten, um durch sie fertig, wahrhaftiger, wirklicher zu werden, als sie sonst sind.[78] Diese hohe Aufgabe mutet die

---

[74] Rilke, IX. Duineser Elegie.
[75] Rilke, I. Duineser Elegie.
[76] Rilke, I. Duineser Elegie.
[77] Rilke, IX. Duineser Elegie.
[78] Vgl. Andreas-Salomé, Rainer Maria Rilke, S. 83.

Wirklichkeit ausgerechnet den „Schwindendsten"[79], sprich: uns Menschen zu. Hiermit ist nicht gemeint, dass der Mensch vergänglicher ist als alle übrigen Lebewesen, sondern nur, dass er als einziger um seine Endlichkeit weiß. „Blühn und verdorrn ist uns zugleich bewusst", heißt es in der *IV. Elegie*, weshalb Abschied der schwermütige Grundton alles Menschlichen sei. Das Bewusstsein eigener Sterblichkeit macht uns zu den „Schwindendsten", die durch ihr Wissen um Vergangenheit, Gegenwart, Zukunft, ihr Selbst- und Weltbewusstsein erst mögliche Adressaten solch merkwürdigen Auftrags werden können. Rilke nimmt diesen Auftrag mit den Worten an: „Erde, du liebe, ich will."[80]

Aber worin besteht der Auftrag? Der Einzelne soll den Dingen im eigenen Inneren eine hohe Präsenz verleihen: „Erde, ist es nicht dies, was du willst: unsichtbar in uns erstehn? ... Was, wenn Verwandlung nicht, ist dein drängender Auftrag."[81] Verwandlung meint hier, die Dinge ohne alltägliche und wissenschaftliche Interessen im eigenen Inneren bewusst zu vergegenwärtigen. „Nirgends, Geliebte, wird Welt sein als innen," dichtet er in der *VII. Elegie*, und in einem anderen Gedicht heißt es: „Dass dir das Dasein eines Baums gelinge, wirf Innenraum um ihn."[82] Noch schöner in *Es winkt Frühling fast aus allen Dingen*: „Durch alle Wesen reicht der reine Raum:/Weltinnenraum. Die Vögel fliegen still/ durch uns hindurch. O, der ich wachsen will/Ich seh´ hinaus und in mir wächst der Baum." Hier werden aus Klagegesängen, Elegien, überschwängliche Lobgesänge, Hymnen, welche die Erde, Blumen, Bäume, Tiere preisen. Somit besteht der Auftrag im Rühmen der Welt. Die Dinge sollen aus ihrer alltäglichen Verborgenheit befreit werden. Rilkes Poesie versucht ihnen ein Verständnis abzuringen, in dem bisher Ungesehenes zur Anschauung und bislang Ungesagtes zum Ausdruck kommt. Es ist von verklärendem Sagen die Rede, was soviel bedeutet, wie die Dinge intensiv auf sich wirken zu lassen und bei ihrem Namen zu nennen. Sagen, Rühmen und Singen meinen bei Rilke dasselbe, nämlich die ins Offene gestellte Wirklichkeit als etwas Besonderes zu feiern. Hierdurch empfängt das menschliche Dasein eine so starke Intensität, dass es Rilke zu dem begeisterten Jubelruf hinreißt: „Hiersein ist viel"[83], ja „Hiersein ist herrlich".[84]

Nun ist der Weg aus der vertrauten Lebenswelt und den täglichen Sorgen hin zu solchen hymnischen Verherrlichungen aber überaus beschwerlich. Darum fragt Rilke: „Das alles war Auftrag. Aber bewältigtest du´s?"[85] Meistens haben wir den Kopf zu voll. Viele Gedanken gehen durch uns hindurch. Oft sind wir

---

[79] Rilke, IX. Duineser Elegie.
[80] Rilke, IX. Duineser Elegie.
[81] Rilke, IX. Duineser Elegie.
[82] Rilke, Durch den sich Vögel werfen.
[83] Rilke, IX. Duineser Elegie.
[84] Rilke, VII. Duineser Elegie.
[85] Rilke, I. Duineser Elegie.

abgelenkt, zerstreut, rastlos, nicht hinreichend fokussiert. Doch manchmal sind wir auch gesammelt, konzentriert und innerlich ruhig, um uns den Dingen aufmerksam hingeben zu können.

Aber welche Dinge möchte die Erde von uns im Offenen gerühmt bekommen? „Sind wir vielleicht hier, um zu sagen: Haus, Brücke, Brunnen, Tor, Krug, Obstbaum, Fenster, – höchstens: Säule, Turm ... aber zu sagen, verstehs, oh zu sagen so, wie selber die Dinge niemals innig meinten zu sein."[86] Gleichfalls sollen wir preisen „die Morgen alle des Sommers ..., die Wiesen im Abend, ... die Nächte! ... die hohen, des Sommers, Nächte, ... die Sterne, die Sterne der Erde."[87] Dies alles ist so überwältigend, großartig, beeindruckend, dass man es niemals vergessen mag, meint Rilke. Hiernach sind es einfache Alltagsgegenstände, dann Pflanzen, Bäume, Tiere, auch prächtige Ruinen, die Atmosphären der Jahres-, Tages- und Nachtzeiten, die alle wir bei ihrem Namen rufen sollen. Die funktionalen Massenapparate der modernen Industrie und Konsumwelt sollen wir hingegen auf sich beruhen lassen. Wie für viele Kritiker der wissenschaftlich-technischen Zivilisation verstellen sie Rilke zufolge den Blick aufs Wesentliche.

Rilke verehrt die vormoderne Welt. Darüber hinaus bezieht sich sein Auftrag lediglich auf überschaubare Dinge um uns und nicht auf das unermessliche Universum mit seinen Milliarden Galaxien aus Wasserstoff und Helium über uns, wie bereits im Zusammenhang mit Heideggers Naturphilosophie betont wurde. Drittens rühmt Rilke die sichtbare Gestalt der Dinge, ohne die Frage nach deren wahren Beschaffenheit zu stellen. Damit verbunden preist er viertens nur, wie sie sich uns zeigen, nicht aber, dass sie überhaupt sind. Rilkes Sagen konzentriert sich mehr auf das Was als auf das Dass der Wirklichkeit.

Aber so schwerwiegend diese Bedenken sind, Rilke arbeitet eine Haltung der Achtsamkeit den Dingen gegenüber heraus, die sich über alle Vorbehalte hinweg mit der Absicht dieses Buches deckt. Wir wollen nachdenklich vor der neugierig erkundeten Wirklichkeit innehalten, um ihrer faszinierenden Eigenart in einer Art apollinischen Exzesses andächtig zu begegnen, und das heißt: um besser dem Sein des Seienden nachspüren zu können. Allerdings soll sich diese Besinnung auf eine *angemessene* Vorstellung der Wirklichkeit beziehen, weshalb die Ergebnisse der modernen Naturwissenschaften, wie sie in *Inventur der Tatsachen* zusammengefasst wurden, berücksichtigt bleiben müssen.

Trotzdem klingt Rilkes poetisch erteilter Auftrag der Erde an uns Menschen obskur. Es fällt schwer, dem Dichter auf seine pompöse Gipfelhöhe zu folgen. Allerdings schwindet die Skurrilität seines Auftrags, wenn man ihn vor dem bildungsgeladenen Hintergrund der abendländischen Kulturgeschichte beleuchtet.

---

[86] Rilke, IX. Duineser Elegie.
[87] Rilke, VII. Duineser Elegie.

Selbstbewusstsein des Universums
Über Jahrhunderte galt die Betrachtung und Bewunderung des Kosmos als vornehmste Tätigkeit und höchste Auszeichnung des Menschen. Die Natur sei da, um geschaut zu werden. Darum befinde sich die Erde in der Mitte des Weltalls, von wo aus alle Sterne in das Blickfeld des Himmelsbetrachters treten könnten. Diese böten sich seinem Augenmerk zur Bewunderung dar. Von seiner Zentralposition aus habe der Mensch einen optimalen – weil umfassenden – Überblick übers Ganze. Allerdings lade der Kosmos nicht bloß dazu ein, sondern nehme den Menschen hierfür sogar in die Pflicht. Früher als alles Erkenntnisstreben sei die Herrlichkeit des Weltalls, die unvollständig bliebe, wenn es da nicht jemanden gäbe, der sie sehen und bestaunen würde. Der Weltbetrachter sei Teil des Ganzen, dem etwas fehlte, wenn es niemand anschaute. In der Himmelsbetrachtung sahen die alten Griechen die höchste Aufgabe des Menschen.

So kann man schon Jahrtausende vor Rilke bei seinem griechischen Dichterkollegen Pindar in einem Hymnus lesen, dass Zeus anlässlich seiner Eheschließung mit Hera die Hochzeitsgäste fragte, ob sie denn in seiner schön und weise eingerichteten Welt etwas Wesentliches vermissten, überzeugt davon, dass dies nicht der Fall sein könne, so stolz war der Herr des Olymp auf sein Werk. Aber die geladenen Gäste fanden zu dessen Ärger eine Lücke im Ganzen: Es fehle jemand, der sein Werk rühme. Daraufhin erschuf Zeus die Musen und Dichter, die nach Pindar ihr Dasein diesem Hinweis der Götter verdanken und deren Aufgabe im Lobpreis der Welt besteht: „alle Schönheit ist unvollkommen, wenn niemand da ist, sie zu preisen."[88]

Hiernach besteht der Kosmos nicht um unseretwillen, sondern wir um seinetwillen, wie es bei Platon heißt.[89] Deshalb antworten die Pythagoreer und Anaxagoras auf die Frage, warum es besser sei, geboren zu werden, als ungeboren zu bleiben: „um den Himmel zu betrachten und die den ganzen Kosmos umfassende Ordnung".[90] Oder wie es bei Diogenes Laertius heißt: „zur Anschauung der Sonne, des Mondes und des Himmels."[91]

Jahrhunderte später sehen die Stoiker in der reflektierenden Betrachtung des gestirnten Himmels die eigentliche Berufung der Erdenbürger. Diese seien zum Dienst am Kosmos bestellt. Wie Marc Aurel in seinen *Selbstbetrachtungen* so betont Seneca in *Über die Muße*: Die Natur hat uns „als Zuschauer des großen Schauspiels der Dinge hervorgebracht, denn sie hätte den Genuss an sich selbst preisgegeben, wenn sie so Großes ... der leeren Einöde dargeboten hätte. ... Dieses wollte genau betrachtet, nicht nur flüchtig angesehen werden. Sieh, wel-

---

[88] Bruno Snell, Die Entdeckung des Geistes, S. 87.
[89] Vgl. Platon, Nomoi 913c, Timaios 90.
[90] Aristoteles, Eudemische Ethik, 1216a 11f
[91] Diogenes Laertius, Lehrmeinungen, II c, III, §6.

chen Platz sie uns gegeben hat: genau in ihrer Mitte hat sie uns gestellt und uns den freien Blick auf alles gegeben."[92] Ähnliches steht in Senecas *Briefen an Lucilius*: Die Natur „hat unser Antlitz himmelwärts gerichtet. Nach ihrem Willen sollten wir alles Herrliche und Wunderbare, was sie geschaffen, voll Andacht betrachten: den Lauf der Gestirne vom Aufgang zum Untergang und die Umschwünge des beweglichen Weltgebäudes, die uns bei Tag das Irdische, bei Nacht das Himmlische sehen lassen."[93] Gleichfalls hat nach Cicero und Ovid der Mensch im Gegensatz zum Tier ein nach oben gerichtetes Antlitz, um den Himmel und die Sterne betrachten zu können.[94]

Auch im *religiösen Kontext* taucht Rilkes Auftrag auf. Im *Römerbrief* 1.20 steht: „Des Herrn unsichtbares Wesen, seine ewige Macht und Göttlichkeit sind seit Erschaffung der Welt an seinen Werken durch die Vernunft zu erkennen." Darum hat Gott die Welt nicht nur für den Menschen und zu dessen Nutzen erschaffen, sondern auch, um durch den Menschen wie ein König durch seinen Hofstaat hymnisch gepriesen zu werden, wie Nikolaus von Kues im Spätmittelalter betont.[95] Nach dem Reformator Philipp Melanchthon wird Gottes Macht und Herrlichkeit am Himmel so augenscheinlich, dass jede Vernachlässigung der Himmelsbetrachtung als Ungehorsam gegen Gott verurteilt werden müsse. Die Gläubigen sollten die Sterne zum größeren Ruhme Gottes schauen.

Ähnliches schreiben die Philosophen der Renaissance wie etwa Pico della Mirandola: Nachdem Gott die Welt erschaffen habe, fehlte nur noch jener, der „die Vernunft eines so großen Werks nachdenklich erwäge, seine Schönheit liebe, seine Größe bewundere."[96] Daraufhin erschuf Gott den Menschen. Genauso die Astronomen der Frühneuzeit wie etwa Tycho Brahe: „Wozu hätte der weise und fürsorgliche Schöpfer des Weltalls so bewundernswerte, ewige Gesetze der himmlischen Bewegungen in solcher Mannigfaltigkeit und doch so übereinstimmender Harmonie geschaffen, wenn er sie nicht erforscht haben wollte durch die Menschen. ... Er wollte, dass sie in unermüdlicher Arbeit genau durchforscht werden, damit die Größe seiner Majestät und Weisheit auch hieraus von den Menschen erkannt und gepriesen werde." Nichts entspreche mehr „der menschlichen Natur und dem Zweck, für den der Mensch auf die Welt gestellt ist", als dass er „Gott den Schöpfer in seinen weitesten und mannigfaltigsten Werken erkenne und ihm die geschuldete Verehrung und Lobpreisung darbiete."[97]

---

[92] Seneca, De otio V, 3f.
[93] Seneca, Briefe 94/56.
[94] Ovid, Metamorphosen I, 84ff.
[95] Vgl Nikolaus von Cues, in: Flasch, S. 390.
[96] Pico, Über die Würde des Menschen, Hamburg 1990, S. 5.
[97] Brahe; Über die mathematischen Wissenschaften, S. 102-110.

Auch dem späten Schelling zufolge erschuf Gott den Menschen „um des mitwissenden Wissens halber."[98] Denn „das Verlangen, erkannt zu sein, ist den edelsten Naturen am meisten eigen, und wir dürfen nicht Anstand daran nehmen, in die an sich bedürfnislose Natur dieses Bedürfnis zu setzen." Der Mensch sei dazu berufen, Gott zu ergründen, die Welt zu schauen und das Ganze zu bestaunen.

Nach Hegel wiederum ist mit der Möglichkeit zur bewussten Weltbetrachtung im Universum ein Spiegel entstanden, in dem sich das Ganze reflektieren kann: „Der Mensch, da er Geist ist, darf und soll sich selbst des Höchsten würdig achten; von der Größe und Macht seines Geistes kann er nicht groß genug denken. Und mit diesem Glauben wird nichts so spröde und hart sein, das sich ihm nicht öffnete. Das zuerst verborgene und verschlossene Wesen des Universums hat keine Kraft, die dem Mute des Erkennens Widerstand leisten könnte; es muss sich vor ihm auftun und seinen Reichtum und seine Tiefen ihm vor Augen legen und zum Genuss geben."[99]

Der Mensch gilt als das große Auge der Wirklichkeit, mit dem sie sich selbst schauen und zelebrieren kann. Im Menschen schlägt die Welt ihre Augen auf, um zu bemerken, dass sie ist. So auch der berühmte Maler Paul Cezanne: „Die Landschaft denkt sich in mir, ich bin ihr Bewusstsein."[100] Gleichfalls rühmt der Schriftsteller Aldous Huxley uns Menschen als „Erben des Weltalls", die das Meer und die Sterne sich durch kontemplative Lebensweise innerlich zu Eigen machen mögen. Pointiert Heinrich Heine: „Die Natur wollte wissen, wie sie aussieht, da schuf sie Goethe"[101], der wiederum schrieb: Wenn sich der Mensch in der Welt als in etwas Großartigem fühlt, das ihm ein behagliches Entzücken gewährt, „dann würde das Weltall, wenn es sich selbst empfinden könnte, als an sein Ziel gelangt aufjauchzen und den Gipfel des eigenen Werdens und Wesens bewundern. Denn wozu dient all der Aufwand von Sonnen, Planeten und Monden, von Sternen und Milchstraßen, von Kometen und Nebelflecken, von gewordenen und werdenden Welten, wenn sich nicht zuletzt ein glücklicher Mensch unbewusst seines Daseins erfreut."[102]

Ohne den Menschen wäre alles wüst und öde
Der nüchterne Aufklärungsphilosoph Immanuel Kant macht auf die Kehrseite der Verpflichtung zur Weltbetrachtung aufmerksam. Kant betont, dass die zahllosen Sternensysteme „zu nichts da sein würden, wenn es in ihnen nicht Men-

---

[98] Schelling, Philosophie der Offenbarung, S. 186, 189.
[99] Hegel, Vorlesungen über die Geschichte der Philosophie, S. 13f.
[100] Cezanne, in: Merleau-Ponty, S. 15.
[101] Heine, in: Möller, S. 84.
[102] Goethe Bd. 6, S. 412.

schen (vernünftige Wesen überhaupt) gäbe; d.i. dass ohne den Menschen die ganze Schöpfung eine bloße Wüste, umsonst und ohne Endzweck sein würde."[103] Kant wiederholt hier in abgewandelter Form eine These von Francis Bacon, dass nämlich, „wenn der Mensch aus der Welt entfernt würde, alles Übrige ohne Zweck und Ziel wäre ... und zu nichts mehr gut wäre."[104] Damit übereinstimmend Denis Diderot: „Lässt man den Menschen oder das denkende und anschauende Wesen von der Oberfläche der Erde verschwinden, dann ist dieses ergreifende und erhabene Schauspiel der Natur nur noch eine traurige und stumme Szenerie."[105] Sogar Friedrich Nietzsche schreibt im *Zarathustra*: „Du großes Gestirn! Was wäre dein Glück, wenn du nicht die hättest, welchen du leuchtest."[106]

Mit wieder anderen Worten der Arktisforscher Fridjof Nansen in *Nacht und Eis*: „Ich habe nie die Tatsache begreifen können, dass diese Erde eines Tages vergehen und öde und leer sein soll. Wozu in diesem Falle denn all diese Schönheit, wenn kein Geschöpf vorhanden ist, um sich daran zu erfreuen?"[107] Darum vermerkt Saint-Exupery in *Wind, Sand und Sterne*, den Sternenhimmel und die Sandwüste nach einer Notlandung vor Augen: „Das Wunderbarste war aber doch, dass auf dem runden Rücken unseres Sterns ... ein menschliches Bewusstsein lebte, in dem dieser Regen sich spiegeln konnte."[108] Wie viele vor Saint-Exupery war auch er davon überzeugt, „dass wir uns des Lebens und des Universums bewusst werden sollen."[109] In seinem Roman *Stiller* schildert Max Frisch eine Autofahrt durch die Wüste bei sinkender Abendsonne: Wir fuhren „nicht ohne jenes feierliche Bewusstsein, dass unsere Augen durchaus die einzigen sind, die all dies sehen; ohne sie, ohne unsere sterblichen Menschenaugen, die durch diese Wüste fuhren, gab es keine Sonne, nur eine Unsumme blinder Energie, ohne sie keinen Mond; ohne sie keine Erde, überhaupt keine Welt, kein Bewusstsein der Schöpfung. Es erfüllte uns, ich erinnere mich, ein feierlicher Übermut; kurz darauf platzte der Reifen."[110] Mit einem Knall war die ganze feierliche Nachdenklichkeit dahin, und es hatte der beschwerliche Alltag die Wüstenfahrer wieder.

Eher metaphorisch preist der moderne Astophysiker Carl Sagan das menschliche Bewusstsein als einmalige Gelegenheit des Universums, „sich selbst zu

---

[103] Kant, Kritik der Urteilskraft, §86.
[104] Bacon, De Sapientia Veterum, S. 747.
[105] Diderot, in: Blumenberg, Genesis, S. 64.
[106] Nietzsche, KSA Bd. 4, S. 11.
[107] Nansen, In Nacht und Eis Bd. 1, S. 191.
[108] Saint-Exupéry, Wind, Sand und Sterne, S. 92.
[109] A.a.O., S. 234.
[110] Frisch, Stiller, S. 26f.

erkennen."[111] Mit gleichen Worten der berühmte Physiker Stephen Hawking: Im Menschen wird sich das Universum „seiner selbst bewusst. Ich sehe einen Triumph darin, dass wir zwar nur aus Sternenstaub bestehen, aber ein so genaues Verständnis des Universums entwickelt haben, in dem wir leben."[112] Unbeabsichtigt kehrt hier Hawking einer Erkenntnis von Shakespeare um: „Welch ein Meisterwerk ist der Mensch! Wie edel durch Vernunft! Wie unbegrenzt an Fähigkeiten! In Gestalt und Bewegung wie ähnlich einem Engel! Im Begreifen wie ähnlich einem Gott! Die Zierde der Welt! Das Vorbild des Lebendigen! Und doch, was ist mir diese Quintessenz von Staub?"[113] Während Hamlet die höheren Fähigkeiten des Menschen als nichtigen Staub entlarvt – gemäß 1 Mose 3.19: „Staub bist und zum Staub kehrst du zurück", oder Horaz: „Staub und Schatten sind wir"[114], macht Hawking unausgesprochen deutlich: Nur ein Staubbündel ist der Mensch! Und doch, wozu ist der Mensch alles in der Lage? Es kann sogar noch ein Schritt weiter gegangen werden. Denn es ist die spezielle Zusammensetzung aus Wasser-, Kohlen-, Stick- und Stauerstoff, entstanden nach dem Urknall in den stellaren Chemielabors, die das menschliche Bewusstsein überhaupt erst hervorbrachten, in dem sich die Welt als solche teilweise durchsichtig werden kann.

Martin Heidegger stimmt fast gänzlich mit Rilke überein, wenn er den Menschen pathetisch und poetisch als „Hüter des Seins" beschreibt, hierbei betonend: „Mensch und Sein sind einander übereignet. Sie gehören einander."[115] Noch prägnanter: „Das Menschenwesen ist der Wahrheit übereignet, weil die Wahrheit den Menschen braucht."[116] Wahrheit bedeutet hier soviel wie Sein, Unverborgenheit, das Seiende im Ganzen, von dem der Mensch als „Hirte des Seins" in Anspruch genommen wird, wenn er die Unverborgenheit selbst und alle Dinge darin reflektiert.

Einzigartige Chance
So wenig abstrus Rilkes bizarrer Auftrag der Erde an uns Menschen vor dem aufgespannten Hintergrund nun noch erscheint, beim Wort möchte man ihn dennoch nicht nehmen, zumal doch eher das Gegenteil zu stimmen scheint. Denn im unermesslichen Universum kommt es keineswegs auf uns Menschen an. Mit Hans Blumenberg gesprochen ist der Mensch „nicht Adressat der kosmischen Veranstaltung."[117] Sein Dasein vollzieht sich „unterhalb der Schwelle

---

[111] Sagan, Unser Kosmos.
[112] Hawking, Kurze Antworten auf große Fragen, S. 207.
[113] Shakespeare, Hamlet, S. 48.
[114] Horaz, Sämtliche Gedichte, IX,7.
[115] Heidegger, Identität und Differenz, S. 22.
[116] Heidegger, Gelassenheit, S. 63.
[117] Blumenberg, Genesis der kopernikanischen Welt, S. 665.

kosmischer Relevanzen." Es ist ihm nicht gelungen zu beweisen, „dass die Welt nur deshalb keine Wüste ist, weil er existiert, sie anschaut und über sie sprechen kann."[118] So bedeutet es nichts, der einzige Zeuge einer herabfallenden Baumblüte oder heranrollenden Meerwelle zu sein, die sogleich auf immer verschwinden, bevor man auch selbst irgendwann spurlos in der namenlosen Gleichgültigkeit untergehen wird. Freilich wären beide Naturphänomene ohne uns so, als hätten sie nie stattgefunden; aber auch unsere Zeugenschaft bewahrt sie nicht davor, zu sein, als wären sie nie geschehen.

Niemand hat den Menschen beauftragt, die Existenz der Dinge bewusst zu reflektieren. Wie sollten ihm auch die Erde und das Universum einen solchen Auftrag erteilen, für die seine Existenz im übertragenen Sinne völlig unwichtig ist! Das Universum bedarf keines Augenzeugen. Es braucht keinen „Hüter des Seins". Nach dem Ende der Menschheit existiert das Weltall unerkannt weiter, wie es zuvor da war, ohne jemals auf nachdenkliche Blicke getroffen zu sein. „Die Farben der Blumen, sagt man, sind da, um das menschliche Auge zu ergötzen. Wie lange aber blühten Blumen, die nie ein menschliches Auge sah, und wie viele blühen noch heute, die nie ein Auge sieht!", fragt Louis Büchner.[119] Vor Entstehung der Menschheit vermochte kein Auge reflektiert in die bunte Flora und nicht minder prächtige Fauna vorzudringen. Davon abgesehen schauen wir ohnehin bloß winzige Ausschnitte des Ganzen, das dazu größtenteils anders beschaffen ist, als es aussieht. Das meiste liegt außerhalb unserer Reichweite. Es gibt so unendlich viele Ereignisse im großen Ganzen! Mögen wir uns noch so sehr darüber ärgern, nicht in der Welt beabsichtigt zu sein, an der Gleichgültigkeit des Weltalls uns gegenüber ändert das alles nichts.

Umso bemerkenswerter ist es aber gerade deshalb, dass wir existieren. Angesichts aller Bedingungen, unter denen ein Lebewesen interesselos Sterne als solche schauen, erforschen und bewundern kann, erscheint das Auftreten eines kontemplativen Weltbetrachters in der Natur als höchst unwahrscheinlich. Diese offene Stelle der Wirklichkeit, der Mensch, in dem sich jene als solche zu offenbaren vermag, ist gerade deshalb so verblüffend, weil er im Plan des Ganzen nicht vorgesehen war, da es überhaupt keinen Plan gab. Darum kann nicht genug über die menschliche Fähigkeit zur Betrachtung und Erforschung der Dinge gestaunt werden. Um es mit Max Planck zu sagen: „wie seltsam muss es uns erscheinen, dass wir, winzige Geschöpfe auf einem beliebigen winzigen Planeten, imstande sind, ... das Vorhandensein und die Größe der elementaren Bausteine der ganzen großen Welt zu erkennen."[120]

---

[118] A.a.O., S. 784f.
[119] Louis Büchner, in Bayertz, Materialismus S. 200.
[120] Planck, Vom Wesen der Willensfreiheit und andere Vorträge, S. 184.

Mag die Wirklichkeit uns gegenüber auch gleichgültig bleiben, so müssen wir es ihr nicht mit gleicher Münze heimzahlen und den Spieß umdrehen, um ihr gegenüber ebenfalls gleichgültig zu sein. Obwohl wir keinen bevorzugten Blickpunkt in der Mitte des Ganzen haben, stehen wir dennoch dem Universum als solchem gegenüber. Wiewohl Erde und Weltall uns keinen Auftrag zum Betrachten und Rühmen erteilen, können wir sie trotzdem beim Namen nennen. Die Möglichkeit hierzu stellt eine einzigartige Chance dar, die wir schon deshalb ergreifen sollten, weil sie uns vermutlich zur intensivsten Wirklichkeitserfahrung, dem „Einen in Allem" führen wird. Über diese sensationelle Begabung verfügt nach bisheriger Erkenntnis nur ein Lebewesen, dem Ding und Kosmos sowohl als solche wie auch als unabhängig von ihm vorhanden bewusst werden können. Somit bleibt Rilkes Auftrag als poetische Idee sinnvoll.

Dank seiner Alltagsferne eignet sich vorzüglich der gestirnte Himmel zur ruhigen Betrachtung. Dessen Vorzug liegt in seiner großen Distanz. Aufgrund seiner Unerreichbarkeit können wir weder experimentell noch instrumentell in den Sternenhimmel eingreifen. Dieser entzieht sich weitgehend unseren alltäglichen Gebrauchszwecken. Bereits das prädestiniert ihn zum Gegenstand reiner Anschauung, wie Ludwig Feuerbach findet: „Der Himmel erinnert den Menschen an seine Bestimmung, daran, dass er nicht bloß zum Handeln, sondern auch zur Beschauung bestimmt ist."[121]

Dabei muss gar nicht von einer hohen Wertigkeit oder gar Göttlichkeit des Alls ausgegangen werden, um es für anschauungswert zu halten. Mangel an höherem Sinn ist kein Argument gegen Faszination. Nicht selten sucht man ein Geheimnis, um anschließend ernüchtert feststellen zu müssen, dass nichts dahinter steckt. Aber mag Fontenelle recht haben mit seiner Enttäuschung bezüglich der Gesamtwirklichkeit: „Wie? Ist´s denn nicht mehr als das?"[122], so wäre es falsch zu glauben, hierdurch die Belanglosigkeit oder Banalität des Ganzen nachgewiesen zu haben. Wie sich noch zeigen wird: Selbst wenn die Wirklichkeit nichts Besonderes wäre, wäre sie doch gerade deshalb etwas Besonderes, von dem wir uns ergreifen lassen sollten, weil uns dessen Sein unbedingt angeht, um es mit dem Theologen Paul Tillich auszudrücken.[123]

Die uns Menschen unerwartet zugefallene Chance, das Seiende als solches zu vergegenwärtigen und die Frage nach dem Sinn des Seins zu stellen, sei also willkommen geheißen. Sie gleicht einem unverdienten Geschenk, das man wie jedes Präsent nicht einfach für selbstverständlich nehmen sollte. Die einzigartige Möglichkeit, Wirkliches als solches schauen und reflektieren zu können, wurde uns mit der biologischen Ausstattung zur Daseinsfristung eher zufällig

---

[121] Feuerbach, Wesen des Christentums, S. 43.
[122] Vgl. Blumenberg, Genesis der kopernikanischen Welt, S. 51.
[123] Vgl. Tillich, Die verlorene Dimension, S.27f.

mitgegeben. Wenn man solch spektakuläres Talent überraschenderweise bekommt, dann ergibt sich fast unweigerlich die Verpflichtung, dieses auch zu nutzen. Pathetisch formuliert dürfen wir dankbar für die uns zufallsblind erwiesene Gunst des Schicksals sein, die rätselhafte Wirklichkeit angemessen in unsere Gedanken hineinziehen zu können – wohlgemerkt nicht um ihretwillen, sondern um unseretwillen. Denn so können wir in einen apollinischen Taumel fallen. Allerdings bleibt die Gefahr groß, aus der Welt zu scheiden, ohne jemals solch geistigen Exzess feierlich genossen zu haben, obwohl doch alle hierfür ausgestattet sind. Doch bis zur Erreichung des erstrebten apollinischen Exzesses, der Seinserfahrung, müssen noch eine Reihe schwerer Hindernisse aus dem Weg geräumt werden.

II. In der Fremde

Einsturz des Vertrauten

Erwachen

„Leben, das Sinn hätte, fragte nicht danach", so Theodor W. Adorno in seinen *Minima Moralia*. Ähnlich Sigmund Freud in einem Brief vom 13. August 1937: „Im Moment, da man nach Sinn und Wert des Lebens fragt, ist man krank, denn beides gibt es ja in objektiver Weise nicht; man hat nur eingestanden, dass man einen Vorrat an unbefriedigter Libido hat, und irgendetwas anderes muss damit vorgefallen sein, eine Art Gärung, die zur Trauer und Depression führt." Sinn versteht sich in einem geglückten Leben von selbst: Sinn ist die unauffällige Konstante menschlichen Gelingens. Aber kein Leben rundet sich zu einem harmonischen Ganzen. Irgendetwas fehlt immer. Die Anpassung des menschlichen Daseins an seine Umwelt bleibt eine Herausforderung. Sie muss immer wieder neu bewerkstelligt werden. Selbst ein regelgeleitetes Dasein stößt regelmäßig auf Schwierigkeiten, durch die es gezwungen wird, innezuhalten. Nicht selten entzündet sich die Sinnfrage bereits an alltäglichen Hindernissen. Einfache Störungen des gewohnten Tagesablaufs können sie hervorrufen. Erst recht unterbrechen Grenzsituationen wie Tod, Krankheit und Verlassenheit den normalen Lebensstrom. Sie drängen den Einzelnen aus seiner gewohnten Lebensordnung heraus. Solche Schockerfahrungen sprengen den Alltag und stellen das Dasein auf eine harte Bewährungsprobe. Sie lassen die vertraute Welt in einem neuen, kalten, fremden Licht erscheinen. Dem Fraglosen ist mit einem Male der Boden entzogen, das Reich der Selbstverständlichkeiten eingebrochen. Plötzlich scheint es nicht mehr möglich, unbefangen und gedankenlos dahinzuleben.

Es ist falsch, dass Durchschnittsbürger, die sich täglich mit ihrem Dasein abmühen, bange über die Zukunft brüten und ans Nächstgelegene gekettet sind, sich nicht über den gemeinen Standpunkt erheben können. Im *Mythos des Sisyphos* schreibt Albert Camus: „Völlig überraschend stürzen Kulissen ein. Aufstehen, Straßenbahn, vier Stunden Büro oder Fabrik, Essen, Straßenbahn, vier Stunden Arbeit, Essen, Schlafen, Montag, Dienstag, Mittwoch, Donnerstag, Freitag, Samstag, immer derselbe Rhythmus – das ist meist ein bequemer Weg. Eines Tages aber erhebt sich das Warum."[1] Diese Frage weckt das Leben aus

---

[1] Camus, Mythos vom Sisyphos, S. 16.

seinem Tiefschlaf. Sie lehrt den Betroffenen, alles neu zu überdenken, unter Umständen überfällige Kurskorrekturen vorzunehmen.

In der geschäftigen Alltagshektik ist nur wenig Zeit für Muße. Doch selbst auf den schmutzigen Straßen quirliger Großstädte kommt es zu nachdenklichen Augenblicken, wie Rilke in der *VII. Duineser Elegie* schreibt. Hierfür ist allerdings die Dämmerung eines lauen Sommerabends besser geeignet – die Blaue Stunde, in der sich die Dinge zu verwandeln scheinen. Der Alltagsrahmen zerbricht. Manche Menschen fürchten solche besinnlichen Augenblicke, die der Wirklichkeit eine unwiderstehliche Gegenwart verleihen. Nicht selten werfen solche Momente letzte Fragen auf. „Du hast dich eingerollt in bürgerliche Sicherheit. ... Du willst dich nicht mit großen Fragen befassen. ... Du fühlst dich nicht als Bewohner eines Sterns, der durch den Weltraum irrt", notiert Saint-Exupéry.[2] Doch als nach einer Notlandung sein Atem die Stille eines unerforschten Landes durchbrach, das nie zuvor ein Menschenfuß betreten hatte, wurde er wie viele Abenteurer unter dem Eindruck ungewohnter Natureindrücke zu tiefsinnigen Gedanken angeregt: „Schon leuchtete ein Stern, und ich sah ihn an. Ich dachte, wie die weiße Fläche, auf der ich mich befand, seit Hunderttausenden von Jahren nur den Sternen dargeboten war, ein fleckenloses Tuch unter den reinen Himmel gebreitet."[3] Ähnlich Fridjof Nansen in der arktischen Nacht: „In dieser schweigsamen Natur ereignet sich nichts; alles ist in Dunkelheit gehüllt, nur die Sterne funkeln in unermesslichen Fernen durch die kalte Nacht und das Nordlicht erglänzt in flackerndem Scheine."[4]

Solche und ähnliche Erfahrungen setzen eingeübte Wahrnehmungsmuster und bewährte Sinnzuschreibungen außer Kraft. Sie wehren geläufige Vorstellungen ab, befreien das Erlebte aus der Verengung konventioneller Bedeutungen und bringen Aspekte des Wirklichen zur Anschauung, die in der Hast des Alltags sonst eher unbeachtet bleiben. Der Preis solch gesteigerter Wachsamkeit liegt im Verlust alltäglicher Vertrautheit. Auf einmal kommen einem die Dinge ringsum merkwürdig fremd vor.

Wo Poesie und Bildende Kunst der vom Alltagsgebrauch erblindeten Sprache entfliehen und dem Altvertrauten seine Selbstverständlichkeit rauben, dort entreißen auch sie das Wirkliche seiner Unauffälligkeit. Von Paul Valéry bis Nelson Goodman heißt es immer wieder, dass die Kunst die vertraute Welt ins Wanken bringt und neue Perspektiven eröffnet. Sofern sie dabei auf die Wirklichkeit verweist, lässt sie bislang unbemerkte wie auch unverstandene Facetten der Dinge aus dem Verborgenen in die Unverborgenheit hervortreten. So mochte der Maler Paul Cezanne nie die Natur einfach nur abbilden, sondern

---

[2] Saint-Exupéry, Wind, Sand und Sterne, S. 23.
[3] A.a.O., S. 91.
[4] Nansen, In Nacht und Eis, Bd. 1, S. 497.

wollte dem Betrachter ungewohnte Seherfahrungen ermöglichen, in denen bis dahin Ungeschautes wahrnehmbar würde. Solch gestaltetes Sehen bringt auf dem Weg der Verfremdung, Übersteigerung und Entstellung ungewöhnliche Perspektiven der Dinge hervor, die aus ihren ursprünglichen Zusammenhängen herausgerissen werden wie etwa „eine Nähmaschine und ein Regenschirm auf dem Seziertisch."[5] Eine naturgetreue Abbildung, größtmögliche Sachtreue oder korrekte Wiedergabe ist nicht das künstlerische Ziel. Berühmte Meister solcher Verblüffung sind etwa Salvador Dali, Max Ernst oder René Magritte. Die Mehrdeutigkeit ihrer ungewohnten Bilder setzt schwebende Sehvorgänge in Bewegung, die schon deshalb irritieren, weil unsere eingespielten Wahrnehmungen auf Eindeutigkeit fixiert sind. Manchmal wird mit größter Präzision an Ungenauigkeit gearbeitet, um die freie Einbildungskraft der Betrachter anzuregen. Diesen soll die Möglichkeit zu einem neuen Sehen gegeben werden.

Ein krasses Beispiel hierfür sind Marcel Duchamps *Ready-mades*. Der Künstler führte Nutzgegenstände wie Urinal, Schneeschaufel oder Kleiderhaken ohne kreative Umformung in die Kunstszene ein und präsentierte sie als Galeriestücke in einer Ausstellung oder einem Musentempel. Allein der Ort ihrer Darbietung, ein Musentempel, machte ihren künstlerischen Anspruch erkennbar. Mit dieser primär als Provokation beabsichtigten Geste brachte Duchamp zugleich etwas Wesentliches zum Ausdruck. Obgleich künstlerische Rahmungen banaler Gebrauchsdinge mehrere Deutungen zulassen, steht fest, dass solche Verfremdungen auch die Fremdheit des allzu Bekannten, Verständlichen und Nützlichen erfahrbar machen können. Indem das Gewöhnliche aus seinem alltäglichen Umfeld herausgenommen und in den Kunstraum hineingestellt wird, werden neue Blicke hierauf möglich.

Dazu ist es unter Umständen erforderlich, selbst die geläufige Bewunderung großartiger Landschaften wie etwa der italienischen Amalfiküste oder der Tiroler Berge außer Kraft zu setzen, weil sie zu stereotyp, trivial und alltäglich geworden sind. Wahrnehmung und Sprache müssen zuweilen bis zum Äußersten strapaziert werden, damit das gewöhnlich gewordene Ungewöhnliche als außergewöhnlich aufscheinen kann. An dieser Stelle sei auf die Sehens- und Denkwürdigkeit des Übersehenen und Unbedachten aber lediglich als Voraussetzung zur gesuchten Seinserfahrung hingewiesen.

Wie oft haben wir noch nicht geschaut, was wir sehen! Aus dieser Perspektive erweist sich die Lebenswelt, in der wir scheinbar verlässlich zuhause sind, als überaus trügerisch. Schon einmal wurde die Alltagswirklichkeit als illusionär entlarvt. Im Zusammenhang mit der Frage, was wir überhaupt erkennen können, wurden die sichtbaren Dinge des Mesokosmos durch die mathemati-

---

[5] Comte de Lautréamont, Gesamtwerk, S. 250.

schen Naturwissenschaften in Frage gestellt. Dazu gesellt sich hier nun die Demaskierung ihrer vertrauten Selbstverständlichkeit als bloßer Fassade, dahinter sich eine beunruhigende Fremdheit verbirgt. „Ach ja, man braucht nur den dünnen Vorhang zu lüften, der die Welt mit Alltäglichkeit und Banalität bedeckt, die in uns und nicht außerhalb sind, und aufmerksam zu schauen, dann ist nichts banal", heißt es in Ionescos *Einzelgänger*.[6]

Was heißt fremd?
Die vertraute Umgebung wird einem fremd, wenn gewohnte Abläufe ins Stocken geraten: Eine Tasse zerbricht, der Schnürsenkel reißt, der normale Alltag kollabiert. Hierfür gibt es vielerlei Gründe. Doch kann auch ohne ersichtlichen Grund bislang Vertrautes unversehens fremd werden, die gewohnte Lebenswelt zusammenbrechen. Nichts ist auf einmal mehr so, wie es war. Man denke an die *Merkwürdigen Fundstücke* im ersten Kapitel. Soeben ging man noch gedankenverloren seines Weges. Plötzlich stutzt man. Ein Stein am Wegesrand springt ins Auge. Man blickt nochmals hin. Die tägliche Routine setzt aus. Dinge, die uns so nah waren, dass wir sie kaum beachteten, kommen uns unversehens fremd vor. Doch nach kurzem Stocken geht alles wie gewohnt weiter. Gelegentlich jedoch werden wir gezwungen, an- und innezuhalten, weil die Dinge für uns komisch und merkwürdig bleiben. Das Vertraute hat sich in etwas Fremdartiges verwandelt: „Ich sah einen Gegenstand an, der sich vor mir befand, ein Meter siebzig hoch, ein Meter zwanzig breit, mit zwei Türen, die sich öffnen ließen ...: einen Schrank. Aber es war kein Schrank mehr."[7] Der Gegenstand war ein namenloses Etwas geworden, das aus seiner unauffälligen Umgebung heraustach. Allerdings kann diese selbst auch befremdlich werden und alte Routinen durchkreuzen: „Ich wusste nicht mehr, wo ich war. ... Es war mein Haus, dasselbe Haus, derselbe Sessel, dasselbe Sofa, derselbe Teppich, und doch war es weder derselbe Teppich noch dasselbe Sofa, noch waren es dieselben Bücher, dieselben Wände. Eine unerklärliche Fremdheit. ... Die Welt war nicht mehr dieselbe. ... Wer war ich? Wo war ich?", fragt Ionescos *Einzelgänger*.[8]

Eine solche Fremdheit lässt sich sogar absichtlich herbeiführen. Man kann bewusst aus seinen gewohnten Lebensbezügen heraustreten, so dass sich das Altbekannte fast zwangsläufig als etwas Befremdliches auftut, das unsere Aufmerksamkeit auf sich zieht. Romantiker wie Novalis und Tieck sehen eine wesentliche Aufgabe der Kunst darin, „auf eine angenehme Art zu befremden, ei-

---

[6] Ionesco, Der Einzelgänger, S. 63.
[7] A.a.O., S. 93.
[8] A.a.O., S. 92.

nen Gegenstand fremd zu machen."[9] In seinen Überlegungen zur Verfremdung schreibt Bertolt Brecht: „Vorgänge und Personen des Alltags, der unmittelbaren Umgebung, haben für uns etwas Natürliches, weil Gewohntes. Ihre Verfremdung dient dazu, sie uns auffällig zu machen."[10] Und er fährt fort: „Einen Vorgang oder einen Charakter verfremden heißt zunächst einfach, dem Vorgang oder dem Charakter das Selbstverständliche, Bekannte, Einleuchtende zu nehmen."[11] So kann die gewohnte Sicht der Dinge leicht zum Einsturz gebracht werden.

Im Urlaub achten wir gewöhnlich mehr als zuhause auf die Landschaft, auf Wolkenformationen oder das Rascheln der Blätter im Wind. Ereignisse, die sonst eher beiläufig zur Kenntnis genommen werden, rücken schlagartig in den Lichtkegel unserer Aufmerksamkeit. Nun kann die Fremdheit der gesamten Wirklichkeit in Erscheinung treten. Selbstverständlich können solche Erfahrungen auch zuhause gemacht werden, wenn die Bäume und Hügel, an denen wir Tag für Tag gedankenlos vorüberfahren, einmal bewusst aufgesucht und angeschaut werden. Doch für gewöhnlich verdrängen wir das Fremde im Wirklichen. Normalerweise bleibt es in seine vertraute Umgebung integriert, damit es seine Befremdlichkeit verliert, die zumeist als bedrohlich und beängstigend empfunden wird. Wie häufig erschrickt das Fremde! Es löst Unruhe und Abwehr aus. Darum wird es in der Regel nach dem Muster des Bekannten und Gewohnten gedeutet, im Neuen das Alte, im Besonderen das Typische gesucht. Der uns mit Selbstverständlichkeiten versorgende Alltag, der weder die Wirklichkeit angemessen noch vollständig repräsentiert, mithin provinziell und partiell bleibt, hat zumeist das Fremde ins Vertraute eingeschmolzen. Nur was ist das Fremde überhaupt?

Das Fremde an sich gibt es nicht. Fremdheit ist keine Eigenschaft. Nur für Menschen kann etwas fremd sein. Dinge sind nicht fremd, sie können uns nur als fremd erscheinen. Dabei ist zu unterscheiden zwischen dem Fremden als dem Anderen und dem Fremden als dem Unbekannten.[12] Der Gegenbegriff des *Anderen* ist das *Eigene*: Das Fremde sich zu eigen oder zum Eigenen zu machen heißt, es so zu assimilieren, integrieren oder inkludieren, bis es dazugehört. Es steht nicht mehr außerhalb. Im Extremfall nimmt man es in Besitz. Dann wird seine Fremdheit durch Herrschaft bezwungen. Dagegen ist der Gegenbegriff des *Unbekannten*, Fremdartigen oder Seltsamen das *Vertraute*: Näheres Kennenlernen, Gewöhnung und Erklärung verwandeln Unbekanntes in Bekanntes. Oft wird das derartig Fremde durch Wiederholen und Begreifen überwunden: Je

---

[9] Novalis, Historisch-Kritische Ausgabe Bd. 3, S. 685f.
[10] Brecht, Gesammelte Werke 15, S. 347.
[11] A.a.O., S. 301.
[12] Vgl. Waldenfels, Topographie des Fremden; Guzzoni, Erstaunlich und Fremd.

besser man die Zusammenhänge durchschaut, umso mehr verlieren sie an Fremdheit. Und je öfter man einen fremden Weg geht, umso vertrauter wird die Wegstrecke.

Fremde sind wir in uns selbst heißt der Titel eines Buches von Julia Kristeva, worunter sie die verdrängte Nachtseite des menschlichen Begehrens versteht. Seit der Spätromantik wird das Fremde im Menschen als triebhaft dunkel, als unterschwelliges wildes Verlangen vorgestellt. Doch geht es an dieser Stelle ebenso wenig darum wie um politische Verfolgung und Verbannung, Heimatvertriebene oder Heimatlose, Migranten und Asylanten, die Fremden im Gegensatz zu den Einheimischen. Hier steht die Fremdheit der Welt im Mittelpunkt.

Einbruch des Fremden
Heimat ist der Gegenpol zur Fremde. Nach religiösem Verständnis sind wir Menschen Fremde in der Welt, weil unsere wahre Heimat im himmlischen Jenseits liegt. Mensch und Kosmos stehen in Gegensatz zueinander. Darum ist der Mensch ein Fremdling in der irdischen Fremde, an die er sein Herz nicht hängen soll. Stattdessen soll der Gläubige durch Abkehr von der Welt und Einkehr ins eigene Innere zu Gott aufsteigen. Heimatlosigkeit steigert Innerlichkeit.

Stärker noch als in den monotheistischen Religionen wird in der Gnosis, eine religiöse Strömung der Antike, die Welt als heimatlose Fremde empfunden. Auch die Gnostiker empfanden sich als heimatlose Fremdlinge im Kosmos, in dem sie sich nirgendwo zu Hause fühlten. Mit der Erfahrung der Welt als bedrohlicher Fremde und dem sie begleitenden Gefühl einsamer Verlassenheit ging eine Sehnsucht nach einem überirdischen Lichtreich einher. Wie von Heimweh geplagte Flüchtlinge im Exil fühlten sie sich auf der Erde ihrer Heimat fern. Dem in die Fremde geworfenen Menschen wurde daher empfohlen, alle Bindungen an die Welt zu lösen, um sich in abgeschiedener Innerlichkeit dem jenseitigen Lichtgott anzuvertrauen.[13]

Antike Gnostiker und traditionelle Theologen erklären diesen Gegensatz zwischen Mensch und Kosmos mit einem Mythos, dem zufolge unsere Seele nicht von dieser Welt ist. In Wahrheit entstamme sie einem Jenseits oder Paradies, ihrer wirklichen Heimat, woraus sie ins Diesseits gefallen sei, weshalb sie den Kosmos und das irdische Dasein als Fremde erlebe.

Die menschliche Erfahrung der Fremde ist so alt wie die Sehnsucht nach Heimkehr. Sich in der Fremde als Fremdling zu fühlen scheint allgemeines Menschenlos zu sein. „Nur ein Fremdling, sagt man mit Recht, ist der Mensch hier auf Erden", schreibt Goethe in dem Gedicht *Hermann und Dorothea*. Mit dem Gefühl der Fremdheit geht seit jeher ein Verlangen nach Rückkehr ins hei-

---

[13] Vgl. Wetz, Hans Jonas zur Einführung.

matliche Vaterland einher. „Wo gehen wir denn hin", fragt Heinrich von Ofterdingen. „Cyane: Immer nach Haus!", heißt es bei Novalis.[14]
Auch ohne religiöse Deutungen wird seit Beginn der Neuzeit das unermessliche Universum als ungastliche Fremde wahrgenommen. Ihm scheint jedes freundlich-bergende Antlitz zu fehlen, so dass sich mancher Philosoph gar nicht anders denn als Fremdkörper in der Welt fühlen kann. Ob Blaise Pascal, Friedrich Nietzsche oder Jacques Monod [15], sie alle machen die bedrückende Erfahrung der Fremde. Namhafte Naturphilosophen wie Jonas, Prigogine und Kanitscheider führen dieses Gefühl auf das mechanistische Weltbild der Neuzeit zurück.[16] Sie deuten den Bruch zwischen Mensch und Natur nicht mehr religiös, sondern naturwissenschaftlich. Der Mensch sei weniger aus einem Jenseits ins Diesseits hineingeworfen als vielmehr aus der Natur hinausgeworfen worden. Das Weltbild der Neuzeit hatte das Aussehen eines wissenschaftlich erklärbaren Kausalzusammenhangs aus materiellen Dingen, in den der Mensch als bewusstes Leben nicht mehr hineinpasste. So kam es zu einer radikalen Trennung von Materie und Geist, Äußerlichkeit und Innerlichkeit. Diese Entgegensetzung sei dafür verantwortlich, dass die Menschen sich im Weltall als heimatlose Fremdlinge fühlten und das Weltall selbst als unfreundliche Fremde erlebten.

Da nun inzwischen das mechanistische Weltbild durch die naturwissenschaftliche Vorstellung eines dynamischen, komplexen, sich selbst organisierenden, schöpferischen Universums ersetzt wurde, das den Menschen vollständig in das Reich der Natur eingliedere, gebe es keinen guten Grund mehr, sich im Kosmos fremd, verlassen oder einsam zu fühlen. Alle von Blaise Pascal bis Jacques Monod formulierten Verlassenheitsempfindungen oder Fremdheitserfahrungen hätten ihre Grundlage verloren.

So stimmig dieser Ansatz ist, das Gefühl der Fremdheit vermag er den Menschen dennoch nicht zu nehmen, weil der Grund hierfür in einem ursprünglichen Gegensatz unterhalb aller mythischen, religiösen, metaphysischen und naturwissenschaftlichen Deutungen liegt. Der Gegensatz ist anthropologischer Art und ergibt sich aus der Verletzlichkeit des in die Natur eingeordneten Menschen, wie Hans Blumenberg betont.[17] Der kleine, verwundbare Mensch fühlt sich in den unermesslichen Weiten der übermächtigen Welt zwangsläufig fremd, weil er darin Bedrohungen unterschiedlicher Art ausgesetzt ist, durch die er sich der Wirklichkeit unversöhnlich entgegen gesetzt sieht. Mit anderen Wor-

---

[14] Novalis, Historisch-Kritische Ausgabe Bd. 1, S. 325.
[15] Vgl. Pascal, Das Ich besteht in meinem Denken, S. 7-26; Monod, Zufall und Notwendigkeit, S. 210f.
[16] Vgl. Jonas, Organismus und Freiheit; Kanitscheider, Von der mechanistischen Welt zum kreativen Universum; Prigogine/Stengers, Dialog mit der Natur.
[17] Vgl. Blumenberg, Beschreibung des Menschen.

ten, es ist nicht so sehr die Beziehungslosigkeit zwischen Mensch und Natur, wodurch das Weltall für uns Erdenbürger zur Fremde wird, als vielmehr die teilnahmslose Rücksichtslosigkeit der stillen Weiten dem Schicksal des Einzelnen gegenüber. Auch das kreative, dynamische Universum ist unermesslich, stumm und gleichgültig und ermangelt so jeder Gastlichkeit und Bedeutsamkeit, durch welche die Welt zu Heimat werden könnte.

Mithin bedarf es weder einer Religion noch einer Wissenschaft, um sich als Fremdling in einer fremden Welt vorzukommen. Religionslose und wissenschaftsferne Varianten dieser Erfahrung wie Albert Camus` Roman *Der Fremde* sind nicht säkulare Reflexe eines ursprünglich religiösen Gefühls oder bedrückende Effekte eines naturwissenschaftlichen Weltbildes. Diesen Erlebnissen liegt vielmehr eine ursprüngliche Erfahrung von Fremdheit zugrunde, wie Hans Jonas, Walter Schulz und Hans Blumenberg gezeigt haben.[18]

Beängstigende Unheimlichkeit
Wir Menschen sind Exilierte auf Heimaturlaub. Bildhaft formuliert lauert nämlich hinter dem engen Bezirk des Vertrauten ein weiter Bereich des Fremden, der jeden Augenblick in unsere heimatlichen Kreise eindringen kann. Wie eine kleine Insel liegt unsere Lebenswelt in einem riesigen Meer bedrohlicher Fremdheit, das alle heimischen Lebensbezüge zu erschüttern vermag. Die gewohnte Welt ist nur ein kleiner Ausschnitt dieses befremdlichen Ganzen, das jeden Moment hervorbrechen kann, um die lebensweltliche Geborgenheit zu zersetzen. In diesem Falle sind uns selbst die nächsten Dinge nicht mehr vertraut, die uns sonst durch das Leben tragen. Gewohnheit und Wohnung haben denselben Wortstamm. Erst liebgewonnene Gewohnheiten machen das Leben wohnlich. Wo man aber aus den tragenden Lebensbezügen herausgeworfen wird, die man der Wirklichkeit mühsam abrang, dort kann es einem schnell unbehaglich werden.

Der unbehauste Mensch, so ein Buchtitel von Holthusen, steht einer unabhängigen fremden Wirklichkeit entgegen, vor der ihm die bekannten Dinge ringsum keinen Schutz mehr bieten. Franz Schubert besingt diese existenzielle Heimatlosigkeit in der *Winterreise* mit den eindringlichen Worten: „Fremd bin ich eingezogen, fremd zieh` ich wieder aus." Und Rilke dichtet in *Herbsttag* mit Blick auf den herannahenden Winter: „Wer jetzt kein Haus hat, baut sich keines mehr. Wer jetzt allein ist, wird es lange bleiben, wird wachen, lesen, lange Briefe schreiben, und in den Alleen hin und her unruhig wandern, wenn die Blätter treiben."[19] Fast gleichlautend Nietzsche in *Abschied* mit Bezug auf den Herbst, wenn die Blätter fallen und es bald schneien wird: „Wohl dem, der jetzt

---

[18] Vgl. Wetz, Hans Jonas; Wetz, Tübinger Triade; Wetz, Hans Blumenberg.
[19] Rilke, Ausgewählte Werke Bd. 1, Herbsttag, S. 120.

noch – Heimat hat! ... Weh dem, der keine Heimat hat."[20] Aufs ganze Leben ausgedehnt Novalis: „Die Philosophie ist eigentlich Heimweh – Trieb überall zu Hause zu sein",[21] denn ein nachdenklicher Mensch ist nirgendwo zuhause. Er fühlt sich überall in der Fremde.

Diese Erfahrung der Fremde wird von speziellen Stimmungen begleitet. Es sind die Grundbefindlichkeiten der Sehnsucht und des Heimwehs einerseits, der Angst, Schwermut und Langeweile andererseits. Wie tropisch wuchernde Schlingpflanzen können deren Keime emportreiben. Nach Auffassung der Existenzphilosophen Jaspers, Heidegger und Sartre besitzen diese vorkognitiven Befindlichkeiten eine die Fremde als solche aufschließende Kraft. Stimmungen bewegen sich zwischen begeisterter Fröhlichkeit und beklemmender Traurigkeit, wie Bollnow betont.[22] Gehobene und gedrückte Stimmungen färben unser gesamtes Leben. Mal sind sie intensiver, mal schwächer. Doch irgendwie gestimmt ist man jederzeit. Je nachdem, in welcher Stimmung man sich befindet, erscheint das Wirkliche als bedrückend oder schön. Stimmungen beeinflussen, wie wir die Dinge um uns herum wahrnehmen. Unser Lebensgefühl bestimmt, wie das Seiende in die Unverborgenheit tritt. Es prägt unser Realitätsbewusstsein. Die Stimmung der Angst scheint den Einzelnen gänzlich aus dem Gleichgewicht bringen zu können. Üblicherweise wird zwischen Furcht und Angst unterschieden: Man fürchtet sich immer vor etwas konkret Bedrohlichem, sei es vor dem Hund oder einer Prüfung. Dagegen bleibt das Gefühl der Angst unbestimmt: Man fühlt sich auf unfassbare Weise von allen Seiten bedroht. Angst lässt das bisherige Daseinsgefüge aus den Fugen geraten. Sie scheucht den Einzelnen aus dem Gleichmaß seiner Routinen auf, indem sie seine vertrauten Lebensbezüge, die ihn mit Familie, Arbeit und Heimat verbinden, zum Schwinden bringt. Die namenlose Angst besitzt aufrüttelnde Kraft. Sie droht den Einzelnen mit sich fortzureißen. Hierbei äußert sie sich aber nicht nur als *Existenzangst*, die vor einer ungewissen Zukunft oder vor dem Tod erzittert, oder in der bangen Frage, ob man denn auch richtig lebt, ja bislang überhaupt gelebt hat. Angst ist überdies *Weltangst*, welche die Wirklichkeit als verstörende Fremde in die Unverborgenheit treten lässt.

Wo sich das Gefühl der Fremde mit der Angst verbindet, dort wird es dem Einzelnen unheimlich. Wenn sich die Lebenswelt, in die man sich festgewohnt hat, plötzlich durch die Weltangst auflöst, dann tut sich die Unheimlichkeit alles Seienden auf. Das hiermit eingehergehende Grauen darf nicht überstürzt als bloß vordergründige Reaktion auf einen verborgenen Sinn abgemildert werden. Denn dahinter muss keineswegs ein religiöser Spuk oder metaphysischer Bu-

---

[20] Nietzsche, KSA Bd. 11, S. 329.
[21] Novalis, Werke und Briefe, Logologische Fragmente 81, S. 422.
[22] Vgl. Bollnow, Das Wesen der Stimmungen.

denzauber stecken. Zu dieser Angsterfahrung genügt es bereits, sich nicht mehr auszukennen, weil die Welt für einen unverständlich geworden ist. Heimisch oder heimelig nennt man einen Ort, an dem man sich zuhause fühlt und zurechtkommt. Etwas heimlich zu tun bedeutet dagegen, etwas versteckt oder verborgen zu halten. Vielleicht sollte das Unheimliche besser verheimlicht werden, ja Geheimnis bleiben, weil der Zusammenbruch der gewohnten Welt leicht zu Angst führt. „Als ob die Welt gewohnt sein könnte! Als ob die Welt normal sein könnte", wie Ionesco spottet. Aber wir Menschen möchten nun einmal gerne gegen böse Überraschungen gefeit und von Zumutungen des ganz Neuen verschont bleiben. „Jedes Neue, auch das Glück, erschreckt", schreibt Friedrich Schiller.[23] Erst recht machen wir am liebsten einen großen Bogen um die angsteinflößende Fremdheit der Welt, die uns in einen bodenlosen Abgrund zu stürzen droht. Aber bisweilen kann man sich gar nicht gegen solche Erfahrungen wehren. Mit einem Male fühlt man sich der Unheimlichkeit der Welt ohnmächtig ausgeliefert und bekommt es mit der Angst zu tun.

Nun mag die Fremdheit der Welt noch so sehr beängstigen, es ist doch merkwürdig, dass im Verlust herkömmlicher Behaglichkeit nur selten deren verlockende Chancen entdeckt werden. Denn man kann das Fremde auch als anregend, bereichernd und spannend empfinden: als Inspiration, die herausfordert. Gerade das Unbekannte, Neue, Ungewohnte verfügt über abenteuerliche Reize. Zu deren Entdeckung müssen die „unendlich Gewagten", wie Rilke die Menschen nennt,[24] sich aber erst einmal freiwillig in eine unheimliche Situation begeben oder unweigerlich in eine solche geraten. Damit geschehen kann, was Rilke pathetisch *Auftrag* nennt, darf nicht vor dem Fremden oder Unheimlichen zurückgewichen werden. Erst nach Erschütterung der vertrauten Lebensbezüge wird „der Mensch, dieses Abenteuer"[25], wach für die *einmalige Chance*, im Nächsten, Bekannten und Gewohnten das Fernste, Rätselhafte und Ungeheure, *im Seienden das Sein* zu entdecken. Denn wenn die Welt um einen herum fremd geworden ist, fühlt man sich nicht nur als Außenseiter, sondern erlangt dadurch zugleich den Status eines Beobachters, der die Dinge mit Blick von außen neu wahrnehmen kann. Der Preis hierfür ist ein Gefühl angsteinflößender Fremde, das ausgehalten werden muss, soll der erstrebte *apollinische Exzess* zustande kommen, in dem das gesuchte *Sein des Seienden* in der Unverborgenheit erkennbar und erlebbar werden kann.

Allerdings führt die Bereitschaft zu dieser Erfahrung von Fremdheit nicht automatisch zur gesuchten Seins- und Existenzerfahrung. Das packende Dass des Weltalls bleibt in der Neuzeit tendenziell verschüttet, weil die unheimliche

---

[23] Schiller, Sämmtliche Werke Bd. 5, Stuttgart 1862, S. 394.
[24] Rilke, Sonett XXIV.
[25] Vgl. Bertholet, Paul Valéry, S. 516.

Wirklichkeit eher in blankes Entsetzen und lähmende Bestürzung als in bezauberndes Staunen und ehrfürchtige Bewunderung versetzte.

Nutzlose Sterne – Unnütze Räume

Kein Ende in Sicht

Niemand muss seine Augen unablässig aufs Nächste und Nahe richten. Jeder kann seinen Blick in die Ferne schweifen lassen. Unsere Gedanken sind nicht an das Hier und Jetzt gebunden, sondern können jederzeit darüber hinausgehen. Doch vermag das nächtliche Himmelsgewölbe das bloße Auge zu verwirren, weil es die Grenzen seiner Fassungskraft übersteigt. Erst recht überfordern den Himmelsbetrachter große Teleskope, die den Blick in ungeheure Weiten dehnen. An vielen Orten der Erde liefern riesige Observatorien unter den dunkelsten Himmeln wie in der chilenischen Atacamawüste, aber auch die im All stationierten „Hubble", „James-Webb"- und „Euclid"-Weltraumteleskope eindrucksvolle Bilder von Galaxien, die Hunderte, ja Milliarden Lichtjahre von uns entfernt sind. Das „James-Webb" und „Euclid" übertreffen ihren Vorgänger „Hubble" an Größe und Komplexität. Als bislang leistungsstärkste Teleskope senden sie präzise Bilder aus den Tiefen des Alls nur Hunderte Millionen von Jahren nach dem Urknall.

Es war Galileo Galilei, der das von dem Brillenmacher Hans Lippershey 1608 erfundene neue optische Instrument erstmals in einer Herbstnacht auf den Himmel über der norditalienischen Stadt Padua richtete. Wohin er es auch lenkte, überall bot sich „seinem Auge unverzüglich eine Menge von Sternen dar."[26] Galileis selbst gebautes Fernrohr rückte die Mondoberfläche durch dreißigfache Vergrößerung bis auf 13 000 Kilometer an sein Sehorgan heran. Hierbei bekam er Dinge zu Gesicht, die vorher noch kein Augenlicht sah: raue, zerklüftete Ebenen, Bergrücken und Talsenken, die irdischen Landschaften ähnelten. Bei dieser Gelegenheit entdeckte Galilei auch die vier großen Monde des Jupiter, die Medici-Gestirne, genannt nach seinen Florentiner Förderern. Die vier Trabanten, die den Planeten Jupiter wie unser Mond die Erde umkreisen, hatte vor dem 7. Januar 1610 noch nie ein menschliches Auge geschaut; Galilei sah sie als Erster. Obgleich wir nicht immer unseren Augen trauen sollten, gibt es doch kein besseres Zeugnis der Wahrheit als einen Augenzeugen, dessen ungetrübter Scharfblick einen Tathergang möglichst klar in Augenschein zu nehmen vermag.

---

[26] Galilei, in: Hamel, S. 216.

Die Dominikaner und Jesuiten zu Galileis Zeiten erklärten die neu entdeckten Phänomene zu optischen Täuschungen. Die neuen Sehgeräte wurden als trügerisch verworfen und das menschliche Auge als unzulänglich beurteilt. Nicht selten sehen wir nur, was wir schon kennen. Wir nehmen bloß wahr, was wir auch wahrhaben wollen. Die damaligen Mönchsgelehrten verweigerten sogar den Blick durchs Fernrohr, weil sie eine Erschütterung ihrer Weltsicht, wenn nicht eine Entweihung des Kosmos durch das Teleskop befürchteten. Obwohl Galilei derlei gar nicht im Schild führte, bleibt tatsächlich von einem Geheimnis oft nicht viel übrig, wenn es aus dem warmen Dämmerlicht hervorgeholt und ein helles Scheinwerferlicht darauf gerichtet wird. Freilich lag eine beunruhigende Sensation von Galileis Fernrohr im optischen Zugewinn natürlicher Phänomene, die bis dahin unsichtbar waren. Denn immerhin wurde durch sein Teleskop das menschliche Auge teilweise ins Unrecht gesetzt: Die Realität ist anders, als der bloße Gesichtssinn sie gewöhnlich wahrnimmt.

Hauptsächlich aber verdeutlichte das Fernrohr, dass alle mit dem nackten Auge erfassten Phänomene am Himmel von einem unermesslichen Hof des Unsichtbaren umgeben sind. Galileis Blick durchs Fernrohr machte klar, dass menschlicher Scharfblick keineswegs ausreicht, um die gesamte Wirklichkeit zu erkennen, wie seit der Antike bis ins Spätmittelalter fälschlicherweise angenommen wurde. Denn dass es Dinge gibt, die dem bloßen Auge entzogen und unsichtbar bleiben könnten, war eine der Antike und dem Mittelalter eher fremde Vorstellung. Das Fernrohr machte augenscheinlich, dass wir lediglich einen Teil des Ganzen, eben nur Ausschnitte des Sichtbaren überblicken.

Bis heute spannen sich mit jedem Vorstoß in die namenlose Weite neue unerreichbare Horizonte auf. Alle Welthorizonte sind unbegrenzt. Allerdings ergeben sich unsere Horizontgrenzen nicht aus dem, was das Auge zu schauen bekommt, sondern hängen allein vom Betrachter und dessen Position ab. Diese bestimmt seinen Gesichtskreis, in dessen Lichtkegel nach jedem Positionswechsel und durch den Einsatz von Teleskopen oder anderen optischen Hilfsmitteln wie Raumsonden immer wieder neue Sachverhalte vor dem dunklen Hintergrund namenloser Weiten sichtbar werden. So lassen Teleskope und andere technische Geräte einerseits einen unermesslichen dunklen Hintergrund an Unsichtbarem und somit an bis dahin unentdeckten Wahrheiten am Himmel auftauchen, andererseits vergegenwärtigen sie zugleich einen Ozean von Unsichtbarem. Sie geben zu erkennen, dass alle sichtbaren Sachverhalte nur die Vorposten einer unermesslich großen Unsichtbarkeit sind.[27] Auf diese Weise verdichtete sich schon damals bald der Verdacht zur Gewissheit, dass es viel mehr Sterne und Galaxien gibt, als ein Menschenauge mit noch so großen Teleskopen

---

[27] Vgl. Blumenberg, Genesis, S. 21ff, 38ff.

wird jemals erfassen können. Der gestirnte Himmel, den der Weltbetrachter mit dem bloßen Auge sieht, ist – an wahrhaft globalen Maßstäben gemessen – noch weniger als nur regional. Der Kosmos mit Milliarden brennender Sterne aus Wasserstoff und Helium überragt jeden menschlichen Horizont.

Interessanterweise hat Galilei, überzeugt vom mathematischen Aufbau des Universums, *einerseits* den sichtbaren Kosmos in abstrakte Formeln übersetzt. Bis heute gilt die anschauliche Welt als vordergründiger Schein chemischer und physikalischer Prozesse. Nichts sei „der Gesichtssinn ... im Vergleich zu den Wundern, die der Verstand der Verständigen am Himmel entdeckt"[28], schreibt Galilei, die Welt des Augenscheins herabsetzend. *Andererseits* hat Galilei die sichtbare Welt durch die Einführung des Fernrohrs in die Astronomie aufgewertet, hierbei jedoch zugleich um eine weitere Dimension des Unsichtbaren erweitert. Denn im Laufe der Neuzeit traten nicht nur immer öfter mathematische Konstruktionen an die Stelle anschaulicher Phänomene, es traten auch die Horizonte des Sichtbaren und Wirklichen immer weiter auseinander, bis schließlich der geschlossene Kosmos zum unendlichen Universum erweitert wurde. Wie im 16. Jahrhundert der Dominikanermönch Giordano Bruno, der 1600 in Rom von der Inquisition auf dem Scheiterhaufen verbrannt wurde, ging bereits im 15. Jahrhundert Kardinal Nikolaus von Kues von einem unendlichen Weltall ohne Mitte und Grenze aus. Dessen ungeachtet erschien 1543 das vergleichsweise harmlose Buch von Nikolaus Kopernikus über die Mittelpunktstellung der Sonne im noch geschlossen vorgestellten, kugelförmigen All. Doch schon 1576 ersetzte Thomas Digges das heliozentrische Universum seines Lehrers Nikolaus Kopernikus durch die Annahme eines unendlichen Weltalls mit homogener Sternenverteilung. Danach steht auch die Sonne nicht im Mittelpunkt des Universums, das weder Zentrum noch Umfang hat. Die Sonne ist lediglich Zentrum unseres Planetensystems, wovon auch der Kopernikaner Giordano Bruno überzeugt war.

Entbehrliche Räume

Die Ablösung der geschlossenen Welt durch die Vorstellung eines unermesslichen Universums rief bereits zu Beginn der Neuzeit weniger fasziniertes Erstaunen als vielmehr zwei bedrückende Erfahrungen hervor: Zum einen erregten die unermesslichen Räume beklemmende Angst, zum anderen erweckten sie den Verdacht völliger Vergeblichkeit und Überflüssigkeit

Blaise Pascal fasste zu Beginn der Neuzeit sein Entsetzen so zusammen: „Das ewige Schweigen der unendlichen Räume macht mich schaudern!", und fügte sogleich hinzu: „Ich schaue diese grauenvolle Räume des Universums, die

---

[28] Galilei, in Blumenberg, Genesis, S. 53.

mich einschließen, und ich finde mich an eine Ecke dieses weiten Weltraums gefesselt. ... ringsum sehe ich nichts als Unendlichkeiten, die mich wie ein Atom, wie einen Schatten umschließen, der nicht einen Augenblick dauert ohne Wiederkehr."[29]

Galilei erörterte dagegen die angedeutete Entbehrlichkeit des ins Unermessliche angeschwollenen Universums, das durch den Einsatz von Fernrohren immer größere Ausmaße annahm. So beklagte er, „dass ein ungeheurer sternenleerer Raum zwischen den Planetenbahnen unnütz und zwecklos sei und müßig, dass es überflüssig sei, eine unermessliche, alle Fassungsgabe übersteigende Größe den Fixsternen als Behausung anzuweisen." Ein unermesslicher Weltraum, an dessen Unendlichkeit Galilei noch zweifelte, müsse den Anschein erwecken, „umsonst geschaffen" zu sein.[30] Wohlgemerkt monierte Galilei nicht die Überflüssigkeit des Kosmos im Ganzen, sondern lediglich die leeren Räume darin.

Nur scheinbar hat sich heute Galileis Problem erledigt. Zwar wissen wir inzwischen, dass die Räume zwischen den Galaxien, Sonnen und Planeten nicht leer, sondern voll mit staub- und gasförmiger Materie sind. Dazu kommen die „Dunkle Energie und Dunkle Materie", Gravitationswellen und Anderes mehr. Es gibt keine leeren Räume im All. Trotzdem könnten Galileis Bedenken etwas Richtiges meinen, das sich leicht auch auf weitere physikalische Sachverhalte ausdehnen ließe, nämlich dass sie überflüssig sind.

Während also die Unermesslichkeit der Räume dem Philosophen Pascal furchtbare Angst einjagte, hätte der Physiker Galilei nicht bloß in den leeren, sondern auch in den gefüllten Räumen eine übertriebene Platz-, Energie- und Materieverschwendung sehen können. So unterschiedlich Pascals und Galileis Erfahrungen sind, genauer betrachtet hängen sie eng miteinander zusammen.

Beide Erfahrungen vereiteln gleichermaßen das Staunen vor der faszinierenden Existenz der Dinge. Hier wie dort wird das Sein des Seienden eher negativ beschrieben. Denn der gestirnte Himmel tritt weder pantheistisch als göttlich noch monotheistisch als kreatürlich in die Unverborgenheit, sondern als angsterregend gleichgültig oder unerheblich. Mit anderen Worten, das Wirkliche taucht weniger als alltägliches, ästhetisch anschauliches oder wissenschaftliches Seiendes denn als bedeutungsloses, überflüssiges Seiendes auf.

Nach Pascal lassen die unendlichen Räume die Winzigkeit und Unerheblichkeit des Menschen im Universum hervortreten. Außerdem bringt der unendliche Weltraum die Teilnahmslosigkeit des Alls gegenüber den von Not geplagten Erdenbürgern zum Ausdruck. Schließlich ist das Schweigen des Weltraums ein Zeichen dafür, dass die Himmel nicht mehr die Herrlichkeit Gottes rühmen. Das

---

[29] Pascal, Das Ich besteht in meinem Denken, Fr. 5 und 7.
[30] Galilei, Siderius Nuncius, S. 218, 216.

Te Deum, der kosmische Lobpreis Gottes, verstummt. Die Schweigsamkeit, Gleichgültigkeit und Unermesslichkeit der kosmischen Weiten rufen Weltangst hervor.

Erweist sich die kosmische Unendlichkeit als angsterregend, weil sie dem Menschen seine Verlorenheit in der Welt bewusst macht, so wird dieselbe Unermesslichkeit von Galilei als überflüssig erlebt, weil er im Gegensatz zu Pascal unbewusst an der Zentralstellung des Menschen im Weltall festhält. Galileis neue Erfahrung, dass selbst der mit dem Teleskop erfasste Weltraum nicht die gesamte Wirklichkeit repräsentiert, widersprach zwar der alten Idee, dass die Welt für den Menschen und um seinetwillen erschaffen wurde. Wie sollte sich auch das Weltall noch auf den Menschen beziehen lassen, wenn es seinem Auge größtenteils verborgen bleibt? Trotzdem gehört die Vorstellung vom Menschen als letztem Zweck des Kosmos zu den unverstandenen Voraussetzungen seiner Wahrnehmung der Leerräume als überflüssig. Diese verzwickte Verflechtung sei im Folgenden schrittweise entwirrt.

Genauer betrachtet gehen die angedeuteten Gefühle der Angst und Überflüssigkeit von einer gegensätzlichen Einschätzung des Menschen aus: Bei Pascal erfährt sich der Erdenbürger als kosmische Nichtigkeit, bei Galilei versteift er sich aller Anschauung zum Trotz auf seine kosmische Wichtigkeit, und gerade deshalb empfindet er den unermesslichen Weltraum als überflüssig und vergeblich. Anders formuliert ließ erst die Vermutung, dass der leere Raum zwischen den Sternen deutlich größer sei, als bislang angenommen wurde, die Frage entstehen: „Wozu die sternenleeren Räume und so viele unsichtbaren Sterne?" Auf die heutige Zeit bezogen: „Wozu so viel Dunkle Materie, Dunkle Energie und so viele andere Sachverhalte im All, die sich direkter Beobachtung entziehen?" Mit Galilei gesprochen sind diese physikalischen Fakten doch alle überflüssig. Im Grunde genommen bringen solche merkwürdigen Fragen wie auch die empfundene kosmische Überflüssigkeit nichts weiter als die Schwierigkeit zum Ausdruck, den unermesslichen Weltraum noch auf den Menschen zu beziehen.

In die Mitte verbannt
Jahrhundertlang beanspruchte der Mensch für sich eine Sonder- und Mittelpunktstellung im Kosmos, worunter dreierlei verstanden wurde: *Kosmologische* Zentralstellung bedeutet, dass sich Erde und Mensch in der räumlichen Mitte der Welt befinden, *ontologische*, dass der Mensch in der Stufenordnung der Natur einen ausgezeichneten Rang einnimmt, und *teleologische*, dass um des Menschen willen und für ihn alles erschaffen wurde. Obwohl in der Kulturgeschichte häufig alle drei Aspekte zusammenfallen, sind sie doch nicht gleich ursprünglich und stehen in keinem notwendigen Zusammenhang.

Aristoteles beispielsweise rückte die Erde in die räumliche Mitte des Weltalls, ohne die ontologische Zentralstellung des Menschen zu behaupten. Er schrieb einerseits, dass „die Erde sich nicht außerhalb des Mittelpunktes befindet", betonte aber andererseits: „der Mensch ist nicht das Beste, was es im Kosmos gibt."[31] Denn vollkommener als Erde und Mensch sei der gestirnte Himmel.

Aristoteles bewertet den Bereich oberhalb des Mondes, die supralunare, stellare Sphäre, höher als den Bereich unterhalb des Mondes, die sublunare, terrestrische Sphäre. Letztere setze sich aus den Elementen Feuer, Luft, Wasser und Erde zusammen, während der gestirnte Himmel aus einem vollkommeneren fünften Element, edlem Äther, bestehe. Auf der Erde gibt es nach Aristoteles zwar keine Evolution, aber Werden und Vergehen. Dagegen wandelten die kugelförmigen Sterne unveränderlich von Ewigkeit zu Ewigkeit auf Kreisbahnen. Wie sein Lehrer Platon im *Timaios* geht Aristoteles von einer Kugelgestalt der Welt aus. Kugel-, Gleich- und Kreisförmigkeit gelten damals als Zeichen göttlicher Vollkommenheit. Sie seien dem Eckigen, Unregelmäßigen und Geradlinigen überlegen. Darum wird die supralunare Ordnung göttlich genannt, in der die gleichmäßige Kreisbewegung der kugelförmigen Gestirne von einem ersten unbewegten Beweger – einer Substanz, die nichts anderes tut, als sich unaufhörlich selbst zu denken – *indirekt* in Gang gehalten wird. Diese Macht hält die Himmelskörper dadurch indirekt auf ihrer Kreisbahn, dass sie diese wie etwa die begehrte und geliebte Frau den begehrenden und liebenden Mann bewegt. Der erste unbewegte Beweger ist kein personaler Schöpfergott, auch wenn er wie die Gestirne göttlich genannt wird, sondern lediglich ein kosmologisches Prinzip, außerhalb der Himmelssphären angesiedelt. Dieses hält die Bewegung der Gestirne anfangs- und endlos in Gang, hat sie aber nicht erschaffen. Niemand hat sie erschaffen. Aristoteles geht von der Ewigkeit der Welt aus. Am stärksten wirkt der unbewegte Beweger auf die Dinge in nächster Nähe: die Fixsternsphäre. Auf die weiter entfernten Himmelskörper ist sein Einfluss geringer, und so fort bis zur Erde. Diese ist im Unterschied zu den edlen Himmelskörpern von den Einwirkungen des ersten Bewegers so weit entfernt, dass es hierauf zu Unregelmäßigkeiten, Wechsel und Wandel kommt. So bildet die Erde, die nach Platon und Aristoteles ebenfalls kugelgestaltig ist, zwar die kosmologische Mitte. Sie stellt aber im werthaften Sinne den niedrigsten Teil des Kosmos dar. In dem von oben nach unten bewegten Kosmos besetzt unser Planet die der Würde nach schwächste Stelle. Vor diesem Hintergrund wird verständlich, dass, obwohl der Mensch in der Weltmitte lokalisiert wurde, Aristoteles hierin keine Auszeichnung sah.

---

[31] Aristoteles, Vom Himmel, 296b; Die Nikomachische Ethik, 1141a.

Wie die antiken Griechen nicht an der räumlichen Lage der Erde eine Vorrangstellung des Menschen ablesen konnten, genauso blieb ihnen auch die Idee der teleologischen Sonderstellung des Menschen tendenziell fremd. Dieser Feststellung widerspricht nur scheinbar die Bemerkung von Aristoteles, „dass die Pflanzen der Tiere wegen, und dann, dass die anderen animalischen Wesen der Menschen wegen da sind. ... Wenn nun die Natur... nichts umsonst macht, so muss sie alles um des Menschen willen gemacht haben."[32] Genauer betrachtet ist lediglich die terrestrische Natur für den Menschen gemacht. Auf den supralunaren Bereich wird diese anthropozentrische Zweckbestimmung nicht übertragen. Der Gedanke, dass die gesamte Welt für den Menschen und um seinetwillen da ist, lag außerhalb des antiken Vorstellungsvermögens.

Als Mitte geadelt

Erst in der Folgezeit, in der Stoa etwa bei Seneca und Cicero, wurde an der räumlichen Mittelpunktstellung des Menschen erkannt, dass die gesamte Natur für ihn bestimmt sei. Der *kosmologische* wurde mit dem *teleologischen* Anthropozentrismus verknüpft. So wies Cicero im 1. Jahrhundert v. Chr. darauf hin, dass „die Erde in den Mittelpunkt des Weltalls" gestellt und die „Welt und alles, was in ihr ist, der Menschen wegen geschaffen ist."[33] Diese beiden Gedanken zusammen mit dem Bild vom Menschen als Krone der Schöpfung, und das heißt als *ontologischem* Gipfel des Stufenbaus der Natur oberhalb von Fauna und Flora, scheinen dem anschließenden christlichen Mittelalter sein besonderes Gepräge verliehen zu haben. Erst hier fanden kosmologische, ontologische und teleologische Sonderstellung des Menschen zueinander.

Allerdings ist dies nur die halbe Wahrheit. Denn es gab im Hoch- und Spätmittelalter zahlreiche Anhänger der aristotelischen Einteilung der Welt in den sublunaren und supralunaren Bereich mit der skizzierten Höherbewertung der Sterne. Aus dem ersten unbewegten Beweger war zwar inzwischen ein personaler Schöpfergott geworden. Außerdem wurde mit Bezug auf Deuteronomium 4 die Göttlichkeit der Gestirne bestritten: Nimm dich in acht, „dass du deine Augen nicht zum Himmel erhebst und dich beim Anblick von Sonne, Mond und Sterne, des gesamten Himmelsheeres, verleiten lässt, dich vor ihnen niederzuwerfen und sie zu verehren."[34] Dem Range nach aber wurden die Sterne – so etwa im 13. Jahrhundert bei Thomas von Aquin – der Erde weiterhin oftmals übergeordnet. Obwohl in der Mitte der Welt platziert, galt unser Planet zuweilen sogar als Ort größter Gottesferne: als das der Erlösung bedürftige irdische Jammertal.

---

[32] Aristoteles, Politik 1256b.
[33] Cicero, Vom Wesen der Götter, 2.98, 2.133.
[34] Deuteronomium 4, 19.

Wiewohl also der niederen Erde weiterhin keine Sonderstellung zuerkannt wurde, gelang es aber in anderer Beziehung dem Menschen seinen Vorrang vor den leuchtenden Sternen zu sichern. Seine Geistseele erhob ihn dem Rang nach über alle Himmelskörper. So gab es im Mittelalter einen ontologischen Anthropozentrismus ohne kosmologische Sonderstellung des Menschen. Selbst der teleologische Anthropozentrismus besaß im Mittelalter ohne kosmologischen Anthropozentrismus hohe Überzeugungskraft, hatte Gott doch die Sterne „allen Völkern unter dem Himmel zugeteilt",[35] die dem Range nach über alle anderen Geschöpfe stehen.

Die teleologische Sonderstellung wurde hauptsächlich vertreten, um besser der Vergöttlichung des Sternenhimmels entgegenwirken zu können. Denn wären die Sterne göttlich, so würden sie selbstgenügsam und unabhängig existieren; bestehen sie aber für den Menschen, können sie nicht göttlich sein. Sie sind Gottes Schöpfung, wie es in Psalm 8.8 heißt: „Ich schaue den Himmel, das Werk deiner Finger, den Mond und die Sterne, die du geschaffen."

Natürlich fehlt es im Hoch- und Spätmittelalter nicht an kritischen Stimmen gegen die aristotelische Zweiteilung der Weltordnung zugunsten einer einheitlichen Schöpfung. Ob Nicolaus von Oresme, Wilhelm von Ockham oder Nicolaus von Kues – sie alle betonen, dass die Erde nicht weniger wert sei als der gestirnte Himmel. Schon im 6. Jahrhundert schreibt Johannes Philoponos, dass es zwischen den Himmelskörpern und der Erde keine grundsätzlichen Unterschiede gibt.[36] Gott sei in der Schöpfung überall gleichermaßen präsent. Die aristotelische Rangordnung besitzt hier keine Bedeutung mehr. Alles gilt in diesem Zusammenhang als gleich vollkommen oder unvollkommen. Die räumliche Position der Erde wird weder entwertet noch ausgezeichnet. Der Schöpfer ist allen Geschöpfen gleich nahe.

Speziell im Renaissance-Humanismus des 14. bis 16. Jahrhunderts, wo es keineswegs an Hinweisen auf die Größe und Erhabenheit des Menschen mangelt, zu der auch die Schönheit seines Körpers zählt, werden besonders der ontologische und teleologische Anthropozentrismus weiter unter überwiegender Auslassung der kosmologischen Sonderstellung des Menschen gewürdigt. So betont der Dichterkönig Francesco Petrarca, dass der Mensch die übrigen Geschöpfe „an Würde überragt", und dass es keines gibt, „auf das der Schöpfer die gleiche Sorgfalt verwendet hätte." Weiter gibt er zu bedenken, „was für einen erhabenen Platz unter den Geschöpfen die menschliche Natur einnimmt" und dass „so viele Lebewesen am Himmel, auf der Erde, im Meer..., um einzig dem

---

[35] Ebda.
[36] Vgl. Philoponos, in Hamel, S. 129.

Menschen zu gehorchen, erschaffen wurden."[37] Ähnliches steht bei Giannozzo Manetti, Marsilio Ficino und Pico della Mirandola.[38]

Aus der Mitte in die Mitte

Mit dem Wechsel vom geozentrischen zum heliozentrischen Weltbild in der frühen Neuzeit wird zwar die kosmologische Mittelpunktstellung des Menschen zurückgenommen, die aber – wie dargelegt – in der Renaissance und im Mittelalter sowieso keine große Rolle spielte. Bekanntlich ersetzte Kopernikus im 16. Jahrhundert die Kreisbewegung des Himmels durch die Drehung der Erde um die eigene Achse und die Sonne, die ins Zentrum des Universums gerückt war, wo sich bis dahin die Erde befand. Aber „der Mittelpunkt der Erde ist nicht die Weltmitte", sondern „der Weltmittelpunkt (liegt) nahe bei der Sonne", schreibt Kopernikus. Dabei stellt er sich das Weltall ähnlich wie die alten Griechen als räumlich begrenzte Kugel vor: „Die Welt ist kugelförmig."[39] Auch Johannes Kepler vertritt noch die These, „dass die ganze Welt von einer Kugelgestalt umschlossen ist", welche „die Sonne als Mittelpunkt gleichsam im innersten Schoß" trägt.[40]

Nun besagt zwar die Mittelpunktstellung der Erde nichts automatisch über die Bedeutung des Menschen. Im Gegenteil galt unser zentral gelegener Planet den Gestirnen gegenüber ja lange sogar als minderwertig, ohne dass der hohe Wert des Menschen in Frage stand. Trotzdem sollte in der ersten Hälfte des 17. Jahrhunderts die Ablösung des Geozentrismus durch den Heliozentrismus die Anhänger der kopernikanischen Lehre binnen weniger Jahre in Bedrängnis bringen. Auf der Traditionslinie der antiken Stoa setzten Kirchenvertreter, provoziert durch den kopernikanischen Heliozentrismus, auf einmal die Mittelpunktstellung der Erde mit einer Wertauszeichnung des Menschen gleich. So gelangte 1616, also fast achtzig Jahre nach seinem Erscheinen, das seinerzeit Papst Paul III. gewidmete Hauptwerk von Kopernikus *De revolutionibus orbium coelestium* auf den katholischen Index der verbotenen Bücher. Papst Paul III. ließ sich knapp acht Jahrzehnte zuvor die persönliche Widmung nicht nur gefallen, nachweislich fand er auch Gefallen daran.

Erst der Kopernikaner Galilei sah sich bald der fürchterlichsten Waffe des Zeitalters gegenüber: der kirchlichen Inquisition, die ihn 1633 zwang, sich offiziell von dem heliozentrischen Weltmodell loszusagen. In diesen Streitereien besannen sich Katholiken wie Protestanten mit einem Male auf eine Stelle des

---

[37] Petrarca, Heilmittel gegen Glück und Unglück, S. 199, 195.
[38] Vgl. Manetti, Über die Würde und Erhabenheit des Menschen. S. 47; Pico, Über die Würde des Menschen, S. 3ff; Ficino, Op 121, S. 103 und Op 297, S. 102.
[39] Kopernikus, Das neue Weltbild, S. 5, 85.
[40] Kepler, Das Weltgeheimnis, in: Heisenberg, Das Naturbild der heutigen Physik, S. 55.

alttestamentarischen Buchs Josua[41], wo steht, dass Gott über dem Schlachtfeld von Gibeon der Sonne befahl, still zu stehen. Hieraus wurde jetzt geschlossen, dass sie sich normalerweise kreis- und gleichförmig um die Erde bewegt. Im Hoch- und Spätmittelalter sowie der Renaissance wurde dieser plötzlich aufgewerteten Bibelstelle kaum Beachtung geschenkt. Dazu passt, dass Kopernikus wie Papst Paul III. die unterstellte Abwertung des Menschen durch das heliozentrische Weltmodell noch nicht zu sehen vermochten. Der Verlust der Weltmitte kam für Kopernikus noch keinem Verlust menschlicher Auszeichnung gleich, weshalb er sein Buch ja auch bedenkenlos dem damaligen Papst widmen konnte, der daran keinerlei Anstoß nahm. Zwar hielt Kopernikus die Kreisläufe des gestirnten Himmels an und setzte dafür die Erde in Bewegung, die sich um die Sonne drehe. Dies alles ließ aber seinen religiösen Glauben gänzlich unangefochten.

Trotz Aufkündigung der kosmologischen Zentralstellung der Erde hielt Kopernikus sogar mit einer gewissen Selbstverständlichkeit an der teleologischen Sonderstellung des Menschen fest. Im 4. Jahrhundert vertrat der lateinische Kirchenvater Laktanz die Auffassung, dass Gott „die Welt dem Menschen zuliebe geschaffen hat."[42] Und im 3. Jahrhundert glaubte der griechische Kirchenvater Origenes, „dass alle Dinge für den Menschen und jegliches vernünftige Wesen geschaffen sind."[43] Genauso betont Kopernikus im 16. Jahrhundert, dass die Welt „um unseretwillen vom besten und genauesten Werkmeister gebaut ist",[44] dem Kepler ebenfalls zustimmt: „Denn Zweck der Welt und jeglichen Geschöpfs ist der Mensch."[45]

Vor dem Hintergrund des Dargelegten ist nicht mehr rätselhaft, wie einerseits der Mensch aus der Mitte des Alls herausgerückt werden konnte, andererseits das gesamte All weiter auf ihn bezogen blieb. Eine Antwort hierauf gab bereits das Mittelalter. Dass der Mensch der letzte Zweck der Schöpfung sei, wurde dort nämlich an seiner Geistseele, Vernunft und Personalität festgemacht und im Renaissance-Humanismus zusätzlich an der Schönheit des menschlichen Körpers. Mochte der Mensch nicht mehr in der räumlichen Mitte der Welt angesiedelt sein, in der Stufenordnung stand er auch für Kopernikus weiterhin an höchster Stelle. Wie schon teilweise im Mittelalter wurde die wahre Weltmitte weniger über den Raum als vielmehr über die Rangfolge definiert. Diese überlieferte Entkoppelung der Frage nach der Wertbesonderheit des Menschen von der Kosmologie ermöglichte es Kopernikus, den Menschen aus der Mitte der

---

[41] Vgl. Josua 10,7-14.
[42] Lactantius, Natura Deorum II 140, in: Cicero, Vom Wesen der Götter, S. 523.
[43] Origines, in: Warkotsch, Antike Philosophie im Urteil der Kirchenväter, S. 523.
[44] Kopernikus, Das Neue Weltbild, S. 73.
[45] Kepler, Das Weltgeheimnis, in: Heisenberg, Das Naturbild der heutigen Physik, S. 49.

Welt herauszunehmen und dennoch als Gipfel der Schöpfung auszuzeichnen, für den und um dessentwillen alles erschaffen sei, ohne hierin einen Widerspruch zu sehen. So konnte der teleologische Anthropozentrismus selbst nach Fortfall der kosmologischen Mittelpunktstellung beibehalten werden. Paradox formuliert konnte die wahre Mitte des Alls nun sogar am Rande des Universums sein.[46]

Jedoch klingt diese Annahme problematisch, wenn man bedenkt, dass schon in der damaligen Zeit die Vorstellung von der Natur als hierarchischem Stufenbau fraglich geworden war. Bereits im kopernikanischen Zeitalter werden alle Bezüge von oben und unten aufgelöst. Die Welt lässt sich nicht mehr in qualitativ verschiedene Sphären unterteilen. Alles steht unter denselben Gesetzen und besteht aus den gleichen Stoffen. Modern formuliert wurde von der Gleichberechtigung aller Richtungen, Zeit- und Raumpunkte, also von einem isotropen und homogenen Universum ausgegangen. Freilich war jetzt die Erde in den Rang eines Sterns erhoben und als Stern unter Sternen in den Himmel emporgehoben worden. Zugleich aber wurden die Sterne auch auf die Stufe der Erde herabgeholt. Denn nun galten sie als kosmische Gegenstände, die aus ähnlichem Material wie die Erde aufgebaut sind. Mit René Descartes setzte sich allmählich die Überzeugung durch, „dass die Materie des Himmels keine andere als die der Erde ist."[47] Alle Teile des Ganzen schienen nach dem gleichen Muster gemacht, der entfernteste Körper den nächstgelegenen vergleichbar zu sein. Eine Rangfolge war im Weltall nicht mehr zu erkennen. Dennoch konnte Kopernikus dem Menschen eine ontologische Sonderstellung zuschreiben, die er zugleich als Indiz für seine teleologische Auszeichnung wertete, obwohl jetzt hierfür doch die Grundlage zu fehlen schien. Doch selbst diese Kuriosität lässt sich aufklären.

Erkenntnis – ein faszinierendes Nebenprodukt

Für die Meister der Renaissance lieferten der feingliedrige Körper des Menschen, dessen moralisches Wissen über Gut und Böse sowie seine Fähigkeit, die Welt erkennen zu können, einen Gottesbeweis. Kopernikus griff lediglich den letzten Aspekt auf. Er sah im Menschen das einzige Lebewesen, das zur Erkenntnis des Weltalls als einer Manifestation Gottes imstande sei. Dieses besondere Talent verstärkte seinen Glauben, dass Gott die Welt um des Menschen willen erschaffen habe. Aber alles der Reihe nach:

Zum einen sollte der teleologische Anthropozentrismus von Kopernikus verdeutlichen, dass dessen astronomische Erkenntnisse mit Recht Wahrheitsanspruch erheben. Sie waren für den Astronomen mehr als nur stimmige Rechenmodelle, zu denen sie Osiander in seiner Vorrede zum Hauptwerk von Koper-

---

[46] Vgl. Blumenberg, Genesis, S. 237ff.
[47] Descartes, Prinzipien der Philosophie, S. 41.

nikus wohlwollend entschärfte.[48] Die Welt sei für den Menschen gemacht, damit er sie zum größeren Ruhme Gottes ergründe, so Kopernikus. Sein teleologischer Anthropozentrismus möchte also unterstreichen, dass die Wahrheit dem Menschen als Gottebenbild zugänglich sei. Der Gedanke, dass die Dinge um des Menschen willen existierten, galt gewissermaßen als Garant für die Berechtigung der menschlichen Überzeugung, zur Wahrheitserkenntnis fähig zu sein. Hierdurch sollte der Verdacht zerstreut werden, astronomische Erkenntnisse bestünden aus illusionären Anmaßungen. Denn es wäre widersinnig gewesen, die Welt für den Menschen zu erschaffen und ihn mit Erkenntnisbegabung auszustatten, ohne hiermit die Welt rational durchdringen zu können. Da aber der Kosmos für den Menschen gemacht ist, kann, darf und soll er ihn auch erforschen. Im teleologischen Anthropozentrismus steckt der *Auftrag* hierzu.

Zum anderen empfanden die Astronomen der frühen Neuzeit die menschliche Begabung, den Kosmos schauen und durchschauen zu können, als so großartig, dass sie fast unweigerlich den Eindruck gewannen, die Welt sei für den Menschen da, der sie erfassen und rühmen möge. Allein an dessen Erkenntnisleistungen manifestiere sich bereits seine Sonderstellung, sein hoher Rang im großen Ganzen – unabhängig vom Ort, an dem die Erde im All lokalisiert sei. Die außergewöhnliche Qualität des Menschen, Sonne, Mond und Sterne *als solche* und *als unabhängig von sich vorhanden vergegenwärtigen* zu können, legte die Vermutung nahe, dass sie für ihn erschaffen wurden.

Diese Überlegungen sind inzwischen überholt und unhaltbar. Schon Montaigne verwarf jede Sonderstellung des in einen „abgelegenen Winkel des Alls ausgesetzten"[49] Menschen, woran Blaise Pascal jedoch weiter festhielt, obgleich auch er den Menschen in einen „versprengten Winkel der Welt"[50] platziert sah und sogar nachdrücklich seine Nichtigkeit hervorhob: „Nur ein Schilfrohr, das zerbrechlichste in der Welt, ist der Mensch, aber ein Schilfrohr, das denkt. Nicht ist es nötig, dass sich das All wappne, um ihn zu vernichten: ein Windhauch, ein Wassertropfen reichen hin, um ihn zu töten. Aber, wenn das All ihn vernichten würde, so wäre der Mensch doch edler als das, was ihn zerstört, denn er weiß, dass er stirbt, und er kennt die Übermacht des Weltalls über ihn: das Weltall aber weiß nichts davon."[51] Pascal zufolge liegt die ganze Würde des Menschen im Denken.[52]

Dass es auch hiermit nichts ist, betont im 20. Jahrhundert Samuel Beckett. Unüberhörbar auf Pascal anspielend, aber mit Auslassung seiner euphorischen

---

[48] Vgl. im Kapitel *Inventur der Tatsachen* den Abschnitt *Wahrheit statt Methode*.
[49] Montaigne, Essais, S. 433.
[50] Pascal, Gedanken, Fr. 35/72.
[51] A.a.O, , Fr. 119/347.
[52] Vgl. Pascal, Gedanken, Fr. 118/365.

Würdigung des Denkens schreibt Beckett, dass der Mensch „ein kleines Staubkorn in einem kleinen Winkel (ist), das ein aus dem verlorenen Draußen kommender Hauch hochhebt und das der nächste Hauch wieder niederschlägt."[53] Beeinflusst von Nietzsche vermochte Beckett im menschlichen Erkenntnisvermögen, das sowieso größtenteils in die Irre führe, keine besondere Auszeichnung zu sehen. Wie Montaigne, Pascal und später Beckett spricht auch Nietzsche von „Winkel", um die angemaßte Sonderstellung des Menschen bloßzustellen: „In irgend einem abgelegenen Winkel des in zahllosen Sonnensystem flimmernd ausgegossenen Weltalls gab es einmal ein Gestirn, auf dem kluge Tiere das Erkennen erfanden. Es war die hochmütigste und verlogenste Minute der Weltgeschichte: aber doch nur eine Minute. Nach wenigen Atemzügen der Natur erstarrte das Gestirn, und die klugen Tiere mussten sterben."[54]

Nun ist Nietzsches Herabsetzung der menschlichen Erkenntnisfähigkeit genauso überzogen wie Pascals Rangerhebung des Denkens übers Weltall. Ähnlich wie die Astronomen der frühen Neuzeit, die im menschlichen Erkenntnisvermögen noch ein Indiz für die Richtigkeit des teleologischen Anthropozentrismus sahen, geht Pascal zu weit. Dennoch treffen alle einen wichtigen Punkt: Löst man ihre Überlegungen aus den religiösen und wertphilosophischen Verschalungen heraus, bleibt nämlich übrig, was oben mit Blick auf Rilke *Auftrag* oder *einmalige Chance* genannt wird.[55] Freilich ist die Welt weder für den Menschen gemacht noch auf sein Schicksal bedacht. Unsere Erkenntnisfähigkeit macht uns Erdenbürger auch nicht von vornherein edler als das Weltall. Als zufälliges Nebenprodukt einer ungesteuerten Naturentwicklung verfügt der Mensch über Erkenntnisfähigkeit vorrangig zur Behebung von Anpassungsmängeln. Erkenntnis ist ein komplexes Instrument zum besseren Zurechtkommen mit der Natur.

Aber wie überraschend und verblüffend ist genau deshalb die menschliche Anschauungs- und Erkenntniskraft, wenn sie, von alltäglichen Aufgaben befreit, in den Dienst der Welterforschung gestellt wird. So mag der Mensch im weiten kosmischen Nebel als winziges Staubkorn verschwinden und nur für kurze Zeit auf der Erde weilen, als *offene Stelle* im Ganzen des Seienden bleibt dieses außergewöhnlich kluge Tier auch ohne Anthropozentrismus einzigartig durch sein Talent, der Wirklichkeit *als solcher* bewusst werden zu können. Man denke bloß an seine unglaubliche Fähigkeit, den Andromedanebel, die uns nächstgelegene Spiralgalaxie, auf eine Entfernung von 2,5 Millionen Lichtjahren noch mit bloßen Augen als verschwommenen Lichtfleck am Nachthimmel sehen zu können. Mit dem Astrophysiker Stephen Hawking gesprochen: Wir

---
[53] Beckett, Texte um Nichts, S. 130.
[54] Nietzsche, KSA Bd. 1, S. 875.
[55] Vgl. das Kapitel *Hiersein ist merkwürdig*.

sind zwar unerhebliche Lebewesen im großen Ganzen, „aber wir können das Universum verstehen, und das macht aus uns etwas Besonderes."[56]

Bewohnte Planeten
Solange das Universum eine überschaubare Größe besaß, war es plausibel, dass die Welt für den Menschen geschaffen sei. Schwierigkeiten stellten sich erst mit der Erkenntnis ihrer unermesslichen Ausdehnung ein. Ein unermessliches Weltall mit Milliarden brennender Sterne aus Wasserstoff und Helium, ein Weltall, in dem alles Sichtbare mit einem unendlichen Horizont des Unsichtbaren umgeben ist – ein solches Weltall scheint einfach zu gewaltig und zu weit entfernt vom Menschen zu sein, als dass es noch für ihn da sein könnte. Da musste es fast zwangsläufig zur Erfahrung der von Galilei verspürten Überflüssigkeit der sternenleeren Räume kommen. Es musste sich die Frage aufdrängen, wozu diese sternenleere Unermesslichkeit überhaupt existiert, wenn nicht um des Menschen willen. Im Lichte dieser ungeheuren Anmaßung konnten die unermesslichen sternenleeren Räume nicht anders denn als unnütz erscheinen.

Doch bahnte sich gleichfalls im 16. Jahrhundert ein heute zumeist vergessener Ausweg aus dem Konflikt zwischen der Erkenntnis sternenleerer Räume und dem Glauben an den teleologischen Anthropozentrismus an. Soll der unermessliche Weltraum mit seinen zahllosen Weltkörpern nicht als reine Platzverschwendung und willkürliche Materievergeudung eingestuft werden, dann muss es auch auf anderen Planeten bewusstes Leben geben. Erst die Vorstellung, dass außer der Erde noch zahlreiche sonstige Himmelskörper besiedelt sind, befreit die zahllosen Gestirne von dem Verdacht, entbehrlich, vergeblich, bedeutungslos zu sein. Denn sind die meisten Planeten bewohnt, so gibt es für alles im Universum genug Augenzeugen. Nichts wäre umsonst geschaffen, vorausgesetzt, die Existenz der Dinge ließe sich bereits durch ihre bloße Betrachtung rechtfertigen. Jedenfalls erübrigte sich dann die Frage, warum es überhaupt so viele Planeten und Sterne gibt, wenn sie ohnehin niemand sieht.

Zumal heute wird öfter darüber spekuliert, ob es wohl auf anderen „Sternen" mit uns Menschen vergleichbare Lebensformen, „Aliens", gibt: Existieren im All außer auf der Erde auch anderswo selbstbewusste Vernunftwesen? Die einen halten es für unwahrscheinlich, dass andere Sonnensysteme belebte Planeten vom Charakter der Erde haben aufgrund der zahlreichen Zufälle, die zu einem solchen Ergebnis zusammenkommen müssen. Für andere steht in Anbetracht des bisherigen Weltalters von mehr als 13 Milliarden Jahren sowie der Milliarden Sonnen und Milchstraßen fest, dass es diesen Zufall schon mehrmals gab. Dabei gelten die Außerirdischen mal als hässliche Zombies, die es auf die

---

[56] Hawking, Was war vor dem großen Knall?, S. 270.

Vernichtung der Erde abgesehen hätten, mal als friedliche Botschafter besserer Welten aus dem All. Bekannt sind sie den meisten als Phantasieprodukte aus Büchern und Filmen wie *Starship Troopers, Independence Day* oder Steven Spielbergs *E. T.*

Aber vielen genügt es nicht, den Außerirdischen bloß phantasiemäßig in TV-Serien wie *StarTrek* zu begegnen. Darum wird überall Ausschau nach ihnen gehalten. Seit der amerikanische Pilot Kenneth Arnold 1947 erstmals von UFOs berichtete, die er „fliegende Untertassen" nannte, werden jährlich mehrere Tausend solcher Beobachtungen gemeldet; viele Menschen glauben, derlei schon gesichtet zu haben. In solchen Kreisen erfreuen sich Erich von Dänikens Bücher häufig großer Beliebtheit, dem zufolge die Götter der Antike sowie die Propheten des Alten Testaments wahrscheinlich Außerirdische waren, auf die der Bau der Pyramiden und fast alle anderen Weltwunder genauso zurückgingen wie das Auftreten der Gattung Homo sapiens auf der Erde. So abenteuerlich solche Spekulationen klingen, tatsächlich schließen seriöse Astrophysiker und Biologen mittlerweile nicht mehr die Möglichkeit außerirdischer Intelligenz aus. Angesichts zehn Milliarden Billionen Planeten im Universum sei die Einzigartigkeit unserer Erde im All, statistisch gesehen, höchst unwahrscheinlich. Dennoch stufen die Experten die Wahrscheinlichkeit, Kontakt mit außerirdischen Kulturen aufnehmen zu können, als verschwindend gering ein, weil der interkosmische Dialog, nach vermutetem Aufwand an Zeit und Energie gemessen, einfach zu groß sei, zumal dort ein ungleich höherer technischer Entwicklungsstand herrschen müsse als bei uns.

Doch wird nicht erst seit heute über außerirdisches Leben spekuliert. Schon im 17. Jahrhundert hatte sich die Überzeugung durchgesetzt, dass andere Planeten unseres und anderer Sonnensysteme von vernünftigen Wesen bewohnt würden. Ob Johannes Kepler, Robert Burton oder de Fontenelle, sie alle glaubten, dass außer der Erde „auch die übrigen Planeten besiedelt"[57] seien. Selbst Leibniz meinte, dass es „in unserer sichtbaren Welt viele Wohnstätten vernünftiger Geschöpfe"[58] gebe, weil in des Vaters Haus viele Wohnungen existierten. Sogar der frühe Kant war ganz sicher, dass auf den meisten Himmelskörpern mit Bewusstsein begabte Lebewesen wohnen, und Johann Wolfgang von Goethe schrieb: „Seitdem die Erde im kopernikanischen System auf einem subalternen Platz erschien, traten ... die übrigen Planeten in gleiche Rechte. Die Erde war bewachsen und bewohnt ..., und die Folgerung lag ganz nahe, dass die ähnlichen Gestirne, und vielleicht auch gar die unähnlichen, ebenfalls mit Le-

---

[57] Burton, Anatomie der Melancholie, S. 214.
[58] Leibniz, Plädoyer für Gottes Gottheit, S. 45.

ben übersät und beglückt sein müssten. Was die Erde an ihrem hohen Rang verloren, ward ihr gleichsam hier durch Gesellschaft ersetzt."[59]

Noch zu Beginn des 20. Jahrhunderts vermerkte der berühmte Historiker Ernst Troeltsch: „Nur wenn das Lebensreich der Erde eines von unendlich vielen ist, kann es überhaupt als Lebensreich verstanden und seine Unvollkommenheit ertragen werden. Es ist dann eben eins unter den vielen Lebensbereichen, in denen die göttliche Größe sich ausschüttet oder besteht."[60] Offenbar hielt man den Glauben an Gott und den Wert des Menschen in Anbetracht der ungeheuren Größe der Welt nur dann für sinnvoll, wenn es darüber hinaus außerirdisches Leben gibt. Tatsächlich verliert die behauptete Überflüssigkeit sternenleerer Räume in dem Maße an Plausibilität, ohne dass der teleologische Anthropozentrismus aufgegeben werden muss, wie die Vermutung außerirdischen Lebens an Boden gewinnt. Denn nun kann weiter daran festgehalten werden, dass alles für und um menschenartige oder menschenähnliche Lebewesen erschaffen sei – allerdings mit der Zusatzannahme, dass es solche nicht bloß auf unserem Planeten, sondern allenthalben im riesenhaften Weltall gibt.

Aber so sehr mit dieser Mutmaßung die angenommene Überflüssigkeit der sternenleeren Räume vorübergehend gebannt war, trotzdem wiederholte sie sich noch einmal im 19. Jahrhundert. Es waren die fehlenden Anzeichen für vernünftiges Leben auf anderen Planeten, was zu ihrer Neubelebung führte. So fordern Erfahrung und Vernunft das „Eingeständnis", meint Ludwig Feuerbach, dass auf anderen Himmelskörpern „kein menschliches und menschenähnliches Leben sei und sein könne."[61] Daraufhin dränge sich die skeptische Frage auf: „Was? So viele, so ungeheure Körper sollen umsonst sein, und nur auf dieser Erde, die sich in dem unermesslichen Ocean der Welten gleich einem Salzkörnchen geschmacklos verliert, nur auf dieser sollte Leben sein?" In dieser Frage steckt bereits die Vermutung, „dass diese unzähligen Himmelskörper umsonst wären, wenn sie nicht von lebenden Wesen bewohnt wären." In Anbetracht der großen Leerräume zwischen den Himmelskörpern und der unsinnigen Verschwendung von Materie und Energie an zahllose Sterne wird darum jetzt für vernünftiger gehalten, wenn das gesamte Weltall auf einen Punkt reduziert wäre. Denn „was über das Gebiet eines Atoms hinausgeht, ist verschwendetes, überflüssiges, zweckloses Sein."[62] Hiermit stehen wir erneut an der Stelle, wo Galileis Erschütterung über die Überflüssigkeit sternenleerer Räume ihren Ausgang nahm, durch die das faszinierte Staunen über die rätselhafte Existenz der Wirklichkeit bis auf Weiteres verhindert bleibt.

---

[59] Goethe, Materialien zur Geschichte der Farbenlehre, S. 184.
[60] Troeltsch, Der Historismus und seine Probleme, S. 87.
[61] Feuerbach, Gedanken über Tod und Unsterblichkeit, S. 43f.
[62] A.a.O., S. 32, 31, 35.

Anthropisches Prinzip

In dieser vertrackten Situation meldet sich im 20. Jahrhundert wieder eine neue Stimme zu Wort, die nun ausgehend von naturwissenschaftlichen Erkenntnissen den Nachweis erbringen möchte, dass die Welt schließlich doch um des Menschen willen erschaffen wurde und deshalb nicht überflüssig sein kann: das *Anthropische Prinzip*. Allgemein wird zwischen einer schwachen und starken Version dieses Prinzips unterschieden. Ausgangspunkt für beide Fassungen ist die Feststellung, dass schon geringfügige Abweichungen der Anfangsbedingungen des Universums die Möglichkeit bewussten Lebens ausgeschlossen hätten. Wäre das All ursprünglich nur ein wenig anders gewesen, wäre die Menschheit nicht entstanden.[63] Hieraus schließen die Befürworter des *schwachen Anthropischen Prinzips,* dass von Anfang an Leben und Geist im Universum möglich gewesen sein müssen, da sie sich sonst nicht hätten entwickeln können: „Weil es in diesem Universum Beobachter gibt, muss das Universum Eigenschaften besitzen, die die Existenz dieser Beobachter zulassen."[64]

Das ist zweifellos richtig, aber banal. Es folgt nichts daraus. Denn aus der Tatsache, dass bereits der im Urknall entstandenen Materie die Möglichkeit zu Leben und Geist innewohnte, bedeutet keineswegs, dass von allen denkbaren Anfangsbedingungen genau diejenigen ausgewählt wurden, welche die Entstehung von Natur und Mensch begünstigten. Dies lässt sich hieraus ebenso wenig ableiten wie, dass die Welt für uns und um unseretwillen eingerichtet wurde.

Das Gleiche gilt für das *starke Anthropische Prinzip*: „Das Universum muss in seinen Gesetzen und in seinem speziellen Aufbau so beschaffen sein, dass es irgendwann unweigerlich einen Beobachter hervorbringt."[65] Sollte dies zutreffen, wäre das Weltall deshalb so beschaffen, wie es ist, um Leben und Geist hervorzubringen. In diesem Falle dürfte im Menschen das eigentliche Ziel der kosmischen Entwicklung erblickt werden, und der teleologische Anthropozentrismus hätte doch recht. Davon war der späte Schelling überzeugt, nach dem der Mensch „nicht speziell ein Produkt der Erde (ist) ..., das ganze Weltall ist bei ihm beteiligt, und wenn aus der Erde, so ist er, um auf dem bisherigen Standpunkt fortzureden, doch nicht ausschließlich für sie, er ist für alle Sterne, denn er ist für das Weltall, als Endzweck des Ganzen erschaffen."[66] Das Auftreten der Menschheit auf einem winzigen Planeten am Rande einer durchschnittlichen Spiralgalaxie des seit Jahrmilliarden existierenden Weltalls wäre hiernach nicht so unwahrscheinlich gewesen, wie es für uns heute den Anschein hat. Im Gegenteil, der Mensch dürfte sich nun wieder als eigentlichen Zielpunkt einer

---

[63] Vgl. Barrow, Theorien für Alles, S. 126.
[64] Stöckler, Das Anthropische Prinzip, S. 26.
[65] Ebda.
[66] Schelling, Werke Bd. 5, X 390.

Entwicklung sehen und in kosmischer Beziehung als bedeutsam empfinden. Aber mögen diese Auszeichnungen wünschenswert sein, genauer betrachtet ergeben sie sich nicht aus der einfachen Erkenntnis, dass bei veränderter Ausgangslage die gesamte Entwicklung einen anderen Verlauf genommen hätte. Somit bleibt es bei dem bedrückenden Befund: Im unendlichen All fehlt jeder Hinweis auf eine Sonderstellung des Menschen.

Betrachten wir das rand- und mittelose All, in dem unser Blick auf unermessliche Weiten und das Ohr auf beängstigende Stille trifft, und das dem Menschen wie nichts sonst seine Winzigkeit und Unerheblichkeit vor Augen führt, so scheint es unmöglich zu sein, das gesamte Weltgeschehen noch auf ihn zu beziehen; nichts scheint für uns und um unseretwillen geschaffen zu sein.

Aber vielleicht widerspricht ja unsere Flüchtigkeit und Winzigkeit gar nicht unserer Wertbesonderheit. Jedenfalls focht der Verlust unserer Mittelpunktstellung im All die Religiosität von Johannes Kepler genauso wenig an wie die von Kopernikus: Betrachte man angesichts der ungeheuren Größe der Welt „jene Stäubchen ..., die man Menschen nennt, die Gottes Bild in sich tragen", so könne man daran die Absicht des Schöpfers erkennen, „der seinen Ruhm nicht auf die große Ausdehnung setzt, sondern der das klein macht, was er durch Würde auszeichnen will," schreibt Kepler[67] ähnlich wie Blaise Pascal, der fragt: „Was ist denn der Mensch? ... Ein Nichts im Vergleich mit dem Unendlichen, ein All im Vergleich mit dem Nichts, ein Mittelding zwischen nichts und allem. ... Doch wenn das Weltall ihn zermalmte, so wäre der Mensch viel edler als das, was ihn tötet, denn er weiß ja, ... welche Überlegenheit das Weltall ihm gegenüber hat. Das Weltall weiß davon nichts."[68] Immerhin hat doch erst die kosmische Randstellung des Menschen diesem ermöglicht, die Wirklichkeit als solche denken sowie die Frage nach dem Ganzen aufwerfen zu können. Dem Belanglosen kommt hierdurch eine gewisse Bedeutsamkeit zu.

Jedenfalls widerlegt die mutmaßliche Unwahrscheinlichkeit menschlichen Lebens im großen Ganzen keineswegs automatisch dessen Sonderstellung. Der Weg der kosmischen Entwicklung könnte ja vom Weiten ins Enge, vom Häufigsten zum Seltensten und vom Stabilsten zum Fragilsten verlaufen sein. Dann wäre wieder nichts überflüssig im Universum, sondern allem Anschein zum Trotz alles notwendig zur Entstehung der Menschheit. Warum soll nicht ein aufwändiger und umständlicher Planungs- und Steuerungsprozess die Entwicklung zu bewusstem Leben gelenkt haben? Selbst wenn die Erde nicht der Mittelpunkt der Welt und der Mensch in die Evolution des Lebens verflochten ist, muss der Mensch doch keineswegs ein Zufallsprodukt, sondern könnte weiter-

---

[67] Kepler in einem Brief an Herwart von Hohenburg am 28. März 1605, in: Blumenberg, Die kopernikanische Wende, S. 125.
[68] Pascal, Das Ich besteht in meinem Denken, Fr. 5, 7 und 10.

hin Gottes liebstes Geschöpf sein, das in einmaliger und persönlicher Weise gewollt wurde. Denkbar ist so mancherlei, nur ist es auch überzeugend?

Anfechtbare Anmaßung
Wie lässt sich die Einschätzung der Überflüssigkeit der sternenleeren Räume und zahllosen Sterne auch ohne Anthropisches Prinzip und die Annahme bewohnter Planeten überwinden? Unnütz und überflüssig erscheint der unermessliche Weltraum erst im Lichte des teleologischen Anthropozentrismus, mit dem in der Geschichte dem albernen Hochmut der Menschen so häufig geschmeichelt wurde. Soll diese Erfahrung der Überflüssigkeit überwunden werden, so ist die eitle Anmaßung zurückzunehmen, dass alle Dinge dieser Welt um des Menschen willen da sind. Tatsächlich regte sich bereits im 16. und 17. Jahrhundert Widerspruch gegen diese Form menschlicher Eitelkeit. Wird die Kleinheit des Menschen im unermesslichen All, dessen größter Teil für ihn unsichtbar bleibt, richtig wahrgenommen, so entfallen die Voraussetzungen für die verspürte Überflüssigkeit der sternenleeren Räume.

Wie der Renaissance-Philosoph Marsilio Ficino erkennt schließlich auch Galileo Galilei: „Nicht aber dürfen wir zugeben, dass irgendetwas umsonst geschaffen und müßig im Weltall sei." Auf die anmaßende Behauptung, „dass ein ungeheurer sternenleerer Raum... überflüssig sei", wendet er jetzt gegen sich selbst ein, „dass es frevelhaft ist, unsere schwache Vernunft zum Richter zu setzen über die Werke Gottes, alles das im Weltall eitel oder überflüssig zu nennen, was nicht unserem Nutzen dient." Daher empfiehlt er nun, die allzu hohe Meinung des Menschen von sich selbst zu dämpfen: „Zuviel maßen wir uns an ..., wenn wir meinen, einzig die Sorge um uns erschöpfe das Wirken der Weisheit und Macht Gottes, darüber hinaus tue und ordne sie nichts." Gott kümmere sich zwar um den Menschen, aber nicht um ihn allein: Geben wir uns „mit dem sicheren Bewusstsein zufrieden, dass Gott und Natur sich derart um die Lenkung menschlicher Dinge bekümmern, dass keine größere Fürsorge walten könnte..... Dass aber darum nicht noch andere Ausflüsse ihrer unendlichen Weisheit im Weltall vorhanden sein könnten, möchte ich nach den Eingebungen meiner Vernunft mich bequemen zu glauben."[69] Dem nachdenklichen Beobachter lehrt die ästhetische und wissenschaftliche Naturbetrachtung einen Lobpreis, den die Schöpfung selbst auf ihren Schöpfer zu seinem Ruhme anstimmt.

Galilei gleich erfasst auch Kant bereits das Problem, wenn er vom Menschen sagt: „weil seiner Einbildung nach der Natur an seinem Dasein unendlich viel gelegen ist, hält er die ganze übrige Schöpfung für vergeblich, die nicht eine genaue Abzielung auf sein Geschlecht, als den Mittelpunkt ihrer Zwecke mit

---
[69] Galilei, Siderius Nuncius, S. 216, 218.

sich führt." Wie Galilei wendet Kant jedoch ein: „Die Unendlichkeit der Schöpfung fasst alle Naturen, die ihr überschwänglicher Reichtum hervorbringt, mit gleicher Notwendigkeit in sich. Von der erhabensten Classe unter den denkenden Wesen bis zu dem verachtetsten Insect ist ihr kein Glied gleichgültig."[70]

Im 16. und 17. Jahrhundert wird hin und wieder sogar die Ansicht in ihr Gegenteil verkehrt, dass das unermessliche Weltall vergeblich ist, weil es sich nicht auf den Menschen beziehen lasse. Da das riesige Weltall unsere Fassungskraft übersteigt, könne es nicht für uns und um unseretwillen geschaffen sein. So hält René Descartes es für höchst „unwahrscheinlich, dass alles nur für uns und zu keinem anderen Zweck gemacht wurde."[71] Drastischer Montaigne: „Wer hat dem Menschen in den Kopf gesetzt, dass dieser bewundernswürdige Reigen des Himmelsgewölbes ... zu seiner Annehmlichkeit und zu seinen Diensten geschaffen und so viele Jahrhunderte in Gang gehalten wurde? Lässt sich etwas Lächerlicheres ausdenken, als wenn dieses elende und erbärmliche Geschöpf ... sich für den Meister des Alls ausgibt, von dem auch nur den geringsten Teil zu überschauen, geschweige denn zu beherrschen nicht in seiner Macht steht?"[72] Pointiert Alexander Pope zu Beginn des 18. Jahrhunderts: „Frag, wozu scheinen Himmelssterne hier? Wem dient die Erde? Hochmut sagt: Nur mir."[73] Spöttisch lässt der Aufklärer Voltaire in seiner Erzählung *Micromégas* zwei Reisende von übermenschlicher Größe die Erde und ihre Bewohner, diese „klugen Stäubchen", besuchen. Als sie ankamen, mussten sie „über die ungeheure Winzigkeit der Bewohner unseres Erdballs lachen", und als diese auch noch begannen, ihnen darzulegen, „dass ihre Welten, ihre Sonnen, ihre Sterne, kurz alles einzig und allein für die Menschen geschaffen seien ..., stimmten sie jenes unauslöschliche Gelächter an, das nach Homer das Erbteil der Götter ist."[74] Gleichfalls seufzt Holbach: „der Mensch, ein unendlich kleiner Teil des Erdballs, der in der unermesslichen Weite nur ein unmerklicher Punkt ist, glaubt, dass das Universum für ihn gemacht sei, ... und nennt sich König des Universums! O Mensch! Wirst du niemals begreifen, dass du nur ein Eintagswesen bist?"[75] Ähnlich Louis Büchner: „Der Mensch ist gewohnt, in sich den Gipfelpunkt der Schöpfung zu sehen ... Ein Blick auf die Geschichte der Erde und auf die geographische Verbreitung des Menschengeschlechts könnte ihn Bescheidenheit lehren. Wie lang bestand die Erde ohne ihn."[76]

---

[70] Kant, Werke Bd. 1, S. 353f.
[71] Descartes, Prinzipien der Philosophie, S. 65.
[72] Montaigne, Essais, S. 432f, 435, 430.
[73] Pope, Vom Menschen, 27, 196.
[74] Voltaire, Sämtliche Romane und Erzählungen, S. 142, 135, 146.
[75] Holbach, System der Natur, S. 32, 80, 75f.
[76] Büchner, Kraft und Stoff, in: Bayertz, S. 205.

Bei der Zurücknahme aller anthropozentrischen Auszeichnungen kommt Friedrich Nietzsche eine herausragende Bedeutung zu, der schrieb: „Es müsste geistigere Geschöpfe geben, als die Menschen sind, bloß um den Humor ganz auszukosten, der darin liegt, dass der Mensch sich für den Zweck des ganzen Weltendaseins ansieht."[77] Denn „wie kläglich, wie schattenhaft und flüchtig, wie zwecklos und beliebig, sich der menschliche Intellekt innerhalb der Natur ausnimmt; es gab Ewigkeiten, in denen er nicht war; wenn es wieder mit ihm vorbei ist, wird sich nichts begeben haben."[78] Diese und ähnliche Formulierungen bringen zum Ausdruck, dass der Mensch in der teilnahmslosen Unermesslichkeit des Universums allein ist, aus dem er zufällig hervortrat, wie außer Bertrand Russell auch Jacques Monod im 20. Jahrhundert findet. Nach Monod steht fest, dass der Mensch „seinen Platz wie ein Zigeuner am Rande des Universums hat, das für seine Musik taub ist und gleichgültig gegen seine Hoffnungen, Leiden oder Verbrechen."[79] Die Vorstellung einer in Hinblick auf den Menschen eingerichteten Welt, die zugleich seinen Maßstäben entspricht, spiegelt sich weder in den Naturgesetzen noch im Weltlauf wider. Sie ist ein überspannter Irrtum. Das Weltall ist zu gewaltig, als dass es darin auf die Menschheit ankommen könnte. Schon die räumliche und zeitliche Erstreckung des Universums sowie dessen Unabhängigkeit und Gleichgültigkeit dem Menschen gegenüber weisen auf dessen Geringfügigkeit hin. Der Gedanke vom Menschen als Zielpunkt, Krone und Mittelpunkt der kosmischen Veranstaltung ist mittlerweile widerlegt, mögen sich auch viele damit schwer tun, ihre eigene Existenz und die Wirklichkeit insgesamt von den modernen Naturwissenschaften her zu verstehen.

Doch erst vor dem Hintergrund der Erwartung, dass die Welt dem Menschen zugedacht ist, und der Enttäuschung, dass sie sich ihm aber nicht mehr zuordnen lässt, erscheinen die unermesslichen Räume als unnötiger Aufwand und sinnlose Platzverschwendung.

Wie die Fremdheit oder Unheimlichkeit der Welt ist die Überflüssigkeit der sternenleeren Räume demnach kein Attribut der Wirklichkeit selbst, sondern lediglich ein Kennzeichen unseres Verhältnisses zu ihr, das sich in dem Maße auflöst, wie der jahrhundertealte Anthropozentrismus aufgegeben wird.

Ernüchterter Blick vom Mond
Sobald man mit Hilfe seiner Vorstellungskraft einen Blick aus dem All auf die Erde und die Menschheit wirft, muss man zugeben, dass alle Versuche, die Welt vom Menschen her zu verstehen und auszulegen, lächerlich wirken. Das Uni-

---
[77] Nietzsche, KSA Bd. 2, S. 548.
[78] Nietzsche, KSA Bd. 1, S. 876.
[79] Monod, Zufall und Notwendigkeit, S. 211.

versum lässt sich nicht vom Menschen her rechtfertigen. Inmitten der unermesslichen Himmelswüste gleicht der Mensch einem verschwindend kleinen Staubkörnchen

Thomas Nagel nennt den Blick von außen *Blick von nirgendwo*[80], dem sich ein riesenhaftes Weltall darbietet, in dem wir Menschen als unbedeutende Eintagswesen vorkommen. Solche Außenperspektive ist in der Neuzeit öfter empfohlen worden. Montaigne spricht vom Weltall als „Spiegel, in den wir schauen müssen, um uns im richtigen Winkel zu sehen"[81], und Voltaire entlarvt in seiner Erzählung *Micromégas* die menschlichen Ansprüche auf Wertbesonderheit vor dem Hintergrund des unendlichen Weltalls als unglaubliche Anmaßung.

Am 20. Juli 1969 betrat Neil Armstrong als erster Mensch die Mondoberfläche. Der ersehnte Ort war nach einer Reise über eine Entfernung von 384 400 Kilometern erreicht. Apollo 11 hatte die für menschliche Verhältnisse riesige Entfernung zwischen Mond und Erde mit Hilfe moderner Techniken überbrückt

Nach Jahrtausenden faszinierender Spekulationen war der Mond, der von allen Himmelskörpern der Erde am nächsten steht und dessen Anziehungskraft nur ein Sechstel der Erdanziehung beträgt, nun kein Rätsel mehr. Da der Mond für eine Umdrehung um die eigene Achse genauso viel Zeit benötigt wie für eine Bahn um unsere Erde, blieb seine Rückseite dem menschlichen Auge zu jeder Zeit verborgen. Erst die sowjetische Sonde Lunik 3 lüftete 1959 das Geheimnis, indem sie die bis dahin dunkle Seite erstmals fotografierte. Die Mondgöttin musste als Illusion begraben werden. Nur wer hinter dem Mond lebt, kann noch an seine Zauberkräfte glauben, an den Mann im Mond oder die Mondhexe, deren Blick angeblich menschliches Blut gefrieren lässt. Der Mond ist kein bewohnter Planet. Seine Oberfläche – ein Viertel der Erdgröße – gleicht einer öden Kraterlandschaft, deren Temperaturen zwischen minus 160 Grad und plus 120 Grad Celsius schwanken. Von Jahr zu Jahr entfernt sich der Mond rund vier Zentimeter von der Erde.

Genau genommen waren alle bisherigen Weltraumflüge eher enttäuschend als erhebend, da sie nur Bilder von trostlos öden Wüsten- und Kraterlandschaften, Fotografien von einem lebensfeindlichen Reich der Langeweile boten. Auf dem Mond wächst nichts, dort gibt es kaum Wasser, keinen Wind, kein Leben: Obwohl bis heute poetischer Projektionsraum für romantische Träume, ist der Mond „die Wüste schlechthin. Das Leben ist dort immer in Gefahr",[82] wie James Irwin, Astronaut von Apollo 15, betont.

Aber selbst der Blick vom Mond auf die Erde, an dem die Zuschauer vor den Fernsehern durch den Blick auf ihre Bildschirme teilnahmen, kann gleichfalls

---

[80] Vgl. Nagel, Der Blick von nirgendwo.
[81] Montaigne, Essais, S. 196.
[82] James Irwin, in: Diana Brueton, Der Mond, S. 12.

enttäuschen. Denn die Apolloflüge auf den Mond zwischen 1969 und 1972 zeigten auch, wie klein und nichtig der Mensch ist. Hans Blumenberg und Günter Anders betonen mit Recht, „dass das entscheidende Ereignis der (ersten) Raumflüge nicht in der Erreichung der fernen Regionen des Weltalls (bestand), sondern darin, dass die Erde zum ersten Mal die Chance (erhielt), sich selbst (so) zu sehen ..., wie sich bisher nur der im Spiegel sich reflektierende Mensch gesehen hatte."[83] Nun sah man, was man schon lange wusste, aber eben nur wusste, bisher jedoch niemals mit eigenen Augen zu sehen bekam: einen unbeträchtlichen Himmelskörper, die Erde, eine „durch die Schwärze des Raums rollende irrelevante Kugel"[84], die „wie eine nirgendwo verankerte und im Ozean des Raums schiffbrüchig herumschwimmende Boje"[85] aussah, welche „vom Dasein des ihn bekriechenden Menschengeschlechts nicht das Mindeste verriet."[86] Denn für „den Blick aus dem Weltraum auf das Ganze der Erdkugel gibt es den Menschen nicht."[87] „Die Erde sah aus, als gäbe es den Menschen nicht [...]! Keine Spur vom Menschen."[88] Deshalb darf der von außen betrachtete blaue Planet auch als Anzeichen für die Unerheblichkeit des Menschen interpretiert werden. Vielleicht ist ja das größere Ereignis des Apolloflugs nicht so sehr die Mondlandung gewesen als vielmehr der Blick vom Mond auf die Erde.

Schon der griechische Schriftsteller Lukian wies in *Wahre Geschichten*[89] wie später Voltaire in *Micromégas* darauf hin, dass die Menschen von anderen Planeten aus betrachtet so klein erscheinen wie ein Ameisenhaufen und dass menschliches Streben nach Macht und Reichtum beim Blick von oben ziemlich kleinkariert und lächerlich wirke. Ähnliches schrieb Ernst Jünger in seinem *Sizilianischen Brief an den Mann im Mond*, wo ein Blick von der Mondoberfläche auf die Erde imaginiert wird.[90]

Hatten die Bilder der Apollo-Missionen die Erde immerhin als leuchtend blauen Planeten in der Schwärze des ihn umgebenden Alls dargeboten, so erscheint die Erdkugel auf den Fotos der 1977 gestarteten Sonde Voyager 1, die 1980 aus einer Entfernung von einigen Millionen Kilometern geschossen wurden, nur noch als ein winziger Punkt von der Größe eines achtel Pixels – eine insignifikante, periphere Marginalie des Kosmos. Heute ist die Sonde noch im-

---

[83] Anders, Blick vom Mond, S. 12.
[84] A.a.O., S. 61.
[85] A.a.O., S. 59.
[86] A.a.O., S. 65.
[87] Blumenberg, Vollzähligkeit der Sterne, S. 308.
[88] A.a.O., S. 440.
[89] Lukian, Werke Bd. 2, S. 301-349.
[90] Jünger, Werke Bd. 4, S. 169.

mer unterwegs und hat inzwischen über 24 Milliarden Kilometer zurückgelegt. Die Erde ist von ihr aus nicht mehr zu sehen. Fotografien solcher Art machen anschaulich, dass wir auf einem winzigen Planeten in einem Sonnensystem leben, das zu einer Galaxie von 100 000 Lichtjahren Durchmesser mit mehr als 200 Milliarden Sternen gehört, wobei unsere Galaxie bekanntlich nur eine von 150 Milliarden Galaxien im Universum ist.

Solche Perspektiven zerstören die alte Illusion, „der Mensch sei die Mitte aller Absichten der Natur und das wohlversorgte Schoßkind der Schöpfung."[91] Mitnichten ist der Homo sapiens sapiens die Krone der Schöpfung, sondern nur ein Lebewesen unter anderen – ein sorgengeplagtes Säugetier, dessen Abstammung aus dem Tierreich längst unumstritten ist.[92] Selbst sein Verhalten ist aus dem Tierreich hervorgegangen und stammesgeschichtlich damit eng verbunden. Das Gleiche gilt für sein Denken, Fühlen und Wollen, das mit physikochemischen Vorgängen zusammenhängt, wobei auf die Art dieser Zusammenhänge nicht weiter eingegangen sei.

So heterogen die verschiedenen Erkenntnisse und Vermutungen über den Menschen sind, grundsätzlich stimmen sie alle in einem Punkt überein: Sie markieren einen ungeheuren Wertverlust des Menschen durch dessen erbarmungslose Einordnung in den anonymen Naturzusammenhang. Die Wissenschaft zieht den Menschen radikal – und mit jeder neuen Entdeckung noch stärker – in das Naturgeschehen hinein und nimmt ihm dabei nach und nach jeglichen Grund für die Annahme einer Sonderstellung in der Welt. Seit Sigmund Freud und Rudolf Carnap lässt die Enttäuschung hierüber manche Zeitgenossen wissenschaftliche Entdeckungen als demütigend und kränkend empfinden.[93].

Aber es ist nicht kränkend oder demütigend, ein Stück Natur wie alles Übrige zu sein. Der Vorstellung vom Menschen als einer wissenschaftlich erforschbaren Naturtatsache haftet an sich ebenso wenig Grausames an wie seiner Einschätzung, nur flüchtig im kosmischen Geschehen zu sein. Deshalb müssen die Wissenschaften von dem Verdacht freigesprochen werden, kränken zu wollen, selbst wenn ihre Ergebnisse manchmal ernüchternd sind. Denn wer mit dem Verlust seiner Sonderstellung in der Welt zugleich den Anspruch auf die Krone der Schöpfung aufgibt, dem bleiben besagte Kränkungen sowie die Wahrnehmung der zahllosen Sterne und sternenleeren Räume als überflüssig erspart. Mit Holbach gesprochen: „ohne uns zu befragen, stellte uns die Natur für eine Zeitlang in die Reihe der organisch gebauten Wesen, die wir später ohne unsere Zustimmung wieder verlassen müssen. ... Beklagen wir uns also nicht über ihre

---

[91] Blumenberg, Kosmos und System, S. 65.
[92] Vgl. im Kapitel *Inventur der Tatsachen* den Abschnitt *Drama der Evolution*.
[93] Vgl. Freud, Vorlesungen zur Einführung in die Psychoanalyse, S. 284; Carnap, Psychologie in physikalischer Sprache, S. 109f.

Härte; sie unterwirft uns einem Gesetz, von dem sie keines der Dinge ausnimmt."[94]

Nach erfolgreicher Preisgabe aller drei anthropozentrischen Auszeichnungen schmerzt es nicht mehr, bloß ein vergängliches Stück um sich selbst besorgte Natur in einem um uns unbekümmerten Weltall zu sein.

Ehrfürchtiger Blick vom Mond

Als die Astronauten den Mond erreichten, umflogen und betraten, sahen sie nichts, „was die Phantasie aller Zeiten vom Flug zum Mond auch nur aufs leiseste befriedigt hätte. Keiner der Steine, die sie der NASA zurückbrachten, war so, dass er nicht auch irgendwo auf der Erde hätte gefunden werden können."[95] Selbst „die automatischen Laborleistungen auf dem Marsboden haben die Erwartungen auf Besonderheiten enttäuscht"[96]. Die Freude über das Gelingen des unbemannten Marsflugs kann nicht darüber hinwegtäuschen, dass, seien wir ehrlich, auch der rote Planet, der Mars, ziemlich langweilig ist.

Sogar der Blick aus dem Weltraum auf die Erdkugel hat erst einmal nichts Erhebendes. Denn von dort aus gesehen erweckt die Erde den Anschein, als ob der Mensch gar nicht darauf existieren würde. Aber so sehr die Apolloflüge auf den Mond die Nichtigkeit des Menschen sichtbar machten, die vermutete Enttäuschung beim Blick auf den heimischen Planeten blieb dennoch aus. Dafür war der Eindruck schlicht zu stark, den der blaue Planet auf die Betrachter machte.

Das eigentlich Sensationelle der sechs erfolgreichen Mondflüge bestand sogar im „Blick auf die Erde ... vor der reinen Schwärze des Himmelshintergrundes"[97], vor dem sie wie eine wunderschöne, blaue Kugel aussah. Die Schönheit des Anblicks der auf- und untergehenden Erde am Himmel der öden Mondwüste verstärkte die Erkenntnis, dass der blaue Planet unsere Heimat ist. Hans Blumenberg schreibt: „es ist wohl keine Übertreibung zu sagen, die Totalgegenwart der Erde für die Erdbewohner – die doch aus keinem Orbitalflug bis dahin zu haben gewesen war – habe ein Gefühl für die Kostbarkeit dieses wie lebendig erscheinenden Planeten geweckt. Als wüssten wir erst jetzt, was wir haben, seit wir wissen, wie es auf dem Mond aussieht – und anderswo nicht anders."[98] So gesehen hat die moderne Astronomie „eine hinterhältigerweise vorkopernikanische Überraschung gebracht"[99]: Zwar hat sie unseren Planeten seiner einstigen Wertbesonderheit im antik-mittelalterlichen Kosmos beraubt.

---
[94] Holbach, System der Natur, S. 218.
[95] Blumenberg, Vollzähligkeit der Sterne, S. 479.
[96] A.a.O., S. 323.
[97] A.a.O., S. 308.
[98] A.a.O., S. 440.
[99] Blumenberg, Genesis, S. 787.

Zugleich aber hat sie unsere Erde als Glücksfall für uns Menschen enthüllt, weil wir offenbar nur auf ihr leben und heimisch werden können. Nach heutigem Stand der Forschung ist menschliches Leben nur auf der Erde möglich. Geradezu hymnisch preist Blumenberg diese Entdeckung: „Die kosmische Oase, auf der der Mensch lebt, dieses Wunder von Ausnahme, der blaue Eigenplanet inmitten der enttäuschenden Himmelswüste ist nicht mehr auch ein Stern, sondern der einzige, der diesen Namen zu verdienen scheint."[100]

Denn menschliches Leben ist mitnichten die herrschende Regel im All, das aus einem Feld unbeseelter, zielloser Kräfte zu bestehen scheint. Aber so ephemer und marginal Erde, Leben und Mensch für den Kosmos sind, gerade die Übergröße des unermesslichen Universums hebt diese bunte Episode ihrer Geschichte so heraus, dass der nachdenkliche Betrachter leicht Ehrfurcht hiervor empfinden kann. Je breiter der Hintergrund ist, von dem sich Erde, Leben und Mensch abheben, umso mehr leuchtet deren Einzigartigkeit hervor. Selbst wenn es weder zielgerichtete Naturkräfte noch eine höhere göttliche Absicht geben sollte, so verläuft doch aus rein menschlicher Sicht die kosmische Entwicklung tatsächlich vom Breiten zum Schmalen und vom Weitverbreiteten zum Singulären. Demnach heben gerade die Übergröße des Universums sowie die Unwahrscheinlichkeit des Lebens darin dessen Einmaligkeit im quantitativen und qualitativen Sinne auch ohne Religion hervor. Die Erkenntnis, dass schon geringfügige Abweichungen der Anfangsbedingungen und Grundkräfte des Alls die Entstehung menschlichen Lebens ausgeschlossen hätten, offenbart die Einzigartigkeit von Erde, Leben und Mensch, die auch ohne Religion nachdenklichen Köpfen stille Ehrfurcht einzuflößen und damit die Fundamente zu einem apollinischen Exzess zu legen vermögen. Wie schon mehrfach betont, erhebt gerade seine Erkenntnisfähigkeit den Menschen in den Rang eines überragenden Lebewesens.

Nichtsdestotrotz enttäuscht der Kosmos das menschliche Bedürfnis, sein Gefühl vom eigenen Wert durch ihn bestätigt zu bekommen. So unvergleichlich menschliches Leben ist, so nichtig und unerheblich bleibt es im Ganzen. Doch kann diese vermeintlich bittere Erkenntnis der eigenen Geringfügigkeit auch beruhigen, wenn wir durch Aufhebung der eigenen Ansprüche auf Sonderstellung dazu gebracht werden, uns nicht mehr so wichtig zu nehmen. Und je mehr Demut uns das Weltall bezüglich der eigenen Bedeutsamkeit abverlangt, umso intensiver vermag es uns selbst in Bann zu schlagen. Jetzt endlich könnte das Staunen über die nackte Existenz der Dinge seinen Zauber entfalten, wenn es da nicht noch eine viel radikalere Erfahrung der Überflüssigkeit gäbe.

---

[100] A.a.O. S. 794.

Die allmähliche Aufhebung aller anthropozentrischen Auszeichnungen – der kosmologischen teleologischen und ontologischen – begünstigt geradezu ein noch krasseres Erlebnis der Sinnlosigkeit. Nach der Erkenntnis, dass die Erde nur eine winzige Insel im unermesslichen Weltall und die Menschheitsgeschichte bloß eine vorübergehende Episode ist, breitet sich nämlich immer weiter der Verdacht aus, dass die Wirklichkeit im Ganzen völlig absurd sein könnte. Denn sobald man das, was über die Überflüssigkeit der sternenleeren Räume und unbewohnten Himmelskörper gesagt wurde, mit Ludwig Feuerbach gesprochen, „auf Alles ausdehnte, so würde man endlich zu der Überzeugung kommen, dass eigentlich alles sinnliche, materielle Sein bloße Verschwendung, zweckloser Aufwand ist, und es daher das Beste wäre, wenn gar nichts wäre" – eine Feststellung, die auch aus der Feder Arthur Schopenhauers oder Emil M. Ciorans geflossen sein könnte. Jetzt erscheint „aller Raum, alles Dasein, alle Natur" nicht deshalb als „umsonst"[101], weil sie sich nicht mehr dem Menschen zuordnen lassen, sondern da sie in letzter Beziehung wert-, zweck- und sinnlos sind. Weit davon entfernt, das Sein des Seienden platonisch als anschauliche Wesensform, pantheistisch als Göttlichkeit, monotheistisch als Geschöpflichkeit oder naturwisssenschaftlich als mathematische Struktur der Welt zu würdigen, tritt das Sein nunmehr nihilistisch als absurde Sinnlosigkeit in die Unverborgenheit.

Sinnlose Welt

Am Abgrund

In der Romantik weicht das helle Licht der Aufklärung gefühliger Natur- und Gottesfrömmigkeit. Romantische Dichtkunst beansprucht, näher an die Realität heranzukommen als jede wissenschaftliche Messkunst. Überschwängliche Poesie lässt ein harmonisches Sinnganzes erahnen, in dem alles mit Leben erfüllt, ja Zeichen eines verborgenen Schöpfergottes ist, der sich seinen Geschöpfen vernehmbar mitteilt. Zwischen Pantheismus und Monotheismus hin- und hergerissen deuten die Romantiker alles Zeitliche als Chiffre einer göttlichen Sinnordnung. Gottes Spuren seien überall in der Natur lesbar. Er spreche im Rauschen des Windes ebenso wie im Donner eines Sommergewitters.

Der Einwand der rationalistischen Aufklärung, hier werde über die Verhältnisse menschlicher Erkenntniskraft gelebt und bloße Imagination als Tatsache statt als Sinntäuschung gewertet, mochte man nicht gelten lassen. Da aber durch die Aufklärung fragwürdig geworden war, ob die Natur tatsächlich geheimnis-

---

[101] Feuerbach, Gedanken über Tod und Unsterblichkeit, S. 35f.

voll und märchenhaft ist, waren allerlei literarische Anstrengungen vonnöten, um sie romantisch wahrnehmen zu können. Man musste die Natur mit poetischer Gedankenfülle aufladen, weil sich ihr tiefsinniger Zauber nicht mehr von selbst verstand. Mit Novalis gesprochen: „Indem ich dem Gemeinen einen hohen Sinn, dem Gewöhnlichen ein geheimnisvolles Ansehen, dem Bekannten die Würde des Unbekannten, dem Endlichen einen unendlichen Schein gebe, romantisiere ich es."[102] Mit poetischem Wohnungsbau sollte unter allen Umständen religiöse Obdachlosigkeit verhindert werden!

So steuerten die Romantiker zu Beginn des 19. Jahrhunderts mit großer Beunruhigung gegen die Entzauberung der Natur und den Atheismus an, die seit der Aufklärung immer weiter um sich griffen. Glaubensbeschwörung aus Glaubensverunsicherung! Voller Entsetzen sah Novalis eine Sicht der Wirklichkeit heraufziehen, wonach „die unendlich schöpferische Musik zum einförmigen Klappern einer ungeheuren Mühle (wird), die vom Strom des Zufalls getrieben und auf ihm schwimmend, eine Mühle an sich, ohne Baumeister und Müller und eigentlich ein echtes Perpetuum mobile, eine sich selbst mahlende Mühle ist."[103]

Ähnlich düster sind Jean Pauls Worte. Zeitlebens stand der Romantiker am gottverlassenen Abgrund des Nichts. Hieraus entstand eine mehrfach überarbeitete Schreckensprosa. Der erste Entwurf trägt die Überschrift *Schilderung des Atheismus. Er predigt, es ist kein Gott.* Diese Predigt eines „Geistes" verkündet nicht mehr Gottes Fülle, sondern die gottlose Leere der Welt. Der zweite Entwurf ist überschrieben mit den Worten: *Des toten Shakespeares Klage unter toten Zuhörern in der Kirche, dass kein Gott sei.* Auch diese Totenklage beschreibt den religiösen Glauben als Wahn. Interessanterweise legt Jean Paul diese trostlose Botschaft Shakespeare in den Mund. Er wählte den englischen Dichter für seine Schreckensvision, dass kein Gott sei, um dieser grausamen Wahrheit tragisches Gewicht zu verleihen. Shakespeare hatte als Tragiker des christlichen Europas das Format der großen Tragiker der griechischen Antike Aischylos und Sophokles. Eine weitere Besonderheit des zweiten Entwurfs ist die Darstellung eines Altars mit der Asche des verfaulten Jesu darauf. Hiermit bezweifelt Jean Paul ziemlich unumwunden, dass Jesu Auferstehung, Garant ewigen Lebens, jemals stattfand. Ähnliche Zweifel weckt Hans Holbeins Gemälde *Der tote Christus im Grab*, auf dem Verwesungsspuren zu erkennen sind, als ob der vermeintliche Erlöser bereits länger als drei Tage im Grabe liegt und womöglich seine Auferstehung verschlafen hat. In der Folge erwog Jean Paul, einen „Engel" statt Shakespeare die Rede auf Gottes Tod halten zu lassen, um zu guter Letzt in seinem Roman *Siebenkäs* Shakespeare durch Jesus zu ersetzen,

---

[102] Novalis, Werke, Tagebücher und Briefe, Bd. 2, S. 334.
[103] Novalis, Werke und Briefe, S. 390f, 398, 406ff.

um damit die metaphysische Verzweiflung auf die Spitze zu treiben: *Rede des toten Christus vom Weltgebäude herab, dass kein Gott sei.* Christus selbst verkündet den Tod Gottes; der angebliche Gottessohn ist selbst Atheist: „Ich ging durch die Welten, ich stieg in die Sonnen und flog mit den Milchstraßen durch die Wüsten des Himmels, aber es ist kein Gott, ... und hob ... die Augen empor gegen das Nichts und gegen die leere Unermesslichkeit und sagte: Starres, stummes Nichts! Kalte ewige Notwendigkeit! Wahnsinniger Zufall! ... Wie ist jeder so allein in der weiten Leichengruft des Alls."

Allerdings bringen die Romantiker das dem Abgrund entgegen rollende Rad im letzten Augenblick noch einmal zum Stehen. Novalis vermag die als kalt und öde, ja sinnverlassen erlebte Weltmaschine erneut religiös zu überhöhen. Jean Paul wiederum entkräftet seine schrecklichen Visionen als bösen Traum. Seine abgründigen Gedanken verwandelt er in Traumdichtung, die aber nicht sein letztes Wort bleibt. Im *Siebenkäs* erwacht der Protagonist aus seinem Albtraum wieder in die christliche Religion hinein: „Meine Seele weinte vor Freude, dass sie wieder Gott anbeten konnte."[104]

Genauso wie bei Jean Paul und Novalis tritt auch bei Hölderlin mehr und mehr das Nichts an Gottes Stelle. Dieses springt den Dichter regelrecht an, gegen das er sich im *Hyperion* mit aller Kraft zu stemmen scheint, indem auch er sich nochmalig zum Göttlichen aufschwingt. „O ihr Armen ..., die ihr auch so durch und durch ergriffen seid vom Nichts, das über uns waltet, so gründlich einseht, dass wir werden für Nichts, dass wir lieben ein Nichts, glauben an's Nichts, uns abarbeiten für Nichts, um mälig überzugehen in's Nichts."[105] Mit Thomas Mann formuliert, geschieht alles „zwischen Nichts und Nichts"[106], oder wie Paul Valéry in *Monsieur Teste* schreibt: „Es geht darum, von Null nach Null zu gelangen. Das ist der Lauf des Lebens."[107] Wie angedeutet, bleibt das trostlose Nichts jedoch nicht Hölderlins letztes Wort, sondern mit Blick auf die erfüllte Götternähe der antiken Griechen sehnt er einen neuen Mythos herbei, an dessen Herstellung die Kunst, genauer die Poesie maßgeblich mitwirken soll.

Kalte Nacht
Im Unterschied zu Novalis, Jean Paul und Hölderlin gelingt es Heinrich Heine in den *Memoiren des Herrn von Schnabelewopski* nicht mehr, den Himmel für das menschliche Sinnverlangen offen zu halten. Auf enthusiastischer Überschwang: „Die Sterne! Sind es goldne Blumen am bräutlichen Busen des Himmels? Sind es verliebte Engelsaugen, die sich sehnsüchtig spiegeln in den

---

[104] Paul, Werke Bd. 1, S. 641f.
[105] Hölderlin, Werke und Briefe, S. 256.
[106] Mann, Bekenntnisse des Hochstaplers Felix Krull, S. 359.
[107] Valéry, Monsieur Teste, S. 77.

blauen Gewässern der Erde und mit den Schwänen buhlen?" folgt ein steiler Absturz: „dieselben Sterne, die einst in schönen Sommernächten so liebeheiß mit den Schwänen gebuhlt, jetzt aber so winterkalt, so frostig klar, und fast verhöhnend auf sie herabblickten – wohl begriff ich jetzt, dass die Sterne keine liebende mitfühlende Wesen sind, sondern nur glänzende Täuschungen der Nacht, ewige Trugbilder in einem erträumten Himmel, goldne Lügen im dunkelblauen Nichts."[108]

Noch drastischer verkehrt August Klingemann in den *Nachtwachen des Bonaventura* die von des Zweifels Blässe angekränkelte romantische Weltverklärung ins Gegenteil. Überall stößt in seiner Geschichte ein Wächter bei seinen nächtlichen Rundgängen auf trost- und sinnlose Düsternis: „O was ist die Welt …? Diese Myriaden von Welten sausen in allen ihren Himmeln nur durch eine gigantische Naturkraft, und diese schreckliche Gebärerin, die alles und sich selbst mit geboren hat, hat kein Herz in der eigenen Brust, sondern formt nur kleine zum Zeitvertreib, die sie umher verteilt."[109] Was für die Romantiker erst beunruhigende Ahnung und fürchterlicher Albtraum war, ist hier bittere Wirklichkeit geworden: die Sinnentleerung des Ganzen, wofür Nietzsche das Schlagwort vom „Tode Gottes" prägte. Hier wie dort war ein „salto mortale in den Abgrund der göttlichen Barmherzigkeit" kaum mehr vorstellbar. So nannte der gläubige Romantiker Friedrich Schlegel, gleichfalls von Zweifeln an der Existenz Gottes, Wertauszeichnung des Menschen und Sinnstruktur der Welt geplagt, die Erneuerungsversuche der christlichen Religion. Die Vermutung hatte die Schwelle der Ahnung zur Gewissheit hin überschritten, dass das Ganze nicht nur für niemanden, sondern auch von niemanden erschaffen wurde.

Nietzsche behandelt diese trostlose Erkenntnis unter der Überschrift „Nihilismus"[110] – ein Begriff, den nachweislich Jacobi 1799 prägte, Franz von Baader 1826 aufgriff und Turgenjew 1862 in *Väter und Söhne* weiterführte. „Nihil" bedeutet soviel wie „nichts". Es ist „das Pathos des Umsonst"[111], wie Nietzsche betont, wonach alle großen Sinnzusagen haltlos sind: „Alles hat keinen Sinn": „Stürzen wir nicht fortwährend? Und rückwärts, seitwärts, vorwärts, nach allen Seiten? Irren wir nicht wie durch ein unendliches Nichts? Haucht uns nicht der leere Raum an? Ist es nicht kälter geworden? Kommt nicht immerfort die Nacht und mehr Nacht?"[112] Das Nichts im Begriff Nihilismus bedeutet weniger als nur Nullpunkt von Sinn. Es steht für etwas Negatives: Nichtigkeit, Kälte, Leere. Nach der Gottesdämmerung bleibt der Himmel sinnentleert zurück. Für Nietz-

---

[108] Heine, Werke II, S. 565, 568.
[109] Klingemann, Nachtwachen des Bonaventura, S. 142.
[110] Nietzsche, KSA Bd.12, S. 350.
[111] Nietzsche, KSA Bd. 12, S. 366.
[112] Nietzsche KSA Bd. 3, S. 481.

sche steht fest, „dass es in der Welt durchaus nicht göttlich zugeht, ja noch nicht einmal nach menschlichem Maße vernünftig, barmherzig oder gerecht: wir wissen es, die Welt, in der wir leben, ist ungöttlich, unmoralisch, unmenschlich."[113] Unmissverständlich schreibt im 20. Jahrhundert der Physiker Steven Weinberg: „Je begreiflicher uns das Universum wird, umso sinnloser erscheint es auch", und zitiert hierbei unwissentlich einen fast gleichlautenden Ausspruch Nietzsches: „je begreiflicher die Welt geworden ist, umso mehr hat die Feierlichkeit jeder Art abgenommen."[114] Drastischer: „die extreme Form des Nihilismus: das Nichts (das Sinnlose) ewig!"[115] Der religiöse Kahlschlag unserer aufgeklärten Moderne ist schon oft beschrieben worden – sei es von Koyré, Lovejoy oder Blumenberg und vom Verfasser selbst.[116]

Auch Paul Valéry dramatisiert den nach oben abgeschotteten Betriebsablauf der Welt in *Mon Faust* als beklagenswerten Nihilismus. Nachdem sich Faust auf einen einsamen Berg begeben hat, wo nur karge Felsen, weite Schneefelder und ein dichtes Sternengewimmel zu sehen sind, stellt er resigniert fest: „Es ist so ungeheuer viel des Nichts im All ... Der Rest? Eine Prise hingesäter Staub ... Und das Leben? Eine unmerkliche Spur auf einem Körnchen dieses Staubes." Überraschend trifft Faust auf dem Hochplateau einen Einzelgänger, der seinen Verdacht bestätigt: „Du bist nichts ... Nichts, nichts, nichts. ... Alles, was sich sagen lässt, ist nichtig." Alle menschlichen Meisterwerke seien bloße „Ausscheidungen des Geistes, durch die er sich auf seine Weise seines Überschusses an Hochmut, Verzweiflung, Begehrlichkeit oder Langeweile entledigt. Oder auch seiner ratlosen Neugierde und Eitelkeit." Die Natur habe den Geist nur deshalb hervorgebracht, „weil sie nicht imstande war, den Körper derart auszurüsten, dass er sich in jeder Lage ganz allein aus der Klemme ziehen konnte." Darum ist Faust verblüfft, „dass es noch Menschen gibt, die es fertig bringen, sich für wichtig zu halten."

Natürlich gibt es in diesem frustrierten Nihilismus keinen Platz für erhabenes Staunen. Spöttisch vermerkt der Eremit Faust: „Das Firmament singt jedem, was er hören will. Dem einen kündet es von Gott, den andern schweigt es eisig an. Das Grausen vor der Null – Angst vor dem Nichts. Und doch erregt es in manchen hohes Staunen, und sie berauschen sich an Milliarden Ziffern auf dem Papier ... Ein wenig menschliche Verwunderung nur, Sand, in die Augen uns gestreut! Mein kleines Auge schenkt sich dieses All, ein Aug genügt, dass solchen Glanzes Unendlichkeit erscheint. Ich schließe es, und werde die Kraft, die euch verneint. Nacht, überaus bestaunte, wunderlich Entsetzen." Nach Valéry

---

[113] Nietzsche, KSA Bd. 3, S. 580.
[114] Weinberg, Die ersten drei Minuten, S. 212.
[115] Nietzsche, KSA Bd. 12, S. 213.
[116] Vgl. Wetz, Lebenswelt und Weltall; ders., Kunst der Resignation.

beeindrucken wissenschaftliche Tafeln mit großen Zahlen von Atomen, Neuronen, Sternen und Lichtjahren die Menschen zu sehr. Ihm imponieren sie nicht. Sternenklare Nächte übten eine fatale Wirkung auf die Erdenbürger aus: „Der schöne Himmel, der berühmte gestirnte Himmel über uns! Schau nur und denke! Bedenke, was dieser Schrot und Staub für Dummheiten in die Gehirne gesät hat; zu welchen Phantastereien, welchen hochtrabenden Phrasen, welchen Vermutungen, welchen Gesängen und Berechnungen er unser menschliches Geschlecht bewogen hat."[117] Jedoch bleibt Valéry in dieser Frage ambivalent, empfiehlt er doch an anderen Stellen, nichts für selbstverständlich zu halten, um besser staunen zu können.

Zerrissene Kette
In der Neuzeit wird das nihilistische Weltverständnis gerne auch mit der Metapher einer zerrissenen Kette verglichen. Bereits im 17. Jahrhundert schrieb John Donne, dass das Universum seine vollkommene Ordnung und damit jeden Halt verloren habe: Die Welt ist „wieder in Atome zerfallen ... Alles liegt in Stücken, jeder Zusammenhang, jeder rechte Halt und Bezug ist dahin."[118] Die „große Kette, die alles zusammen verbindet, und alles in der Verbindung hält", scheint nicht mehr „sicher in der Hand einer alles ordnenden Macht" zu liegen, wie Alexander Pope beklagt.[119] Ähnlich der bereits zitierte Jean Paul, nach dem die Hand des Atheismus „das ganze Universum ... zersprengt und zerschlägt."[120] Bei Nietzsche wiederum steht: „Was taten wir, als wir diese Erde von ihrer Sonne losketteten? Wohin bewegt sie sich nun?"[121] Die Kette, an der die Welt hing und die nach oben zu Gott führte, der sie fürsorglich in seiner Hand hielt, scheint gerissen zu sein. Seitdem droht alles ins Boden- und Haltlose zu stürzen.

Das Bild von der „goldenen Kette des Seins" geht auf Homers *Ilias* zurück, worin Zeus zu allen anderen Göttern spricht: „Eine goldene Kette befestigt ihr oben im Himmel, hängt euch nur alle daran, ihr Götter und Göttinnen; dennoch zieht ihr niemals Zeus, den Ordner der Welt, vom Himmel herab, wie sehr ihr auch danach trachtet."[122]xxi Platon hat als erster im *Theaitetos* dieses Bild aufgegriffen, um damit die unverbrüchliche Ordnung des Kosmos zu beschreiben.

Allerdings scheint in der Neuzeit die alte Schöpfungsordnung zerbrochen zu sein. Donne, Pope, Jean Paul und Nietzsche verbindet die Vorstellung der Zusammenhangslosigkeit aller Dinge, die der religiöse Haltverlust mit sich bringt. Wenn der göttliche Halt entfällt, zerfällt die traditionelle Sinnkette. Alles gerät

---

[117] Valéry, Monsieur Teste, S. 115-125.
[118] Donne, English Poems, S. 276.
[119] Pope, Vom Menschen, S. 74.
[120] Paul, Werke 1, S. 641.
[121] Nietzsche, KSA Bd.3, S. 481.
[122] Homer, Ilias, VIII, 19ff.

durcheinander. Jedoch steht dieses Ereignis in unterschiedlichen Kontexten: Während es bei Donne und Pope erst als leise Ahnung heraufzieht, bei Hölderlin und Jean Paul noch als bloßer Albtraum entmächtigt bleibt, ist es, wie angedeutet, bei Nietzsche und dem mittleren Heine bereits blanke Wirklichkeit geworden: „Hört ihr das Glöcklichen klingen? Kniet nieder – Man bringt die Sakramente einem sterbenden Gott."[123] Während für Jean Paul die Welt nur im Traum gottlos ist, in Wirklichkeit aber Gottes Schöpfung bleibt, ist nun die Welt gottlos und Gott zu einem bloßen Traum geworden.

Überflüssige Existenz

Der Vater des sogenannten absurden Theaters, Eugène Ionesco, verfasste nur einen, ziemlich aufregenden, aber unbekannten Roman: *Der Einzelgänger*, aus dem schon mehrfach zitiert wurde. Darin wird die Geschichte eines Pariser Angestellten erzählt, der im Alter von 35 Jahren unverhofft erbt und daraufhin beschließt, sein bisheriges Arbeitsleben zu beenden, um sich nachdenklichem Müßiggang hinzugeben. So führt er das Leben eines stillen Beobachters, der, abgeschieden vom gewohnten Alltagstrott, sich allein von seinen Gedanken treiben lässt. Hierbei experimentiert der Einzelgänger regelmäßig mit seiner Wahrnehmung und der Sprache: „Oft genügte es, lange genug und schnell genug das Wort Pferd oder das Wort Tisch zu wiederholen, so lange, bis der Begriff sich seines Inhalts entleerte und jede Bedeutung verschwand." Dadurch gelang es dem einsamen Kauz, das selbstverständliche Wesen oder Was einer Sache einzuklammern, bis am Ende nur noch deren befremdliche Existenz übrigblieb. Die gleiche Erfahrung machte der Einzelgänger eines Tages bei einer genaueren Betrachtung von Rotweinflecken auf einem Tischtuch: „Es handelte sich darum, irgendeinen Gegenstand so lange anzusehen, bis man nicht mehr wusste, was es war. Das musste kein Weinfleck sein, das sollte etwas Unbestimmtes werden auf diesem Tischtuch, das kein Tischtuch mehr war, aber auch nicht weiße Fläche noch die Stelle, wo ein Fleck gewesen ist."[124] Der Einzelgänger starrte die Dinge so lange an, bis sie aufhörten, selbstverständlich zu sein. Zuletzt waren sie nur noch namenlose Kuriositäten.

Ähnliche Erlebnisse mit dem Unbekannten im Bekannten hatte der Hospitalarzt Rönne in Gottfried Benns Erzählung *Gehirne*. „Oft wenn Rönne von seinen Krankenbesuchen in sein Zimmer zurückgekehrt war, drehte er seine Hände hin und her und sah sie an."[125] Er drehte sie wie ein fremdes Ding, dessen Merkwürdigkeit unfassbar blieb. Nach und nach wurde dann sogar sein ganzer Körper für ihn zu einem fremden Gegenstand, zum Fremdkörper, der sich nicht

---

[123] Heine, Beiträge zur deutschen Ideologie, S. 71.
[124] Ionesco, Der Einzelgänger, S. 52.
[125] Benn, Gesammelte Werke II, S. 16.

mehr bestimmen ließ. Mit fast gleichen Worten der Romantiker Ludwig Tieck im *William Lovell*: „Oft kommt mir mein Arm wie der eines Fremden entgegen; ich erschrak neulich heftig, als ich über eine Sache denken wollte und plötzlich meine kalte Hand an meiner Stirn fühlte."[126]

Solche Wesensunbestimmtheiten irritierten sowohl Valérys Sokrates im *Eupalinos* als auch Stefan George im Gedicht *Das Wort*, wie im ersten Kapitel *Merkwürdige Fundstücke* dargelegt wurde, weil für beide Platoniker lediglich die klar bestimmten Wesenheiten der Dinge die Träger der Wirklichkeit sein konnten. Die ihnen zugrunde liegenden Materialien waren nichts, bestenfalls Möglichkeit. Dagegen stößt Ionescos Einzelgänger nach Einklammerung aller Wesenheiten zum nackten Dass der Dinge vor, das der alltägliche Blick gewöhnlich übersieht: „Die Worte entleerten sich ihrer Substanz wie Schalen, die ihren Inhalt verloren haben. ... Dann betrachtete ich meinen Tisch, mein Glas, meine Hand. Ich bewegte die Finger, ich hatte Lust zu lachen. Dann kam die Angst. Dann war ich verblüfft. Ich sah mich um: was ist das alles?" Je mehr sich die befremdliche Existenz des Wirklichen offenbart, desto mehr schwinden dessen Namen dahin. In einer Art mystischen Erleuchtung geht dem Einzelgänger die rätselhafte Existenz der Dinge auf, und er fragt: „Was soll hinter alledem sein? Was meinen Sie? Das ist es und weiter nichts."[127]

In seinem Frühroman *Der Ekel* schildert der berühmte Existenzialist Jean-Paul Sartre gleichfalls eine solch außeralltägliche Existenzerschließung mit noch dramatischeren Worten. Antoine Roquentin, die Hauptfigur, lebt in einer französischen Kleinstadt, wo er an einer historischen Studie arbeitet. Er führt in Bouville ein banales, langweiliges, einsames Leben, bis ihn irgendwann bei seinen Fahrten mit der Straßenbahn ein ganz merkwürdiges Gefühl überkommt. Er wird nach und nach der Sinnlosigkeit aller Dinge gewahr. Eines Tages hält er es nicht mehr aus, schiebt den Schaffner zur Seite, springt aus der Straßenbahn auf die Straße, rennt, als wäre er nicht mehr ganz bei Trost, in den Stadtpark, um dort auf einer Bank von einer großen existenzialistischen Offenbarung heimgesucht zu werden. Anfangs fühlt sich Roquentin lediglich von der Existenz eines Baumes bedrängt, dann von der Existenz aller Dinge ringsum.

Eher unauffällig bricht die Sprache das Schweigen der Dinge, die nach den Romantikern zu singen anfangen, sobald ihr Zauberwort gefunden ist. Bei Sartre ist dagegen von „mystischer Erleuchtung" die Rede, in der sich „die Existenz offenbart", weil sich die Dinge gerade „von ihren Namen gelöst" haben: „Die Worte waren versunken, und mit ihnen die Bedeutung der Dinge, ihr Verwendungszweck, die schwachen Zeichen, die ihnen die Menschen eingeritzt haben." Zurück blieben „monströse weiche Massen, ungeordnet, nackt, von einer

---

[126] Tieck, William Lovell, S. 170.
[127] Ionesco, Der Einzelgänger, S. 78, 96.

erschreckenden Nacktheit". Es ist von Tonnen sinnloser Existenz die Rede, die Roquentin gleichsam überfallen. Wenn von den Dingen alle Merkmale abgezogen werden, dann stößt man unweigerlich auf ihre nackte Existenz. Deren unerklärliche Tatsächlichkeit und schlichte Zufälligkeit rufen in Roquentin einen tiefen Abscheu hervor. Denn ihm ist inzwischen klar: Alles, was existiert, ist einfach da. Es lässt sich von nichts Höherem ableiten. Der Wirklichkeit ist weder ein Geheimnis noch ein Sinn immanent. Sie hat nichts Verborgenes. In letzter Beziehung existiert alles grund- und zwecklos. Sonach hat das Ganze weder eine erste Ursache noch ein letztes Ziel. Die ganzen Tonnen voll Existenz, die auf Roquentin von überallher einströmen, haben keinerlei Wert. Sie sind nichtig, sinnlos. Sie existieren völlig umsonst, vergeblich. Sie sind überzähliger Unsinn, bloße Verschwendung, unnötiger Aufwand. Die Welt hat „nicht die allergeringste Existenzberechtigung", „nicht den kleinsten Grund da zu sein". Da sie völlig „überflüssig" ist, fehlt ihrer Existenz jede Rechtfertigung. Sie hat kein Recht, da zu sein. Darum kann Roquentin ihr nur mit maßlosem Ekel begegnen.[128] Thomas Mann definiert in *Tonio Kröger* „Erkenntnisekel" als einen „Zustand, in dem es dem Menschen genügt, eine Sache zu durchschauen, um sich bereits zum Sterben angewidert zu fühlen."[129] Nachdem Roquentin die nackte Existenz der Dinge aufgegangen ist, graust ihm davor, weil er deren totale Sinnlosigkeit durchschaut.

Vom Erkenntnisekel zum Lebensekel (taedium vitae) ist es nur ein kleiner Schritt. Lebensekel befällt die Menschen nicht nur bei zu großen Sorgen und zu komplizieren Verhältnissen. Vor allem eintönige Leere und lähmende Langeweile können starken Lebensüberdruss auslösen. Jedoch vermag umgekehrt Lebensekel auch in Erkenntnisekel überzugehen, der sich auf die Sinnlosigkeit der nackten Existenz alles Wirklichen bezieht.

Das Absurde

Die zugespitzte Übertragung der Sinnlosigkeit des Ganzen auf dessen nackte Existenz im französischen Existenzialismus fasst der Begriff des Absurden zusammen. Das Wort Absurdität ist für Sartre der Schlüssel für Roquentins Ekel vor der Existenz.[130] Wie Sartre bei seinen Vorstößen in die namenlose Existenz der Dinge einen starken Ekel so durchlebt auch Albert Camus verstörende Gefühle der Absurdität in Anbetracht der Welt. Nach dem Bruch der goldenen Kette erscheint die sinnlos zersplitterte Wirklichkeit als absurd. Ursprünglich bedeutet absurd soviel wie disharmonisch im musikalischen Sinne. Umgangssprachlich versteht man hierunter dasselbe wie lächerlich oder ungereimt.

---

[128] Sartre, Der Ekel, S. 132-143; vgl. ders., Das Sein und das Nichts, S. 30-34.
[129] Mann, Frühe Erzählungen, S. 302.
[130] Vgl. Sartre, Der Ekel, S. 137.

Es war Albert Camus, der dem Begriff des Absurden in *Mythos des Sisyphos* zu größter Popularität verhalf, mochte auch bereits in Sartres *Ekel* der Blick auf die „Absurdität der Welt"[131] gelenkt werden. Allerdings befasste sich schon Jahrzehnte vor Sartre und Camus ihr Landsmann André Malraux mit der Absurdität des Lebens und der Welt. So ist in der Trilogie seiner asiatischen Romane *Die Eroberer, Der Königsweg* und *Conditio humana* die Rede vom „Absurden", der „Absurdität des Daseins", „Absurdität aller Dinge" oder „Absurdität alles Irdischen".[132] Weiterhin kann man in *Lockung des Orients* bei Malraux lesen: „immer wieder stoßen wir auf das Unbegreifliche, aufs Absurde, den äußersten Punkt"[133]. Wie andere zuvor und danach spricht Malraux der Existenz aller Dinge jeden Eigenwert ab. Obwohl seine Romanfiguren keine gequälten Gemüter sind, die der Tod Gottes insgeheim peinigt, empfinden sie die Wirklichkeit als sinnwidrig. Sinn ist der Gegenbegriff des Absurden, dem jedoch erst Camus ein spezielles Profil verlieh.

Wie Sartre, Benn und Ionesco lässt Camus dem Erlebnis der Absurdität aller Dinge die Erfahrung ihrer rätselhaften Fremdheit vorausgehen. Jedoch erscheinen der fremd gewordene Stein, die seltsamen Umrisse der Bäume, der merkwürdige Hügel und der sonderbare Himmel zugleich als sinnlos, wovor Camus wie Sartre eine tiefe Abneigung empfindet. „Dieser Ekel, wie ein Autor unserer Tage es nennt, ist das Absurde", notiert Camus.[134] Demgemäß stürzt der Held von Camus´ frühem Roman *Der Fremde*, Meursault, in eine tiefe Lebenskrise. Bei seiner Sinnsuche erfährt er die Absurdität der Welt, die, wie Camus betont, jeden Menschen an jeder Straßenecke anfallen kann.

Nun sind aber nach Camus weder der Mensch noch die Welt an sich absurd. Das Gefühl der Absurdität entwickelt sich erst dann, wenn an die Wirklichkeit spezielle Sinnerwartungen herangetragen werden, deren Erfüllung sie ablehnt: „Das Absurde entsteht aus dieser Gegenüberstellung des Menschen, der fragt, und der Welt, die vernunftwidrig schweigt."[135] Das Gefühl der Absurdität entspringt also einer Entzweiung von Sinnerwartung und Sinnverweigerung. Dieses Gefühl steigt in uns empor, wenn unsere hohen Sinnerwartungen an der gottlosen Welt abprallen, die letztendlich jenen trügerischen Sinn verweigert, mit dem wir die Wirklichkeit einst bedachten und den wir darin noch heute gerne entdecken möchten. Mithin bezeichnet das Absurde einen Zwiespalt zwischen der menschlichen Sehnsucht nach Einheit und der Erfahrung eines zersplitterten Universums. Denn es klafft ein Graben zwischen unserem Sinnver-

---

[131] A.a.O., S. 138.
[132] Malraux, Der Königsweg, S. 134, 178.
[133] Malraux, Lockung des Orients, S. 76.
[134] Camus, Der Mythos von Sisyphos, S. 18.
[135] A.a.O., S. 29.

langen und der Erkenntnis, dass eine kalte Gleichgültigkeit in der Welt gegen unsere Sehnsüchte und Hoffnungen herrscht. In der spannungsreichen Kluft zwischen beidem gedeiht das Bewusstsein der Absurdität des Ganzen. Erst die Kollision des verteidigten Sinnanspruchs mit der versiegten Sinnquelle, verwandelt die Welt für uns in eine Stätte des Absurden. Im Lichte dieses harten Zusammenpralls erscheint dann die Welt als überflüssig und der Mensch darin als heimatlos.

Absurdes Theater
Eines ist die theoretische Annäherung ans Absurde, ein anderes dessen literarische Darstellung im Roman wie bei Franz Kafka oder praktische Umsetzung auf der Bühne: das absurde Theater, das den Zuschauer am Erlebnis des Absurden direkt teilhaben lässt. Es ist ein Riesenunterschied, ob die Sinnlosigkeit des Ganzen philosophisch reflektiert oder auf der Bühne inszeniert wird. Das Theater des Absurden wagt das schwierige Unterfangen, die nihilistische Grundhaltung in Szene zu setzen. Das Publikum absurder Stücke soll miterleben, wie es Menschen zumute ist, wenn sie sich in einem düsteren, sinnwidrigen Lebensgefühl befinden. Eugène Ionesco, Samuel Beckett und Harold Pinter philosophieren nicht über die Sinnlosigkeit der Welt und des Lebens, sie stellen das Absurde in greifbaren Bildern oder skurrilen Texten auf der Bühne dar: Man denke an die extrem karge Welt in Becketts *Endspiel* oder *Warten auf Godot*, an seine Hörspiele, in denen die artikulierten Worte sich nicht selten in ein unverständliches Gemurmel verwandeln, bis sie schließlich sinnlosen Naturgeräuschen wie einem Meeresrauschen oder Blätterraschen gleichen. Hier wie sonst auch geht es um die Nichtigkeit des Daseins und der Welt. In Arthur Adamovs *Invasion* wird mit einem Gefühl tiefer Desillusionierung verzweifelt nach einem Sinn in einem Wirrwarr unentzifferbarer Papiere gesucht.[136] Absurde Gespräche spiegeln die Sinnlosigkeit der Welt in banalem Gerede, endlosen Wiederholungen, zusammenhangslosen Phrasen, logischen Ungereimtheiten. Hinter merkwürdigen Wortfragmenten und Bildern verbirgt sich der Verfall des religiösen Glaubens. Die Welt ist keine Sinnordnung mehr, die noch von einem Gott fürsorglich getragen würde. „Der Lump! Er existiert nicht!", heißt es in Becketts *Endspiel*.[137] Auch Jean Tardieu treibt die hoffnungslose Frage um, wie der Mensch mit einem Universum fertig werden soll, das jeglichen Sinns entbehrt.[138] Denn mit den großen Sinnversprechen ist es doch nichts. Im Gegenteil, es herrscht eine gähnende Sinnleere, die seit Nietzsche gerne als Nichts bezeichnet wird, die einzige Realität, die es nach Beckett gibt: „Nichts ist wirklicher als

---
[136] Vgl. Adamov, in: Esslin, S. 66-96.
[137] Beckett, Endspiel, S. 89.
[138] Vgl. Tardieu, in: Esslin, S. 188-195.

Nichts", vermerkt er lakonisch in *Malone stirbt*.[139] Und in *Texte um Nichts* betont der Ire, dass es „nichts niemals gegeben hat als niemals und nichts."[140] Gleichfalls schreibt Ionesco, dass sich seine Theaterstücke hauptsächlich mit dem „Nichts"[141] befassen, das über jede Sinnanmaßung triumphiere. Wie der frühe Sartre bringt Ionesco das absurde Nichts als aufdringliche, sinnlose Existenz zur Aufführung.

So wirft schon sein erstes Drama *Die kahle Sängerin* die quälende Frage auf, „wie wir die erdrückende Last der Dingwelt ertragen können."[142] Wie dargelegt handelt hiervon auch sein späterer Roman *Der Einzelgänger*, der in wesentlichen Punkten mit Sartres *Ekel* und Camus` *Der Fremde* übereinstimmt. Immer wieder beklagt Ionesco in seinen Essais „die Überfülle des Vorhandenen", die „undurchdringliche Dichte" der Materie, die alles ausfüllt.[143] Anschaulich setzt er das sinnlose Wuchern der Materie in seinem Einakter *Der neue Mieter* in Szene. Hier bringt der berühmte Autor von *Die Stühle* und *Die Nashörner* am Beispiel von Möbelstücken die offenbarten Tonnen überflüssiger Existenz auf die Bühne.[144] Wie Sartres Roquentin wird Ionescos neuer Mieter von Massen sinnloser Existenz überwältigt. Zunächst befindet sich dieser in einem leeren Zimmer, das sich aber schon bald – erst langsam, dann immer schneller – mit Möbeln füllt. Zuletzt wird der neue Mieter unter den immer weiter anwachsenden Möbelmassen fast begraben, und der Zuschauer erfährt, dass alle Pariser Straßen mit Möbeln verstopft seien, unter denen die Menschen zu ersticken drohten. Die absurde Wirklichkeit besteht aus lauter überflüssigen Tatsachen: namenlosem Seienden. Der skizzierte Weg von Jean Paul bis zu Ionesco offenbart die Dinge als sinnlose, ungerechtfertigte Sachverhalte. Das Sein offenbart sich hier nicht mehr als Göttlichkeit oder Kreatürlichkeit, sondern als Nichts: das Absurde, in dem das faszinierte Staunen über die Existenz der Dinge außer Reichweite liegt. Wäre es da nicht besser, wenn überhaupt nichts existierte?

Zum alttestamentarischen und altgriechischen Kulturkreis gehört der Gedanke, dass es das Beste wäre, gar nicht geboren zu sein, und das Zweitbeste, bald wieder zu sterben, weil das menschliche Leben hauptsächlich Mühsal und Plage ist. Der rumänisch-französische Philosoph Emil Cioran dehnt in *Die verfehlte Schöpfung* und *Auf den Gipfeln der Verzweiflung* diesen irrealen Wunsch auf die gesamte Wirklichkeit aus. In Anbetracht der Unrechtmäßigkeit, Überflüssigkeit und Sinnlosigkeit des Seins wäre es besser, wenn es gar nichts gäbe.

---

[139] Beckett, Malone stirbt, S. 24.
[140] Beckett, Erzählungen und Texte um Nichts, S. 163.
[141] Vgl. Ionesco, in: Esslin, S. S. 117.
[142] A.a.O., S. 109.
[143] A.a.O, S. 122.
[144] Vgl. a.a.O, S. 123.

Das sieht der Pessimist Schopenhauer genauso, demzufolge das Nichtsein der Welt „ihrem Dasein vorzuziehen wäre."[145] Ähnliches überlegt Ludwig Feuerbach, der fragt, ob es nicht „das Beste wäre, wenn gar Nichts wäre."[146] Die Nichtigkeit der Welt beweist, dass sie besser nicht wäre. Es könnte nichts fehlen, wenn nichts da wäre, weil nichts da wäre, dem etwas fehlen könnte!

Gottes nichtige Schöpfung

Nun drängt sich die Frage auf, wie es dazu kam, dass die von aller religiösen Sinnzufuhr abgeschnittene Welt als vergeblich, nichtig und überflüssig erscheinen konnte. Als mögliche Erklärung hierfür kommt eine Eigenart der monotheistischen Religionen in Betracht. Philosophen wie Feuerbach und Nietzsche betonen, dass die Idee der Nichtigkeit der Welt christlichen Ursprungs ist: „Indem du sagst, die Welt ist aus Nichts gemacht, denkst du dir die Welt selbst als nichts."[147] Denn eine aus dem Nichts heraufbefohlene Schöpfung kann nicht nur jederzeit wieder ins Nichts zurückfallen, sie ist sogar zum Untergang geweiht. Statt unverwüstlich und beständig, ist sie hinfällig und vergänglich. Bereits die Abhängigkeit der Schöpfung vom göttlichen Willen sowie ihre damit verbundene Unvollkommenheit und Endlichkeit enthalten die im nachreligiösen Denken verabsolutierte Vorstellung, dass die Welt nichtig ist.

Nietzsche macht darauf aufmerksam, dass im christlichen Abendland, von Platons Zwei-Welten-Lehre ausgehend[148], zwischen „wahrem Jenseits" und „scheinbarem Diesseits" unterschieden wird. Als wahr gilt allein das Eine, Ewige, Unveränderliche, das Göttliche, als scheinbar dagegen alles Veränderliche Wechselhafte, Zeitliche, Irdische. Darum erscheint einem Jenseits zugewandten Leben das vielgestaltige, wandelbare Diesseits wie eine Ansammlung wesenloser Schattengestalten, als nichtige Existenz, auf die es im Grunde nicht ankommt.

Beraubt man diese zu Nichtigkeit und Scheinbarkeit herabgesetzte Welt ihres außerweltlichen Grunds und Zwecks, so bleibt lediglich eine sinnlose Natur zurück – die bis zur Unerträglichkeit gesteigerte Vorstellung eines Ganzen ohne Gewicht und Bedeutung. Man braucht bloß Gott aus der unbeständigen, scheinhaften, aus dem Nichts heraufbefohlenen Schöpfung herauszuziehen und schon erscheint die Welt als absolut sinn- und schwerelos.

Diese Herleitung der im ausgehenden 19. Jahrhundert entstandenen Vorstellung der absoluten Nichtigkeit des Alls klingt auf den ersten Blick plausibel. Doch indem sich Gott als bloße Illusion erweist, verliert nicht allein das Jenseits

---

[145] Schopenhauer, Die Welt als Wille und Vorstellung Bd. 2, S. 122.
[146] Feuerbach, Gedanken über Tod und Unsterblichkeit, S. 36.
[147] Feuerbach, Das Wesen des Christentums, S. 181, 494.
[148] Vgl. hier Kapitel 1 *Merkwürdige Fundstücke*, Abschnitt *Überstrapazierte Ideen*.

seine Bestimmung der Vollkommenheit, sondern auch das Diesseits seine Signatur der Unvollkommenheit. Grundsätzlich kann nämlich von Unvollkommenheit und Nichtigkeit doch nur in Bezug auf Vollkommenheit und Wichtigkeit gesprochen werden, von scheinbarem Sein nur auf dem Hintergrund von wahrem Sein. Wo es also das eine nicht mehr gibt, dort kann es auch das andere nicht mehr geben. Dennoch führte die Rede vom Tode Gottes im 19. Jahrhundert nicht zur Auflösung der negativen Weltkennzeichnungen. Darum muss die Erklärung an anderer Stelle ansetzen. Erst bei genauerem Hinsehen wird deutlich, dass der düsteren Abwertung der Welt als nichtig, überflüssig, sinnlos – so merkwürdig es klingt – gerade umgekehrt die monotheistische Wertschätzung der Welt als vollkommen, erheblich und wichtig zugrunde liegt.

Die Himmel rühmen die Herrlichkeit Gottes

Die monotheistischen Schöpfungslehren sind zutiefst zweideutig. *Auf der einen Seite* beschreiben sie die Welt als Stätte der Angst und Unvollkommenheit, als heimatlose Fremde, in der sich die Menschen nach einer himmlischen Heimat sehnen, um vom beschwerlichen Erdenleben erlöst zu werden. Aufgrund ihrer Unbeständigkeit und Abhängigkeit ist Gottes Schöpfung nichtig und wesenlos. *Auf der anderen Seite* besitzt die Welt als Gottes Schöpfung aber auch hohes Gewicht und große Bedeutung. So hat die Welt zugleich ein freundlich-bergendes Antlitz, das der Verehrung würdig ist. Nach Psalm 18 rühmen die Himmel die Herrlichkeit Gottes.

Offenbar vertreten die monotheistischen Religionen mit gleichem Nachdruck zwei entgegengesetzte Positionen. Dieser Zwiespalt zeigt keinen Mangel oder Widerspruch an, sondern eine erklärbare Eigenart. Als Schöpfung Gottes ist die Welt vollkommen und schön. Doch ganz so vollkommen darf sie nicht sein, weil sich andernfalls ihre Erlösung erübrigte. Eine uneingeschränkt vollkommene Welt müsste nicht erlöst werden; schon deshalb darf die Schöpfung nicht vorbehaltlos gutgeheißen und bejaht werden. Aus monotheistischer Sicht bietet also die Schöpfung einen ebenso trostlosen wie erfreulichen Anblick.

Als Gottes verehrungswürdige Schöpfung ist sie „herrlich und zweckmäßig" eingerichtet, wie der Kirchenvater Origenes schreibt.[149] Auch für den Kirchenvater Dionysios der Große stand die „Vollkommenheit des Weltalls"[150] zweifelsfrei fest, so dass es, mit Aurelius Augustinus gesprochen, falsch wäre, „wenn jemand sagte: Die Geschöpfe sollten nicht sein."[151] Denn „von dem

---

[149] Origines, in: Warkotsch, S. 266.
[150] Dionysios der Große, in: Warkotsch, S. 285.
[151] Augustinus, Theologische Frühschriften, S. 267.

Sichtbaren ist die Welt das größte, von allem Unsichtbaren Gott", wie der Kirchenvater betont.[152]

Seit Cicero wird das Weltall immer wieder mit einem heiligen Tempel verglichen, der von religiöser Bedeutung erfüllt sei und so Weltvertrauen und Weltbewunderung hervorrufe. An der Schwelle zur Neuzeit schreibt Pico della Mirandola: „Gottvater, der höchste Baumeister hat dieses Haus, die Welt, die wir sehen, als erhabensten Tempel der Gottheit ... errichtet."[153] Ähnlich charakterisiert der gläubige Kosmologe Johannes Kepler das Weltall: „Nichts ist köstlicher, nichts schöner als unser helllichter Gottestempel."[154] Gleichfalls ist für Kopernikus das Universum der „göttlich-kunstvolle Bau des Größten-Besten", der „in bester Ordnung erstellt und von göttlichem Walten gelenkt" werde und daher „wunderschöner Tempel" heißen dürfe.[155]

Obwohl Kopernikus das geozentrische Weltbild durch das heliozentrische Weltsystem ersetzte, war er weit davon entfernt, in dieser neuen Erkenntnis eine Entwertung religiöser Ideen zu sehen. Das Gegenteil war der Fall: Besser als das geozentrische Weltmodell entspreche das heliozentrische Himmelssystem aufgrund seiner mathematischen Vereinfachungen dem Ideal harmonischer Ordnung und damit der mittelalterlichen Schöpfungsidee. Dass hierfür die Erde ihre Mittelpunktstellung räumen musste, empfand Kopernikus nicht als Problem, weil die Einfachheit der harmonischen Ordnung von ihm höher bewertet wurde als der Standort unseres Planeten.

Konstruierte Sinngestalt der Welt
Wie viele spätere Gelehrte hat schon Aristoteles die gleichmäßigen Kreisbewegungen der Gestirne als Zeichen kosmischer Vollkommenheit gewertet und nicht die Mitte des Univerums, wo die Erde liegt. Jedoch denken wir bei der Vorstellung des Geozentrismus bis heute weniger an Aristoteles als an Claudius Ptolemäus, 2. Jhd. n. Chr. Im *Almagest* lässt der griechische Astronom ebenfalls die Himmelserscheinungen um die Erde kreisen, die in der Mitte des Weltalls gelegen sei.[156] Damalige Vorläufer des ptolemäischen Weltbilds waren die antiken Philosophen Anaximander und Anaximenes, beide schon 6. Jhd. v. Chr. Überzeugt davon, dass nur ein astronomisches Modell zutreffen könne, in dem die Bewegungen der Sterne gleichmäßig und kreisförmig verlaufen, übernahm Ptolemäus von Aristoteles die Unterscheidung zwischen der sublunaren, terrestrischen Sphäre und der supralunaren, stellaren Sphäre. Die schon von den Py-

---

[152] Augustinus, Der Gottesstaat, XI, 4.
[153] Pico, Über die Würde des Menschen, S. 5.
[154] Kepler, in: Heisenberg, Das Naturbild der heutigen Physik, S. 50
[155] Kopernikus. Das neue Weltbild, S. 137.
[156] Vgl. Ptolemäus, in: Hamel: Die Geschichte der Astronomie, S. 109-122.

thagoreern und Platonikern gerühmte Vollkommenheit des Kugel-, Kreis- und Gleichförmigen stand auch für ihn gänzlich außer Frage.

Allerdings irritierte Ptolemäus schon bald, dass die beobachteten Phänomene am Sternenhimmel hiermit nicht übereinzustimmen scheinen. Der Astronom bekam am gestirnten Firmament wechselnde Geschwindigkeiten, Umkehrungen der Verlaufsrichtung, also Rückläufe und Schleifenbewegungen der Himmelskörper zu Gesicht, die zur gleichen Zeit auch den Astronomen Hipparch von Nikaia und Appolonios von Perge auffielen. Einen solch irregulären Himmelskörper nannten die alten Griechen „Planet", was ursprünglich „Irr-„ oder „Wanderstern" heißt. Denn das Wort „Planet" kommt von „umherschweifen, vom rechten Weg abkommen, in die Irre gehen". Himmelskörper, die von der Erde aus betrachtet nicht kreisförmig auf denselben Bahnen liefen und einen verworrenen Anblick boten, wurden als Planeten bezeichnet. Nach dieser Definition zählten damals hierzu nicht nur Planeten im heutigen Sinne, sondern alle Sterne, sofern sie sich ungleichmäßig und ungeordnet bewegten.

Nun stellten die am Himmel beobachteten Unregelmäßigkeiten aber die Vollkommenheit des gesamten Kosmos in Frage. Denn eigentlich durfte es solche Abweichungen von der gleichförmigen Kreisbewegung gar nicht geben. Deshalb sollten sie als optische Täuschungen entlarvt werden, die sich mittels geometrischer Konstruktionen als gleichmäßige Kreisbewegungen darstellen ließen. Hierdurch konnte die „Rettung der Phänomene" gewährleistet werden. Diese Formulierung geht auf den Platon-Schüler Eudoxos von Knidos zurück. „Rettung der Phänomene" bedeutet also soviel, wie unter den Unregelmäßigkeiten am Himmel gleichmäßige Kreisbewegungen offenzulegen.

Dieses Ziel erreichte Ptolemäus durch Einführung sogenannter Epizykel und rotierender Exzenter. Epizykel sind kleinere Kreisbewegungen eines Himmelskörpers um einen mathematischen Punkt, der auf einer größeren Kreisbahn um deren Zentrum geführt wird:

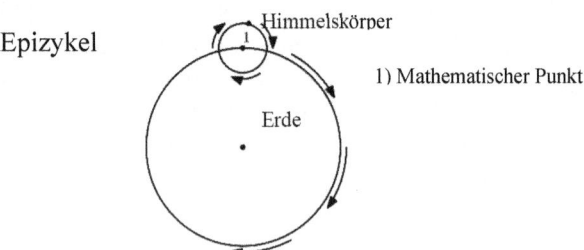

Dagegen wird als Exzenter die Kreisbewegung eines Himmelskörpers um einen aus der Mitte gerückten Punkt bezeichnet:

Epizykel + Exzenter

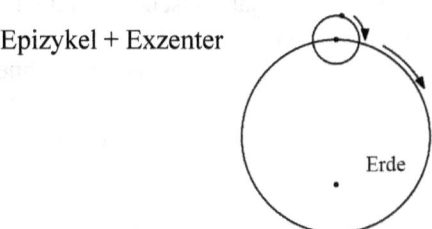

Mit Hilfe eines verwickelten Systems von Epizykeln und Exzentern gelang es Ptolemäus, allem gegenteiligen Augenschein zum Trotz überall am Himmel die gleichmäßige Kreisbewegung zu retten. Diese Maßregel blieb bis in die frühneuzeitliche Astronomie erhalten. So blieb für Kopernikus die Rettung der gleichförmigen Kreisbewegung am Himmel wichtiger als der Standort der Erde. Schlussendlich zu diesem Zweck ließ er die Erde um die eigene Achse rotieren – eine Ansicht, die im 4. Jhd. v. Chr. bereits die Pythagoreer Herakleides von Pontos und Hiketas von Syrakus vertraten. Letztendlich aus demselben Grund ließ er auch die Erde um die Sonne kreisen – eine Position, die im 3. Jhd.v. Chr. schon Aristarch von Samos entwickelte.[157]

Durch den Wechsel vom geozentrischen zum heliozentrischen Weltbild konnte Kopernikus eine Reihe komplizierter Konstruktionen des ptolemäischen Weltmodells vermeiden, ohne dabei die Idee der gleichmäßigen Kreisbewegung in Frage stellen zu müssen. Doch kam auch er nicht ganz ohne Epizykel und Exzenter aus. Zuletzt aber deshalb sah sein Weltsystem einheitlicher und stimmiger aus als das von Ptolemäus. Auf diese Weise entsprach das kopernikanische Weltbild stärker dem Ideal harmonischer Wohlgeordnetheit als das ptolemäische Weltsystem – einem Ideal, das sowohl der antiken Kosmosvorstellung als auch der mittelalterlichen Schöpfungsidee zugrunde liegt. Genauer beleuchtet war das eigentliche Motiv, das Kopernikus zur kosmologischen Reform veranlasste, weniger physikalischer als vielmehr theologischer Art.[158]

Erst Johannes Kepler brach mit der bis dahin selbstverständlichen Annahme, dass alle Bewegungen am Himmel gleich- und kreisförmig ablaufen. Er blieb zwar Kopernikaner in dem Sinne, dass er die Erde sich um die eigene Achse und die Sonne drehen ließ und widersetzte sich hierdurch seinem Lehrer Tycho Brahe. In dessen System bleibt die Erde der Mittelpunkt der Welt, den Mond und Sonne umkreisen, um die sich aber wiederum die übrigen Planeten unseres Sonnensystems im Kreis bewegen. Brahe konzipierte ein aus Geo- und Heliozentrismus gemischtes Weltbild. Dagegen liegt das Besondere des keplerschen

---

[157] Vgl. Aristarch von Samos, in. Hamel: Die Geschichte der Astronomie, S. 95f.
[158] Vgl. Wetz, Blumenberg.

Weltmodells in der Aufhebung des seit Zweijahrtausenden gültigen Vollkommenheitsideals: der gleichförmigen Kreisbewegung. Er kam zu der richtigen Erkenntnis, dass die Planeten ungleichmäßig auf elliptischen Bahnen um die Sonne kreisen. Allerdings überkamen ihn bei der Preisgabe der alten Vollkommenheitsideale keinerlei Zweifel an seinem christlichen Glauben.

Destruierte Sinngestalt der Welt
Kopernikus war ein religiöser Traditionalist, der den Wechsel vom geozentrischen zum heliozentrischen Weltbild der Rettung der herkömmlichen Weltsicht wegen vollzog. Aber so konnte er in der Neuzeit nicht wahrgenommen werden, nachdem 1616 sein kosmologisches Hauptwerk *De revolutionibus orbium coelestium*, fast achtzig Jahre nach Erstveröffentlichung, auf den kirchlichen Index der verbotenen Bücher gesetzt wurde und sein Fürsprecher Galilei 1633 dem Heliozentrismus abschwören musste.

Aus Sicht des damaligen Christentums war die Welt das vergängliche Werk eines außerweltlichen Gottes, der aus freien Stücken ihre Existenz aus dem Nichts heraufbefahl, so dass sie auch hätte nicht entstehen müssen. Diese von Gottes Macht, Weisheit und Fürsorge getragene Schöpfung bildete eine zweckmäßig eingerichtete Sinnordnung mit der Erde und dem Menschen als Mittelpunkt darin. Gott sei der erste Grund und letzte Zweck dieses schönen Ganzen.

Wie Hans Blumenberg in umfangreichen Studien entfaltet hat,[159] gilt der tiefreligiöse Kopernikus seit damals als Zerstörer der christlichen Weltordnung. Bis heute wird der fromme Astronom als Vernichter des christlichen Weltbildes missverstanden, der eine Entwicklung des Wissens in Gang brachte, bei welcher der Mensch nach und nach seine Wertbesonderheit, die Welt ihre Sinngestalt und die Religion ihre Glaubwürdigkeit verlor.

In diesem Sinne kann man etwa bei Goethe lesen: „Doch unter allen Entdeckungen und Überzeugungen möchte nichts eine größere Wirkung auf den menschlichen Geist hervorgebracht haben, als die Lehre des Kopernikus. ... denn was ging nicht alles durch diese Anerkennung in Dunst und Rauch auf: ... die Überzeugung eines poetisch-religiösen Glaubens."[160] Deutlicher der Romantiker Novalis, der von „gefährlichen Entdeckungen im Gebiete des Wissens" spricht und damit die kopernikanische Erkenntnis meint, „dass die Erde ein unbedeutender Wandelstern sei", weil hierdurch „die Menschen mit der Achtung für ihren Wohnsitz und ihr irdisches Vaterland auch die Achtung vor der himmlischen Heimat und ihrem Geschlecht verlieren und ... sich gewöhnen, alles Große und Wunderwürdige zu verachten und als tote Gesetzeswirkung zu be-

---

[159] Vgl. ebda.
[160] Goethe, Materialien zur Geschichte der Farbenlehre, S. 81.

trachten."[161] Ähnlich Ludwig Feuerbach: „Kopernikus hat den allgemeinsten, den ältesten, den heiligsten Glauben der Menschheit, den Glauben an die Unbeweglichkeit der Erde, umgestoßen, und mit diesem Stoße das ganze Glaubenssysteme der alten Welt erschüttert. ... Kopernikus ist es, der die Menschheit um ihren Himmel gebracht hat."[162] Völlig unmissverständlich Friedrich Nietzsche: „Seit Kopernikus scheint der Mensch auf eine schiefe Ebene geraten ..., er rollt immer schneller nunmehr aus dem Mittelpunkte weg – wohin? in´s Nichts`? in´s durchbohrende Gefühl seines Nichts?"[163] In die gleiche Richtung Sigmund Freud, nach dem „große Kränkungen ihrer naiven Eigenliebe ... die Menschheit im Laufe der Zeiten von der Wissenschaft erdulden (muss). Die erste, als sie erfuhr, dass unsere Erde nicht der Mittelpunkt des Weltalls ist, sondern ein winziges Teilchen eines in seiner Größe kaum vorstellbaren Weltsystems. Sie knüpft sich für uns an den Namen Kopernikus."[164] Mit anderen Worten gleichfalls Rudolf Carnap: „Durch Kopernikus wurde der Mensch aus der Erhabenheit seiner zentralen Stellung im Weltall verstoßen."[165] Bis heute eröffnet man mit solchen und ähnlichen Sätzen für gewöhnlich die Reihe der neuzeitlichen Demütigungen des Menschen durch die Wissenschaft, in der Kopernikus stets an erster Stelle genannt wird.

Tatsächlich hat sich im Laufe der Neuzeit das intellektuelle Gottvertrauen stark verringert. Nach und nach sind die Träger des alten Weltbildes ausgehöhlt worden. Es sind Schwach- und Einbruchstellen hervorgetreten, welche die religiösen Sinnvorstellungen in eine tiefe Plausibilitätskrise stürzen und hierdurch große Zweifel an der Existenz Gottes wecken. Am vermeintlichen Ende dieses kulturgeschichtlichen Prozesses steht der Nihilismus: die Erfahrung der Absurdität des Weltalls oder der Sinnlosigkeit seiner Existenz. Nach Lage der Dinge ist die Entwertung der Wirklichkeit als vergeblich, überflüssig oder nichtig eine Folge des Wegfalls ihrer früheren Kennzeichnungen als vollkommen, sinnvoll und bedeutsam. Allerdings erklärt diese Diagnose nicht, warum der Tod Gottes zu einer solch drastischen Herabwürdigung der Wirklichkeit führt. Das ist keineswegs selbstverständlich, wenn man bedenkt, dass antike Materialisten wie Demokrit, Epikur und Lukrez den Kosmos ohne Gott als ein Gebilde aus Atomen beschrieben, das einfach da ist, ohne von ihnen als sinnlos, überflüssig oder absurd empfunden zu werden. Der Weg zu solch entspanntem, neutralem Verständnis der Welt blieb den modernen Nihilisten und Existenzialisten aus bisher noch unerörterten Gründen versperrt.

---

[161] Novalis, Werke und Briefe, S. 390f.
[162] Feuerbach, Die Naturwissenschaft und die Revolution, S. 1073.
[163] Nietzsche, KSA Bd. 5, S. 404
[164] Freud, Vorlesungen zur Einführung in die Psychoanalyse, S. 284.
[165] Carnap, Psychologie in physikalischer Sprache, S. 109.

Da nun aber eine nihilistische Sichtweise unerträglich ist, mit der sich selbstredend keinerlei euphorisches Staunen über die Existenz der Dinge vereinbaren lässt, mussten im ausgehenden 19. und beginnenden 20. Jahrhundert andere Auswege aus dem kosmologischen Pessimismus gefunden werden.

Gott und Götzen
Sehr gut lässt sich die Situation mit Hilfe eines Modells beschreiben: Man stelle sich einen bis an den Rand mit Sinn gefüllten Becher vor, der nach und nach seine Flüssigkeit verliert, bis er schließlich leer geworden ist. Die Flüssigkeit im Becher steht für die großen Sinnerfüllungen der Religionen, der Becher für die Sinnerwartungen, welche die Religionen decken. Hiernach beschreiben Jean Paul, Nietzsche, Sartre, Camus und Ionesco einen leeren Becher, dem seine Flüssigkeit abhandengekommen ist: die Sinnleere. Jedoch wollen sich die Menschen, sinndurstig wie sie nun einmal sind, hiermit nicht abfinden. Aus diesem Grund verlangen sie nach neuer Sinnflüssigkeit, die ihren Sinnerwartungen entspricht. Deshalb raten die einen zur Erneuerung der Religion. Der traditionelle Sinnsaft soll wieder in den Becher gegossen werden. Dagegen empfehlen andere eine Ersetzung der religiösen Sinnbeschaffung durch andere Sinnträger, indem sie den Becher mit neuartigen, alternativen Flüssigkeiten füllen.

Den ersten Weg schlugen die Romantiker ein, welche bereits die hintergründige Ahnung umtrieb, dass es mit allem nicht sonderlich viel auf sich hat, so etwa Novalis, Klingemann oder Jean Paul. Seither werden bis heute dem Sinnsucher regelmäßig die überlieferten Sinnerzählungen empfohlen. Es wird zu einer Revitalisierung religiöser Werte aufgerufen, beispielsweise von Sedlmayer, Müller-Armack, Carl Schmitt, Ernst Jünger, Joseph Görres, Max Scheler oder Romano Guardini, um nur einige Namen zu nennen. Sie alle sind davon überzeugt, dass sich das Vakuum, das der Tod Gottes hinterlässt, nur wieder mit religiösen Inhalten füllen lässt.

Andere besetzen den leergewordenen Platz Gottes mit innerweltlichen Sinngrößen, um den Nihilismus zu überwinden. Hermann Broch beispielsweise sieht in seiner *SchlafwandlerTrilogie* hinter dem Bedürfnis nach Form und Uniform bis ins 20. Jahrhundert hinein eine weltliche Kompensation des religiösen Wertezerfalls.[166] Es gibt vielfältige Versuche der Menschen, den Verlust des religiösen Halts vergessen zu lassen. Wie viele betäuben sich mit oberflächlichem Amüsement, übersteigertem Konsum oder einfachen Ideologien. Doch welche neue Sinnangebote auch immer ins Sinnvakuum – den durch den Fortfall des Gottesglaubens entleerten Becher – einströmen, grundsätzlich können diese niemals mehr als nur Götzen sein. Hierunter seien übertrieben verherrlichte End-

---

[166] Vgl. Broch, Die Schlafwandler.

lichkeiten wie Rasse, Nation, Fortschritt, Macht, Sport, Kunst und Ähnliches verstanden. Solche diesseitigen Instanzen treten in der Moderne oftmals an die Stelle Gottes, um den Leerraum der Religion auszufüllen. In der modernen Kultur werden häufig irdische Ziele mit dem Gefühl letzter Glaubenshingabe erstrebt oder endliche Werte und Mächte mit der Würde des Göttlichen umkleidet. Die Sehnsucht nach dem Unbedingten scheint unüberwindbar zu sein, der angemaßte Anspruch des Bechers auf Sinnflüssigkeit unvermeidlich, weshalb nach dem scheinbaren Tode Gottes viele und immer wieder neue Ersatzformen an dessen Stelle treten.

Aber der Kampf der Götzen gegen den Nihilismus, gegen das Nichts der Sinnlosigkeit, ist zum Scheitern verurteilt, weil die Ersatzformen Gottes nur Surrogate, aber keine Äquivalente sind. Ein Cappuccino ist ein Äquivalent für Milchkaffee. Beide sind gleichwertig. Getreidekaffee oder Muckefuck ist nur ein Surrogat gegenüber echtem Bohnenkaffee, mithin nicht so hochwertig. Surrogate können die durch das Original leergewordene Stelle niemals angemessen ausfüllen. Sie verheben sich. Die Götzen unserer gottlos gewordenen Welt sind nur schlechter Religionsersatz, der sich durch seine sakrale Überhöhung profaner Mächte und Werte maßlos überfordert.

Daraufhin kommt es über kurz oder lang erneut zu einer großen Enttäuschung, welche wieder die Gefühle der Absurdität des Ganzen weckt. Auf die Vergöttlichung irdischer Sinninstanzen folgt fast automatisch von Neuem eine Sinnkrise. Dem Sinnbecher entströmt aufs Neue der Sinnsaft, bis abermals eine große Sinnleere entsteht, die ein weiteres Mal Sehnsüchte nach entflohenen Zeiten weckt. Der Mensch hält es nicht aus in einem kalten, sinnlosen Universum; er möchte sich in der Welt ein wenig heimisch fühlen dürfen. Daher empfehlen Religionsvertreter zum wiederholten Male eine Rückbesinnung auf traditionelle Glaubensinhalte, welche die Gegenwart sowohl vom Lebensgefühl der Absurdität als auch vom Irrweg der Ersatzgötter fernhalten könnten.

Heute sind die im 19. Jahrhundert geschaffenen Ersatzformen teilweise verfallen; andere Produzenten wohltätigen Scheins sind an deren Stelle getreten. Die religiösen Erneuerungsbemühungen dagegen verfangen in der westlichen Welt kaum noch. Steht damit ein weiteres Mal die Erfahrung der Sinnlosigkeit vor der Tür, der Nihilismus und Existenzialismus? Behält am Ende der leere Becher doch das letzte Wort? Dies wäre schlimm, weil der Nihilismus im Grunde furchtbar, jeder Götzenkult auf Dauer unhaltbar und die Erneuerung der traditionellen Religion eher unwahrscheinlich ist. Allerdings schöpfen die drei Grundformen – Gott, Götzen, Nichts – keineswegs schon alle Möglichkeiten aus.

Hohe Sinnerwartungen

Es gibt einen vierten Weg, der mit der Frage beginnt, ob eine Welt ohne ersten Grund, höchsten Wert, umfassenden Sinn und letzten Zweck notwendigerweise umsonst oder sinnlos existiert. Beweist die Grund- und Zwecklosigkeit des Ganzen schon dessen Vergeblichkeit und Absurdität? Freilich lassen sich Grund- und Zwecklosigkeit auf der einen Seite, Nichtigkeit und Überflüssigkeit auf der anderen schlüssig miteinander verbinden. Sie stehen aber in keinem notwendigen Zusammenhang. Welchen Status haben diese Kennzeichnungen? Während sich die Worte Grund- und Zwecklosigkeit auf die Wirklichkeit an sich beziehen, sagen die Begriffe Sinnlosigkeit, Überflüssigkeit, Absurdität nichts über die Welt oder deren Existenz, sondern lediglich etwas über unser Verhältnis zu ihr aus. Letztere Ausdrücke treffen nicht direkt auf innerweltliche Ereignisse oder die Wirklichkeit als solche zu, mögen sie auch wie alle übrigen Bestimmungen der Dinge die Funktion haben, Gegenstände, Ereignisse und Zustände zu charakterisieren. Aber innerweltliche Sachverhalte und die Wirklichkeit an sich können niemals vergeblich, umsonst oder überflüssig sein. So können sie lediglich im Lichte unerfüllter Hoffnungen erscheinen. Unsere nihilistischen Beschreibungen der Wirklichkeit sagen nur etwas über unsere Sinnerwartungen aus.

Zu den ideellen Herausforderungen jeder Zeit gehört die Frage nach dem Sinn des Lebens, der Geschichte und der Welt. Sinn besagt hier soviel wie höchster Wert, absoluter Zweck und letztes Ziel. Doch mögen seit jeher Mythos, Religion und Metaphysik die Sinnfrage durch narrative oder begriffliche Überhöhungen der Wirklichkeit beantworten, wortgeschichtlich betrachtet sind die Formeln „Sinn des Lebens", „Sinn der Welt", „Sinn des Todes", „Sinn der Geschichte" neueren Datums. Erst seit rund Zweijahrhunderten, also seit der Romantik und Nietzsche, tritt der Sinnbegriff immer öfter an die Stelle des damals weit verbreiteten Wertbegriffs. An der Wende vom 19. zum 20. Jahrhundert setzt er sich als Frage nach dem „Sinn des Lebens" durch; im Jahre 1908 erscheint Rudolf Euckens berühmtes Buch *Sinn und Wert des Lebens*. Allerdings wurde die Sinnfrage immer häufiger aufgeworfen, um die große Sinnlosigkeit des Ganzen festzustellen. Die Sinnfrage trat also erst in dem Augenblick auf, als die Möglichkeit eines letzten und umfassenden Sinns fragwürdig wurde.

Bei genauerem Hinsehen erweisen sich die leichtfertig dahergeredeten Worte „Alles ist sinnlos" als ebenso anmaßend wie überheblich. Denn sie behaupten nicht nur, dass Leben, Welt und Geschichte ohne Sinn existieren. Dafür genügte bereits die nüchterne Feststellung, dass sie sinnfrei oder wertneutral seien. Im Begriff Sinnlosigkeit aber verbirgt sich zudem der Vorwurf, dass die Wirklichkeit unseren Ansprüchen nicht genügt, und das heißt: unsere Sinnbedürfnisse unerfüllt lässt. So verstanden meint Sinnlosigkeit mehr als nur das Fehlen von

Sinn. Es drückt zusätzlich eine Mangelerfahrung aus, eine starke Entbehrung, unbefriedigte Sehnsucht oder Enttäuschung. Darum heißt über die Absurdität, Vergeblichkeit, Überflüssigkeit oder Sinnlosigkeit zu klagen auch soviel, wie der Wirklichkeit vorzuhalten, dass sie uns Sinn, einen ersten Grund, höchsten Wert oder letzten Zweck vorenthält. Alle Enttäuschung ist unerfüllte Erwartung. Die schwersten Enttäuschungen entspringen überspannten Erwartungen. Deren Höhe bestimmt das Gefälle des Abhangs, von dem der Sinnstürmer bei ihrer Enttäuschung abrutscht oder herabstürzt.

Nun wird verständlich, wie eine an sich grund- und zwecklose Wirklichkeit zugleich als vergeblich, sinnlos und überflüssig wahrgenommen werden konnte, obwohl sich doch deren Absurdität nicht notwendigerweise aus ihrer Grund- und Zwecklosigkeit ergibt. Die grund- und zwecklose Welt ist niemals an sich umsonst, sondern erscheint nur so vor dem Hintergrund der unerfüllten Erwartung eines ersten Grunds und letzten Zwecks. Mit anderen Worten: Die Entwertung der Wirklichkeit als nichtig, sinnlos oder überflüssig ist eine Folge der Entleerung des Sinnbechers, der als selbstverständlich hingenommen und niemals hinterfragt wurde. Dabei versteht sich das hohe Maß an Sinnerwartungen keineswegs von selbst.

Schmerzhafte Erinnerungen
Bestehen die großen Fragen, Hoffnungen und Sehnsüchte fort, nachdem mit den lebensdienlichen Illusionskulissen der Religion aufgeräumt wurde? Sind unsere überschwänglichen Sinnansprüche angeboren, ein naturwüchsiges Bedürfnis? Oder sind sie geschichtlich erworben? Wer kulturgeschichtlich denkt, der deutet die großen Sinnerwartungen als Folgelasten des religiösen Erosionsprozesses. Wer die Sache historisch ansieht, der wird die Bedingungen ihrer Entstehung in den monotheistischen Religionen ausfindig machen. Diese haben über die Jahrhunderte der großen Sinngebung hohe Sinnansprüche geformt, die nach dem Ausbleiben ihrer Erfüllung in der Neuzeit nicht einfach verschwinden, sondern zunächst fortbestehen. Unser kulturelles Gedächtnis ist ein Antiquar, der fossile Leerformen des Geistes aus versunkenen Epochen aufbewahrt und nicht selten deren entschwundene Inhalte mit romantischer Wehmut verklärt. Mögen also die religiösen Sinnbauten in Trümmer liegen, die Erwartungen und Hoffnungen, die sie ehedem erfüllten, sitzen in den Köpfen weiterhin fest. Der Sinnbecher verschwindet nicht einfach mit dem Verlust der Sinnflüssigkeit! Anders gewendet: An die Vorstellung eines religiösen Halts gewöhnt, haben die Menschen allmählich den Anspruch entwickelt, dass es einen umfassenden Sinn geben muss. Dieser Anspruch lebt selbst dann fort, wenn sich die Anzeichen mehren, dass die großen Sinnzusagen nicht zu halten sind. Nun kommt es zum Zusammenprall der Hoffnung auf Sinn mit der Unmöglichkeit ihrer Erfüllung. Die

Folge hiervon ist ein Gefühl tiefster Enttäuschung, das von jener unerfüllten Erwartung herrührt, die uns dem kalten Licht einer absurden Welt preisgibt. Erst darin erscheint die vormals als erheblich vorgestellte Welt nachmals als sinnlos.

Wenn das stimmt, dann ist die Erfahrung der Absurdität, Überflüssigkeit oder Sinnlosigkeit der Welt eine Entzugs- und Verlusterfahrung, die den Schmerz desjenigen artikuliert, dem etwas abhandengekommen ist, das er einst hoch verehrte und nun entbehrt. Die ehemals von Gott mit dem ganzen Gewicht seiner Macht fürsorglich getragene Welt erscheint nach seinem Tod nur deshalb als halt- und gewichtslos, weil in uns die schmerzhafte Erinnerung, hoffnungslose Erwartung und ungestillte Sehnsucht nach seinem Halt wachgeblieben sind.

Mit Bezug auf die Existenabscheu von Sartres Romanhelden Roquentin in *Der Ekel*: Die grund- und zwecklose Existenz der Dinge ist nicht an sich ekelhaft, ungerechtfertigt, überflüssig, sie erscheint nur so vor dem Hintergrund eines ihr vormals zuerkannten ersten Grundes und letzten Zwecks, die aber beide verloren gegangen sind und nun vermisst werden. Dabei erweist sich die nackte Existenz bei Sartre als dieselbe Existenz, an der im Deutschen Idealismus die Vernunft bei dem Versuch scheiterte, sie aus eigener Kraft zu setzen.[167] Schelling nennt diese zufallsblinde Existenz „unvordenkliches Sein". Es ist die im jüdisch-christlichen Schöpfungsverständnis von Gott aus dem Nichts hervorgebrachte Existenz – nur abzüglich ihres Erschaffenseins durch Gott. Roquentin widert die grund- und zwecklose Existenz an, weil sie ihm einen Sinn, das heißt einen ersten Grund, höchsten Wert und letzten Zweck verweigert, auf die er glaubt Anspruch zu haben. Dieser Anspruch ergibt sich aus dem Phantomschmerz seiner amputierten Religiosität.

Die wenigsten Kritiker unserer säkularen Moderne haben diese Zusammenhänge durchschaut – weder Martin Heidegger noch Carl Schmitt oder Ernst Jünger. An Nietzsche anknüpfend, diagnostizieren sie als Krankheit Europas den Nihilismus, in dem statt des Staunen erregenden Wunderbaren kalte Zahlen und Ziffern, spezialisierte Wissenschaften, eine niveaulose Massendemokratie und furchtbare Gottlosigkeit herrschten. Glücklicherweise sei aber der Nihilismus nur eine Übergangsphase, in der nach Ernst Jünger eine neue höhere religiöse Ordnung eingeleitet werde. Anarchie verwandelt die Welt in einen Urwald, Nihilismus in eine Wüste, pointiert Jünger. Doch eine neue Theologie werde den Nihilismus allmählich überwinden, dessen Substanz eine große Sinnleere sei.

Hier wie dort wird am überlieferten Sinnanspruch festgehalten, während bereits Nietzsche die komplexen Grundlagen der diagnostizierten Sinnlosigkeit erfasste: „Man hat sich unter der Herrschaft religiöser Gedanken an die Vorstel-

---

[167] Vgl. hier Kapitel *Merkwürdige Fundstücke*, Abschnitt *Überforderte Vernunft*.

lung einer anderen (hinteren, unteren, oberen) Welt gewöhnt und fühlt bei der Vernichtung des religiösen Wahns eine unbehagliche Leere und Entbehrung."[168] So folgt auf jede übermäßige Sinnerfahrung, wenn sie plötzlich ausbleibt, ein Gefühl maßloser Sinnleere: „extreme Positionen werden nicht durch ermäßigte abgelöst, sondern wiederum durch extreme, aber umgekehrte. Und so ist der Glaube an die absolute Immoralität der Natur, an die Zweck- und Sinnlosigkeit der psychologisch notwendige Affekt, wenn der Glaube an Gott und eine essentiell moralische Ordnung nicht mehr zu halten ist. Der Nihilismus erscheint jetzt. ... Eine Interpretation ging zu Grunde; weil sie aber als *die* Interpretation galt, erscheint es, als ob es gar keinen Sinn im Dasein gebe, als ob alles umsonst sei", wie Nietzsche treffend analysiert.[169]

Sinnfasten

Nach der Herleitung aller überschwänglichen Sinnerwartungen aus Verlust- und Entzugserfahrungen werden die Bedingungen sichtbar, unter denen sie sich nicht mehr einstellen dürften. Da sie die Folge einer Enttäuschung sind, und solche nur dort entstehen, wo etwas erwartet, aber nicht erfüllt wird, kommt es darauf an, unsere Erwartungen zu mäßigen, wenn die besagte Enttäuschung und mit ihr die Erfahrung der Absurdität oder der Sinnlosigkeit ausbleiben sollen. Man sollte den großen alten Sinnbecher loswerden wollen, und das heißt, die durch Gottes Tod entstandene Leerstelle im System der Weltdeutung ersatzlos streichen.

In einem wichtigen Punkt stimmen alle Sinnsurrogate mit dem Nihilismus überein: Sie alle bewegen sich im Wirkbereich der alten Religion. Zwar sind die Sinnsurrogate und der Nihilismus gottlos, Gott aber noch nicht losgeworden, weil sie an den Sinnerwartungen festhalten, die von den alten Religionen im Stellensystem möglicher Weltdeutung eingebaut wurden. Gott, Götzen und Nichts kongruieren im Maß der als legitim angesehenen Sinnansprüche, die nur bei ersterem erfüllt sind, bei den Götzen bloß scheinbar erfüllt werden und im Nihilismus unerfüllt bleiben. Alle drei halten also am großen alten Sinnbecher fest.

Der angekündigte mögliche vierte Weg heißt dagegen Beseitigung des Sinnbechers durch Sinnverzicht als Abbau von zuvor als überzogen entlarvten Sinnansprüchen. Nur durch eine Sinndiät lässt sich ein Ausgleich von ungerechtfertigten Sinnerwartungen und unvermeidlichen Sinnverlusten herstellen. Sinn sollte gewissermaßen nur noch als Schonkost verabreicht werden. Es tut eine Sinnfastenkur not. Allein durch Einschränkung und Mäßigung der von den großen Religionen hervorgebrachten Sinnerwartungen ist die Erfahrung der Absur-

---

[168] Nietzsche, KSA Bd.3, S. 494.
[169] Nietzsche, KSA Bd. 12, S. 212.

dität auch ohne Rückkehr zur Religion oder zu Ersatzgöttern vermeidbar. Sobald der Abbau überdehnter Sinnansprüche durch Einsicht in deren Vermessenheit und Unangemessenheit erfolgt, verschwinden auch die von den monotheistischen Religionen am System möglicher Weltdeutung angebrachten Sinnstellen. Hierdurch wird dem Nihilismus der Boden entzogen. Wir Menschen sind in vielen Täuschungen und teilweise naiven Illusionen gefangen, die uns den Zugang zur Wirklichkeit verstellen.

Sicherlich fällt der Abschied von den großen Sinnversprechen nach wie vor schwer. Soll aber die Frustration über die Enttäuschung ihrer Uneinlösbarkeit ausbleiben, so setzt das eine Bereitschaft zu mehr Bescheidenheit voraus. Nur durch freiwilligen Verzicht lassen sich Verluste, Versagungen und Entbehrungen wirksam kompensieren. Wer in seinen Sinnforderungen maßvoll bleibt und nicht zu große Sinnerwartungen hegt, kann von Gott und Götzen gleichermaßen ablassen. Man trauert verlorenen Illusionen nur so lange nach, wie man sich noch an sie klammert; hat man sie erst einmal aufgegeben, vermag man sich der neuen Lage anzupassen und die Wirklichkeit zu sehen, wie sie ist.

Fade Gefühllosigkeit
Menschliches Gelingen hängt nicht unbedingt von letzten Sinn- und Trosterzählungen ab, sondern vorrangig von guten Antworten auf vorletzte Fragen wie Berufs- und Partnerwahl. Doch werden durch die Ersetzung des großen Sinnbechers durch ein kleineres Sinngefäß weder unsere Lebensprobleme gelöst noch Trostquellen für schwere Lebenslagen verzichtbar. Bekümmerung über die Last des Lebens oder Ratlosigkeit bei harten Schicksalsschlägen sind selbstverständlich unausrottbar. Hierdurch wird die Frage aufgeworfen, wie überhaupt menschliches Gelingen unter schweren Lebensbedingungen in einer säkularen Welt möglich ist. Allerdings kann hierauf nicht näher eingegangen werden. An dieser Stelle geht es lediglich um die Frage, ob sich der große Sinnbecher tatsächlich so einfach aus der Welt schaffen lässt.

Nun ist wohl kaum zu leugnen, dass an vielen Orten unserer Gesellschaft große Sinnentwürfe nicht nur keine Anziehungskraft mehr besitzen, sondern dass ihr Verlust noch nicht einmal mehr ein Gefühl der Entbehrung weckt. Dort erscheint die Rede vom Tode Gottes geradezu als Rückfall in eine längst überwunden geglaubte Sprechweise. Die säkulare Moderne hat Bewusstseinsstrukturen ausgebildet, die inzwischen viele Menschen interesselos an den großen Sinnerzählungen vorübergehen lassen. Folglich werden sich diese fragen, ob hier nicht Probleme behandelt werden, welche die meisten schon gar nicht mehr haben. So richtig diese Vermutung ist, so falsch ist sie in Anbetracht der großen Menge an Gläubigen, die auch in Zukunft ihren religiösen Halt verlieren werden und sich dann plötzlich in das nihilistische Nichts geschleudert fühlen. Wenn man sein Herz an etwas hängt, das im Laufe des Lebens zerbricht, dann wird man unweigerlich enttäuscht. Dieser Enttäuschung kann man am besten durch Entsagung entkommen. Entsagung ist bereitwilliger Verzicht auf das, was man sich gerne wünscht und wohin es einen zieht oder drängt.

Hauptsächlich jedoch soll die Demaskierung der Sinnlosigkeit des großen Ganzen hier verdeutlichen, warum in der gottlosen Moderne das religionslose Staunen über die nackte Existenz der Dinge tendenziell ausblieb und unter welchen Voraussetzungen es möglich wäre.

Im vorigen Kapitel wurde gezeigt, dass sich die Erfahrung der Überflüssigkeit der sternenleeren Räume dann vermeiden lässt, wenn das unermessliche Weltall nicht mehr anthropozentrisch auf den Menschen bezogen wird. Genauso kann die Erfahrung der Überflüssigkeit des großen Ganzen durch Absenkung von Sinnerwartungen vermieden werden. Zur Erreichung dieses Ziels darf die grund- und zwecklose Welt nicht mehr vor dem Hintergrund des ihr vormals zuerkannten ersten Grundes und letzten Zwecks vergegenwärtigt werden. Sie hiervon abzukoppeln heißt, sich nicht mehr an abhanden gekommene Illusionen zu klammern, weder den vergangenen Sinnerzählungen nachzutrauern noch mit neuen künftig zu rechnen.

Der griechische Kosmos hatte seinen Halt in sich selbst, die monotheistische Schöpfungsordnung hat ihn dagegen in einem außerweltlichen Gott. In dem Augenblick, an dem der weltjenseitige Halt entfällt, die Kette, welche die Welt damit verbindet, reißt, stürzt alles ins Boden- und Haltlose. Nietzsches Hoffnung, dass die Welt wieder ihren Halt in sich selbst finden und damit ihr einstiges Schwergewicht wiedererlangen könnte, verhallte vorerst ungehört. Zu sehr war der Blick auf den leer gewordenen Himmel gerichtet, der das beängstigend still gewordene Weltall dem harten Urteil der Sinnlosigkeit aussetzte. Aber nur weil die Dinge nicht mehr vollzählig zu sein scheinen, sind sie noch lange nicht überzählig! Jedoch erst wo der Verlust des tröstlichen Halts in Gott nicht mehr schmerzlich vermisst wird, kann die Wirklichkeit ihren Halt wieder in sich selbst finden. Denn mit der traurigen Erinnerung an die verloren gegangenen Sinnerfüllungen verschwindet auch das Gefühl der Entbehrung und des Entzugs. Der schwere Abschied von Gott kommt zu einem Abschluss.

Was übrigbleibt, ist ein sinnfreies Weltall, die Existenz der Dinge als neutrales Faktum. Dieser Erfahrung scheint am ehesten ein gefühlsneutrales Weltverhältnis zu entsprechen, wie es die antiken Materialisten Demokrit, Epikur und Lukrez besaßen, die noch keine monotheistischen Religionen mit haltlosen Sinnversprechen überwinden mussten. Nur ist die Abkopplung aller Emotionen vom Anblick des gestirnten Himmels wirklich wünschenswert? Abgesehen davon, dass derlei Bemühungen meist zu spät kommen, vermag die Wirklichkeit selbst nach Verringerung der Sinnansprüche emotional zu berühren. Die Dinge sind nicht unweigerlich belanglos, nur weil nichts dahinter steckt. Existenzekel und der Eindruck der Absurdität oder Überflüssigkeit des Ganzen können nach Absenkung der Sinnerwartungen zwar nicht mehr entstehen, obwohl sich dem Ganzen kein tieferer Sinn mehr entlocken lässt. Doch kann auch eine von höheren Sinnerwartungen bereinigte Weltbetrachtung die Menschen noch gefühlsmäßig in Bann ziehen. So schwer sich die nihilistische Abneigung gegen die bloße Existenz der Dinge abschütteln lässt, so leicht wiederum kann der Erkenntnisekel vor dem nackten Dass in ruhige Heiterkeit umschlagen. Die emotionale Wirkskala der befremdlichen Welt ist breit. Sie reicht von Erschrecken bis Erstaunen. Die nihilistische Sicht der Dinge verstellt die Erstaunlichkeit ihrer Existenz, die erst in dem Augenblick hervortreten kann, zu dem die hohen Sinnerwartungen durch mehr Bescheidenheit verschwinden. Erst dann kann sich der seiner religiösen Wertbesonderheit beraubte Kosmos dem stillen Staunen als etwas Großartiges erschließen.

Nun kann die *einmalige Chance* ergriffen, der *Auftrag* erfüllt und der rätselhaften Existenz eine angemessene Gegenwärtigkeit in einem *apollinischen Exzess* verliehen werden. Das *Eine in Allem*, das *Sein des Seienden* kann als solches in die Unverborgenheit treten. Doch der moderne Mensch ist ungeübt in der Betrachtung der Dinge, die mit ihrer bloßen Existenz zu tun hat. Wir Heutigen spüren deren Irritationskraft kaum, die einerseits Unbehagen hervorruft, andererseits Begeisterung weckt. Damit der moderne Mensch aber sein wunderbares Talent zum Staunen über die Existenz der Welt dennoch einsetzen kann, müssen als erstes seine vertrauten Lebensbezüge unterbrochen und die ganze Unheimlichkeit der Dinge offenbar werden.

Allerdings stoßen alle Bemühungen in diese Richtung abermals auf ein ernstes Hindernis, weshalb es richtiger ist zu sagen: Die sinnfreie Wirklichkeit könnte jetzt endlich als faszinierendes Schauspiel erfahren werden, das uns in ehrfürchtige Andacht versetzt, wenn da nicht erst noch die Feinde des Staunens zum Schweigen gebracht werden müssten.

Feinde des Staunens

Ohne Gebrauchswert
„Viele geben auf, hören auf zu fragen, zucken mit den Schultern und führen ihr tägliches Leben weiter, als gäbe es keine Rätsel. Manche geben schon in jungen Jahren auf, andere bleiben hartnäckig bis ins Alter. Aber am Ende kommt das philosophische Achselzucken. Ich kann es verstehen", so der Krimiautor Hen-

ning Mankell.[170] Bezüglich des Lebens- und Welträtsels stehen hierzulande die Zeichen heute eher auf Ignoranz und Desinteresse, als ob man es dem Universum mit gleicher Münze heimzahlen möchte, das unseren Sorgen gegenüber auch gleichgültig bleibt. In Wahrheit haben die meisten einfach Dringlicheres und Besseres zu tun, als die *einzigartige Chance zum Staunen* zu ergreifen, das sowieso im Verdacht steht, ohne praktischen Nutzen fürs Leben zu sein. Da reicht es nicht zu betonen, dass, wer erst einmal mitten im Staunen steckt, nicht mehr in die Verlegenheit kommt, begründen zu müssen, wofür Staunen gut ist. Für einen Grübler erübrigt sich zwar tatsächlich diese Frage. Die meisten jedoch verstehen schon deshalb dessen Faszination nicht, weil sie nie zu philosophieren gelernt haben. Dass Staunen überhaupt erst zur Philosophie führt, ist nur die halbe Wahrheit. Denn es setzt bereits Philosophie voraus.

Für dieses fehlende Interesse steht das frühantike Gelächter der thrakischen Magd: Beim Studium entlegener Sterne soll der griechische Philosoph Thales in einen Brunnen gefallen sein, weil er seine Augen nur dem besternten Himmel zuwandte und das Nächstliegende übersah. Dafür wurde er von einer Magd ausgelacht, die dem peinlichen Vorgang zuschaute. Die Beobachtung des Allerfernsten scheint vom Naheliegenden abzulenken, ja sogar zur Vernachlässigung täglicher Aufgaben zu führen. Zweifellos hat ein aktiver Lebensstil meistens Vorrang vor kontemplativer Himmelsschau. Aus lebenspraktischer Sicht erscheint eine Kritik am tatenlosen Sternenbestaunen durchaus als angebracht. Denn es gibt ein nachvollziehbares Vorzugsrecht des Naheliegenden vor dem Fernliegenden, zumal wenn hierbei nichts fürs praktische Leben herauskommt. Deshalb gerieten Himmelsgucker schon vor mehr als zwei Jahrtausenden in Misskredit. Gerade im heutigen Zeitalter der Effizienz scheint bloße Himmelsschau ein abwegiger Zeitvertreib zu sein. „Cui bono? Was hat man davon? Wozu soll das gut sein?" So gerät die Himmelsbetrachtung wie jede reine Theorie unter Rechtfertigungszwang. Solcher Legitimationsdruck für das scheinbar irrelevant Luxuriöse entsteht schnell in einer vom Nützlichkeitsdenken beherrschten Gesellschaft, die für verweilendes Anschauen und Staunen fernab des Alltags nur wenig Raum lässt.

Hierzu passt Platons Sokrates, demzufolge die Menschen nicht wissbegierig die Natur bestaunen und ergründen sollen, sondern sich vielmehr um gesellschaftliche Angelegenheiten kümmern mögen: „Ich bin eben lernbegierig, und Felder und Bäume wollen mich nichts lehren, wohl aber die Menschen in der Stadt."[171] Noch deutlicher wendet sich Xenophons Sokrates gegen neugierige Welterkundung zugunsten der Bearbeitung alltäglicher Probleme: „Er pflegte nicht einmal, wie die meisten, über die Beschaffenheit des Alls zu sprechen ...,

---

[170] Mankell, Treibsand, S. 252.
[171] Platon, Phaidros, 230d.

sondern erklärte sogar diejenigen als Toren, die sich um solche Dinge bemühten. Ob diese denn, so frage er, die menschlichen Angelegenheiten schon zur Genüge erkannt zu haben glaubten, dass sie sich solchen Untersuchungen zuwenden können."[172] In der Spätantike vermerkt Epiktet: „Was liegt mir daran, ob das Weltall aus Atomen oder aus unmessbaren Einheiten oder aus Feuer und Erde besteht? Genügt es denn nicht, das Wesen des Guten und Bösen zu erkennen ..., das jedoch, was über uns hinausgeht, auf sich beruhen zu lassen?"[173]

Damit übereinstimmend schreibt zu Beginn der Neuzeit Blaise Pascal unter der Überschrift „Eitelkeit der Wissenschaften": „In Zeiten der Trübsal wird mich die Kenntnis aller Dinge der äußeren Welt nicht über die Unkenntnis in der Sittenlehre trösten; aber das Wissen um die Sittlichkeit wird mich immer über die Unkenntnis der Dinge der äußeren Welt trösten."[174] Doch ist es hauptsächlich Rousseau, der im Namen der Moral das Staunen, die Wissbegier, ja die Forschung überhaupt verächtlich macht: „Die Wissenschaften und Künste haben ihr Dasein unsern Lastern zu danken! ... Die Sternkunde stammt aus dem Aberglauben; die Beredsamkeit aus dem Ehrgeiz, dem Hass, der Schmeichelei und der Lüge; die Messkunst aus dem Geiz; die Naturlehre aus einer eitlen Neugierde."[175] Statt neugierig die Welt zu ergründen, sollen wir vielmehr Einkehr in uns selbst halten, weil nur so der Weg zu einem moralisch einwandfreien Leben gefunden werden könne. Ähnlich Lichtenberg: „Die Welt ist nicht da, um von uns erkannt zu werden, sondern um uns in ihr zu bilden."[176]

Darin ist man sich also einig: Das Staunen hat keinen Nutzen fürs sittliche, politische und soziale Leben. Im Gegenteil, es kann dieses sogar verunsichern. Darum soll man nicht alles so genau wissen wollen, wie ebenfalls Montaigne meint: „Wollt ihr einen gesunden Menschen, wollt, ihr, dass er gelassen, sicher und fest auf seinen Beinen steht? Hüllt ihn in Finsternis, Trägheit und Dumpfheit."[177]

Vorrang der Geistseele vorm Weltall

Wie ausgeführt empfand Kopernikus die Ersetzung des Geozentrismus durch den Heliozentrismus nicht als Entwertung des Menschen, an dessen Vorrangstellung der Astronom ganz selbstverständlich festhalten konnte, weil er die hohe Wertigkeit des Menschen über dessen geistige Ausstattung, seine Vernunft und Personalität definierte und nicht über seinen Standort im Weltall. Hiermit bewegte sich Kopernikus auf einer jahrhundertealten Traditionslinie,

---

[172] Xenophon, Erinnerungen an Sokrates, I, 1.11-16.
[173] Platon, Phaidros, 230d.
[174] Pascal, Pensées, Fr. 67.
[175] Rousseau, Sozialphilosophische und Politische Schriften, 21.
[176] Lichtenberg, Sudelbücher, S. 876.
[177] Montaigne, Essais, S. 730.

auf der die hohe Bedeutung des Menschen in der Rangfolge aller Geschöpfe nicht an seiner kosmologischen Stellung festgemacht wurde. Freilich schrumpft die Bedeutung der menschlichen Personalität vor den gewaltigen Dimensionen des Weltalls zur Belanglosigkeit. Nicht selten aber wurde umgekehrt der von Kopernikus für erhaben und schön befundene Kosmos gegenüber der menschlichen Personalität herabgesetzt. In diesem Sinne schreibt in der Spätantike Boethius, dass der menschliche Geist so großartig sei, dass Natur und Kosmos „auf keine Weise eure Bewunderung verdienen. Oder ergötzt euch die Schönheit der Landschaft? ... So erfreuen wir uns (zwar) zuweilen an dem heiteren Antlitz des Meeres, so bewundern wir den Himmel, die Gestirne, den Mond und die Sonne ... Aber was lässt du dich hinreißen zu nichtigen Freuden?"[178]

Die Überheblichkeit des menschlichen Geistes gegenüber dem gestirnten Himmel erreicht im Laufe der Neuzeit ihren Höhepunkt in Hegels Vernunftphilosophie. Darin heißt es, dass die Sterne ihrer Ruhe wegen geachtet werden dürfen, an Würde jedoch seien sie dem menschlichen Geist gänzlich unterlegen. „Selbst der verbrecherische Gedanke eines Bösewichts ist großartiger und erhabener als die Wunder des Himmels."[179] Eigentlich seien die Sterne nur eine Art „Lichtausschlag, so wenig bewundernswürdig als einer am Menschen oder als die Menge von Fliegen", soll Hegel gesagt haben.[180]

Diese hochmütige Abwertung des Kosmos zugunsten des menschlichen Geistes geht bis auf die Kirchenväter zurück. So steht schon bei Aurelius Augustinus: „Mag unsere Seele auch sündenbefleckt sein, so ist sie dennoch erhabener und besser, als wenn sie in sichtbares Licht umgewandelt", und das heißt ein leuchtender Stern würde. Für Augustinus steht fest, „dass auch die niederste Seele dem vornehmsten Körper vorzuziehen ist", so dass selbst „berauschte Leute ohne jeden Zweifel alle Körper an Würde überragen."[181] Überhaupt finden sich die größten Feinde des Staunens über den Kosmos unter den frühen Theologen.

Religiöse Vorbehalte gegen Bewunderung

„Seit Jesus Christus bedürfen wir des Forschens nicht mehr, auch nicht des Untersuchens, seitdem das Evangelium verkündet worden ist,"[182] notiert der Kirchenvater Tertullian und fügt hinzu: „Endlose Untersuchungen verbietet der Apostel. Man darf nicht finden wollen über das hinaus, was man von Gott lernt."[183] Denn hätte Gott gewollt, dass der Mensch Zeuge seiner Schöpfung

---

[178] Boethius, Trost der Philosophie, II. Buch. S. 39f.
[179] Vgl. Blumenberg, Genesis, S. 88f, 132f.
[180] Hegel, Werke Bd. 9, S. 81; Vgl. Löwith, Sämtliche Schriften Bd. 5, S. 163.
[181] Augustinus, Theologische Frühschriften, Buch 3, V, S. 243, 251, 253.
[182] Tertullian in: Warkotsch, S. 92f.
[183] Tertullian, Über die Seele II.

und seiner Geheimnisse wird, so der Religionsphilosoph Philon von Alexandrien und der Kirchenvater Laktanz, dann hätte er den Menschen nicht erst am letzten Tag der Welterschaffung aus dem Nichts heraufbefohlen, sondern bereits am ersten Tag, damit er dem Werkmeister bei seiner Arbeit zuschauen und ihn bewundern kann.[184]

Wie beschrieben, ist für die monotheistischen Religionen die Schöpfung gut, weil sie Gottes Werk ist, aber gleichzeitig schlecht, da sie auch Stätte des Bösen und der Finsternis ist. Derselbe Gott, der die Welt erschuf, ist zugleich derjenige, der sie erlöst. Je stärker die Aspekte Heil und Erlösung gewichtet werden, umso negativer erscheint die Wirklichkeit; je mehr der Kosmos dagegen als Gottes Schöpfung gewürdigt wird, desto positiver wird die Welt gesehen. Als Schöpfung darf die Welt nicht zu hässlich, als der Erlösung bedürftiges Jammertal nicht zu schön aussehen. Folglich möge man sich von der Welt nicht allzu stark beeindrucken lassen. Man soll weder den schönen Aussichten vom Gipfel eines Berges noch den Weitblicken von den Steilklippen einer Küste aufs offene Meer oder den Aufblicken zum gestirnten Himmel verfallen. Nur durch Abkehr vom Irdischen und Einkehr in sich selbst ist es möglich, den bösen Mächten dieser Welt zu entkommen und sich bereits im Diesseits dem Jenseits zu nähern. „Gott und die Seele will ich erkennen. Weiter nichts? Gar nichts," schreibt Augustinus. Daraus ergibt sich für den Kirchenvater die Aufforderung: „Geh nicht nach draußen, kehre wieder ein bei dir selbst! Im inneren Menschen wohnt die Wahrheit."[185] Diese Empfehlung Augustins knüpft an 1 Joh. 2.15-16 an: „Habt nicht lieb die Welt noch was in der Welt ist, denn alles, was in der Welt ist, das ist des Fleisches Lust und der Augen Lust und hoffärtiges Leben."

In erster Linie soll man die Welt auf sich beruhen lassen, um sich stärker der Sorge ums eigene Seelenheil widmen zu können. Selbstinteresse statt Weltinteresse: „Ob die Sonne größer ist als die Erde, oder nur einen Fuß in die Breite misst, ob der Mond mit fremdem oder eigenem Licht erstrahlt? Das zu wissen bringt keinen Nutzen, nicht zu wissen keinen Schaden. Euer Wohl ist in Gefahr: das Heil nämlich eurer Seelen,"[186] mahnt der Kirchenvater Arnobius. Genauso Augustinus, für den das Staunen über die Welt nicht mit der Liebe zu Gott, die Wissbegierde nicht mit der Heilssorge vereinbar ist: „Da gehen die Menschen hin und bestaunen die Gipfel der Berge, die ungeheuren Fluten des Meeres, die breiten Wasserfälle der Flüsse, die Größe des Ozeans und Bahnen der Sterne, aber sie vergessen dabei sich selbst."[187] Das Staunen über das weise eingerich-

---

[184] Vgl. Blumenberg, Legitimität der Neuzeit, S. 326ff.
[185] Augustinus, Selbstgespräche, S. 19; ders., Theologische Frühschriften, S. 487.
[186] Arnobius, Adversus nationes II, 61.
[187] Augustinus, Bekenntnisse, X, 8.15; vgl. auch Petrarca, Die Besteigung des Mont Ventoux, S. 25.

tete Weltall darf den Gläubigen nicht voll beanspruchen, weil er sonst Gefahr läuft, vor Bewunderung der Schöpfung ihre und die eigene Erlösungsbedürftigkeit zu verkennen. Mit dem Humanisten Francesco Petrarca, 14. Jhd., gesprochen: „was nützt denn das Wissen über die Natur der Tiere, Vögel, Fische und Schlangen, wenn wir ... nicht wissen, wozu wir geboren sind, woher wir kommen und wohin wir gehen und uns für die Fragen nicht interessieren?"[188]

Dessen ungeachtet darf der Anblick der wohlgeordneten Schöpfung schon deshalb keine restlose Erfüllung menschlichen Sinnverlangens bieten, weil in diesem Falle ihr Schöpfer vergessen gehen könnte. Dessen großartige Werke seien nämlich durchaus imstande, ihren Meister in den Hintergrund zu drängen, wie im 19. Jahrhundert Ludwig Feuerbach hervorhob: „Wem die Natur ein schönes Wesen ist, dem erscheint sie als Zweck ihrer selbst, in dem entsteht nicht die Frage, warum ist sie?"[189] Die Gefahr sei groß, „vor Bewunderung der Schönheit der Welt sich nicht zum Begriff des Schöpfers"[190] zu erheben. Weit davon entfernt, im ehrfürchtigen Staunen vor der Existenz der Dinge eine *einzigartige Chance* oder einen *Auftrag* im Sinne Rilkes zu sehen, schreibt darum der Kirchenvater Laktanz: „Nicht dazu werden wir geboren, um die geschaffenen Werke zu schauen, sondern um über den Schöpfer selbst nachzudenken."[191] Ähnlich noch einmal Augustinus: „Die Augen lieben schöne und abwechslungsreiche Formen, klare und angenehme Farben. Aber diese Dinge sollen meine Seele nicht festhalten; Gott soll sie festhalten, der sie gemacht hat."[192]

Nun befinden sich die monotheistischen Religionen längst nicht mehr in der komfortablen Lage, ohne weiteres aufs Staunen vor der Wirklichkeit verzichten zu können, nachdem schon fast alle übrigen Glaubenspfeiler brüchig geworden sind. Gerade auf dem Hintergrund des kritisch kommentierten Nihilismus in den beiden vorigen Kapiteln hat das Staunen in den heutigen Religionen einen hohen Stellenwert.

Den letzten Trumpf ausspielen
Inzwischen ist der theologische Boden so zerwühlt, dass religiöse Wünschbarkeiten kaum noch tragfähige Fundamente hierauf finden können. Trotzdem haben einige religiöse Fluchtburgen die Erschütterungen verhältnismäßig gut überstanden. Dazu zählen das Rätsel des Weltalls und das Staunen vor seiner Existenz. Weit davon entfernt, wie einst in der Bewunderung der Dinge schwere Verstöße gegen die Religion zu sehen, sollen heute umgekehrt aufrüttelnde

---

[188] Petrarca, Über Unwissenheit und seiner und vieler anderer Unwissenheit, S. 23.
[189] Feuerbach, Wesen des Christentums, S. 184.
[190] A.a.O., S. 118.
[191] Laktanz in: Warkotsch, S. 309.
[192] Augustinus, Bekenntnisse X, 34.51.

Welterfahrungen überhaupt erst den Weg zum Glauben bahnen. Solange man sich des Glaubens sicher war, konnte das Staunen verschmäht werden. Mittlerweile spricht aber kaum noch etwas anderes für Religion als das Staunen erweckende Rätsel der Welt, das die Katechismen in die Frage packen: Warum gibt es überhaupt etwas und nicht vielmehr nichts? Warum existiere ich überhaupt? Solche Fragen vergegenwärtigen die rätselhafte Faktizität alles Seienden. Sie lassen die Wirklichkeit als Mysterium in die Unverborgenheit treten, um sie anschließend als Schöpfung Gottes zu erhellen.

Es ist ein Gemeinplatz, dass Philosophie entweder aus Sorge ums Leben oder aus Verwunderung über die Welt entsteht. Verwunderung meint nicht dasselbe wie Bewunderung. Staunen kann beides bedeuten. Der Anblick der schönen Natur weckt Bewunderung: Ein Betrachter schwelgt in der Anschauung der Berge, die nichts zu fragen übrig lassen, sondern den religiösen Menschen zum Lobpreis Gottes anregen. Verwunderung wirft dagegen Fragen auf. Der Verwunderte möchte wissen, warum alles so ist, wie es ist, ja warum es alles überhaupt gibt, worauf die monotheistischen Religionen mit Gott als Schöpfer antworten.

„Das Wunder ist des Glaubens liebstes Kind", heißt es in Goethes *Faust*.[193] Ähnlich John Milton in *Paradise Lost*: „Vor Mensch und Engel barg das Übrige der große Meister weislich als Geheimnis, dass es bewundert, nicht bekrittelt werde."[194] Johannes Kepler setzte die astrophysikalische Durchdringung des wunderbaren Kosmos mit einem Gottesdienst gleich: „Unsere Andacht … ist umso tiefer, je besser wir die Schöpfung und ihre Größe erkennen."[195] Ähnlich der gläubige Kopernikus: „Unter vielen verschiedenen Beschäftigungen mit Wissenschaft und Kunst … halte ich besonders die für ergreifens- und höchst eifrig betreibenswert, die es mit den schönsten und wissenswertesten Gegenständen zu tun haben. Derart sind die, welche von den göttlichen Weltumläufen und der Bahn der Gestirne, Größen, Entfernungen, Auf- und Untergang und den Gründen der übrigen Erscheinungen am Himmel handeln und endlich die gesamte Gestaltung."[196]

Hier führt die Bewunderung des Kosmos nicht zur Gottvergessenheit, sondern im Gegenteil zu einer Verwunderung, die Gott als Schöpfer aller Dinge empfiehlt. Auf diesen Spuren wandelt gleichfalls der frühe Immanuel Kant, nach dem das unermessliche Weltgebäude, dessen unendliche Vielfalt und Anmut „in ein stilles Erstaunen"[197] versetzt, uns auf die Größe Gottes hinweist.

---

[193] Goethe, Faust, Zeile 766.
[194] Milton, Paradise Lost, 8, 72-74.
[195] Kepler, Das Weltgeheimnis, in: Heisenberg, Das Naturbild der heutigen Physik, S. 53.
[196] Kopernikus, Das neue Weltbild, S. 81.
[197] Kant, Werke Bd. 1, S. 306.

Ähnliches steht bei dem kritischen Aufklärungsphilosophen Fontenelle: „Dieses große Werk, das immer wunderbarer erscheint, je mehr es bekannt wird, vermittelt uns eine so großartige Vorstellung von seinem Gestalter, dass wir fühlen, wie Bewunderung und Ehrfurcht sich unseres Geistes bemächtigen."[198]

Im Hochmittelalter fasst Thomas von Aquin diese Vorstellung mit den Worten zusammen: „Die Menschen begannen aus Verwunderung darüber, was sie sahen, dessen Ursachen ihnen aber verborgen waren, erstmals zu philosophieren … Und die Untersuchung steht nicht still, bis man zur ersten Ursache vorgedrungen ist … Die erste Ursache von allem aber ist Gott."[199] Wie abgehandelt, erfuhr im Übergang zur Neuzeit die Kosmologie einen großen Aufschwung. Bereits die Geistlichen Nikolaus von Kues und Giordano Bruno sprengten im 15./16. Jahrhundert auf der Grundlage rein philosophischer Erwägungen das damals vorherrschende Weltbild. Beide griffen weit über Kopernikus hinaus, indem sie das Weltall bereits als unendlich, rand- und mittelos vorstellten.

Heute gilt das Aufgehen des räumlich geschlossenen Kosmos im unermesslichen Universum oft als Indiz für dessen Gottverlassenheit. Im Gegensatz dazu bedeutete die Übertragung der Unendlichkeit auf die Schöpfung zu Beginn der Neuzeit aber keineswegs eine Abwertung, sondern vielmehr eine Aufwertung. Man trat gewissermaßen die Flucht nach vorne an, indem man zum Symbol erklärte, was leicht Schauder und Angst erregen konnte: die Unendlichkeit der Welt. Diese wurde auf die Stufe ihres Schöpfers erhoben, an dessen Vollkommenheit sie Anteil erhielt. Wie Nikolaus von Kues und Giordano Bruno sahen Thomas Digges, Spinoza, Descartes, Leibniz, Newton und der frühe Kant in der kosmischen Unermesslichkeit ein untrügliches Zeichen göttlicher Schöpferkraft. Sie alle erblickten in der Unendlichkeit des Weltalls ein Spiegelbild der Unendlichkeit Gottes. Nur unermessliche Entfernungen und zahllose Sternensysteme seien der Schöpferkraft des großen Werkmeisters angemessen. Sie seien ein Beweis seiner unbegreiflichen Macht und Herrlichkeit. So führten die Bewunderung des riesigen Universums und die Verwunderung über dessen Existenz zu einer Schlussfolgerung von der Unendlichkeit des Weltraums auf die Unendlichkeit seines Schöpfers. Eine endliche Welt, in der nicht unendlich Vieles in einem unendlichen Raum vorkäme, wäre eines unendlichen Schöpfers unwürdig.

Bricht aber unter dem Gewicht der unerklärlichen Existenz des unermesslichen Universums nicht die moderne Skepsis gegen Religion zusammen? Lässt sich die beanspruchte Überlegenheit des Naturalismus noch länger halten? Im 19. Jahrhundert schreibt der Chemiker Justus Liebig: „Ohne die Kenntnis der Naturgesetze und der Naturerscheinungen scheitert der menschliche Geist in

---

[198] Fontenelle, Philosophische Neuigkeit für Leute von Welt und für Gelehrte, S. 285.
[199] Thomas von Aquin, Summe gegen die Heiden, III/1 1139 a 27

dem Versuch, sich eine Vorstellung über die Größe und unergründliche Weisheit des Schöpfers zu schaffen; denn alles, was die reichste Fantasie, die höchste Geistesbildung an Bildern nur zu ersinnen vermag, erscheint gegen die Wirklichkeit gehalten wie eine bunt schillernde, inhaltlose Seifenblase."[200] Wenn jedoch die erstaunliche Existenz des unermesslichen und vielfältigen Universums der Idee eines göttlichen Schöpfers hohe Plausibilität verleiht, wie es seit Nikolaus von Kues bis zum frühen Kant der Fall ist, dann erscheint überraschenderweise sogar eine Kritik des modernen Atheismus geboten zu sein.

Naturalistische Vorbehalte gegen Verwunderung
Nicht zuletzt da die Religionen inzwischen das Staunen für sich entdeckt haben, staunen gottlose Naturalisten nicht gerne. Sie begrüßen den Verlust des Staunens und bezweifeln die Bewunderungs- und Verwunderungswürdigkeit der Welt. Nach dem römischen Materialisten Lukrez ist die Welt „nicht wunderbar", das Naturgeschehen „nicht zum Erstaunen", weil sich alles mit natürlichen Mitteln erklären lasse.[201] Gottlose Aufklärer treiben den Himmelsbetrachtern das Staunen aus, weil sie es mit Unwissenheit identifizieren, die durch Erklärungen des vermeintlich Erstaunlichen beseitigt werden könne, so dass anschließend kein Grund mehr zum Staunen, Bewundern oder Verwundern besteht. Schon nach Pythagoras beruht alles Staunen auf Unkenntnis, das mit wachsender Erkenntnis der Ursachen und Gründe abflaut.[202]

Nach Platon und Aristoteles bildet das Staunen den Anfang aller Philosophie: „Das ist ganz und gar die Leidenschaft des Philosophen, das Staunen, ja, es gibt überhaupt keinen anderen Anfang der Philosophie als diesen,"[203] schreibt Platon. Ähnlich Aristoteles: „Verwunderung war den Menschen jetzt wie vormals der Anfang des Philosophierens, indem sie sich anfangs über das unmittelbar Auffällige verwunderten, dann allmählich fortschritten und auch über Größeres sich in Zweifel einließen, zum Beispiel über die Erscheinungen an dem Mond und der Sonne und den Gestirnen und über die Entstehung des Alls."[204] Allerdings ist für beide das Staunen nur der Anfang der Philosophie. Über alltägliche und erklärte Erscheinungen wundert sich niemand mehr. Lediglich unbekannte Ursachen erwecken Verwunderung. Im Laufe des Erkenntnisprozesses löst sich jedes Staunen auf. Es verschwindet, sobald die Dinge verstanden und deren Ursachen erkannt sind. Nur was noch nicht gründlich erforscht ist, wirkt erstaunlich. Alles Staunen gleicht einem Erkenntnismangel!

---

[200] Liebig in: Bayertz, Der Materialismus-Streit, S. 54
[201] Lukrez, Welt aus Atomen, 5.192, 6.375.
[202] Vgl. Plutarch, Moralia I, 3, 13, 44b.
[203] Platon, Theaitetos 11,155c.
[204] Ebd., 1,982b.

Demgemäß erklärt zu Beginn der Neuzeit Vico, „die Unkenntnis der Ursachen" zur „Mutter des Staunens über alle Dinge."[205] Seit Cicero wird verschiedentlich die „staunenerregende Pracht des Alls"[206] als solche gewürdigt, die überhaupt erst unsere Erkenntnisbegierde wecke und zu wissenschaftlicher „Nachforschung reize"[207], wie es in der Neuzeit auch bei Descartes heißt. Dieser bleibt wie die Naturalisten zwar einerseits skeptisch gegen das Staunen, weil es zu Aberglauben an übernatürliche Mächte führe. Andererseits sei Staunen doch ein wichtiger Motor, der Neugier entfache und die Forschung in Gang bringe.[208] Auch nach Kant gründet ein Großteil des Staunens auf Unwissenheit, ja Unmündigkeit. Dem setzt er als Motto der Aufklärung entgegen: „Habe Mut, dich deines eigenen Verstandes zu bedienen"[209] – und zitiert hier einen Ratschlag von Horaz, auf den ihn sein philosophischer Gegner und Freund Johann Georg Hamann aufmerksam machte. In einem Brief an Lollius Maximus fordert Horaz den Freund dazu auf, sich mehr geistig zu betätigen: „Sapere aude – Wage es, weise zu sein."[210] Ein aufgeklärter Mensch ist ein abgeklärter Mensch, dem nichts mehr imponieren kann. Entsprechend schreibt Horaz in einem Brief an Numicius: „Nil admirari – Nichts zu bestaunen – das ist vielleicht die eine und einzige Sache, Numicius, die den Menschen glücklich und auch erhalten kann."[211] Denn sie führt zu innerer Ruhe und Ausgeglichenheit, wie schon Pythagoras meinte.

Jedes anfängliche Staunen weicht in dem Maße, wie das Wissen wächst, die Rätsel gelöst, Geheimnisse gelüftet und Fragen beantwortet werden. Sind erst einmal alle Merkwürdigkeiten beseitigt, der Grund einer Sache durchschaut, so staunt man auch nicht mehr. „Weicht der Unkenntnis nebliger Irrtum, hört das Erstaunliche auf, erstaunlich zu sein", meint auch Boethius.[212] Hierfür steht das Projekt der Aufklärung, in der aus allem Erstaunlichen, Befremdlichen und Rätselhaften etwas Verständliches, ja Selbstverständliches werden soll. Unverstandenes hat jetzt nur noch den Rang eines ungelösten wissenschaftlichen Problems. Irritationen durch fremdartige Phänomene werden seltener. Hat man erst einmal die Dinge ohne Rückgriff auf göttliche oder dämonische Mächte erklärt, so wundert man sich über nichts mehr. Pythagoras, Platon und Aristoteles begründeten diese Tradition, die bis zur heutigen Wissensgesellschaft reicht, in

---

[205] Vico, Neue Wissenschaft, S. 48.
[206] Cicero, De officiis, I, 6.
[207] Kant, Werke Bd. V, S. 162,
[208] Vgl. Descartes: Die Leidenschaften der Seele, S. 95.
[209] Kant, Werke Bd. VIII, S. 35.
[210] Horaz, Briefe 1,2, S. 525.
[211] Horaz, Briefe 1,6, S. 533.
[212] Boethius, Trost der Philosophie, IV. Buch, 5. Gedicht.

der das Unverständliche als Wissenslücke wahrgenommen wird, die sich mit Hilfe des Internet meistens schnell schließen lässt.

Der Raum fürs Erstaunliche schwindet, wie schon Theodor W. Adorno beklagte, demzufolge wir uns das Staunen dadurch abgewöhnen, dass wir die Wirklichkeit mit wissenschaftlichen Theorienetzen überspinnen.[213] Ähnlich kritisch bewertet Ludwig Wittgenstein den Verlust des Staunens durch Wissen: „Das ist das Verhängnisvolle an der wissenschaftlichen Denkweise, dass sie jeder Beunruhigung mit einer Erklärung antworten will."[214] Salopp formuliert, lässt sie an die Stelle des verblüfften „Ah" ein nüchternes „Aha" treten.

Doch bereits der römische Kaiser Marc Aurel hält wie Horaz solch kritischer Bewertung des aufgelösten Staunens entgegen: Höre auf, „dich über Dinge, die alle Tage geschehen wie über Unerwartetes zu wundern", weil es deinem Seelenfrieden abträglich ist. „Denk daran, dass es töricht ist, sich darüber zu wundern, dass der Feigenbaum Feigen trägt, wie darüber, dass der Kosmos dies und jenes hervorbringt, wovon er der Erzeuger ist. Auch der Arzt würde ja töricht erscheinen, wenn er sich wunderte, dass sein Patient Fieber hat."[215] Zweifellos kann ein Verzicht aufs Staunen der inneren Ruhe dienen.

Doch spielt dieser Aspekt bei Naturalisten, die meist ausgesprochene Verächter des Staunens sind, bloß eine untergeordnete Rolle. „Es gibt nichts Wunderbares; alles geschieht, geschah und wird geschehen auf natürliche Weise", wie Louis Büchner im 19. Jhd. stellvertretend für viele Naturalisten bis heute schreibt.[216] Fast zwei Jahrtausende zuvor verwarf Lukrez die Bewunderung des Kosmos. Ursprünglich hätten die Menschen in seliger Bescheidenheit gelebt. Sie wurden von keinerlei Staunen aus ihrem beschwerlichen Alltag herausgerissen. Erst die Astronomie brachte sie um ihre Zufriedenheit und weckte Fragen, die in die Irre führten. Glücklicherweise gehe aber das Staunen durch überzeugende Erkenntnisse verloren: „Wenn du dir das Naturgeschehen gut vor Augen stellst und deutlich es erschaust, wirst ablassen du, über viel dich zu wundern."[217] Indem das Unbekannte zum Bekannten wird, hat es teil an dessen Fraglosigkeit, so dass man sich nicht mehr darüber wundern muss.

Die Antwort, warum sich Naturalisten so ungern in Staunen versetzen lassen, liegt in ihrer Weltanschauung. Denn für sie ist das Universum ein neutrales Faktum, das grund-, zweck- und wertfrei existiert. Sie halten das Weltall für eine natürliche Tatsache, die ohne Rückgriff auf religiöses Beiwerk erklärt werden kann. Wenn die Menschen dennoch staunten, dann wachse die Gefahr, dass sie

---

[213] Adorno, Ästhetische Theorie, S. 191.
[214] Wittgenstein, Schriften Beiheft 3, S. 16.
[215] Aurel, Selbstbetrachtungen, 8.15.
[216] Büchner in: Bayertz, Der Materialismus-Streit, S. 189.
[217] Lukrez, Welt aus Atomen, 6.653f.

den Kosmos für etwas Göttliches oder Geheimnisvolles hielten, was einen Schöpfer nahelege. Um dieser Versuchung zu entgehen, lehnten bereits die ersten Naturalisten Demokrit, Epikur und Lukrez das Staunen über die Welt als unbegründet ab. „Nur nicht zu viel staunen" war eine antike Weisheitsregel. Der Mensch soll sich über nichts wundern, um nicht irritiert, verstört, verunsichert oder zum Götterglauben verführt zu werden. Im Grunde gehe ihn die Welt gar nichts an.

Erst recht aber ist das Staunen für heutige Naturalisten schon darum verdächtig, weil es mittlerweile die Religionen kultivieren, die von einer Göttlichkeit des Weltalls oder dessen Erschaffung durch Gott ausgehen. Somit wird das Staunen oft nur deshalb abgelehnt, weil es die weltanschaulichen Gegner praktizieren.

Gewöhnung des Anblicks

Im Naturalismus gibt es nur wenig Platz zum Staunen. Alles ist natürlich, gewissermaßen normal. Dennoch können sich die Menschen das Staunen nicht abgewöhnen. Wenn man etwas zum ersten Mal sieht, was man zuvor noch nie sah, dann hinterlässt dies einen starken Eindruck. In diesem Sinne schreibt Michel de Montaigne, dass wir die Dinge, „wenn sie uns heute zum ersten Mal vor Augen kämen, ebenso unglaublich oder noch unglaublicher fänden als irgend andere."[218] Ähnlich gesteht Lukrez, eigentlich Gegner des Staunens: Wenn Menschen Blumen, Wälder und Berge, das Meer, die Wolken, die Sonne und den Sternenhimmel „zum ersten Mal" zu sehen bekommen, „was könnte mehr denn dies als ein Wunder zu gelten verdienen? ... Nichts, denke ich, so mächtig wäre zum Staunen dieser Anblick."[219] Wie Cicero im 1. Jhd. v. Chr. erzählt Gracián im 17. Jhd. von Höhlenbewohnern, die bislang noch nie das gewaltige Schauspiel von Erde und Himmel sahen. Wenn diese nun plötzlich aus ihrer Höhle an die Erdoberfläche kämen, dann wären sie „ganz und gar erstaunt" und gerieten in „Entzücken".[220] In der Spätromantik berichtet Klingemann vom erstmaligen Weltanblick eines bis dahin Erblindeten: Man führte mich „in die Nacht hinaus, über meinem Haupte in der unermesslichen Ferne brannten die Sternbilder und ich stand unter den tausend Welten wie ein Trunkener."[221]

Heute machen wir solche Erfahrungen zumeist beim Reisen. Fremde Völker, andere Sitten, die Farbenpracht und Formenvielfalt exotischer Tiere, fremdartiger Pflanzen und grandioser Landschaften können uns leicht in Erstaunen versetzen. Gerade im Urlaub soll Außergewöhnliches geschehen. Zwar erwarten

---

[218] Montaigne, Essais, S. 215f.
[219] Lukrez, Welt aus Atomen, 2.1033ff.
[220] Gracian, Über die allgemeinen Laster des Menschen, S. 14.
[221] Klingemann, Nachtwachen des Bonaventura, S. 97.

die meisten von der kostbarsten Zeit des Jahres all das, was es auch zuhause gibt, jedoch plus etwas Anderes mit hohem Faszinationswert. In der Tat vermögen ferne Länder und Kontinente ohne große Mühe eine bis zum Erstaunen gesteigerte Wachsamkeit hervorzurufen, bieten sie doch zuhauf neue, erstmalige Anblicke. Erst recht nehmen moderne Nomaden die Wirklichkeit um sich herum intensiver wahr als Sesshafte. Bis heute gibt es Menschen, die freiwillig eher ein ambulantes als stationäres Dasein führen. Der reflektierte Weltenbummler schätzt sein abenteuerliches Unterwegssein, weil für ihn dadurch alles erstaunlich bleibt und nichts selbstverständlich wird. „Gewöhnung ist der Tod. Sie ist der Stumpfsinn", schreibt Thomas Mann. Deshalb komme es darauf an, „dass die Dinge einem neu bleiben, und dass man sich eigentlich an nichts gewöhnt."[222] Leben und Welt können für Globetrotter nicht gewöhnlich werden. Der Preis, den sie für ihr unstetes Wanderleben zahlen, ist mangelnde Vertrautheit, der Gewinn hingegen bewussteres Erleben. In dieser Beziehung sind die freiwilligen Nomaden von heute den bodenständigen Sesshaften tendenziell überlegen: Sie kennen die Wirklichkeit besser – aber nicht notwendigerweise.

Aus dem Dargelegten erhellt: Außer wissenschaftlicher Erklärung ist langsame Gewöhnung ein natürlicher Feind des Staunens. Der wiederholte Anblick von Erstaunlichem führt unweigerlich zu allmählicher Abnutzung dieses mächtigen Gefühls. Jedes Staunen schwächt sich nach einer Weile ab. Vertrautheit und Gewohnheit treten mit der Zeit an dessen Stelle. Routinen machen sich breit.

Dazu kommen die zahllosen Reize der heutigen Erlebnisgesellschaft, die einerseits zur schleichenden Abstumpfung der Sinne führen. Die Gefahr wächst, alles zu übersehen, was nicht schrill, grell und krass ist. Darum werden die Dosen der Erregung dauernd erhöht und die Zahl der Abwechslungen ständig vermehrt. Heutzutage werden die Sinne durch Dauerreize häufig überstrapaziert. Doch auch ohnedem ist es unmöglich, dauerhaft intensiv zu leben und unablässig zu staunen, wie schon Montaigne erkannte, der schreibt, „dass es nicht so sehr die Erklärung der Dinge als vielmehr die Gewöhnung ihres Anblicks ist, die uns das Staunen benimmt"[223]

Wie durch wissenschaftliche Erklärung so löst sich also auch durch sukzessive Gewöhnung jedes Staunen auf, was Lukrez allerdings für gut befand: „nichts ist so gewaltig, und nichts so Seltsames gibt es, was nicht doch gemach zu bewundern alle vergäßen: allem voran des Himmels Klarheit und Reinheit der Farbe, dann was er in sich birgt, die überall schweifenden Sterne, Mond und der Sonne Glanz mit hellem schimmerndem Lichte. ... Jetzt hält keiner mehr schon vom Zuviel des Sehens ermattet, aufzublicken für wert in die lichten

---

[222] Mann, Fühe Erzählungen, S. 497.
[223] Montaigne, Essais, S. 215f.

Räume des Himmels."²²⁴ Wie Lukrez begrüßen die säkularen Naturalisten bis heute fast einhellig, dass der wiederholte Anblick der sichtbaren Welt zur allmählichen Auslöschung von Bewunderung und Verwunderung führt. Manche empfehlen sogar mehrmals zum Himmel empor zu blicken, damit sich die Augen an die sternenklare Nacht gewöhnen, weil hierdurch die Welt uns so vertraut wird, dass wir aufhören, uns über sie zu wundern. Unser Alltag soll möglichst verwunderungsfrei bleiben, weil sonst voreilig über die natürlichen Fakten hinausspekuliert werde. Aus naturalistischer Sicht besteht kein Grund zum Staunen, weil nichts göttlich oder geheimnisvoll ist. Alles lässt sich hypothetisch erklären. Die Wirklichkeit ist weder wunderbar noch entsetzlich, sondern lediglich natürlich. Das faktisch Gegebene gilt als stärker denn alle religiösen Deutungen, die ihm zugetragen werden. Hauptsächlich aus diesem Grund befürworten die meisten Naturalisten bis heute das schrittweise Nachlassen des Staunens. Ihr Wille zu nüchterner Erkenntnis wendet sich gegen überschwängliches Pathos und verordnet den Freunden der Verblüffung, die den geheimnisvollen Charakter der Welt mögen, trockene Sachlichkeit, einen kalten Blick aufs Seiende im Ganzen.

Dazu passend schreibt Paul Valéry im *Faust*, dass Staunen verblöde und die Menschen zu unsinnigem Enthusiasmus und Aberglauben überrede. Die großen Zahlen – Milliarden Sonnen, Milliarden Galaxien, Milliarden Jahre – übten eine fatale Wirkung auf den menschlichen Verstand aus, der hierdurch verlockt werde, hochtrabenden religiösen Dummheiten auf den Leim zu gehen.

Der Mehrheit der Naturalisten zum Trotz bedauert allerdings eine Reihe namhafter Dichter und Denker den unaufhaltsamen Verlust des Staunens. Von der „Pracht des Himmels" fasziniert, beklagt Cicero, dass wir „durch die tägliche Wiederholung und Gewöhnung unserer Augen so vertraut damit sind, dass wir nicht mehr darüber staunen."²²⁵ Genauso findet Jahrhunderte später Gracián: „Uns fehlt gemeinhin die Bewunderung, weil uns die Neuheit fehlt und mit ihr die Aufmerksamkeit."²²⁶ Cicero und Gracián bekämpfen diesen Verlust, weil damit der Weg sowohl zur griechischen Erfahrung der Göttlichkeit des Kosmos als auch zum monotheistischen Glauben an Gottes Schöpfung verschlossen bleibt. Losgelöst von diesen traditionellen Sinnüberformungen des Staunens findet die Existenzialistin Simone de Beauvoir die Wirklichkeit als solche bereits erstaunlich und versetzt sich hierbei in die Lage eines Kindes: „Ich dachte: das ist nun das erste Mal, dass diese Kinderaugen Mandelblüten sehen. ... In den Augen eines Kindes ersteht die Welt wieder neu."²²⁷ Aber uns

---

[224] Lukrez, Welt aus Atomen, 2.1025ff.
[225] Cicero, De officiis, 2.96.
[226] Gracian, Über die allgemeinen Laster des Menschen, S. 15.
[227] Beauvoir, Alle Menschen sind sterblich, S. 169.

Erwachsenen fällt es schwer, mit Kinderaugen die Welt anzuschauen, wie der berühmte Physiker Max Planck klagt: „nicht deshalb hat der Erwachsene verlernt sich zu wundern, weil er das Wunderrätsel gelöst hat, sondern deshalb, weil er sich an die Gesetze seines Weltbildes gewöhnt hat."[228] Dabei ist doch „Staunen unser bester Teil", wie Ernst Jünger findet.[229]

Rehabilitation des Staunens
Obwohl selbst die stärksten Phänomene durch Erklärung und Gewöhnung trivial werden, ist Staunen weiterhin möglich. Das „Ah" kann im „Aha" bewahrt werden! Das Auge muss lediglich seine Sehgewohnheiten aufgeben und schon bekommen die Dinge ein merkwürdiges Aussehen. Adorno spricht von „gewaltloser Betrachtung"[230], die darauf verzichtet, sich die Dinge einverleiben zu wollen. Über Walter Benjamin sagt Adorno, dass er darauf bestand, „alle Gegenstände so nah anzusehen, bis sie fremd wurden und fremd ihr Geheimnis hergaben."[231] Dann ist es, mit dem Romantiker Tieck gesprochen, „als wenn ein Vorhang ... hinweggezogen wäre und ich nun erst das zu sehen bekäme, was die Menschen immer die Natur und die Schönheit der Welt nennen. Alle Berge, alle Wolken, der Himmel und sein Abendrot sind jetzt anders und näher zu mir herabgezogen."[232]

Es ist bis heute noch möglich, sich von den Dingen so ansprechen zu lassen, dass sie erstaunlich werden. Ein wahrer Virtuose auf diesem Gebiet war Rainer Maria Rilke, der in *Landschaft* schreibt: „Es war schwer, sich der Welt so weit zu entwöhnen, um sie nicht länger mit dem voreingenommenen Auge des Einheimischen zu sehen, der alles auf sich selbst und auf seine Bedürfnisse anwendet, wenn er schaut. Man weiß, wie schlecht man die Dinge sieht, unter denen man lebt, und dass oft erst einer kommen muss von fern, um uns zu sagen, was uns umgibt. Und so musste man auch die Dinge von sich fortdrängen, damit man später fähig wäre, sich ihnen in gerechterer und ruhiger Weise, mit weniger Vertraulichkeit und in ehrfürchtigem Abstand zu nähern."[233] In Thomas Manns *Bekenntnisse des Hochstaplers Felix Krull* empfindet sich der Titelheld als einen solchen Fremden, der gekommen ist, um Zouzou einen Kreuzgang, den sie schon öfter besichtigt hatte, wieder neu sehen zu lehren, weil er diesen zuvor noch nie sah: „Da sollten Sie sich freuen, dass sie ihn einmal in der Gesellschaft eines Neulings sehen, dem er ganz neu ist. Denn das erlaubt einem, das Vertraute mit neuen Augen, den Augen eines Neulings zu sehen, wie zum ersten

---

[228] Planck, Vom Wesen der Willensfreiheit und andere Vorträge, S. 234.
[229] Jünger, in: Martin Meyer, Ernst Jünger, S. 148.
[230] Adorno, Minima Moralia, 54.
[231] Adorno, Zu Benjamins Gedächtnis, Gesammelte Schriften 20/1, S. 169
[232] Wackenroder, Herzensergießungen eines kunstliebenden Klosterbruders, S. 31.
[233] Rilke, Ausgewählte Werke Bd. 2, S. 225.

Mal. Man sollte immer versuchen, alle Sachen, auch die gewöhnlichsten, die ganz selbstverständlich da zu sein scheinen, mit neuen, erstaunten Augen, wie zum ersten Mal, zu sehen."[234] Ebenso der frühe Albert Camus: „Wir beklagen uns, dass wir zu rasch ermüden, statt dankbar zu staunen, dass wir die Welt nur zu vergessen brauchen, um sie wie neu zu empfinden."[235] Doch es fällt schwer, immer wieder Anfänger bei der Betrachtung der Dinge zu werden.

Trotzdem ist es bis zu einem gewissen Grade möglich. Paul Valéry schreibt, hin und her gerissen in der Frage, ob Staunen empfohlen werden sollte oder nicht: „Ich betrachte einen durchaus bekannten Gegenstand, ein Haus, einen Tisch, einen Krug, und ich stelle mich eine Weile so, als sei ich ein Wilder, der niemals derartige Gegenstände gesehen hat."[236] Deutlicher Ionesco: „Ich war in die Welt geworfen und nahm sie in mich auf, als wäre es das erste Mal. Ich wollte jene Seltsamkeit der Welt wiederfinden, die zu erlangen mir manchmal gelingt. ... Die Methode bestand darin, die Dinge, die Personen um mich herum mit der größtmöglichen Aufmerksamkeit anzusehen. Zu fixieren. Sehr, sehr aufmerksam zu beobachten, und mit einem Male war es, als sähe ich alle und die ganze Welt zum ersten Male. Und dann wurde alles unbegreiflich und fremdartig. ... Merkwürdig, die anderen meinen, dass die Welt, das Universum, die Schöpfung, dass all das ganz natürlich oder normal ist."[237] Eindrucksvoll beschreibt der berühmte Bildhauer Alberto Giacometti solch verwirrende Erfahrung nach einem Kinobesuch: „An diesem Tag – ich erinnere mich noch genau, wie ich wieder auf den Boulevard du Montparnasse hinaustrat – da habe ich den Boulevard angeschaut wie noch nie zuvor. Alles war anders, sowohl die Raumtiefe als auch die Farben und die Stille ... Es war, wenn man so will, eine Art ständiger Verzauberung aller Dinge ... An diesem Tag ist die Wirklichkeit für mich umgewertet worden, in allem und jedem; sie wurde für mich zum Unbekannten ... auch die Dinge unterlagen gleichzeitig einer Verwandlung: Tische, Stühle, Kleider, die Straße, sogar die Bäume und Landschaften."[238]

Speziell die bildende Kunst versucht regelmäßig die Dinge aus dem Gewohnten herauszulösen, um das Erstaunliche an ihnen offenbar zu machen. „Kunst gibt nicht das Sichtbare wieder, sondern macht sichtbar," wie Paul Klee[239] mit Picasso übereinstimmend betont, der schreibt: „Ich möchte dem Betrachter etwas enthüllen, was er ohne mich nicht entdeckt hätte."[240] So möchte die Kunst dem Betrachter neue Erfahrungen mit der Wirklichkeit ermöglichen,

---
[234] Mann, Felix Krull, S. 476.
[235] Camus, Hochzeit des Lichts, S. 17.
[236] Valéry, Eupalinos, S. 89.
[237] Ionesco, Der Einzelgänger, S. 43, 49.
[238] Peppiat, Giacometti, S. 104.
[239] Klee, Schöpferische Konfession 1.
[240] Picasso, Über Kunst, S. 44.

die ihn über den alltäglichen Erlebnishorizont hinausführen. Eingespielte Wahrnehmungen werden durch ungewohnte Bildstrukturen aufgebrochen. Hierdurch gelingt es Künstlern, den Blick für die frappierende Besonderheit der Dinge zu öffnen und zu schärfen. Museen stehen von vornherein außerhalb des Alltäglichen. Schon deren Ambiente, das Raumdesign, fordert die Besucher dazu auf, innezuhalten, um die Exponate bewusst in Augenschein zu nehmen. Nur so kann etwas erblickt werden, was bisher noch nie wahrgenommen wurde. „Sei erstaunt, verblüfft, alles ist fremd, alles ist unerklärlich", schärft Ionesco ein.[241] Durch das Staunen wirken die Dinge „seiender" oder „wirklicher" als im gewöhnlichen Alltag.

Doch noch besser als jedes Kunstwerk eignen sich hierfür Natur und Weltall. Hierzu sei abermals die schöne Stelle aus der *Allgemeinen Naturgeschichte* Kants zitiert: „Das Weltgebäude setzt durch seine unermessliche Größe und durch die unendliche Mannigfaltigkeit und Schönheit ... in ein stilles Erstaunen."[242] Im Unterschied zu Lukrez führen Rousseau und Kant zufolge die Darbietungen der Natur und der Anblick des Kosmos keineswegs zu allmählicher Gewöhnung. Nach Rousseau bietet die Natur dem Menschen ein „Schauspiel, dessen Auge und sein Herz niemals überdrüssig werden."[243] Entsprechend erfüllt nach Kant der gestirnte Himmel über mir „das Gemüt mit immer neuer und zunehmender Bewunderung und Ehrfurcht, je öfter und anhaltender sich das Nachdenken damit beschäftigt", heißt es im Beschluss der *Kritik der praktischen Vernunft*.[244] Nach Kants Überzeugung erscheint die Staunen erregende Pracht der himmlischen Ordnung immer wunderbarer, je länger und intensiver man sich damit befasst. Das Staunen hört nicht auf, weil Schaulust und Wissbegier nie komplett befriedigt sind. Wenn man in den gestirnten Nachthimmel hinausschaut und zu den erstaunlichen Ansichten die sensationellen Einsichten der modernen Astrophysik über Größe, Struktur und Komplexität des Weltalls noch hinzuzieht, dann werden Bewunderung und Verwunderung sogar ins Unermessliche gesteigert. Nun kommt es fast zwangsläufig zu *apollinischen Exzessen*.

Erschöpftes Staunen
„Der gewöhnliche Mensch ... ist ... einer in jedem Sinn völlig uninteressierten Betrachtung, welches die eigene Beschaulichkeit ist, wenigstens durchaus nicht anhaltend fähig", meint hingegen Schopenhauer.[245] Dies ist einerseits richtig,

---

[241] Ionesco, Der König stirbt, S. 46.
[242] Kant, Werke Bd. 1, S. 306.
[243] Rousseau, Träumereien eines einsamen Spaziergängers, VII, S. 718.
[244] Kant Werke Bd. 5, S. 161.
[245] Schopenhauer, Die Welt als Wille und Vorstellung Bd. 1, S. 255.

andererseits ist jedoch nicht nur der gewöhnliche Mensch, sondern jedermann keineswegs fortwährender Betrachtung fähig. Die Augen zu öffnen fällt leicht, doch sie offen zu halten, schwer. So zutreffend es also ist, dass die Beschäftigung mit dem Kosmos das Staunen zu erhöhen vermag, je öfter und intensiver man sich damit auseinandersetzt, umso schneller findet nicht nur eine Gewöhnung an den Anblick des Weltalls statt.

Zudem sind apollinische Exzesse wie dionysische zeitlich begrenzt. Der hiermit verbundene Flow, von dem Kant sagt, dass nur „edle Seelen"[246] hierzu imstande seien, verfliegt allzu schnell. Unter Flow wird ein starkes Wohlgefühl verstanden, das entsteht, wenn die eigenen Fähigkeiten mit den jeweiligen Herausforderungen übereinstimmen und das Handeln durch Konzentration auf die anstehenden Aufgaben gänzlich mit dem Bewusstsein verschmilzt. In solchen Fällen gehen alle Sorgen und die Zeit vergessen. Zum Flow kann es beim Sport, bei der Arbeit, im Studium und sonstigen Betätigungen kommen. Ein Flow ist stärker und anhaltender eher bei aktiven als passiven Beschäftigungen wie dem Staunen, zu dessen bereits erörterten natürlichen Feinden der Erklärung und Gewöhnung nun auch noch die Erschöpfung oder Langeweile hinzukommt, wie schon Ionesco vermerkt: „Möge ich doch bloß nicht wieder in den Abgrund der Langeweile stürzen. Aufmerksam die Welt ringsherum betrachten, sehr aufmerksam. Ihre Realität freilegen, kämpfen, um jeden Augenblick das ursprüngliche Staunen wiederzufinden. Das Gefühl des Seltsamen. Aufwachen und sehen und fühlen, was all das in Wirklichkeit ist."[247] Aber schon bald ermüdet der aufmerksame Betrachter. Er beginnt, sich zu langweilen, wie Raiski in Gontscharows *Schlucht*: „Seinen Blick so auf den Erscheinungen ruhen zu lassen, ihre Bilder in sich aufzunehmen, für einen Augenblick zu erglühen und zugleich wieder zu erkalten und Langeweile zu empfinden ... Wie soll man es nur anfangen, um alles immer bunt und reizend zu schauen?"[248]

Apollinische Exzesse des Staunens sind keine dauerhaften Sessions, sondern zeitlich begrenzte Erlebnisse, die sich immer wieder neu ergeben müssen, weil sie sich binnen kurzem verbrauchen. Selbst das großartigste Gefühl im Leben wird schon bald seiner selbst müde, ermattet und stirbt schließlich an sich selbst. Alle Betrachter großartiger Kunstwerke verspüren nach geraumer Zeit eine starke Erschöpfung. Wie die Morgenfrische sich zur Müdigkeit des Abends wandelt, so macht jedes Staunen irgendwann gelangweilter Gleichgültigkeit Platz. Nach einer Weile gibt sich das Staunen selbst auf. Permanente Verblüffung ist unmöglich.

---

[246] Kant Werke Bd. 1., S. 367.
[247] Ionesco, Der Einzelgänger, S. 70.
[248] Gontscharow, Die Schlucht, S. 370.

Ein noch so kontemplatives Temperament wird über kurz oder lang schläfrig, wenn nicht sogar schwermütig, wie Hugo von Hofmannsthal in seinem *Tizian* darlegt.[249] Eine passive Hingabe an den Genuss berauschender Schönheit oder erstaunlicher Phänomene führt in absehbarer Zeit zu Überdruss, meint er, weil der Genießer in der Rolle eines untätigen Zuschauers bleibt. Nach Nietzsche besteht das wahre Leben im Schaffen, das höchste Glück im Gestalten. Aktives Leben produziert mehr Flow als passive Hingabe. Aber um das gewaltige Schauspiel von Natur und Kosmos genießen zu können, muss ein Platz außerhalb des tätigen Lebens, das heißt die Position eines distanzierten Beobachters eingenommen werden. So entfremdet das *apollinisch-exzessive Staunen* den Betrachter von seinem aktiven Dasein und macht ihn zum geduldigen Empfänger unverfügbarer Reize. Dieser Umstand lässt Zweifel am Vorrang des besinnlichen vorm tätigen Leben aufkommen. Jedenfalls ist melancholische Müdigkeit eine unvermeidliche Folge eines rein beschaulichen Daseins, das zusätzlich durch die Wiederholung der Betrachtungen vergiftet wird. Daher drängt sich abermals die Frage auf: Wie lässt sich eine Gewöhnung an die Dinge verhindern und das Staunen verstetigen? Wie lässt sich selbst mit Bezug aufs Selbstverständliche und bereits Erklärte das Staunen auf Dauer stellen, ohne hierdurch den Sinn fürs Erstaunliche so zu schleifen, dass dieser stumpf wird?

Hierzu bedarf es nicht unbedingt eines besseren Wissens von der Bedeutungsfülle des Seienden, womöglich einer Auffrischung seiner verblassten Farben und verwischten Profile, sondern vielmehr einer Stärkung der Sprache, damit die Worte durch ihren bewussten Gebrauch den Dingen wieder zu neuer Attraktivität verhelfen können. Begriffe nutzen sich durch wiederholte, unbedachte Verwendung ab. Diese nimmt ihnen jede Kraft. Man kennt zwar noch ihre Bedeutung, aber man spürt sie kaum. In der Sprache sind die Grenzen zwischen Gebrauch, Verbrauch und Missbrauch fließend. Die Worte nochmals neu zusammenzustellen ist der einzige Weg, ihnen wieder frisches Leben einzuhauchen, nachdem ihre Konturen in der Alltagssprache stumpf geworden sind. Im Idealfall stellen Worte den Zustand von dem her, wovon sie handeln.

Jedoch genügt es nicht allein, die Dinge als solche mit den Augen einzufangen und mit geschliffenen Worten zu beschreiben. Mit Rilke gesprochen muss eine Hingabe hinzukommen, die, dem besonderen Augenblick ergeben, das Wirkliche als etwas Erstaunliches festzuhalten vermag. Nun ist Selbstverständliches schon schwer zu verstehen, doch einmal Verstandenes sich anzuverwandeln ist noch viel schwerer. Sogar Rilke war hierzu nicht immer in der Lage, der ein ums andere Mal klagt: „jetzt sitz ich da und schau und schau bis mir die Augen wehtun, und zeig mir´s und sag mir´s vor, als sollt ich´s auswendig ler-

---

[249] Vgl. Hofmannsthal, Tizian.

nen und hab's doch nicht und bin so recht einer, dem's nicht gedeiht."[250] Darum fragt er in der I. Duineser Elegie mit banger Skepsis: „Bewältigtest du's?" Obwohl gesammelt genug, um sich den Dingen ringsum mit hoher Konzentration hinzugeben, gelang es selbst Rilke nicht jederzeit, sie von ihrer unauffälligen Selbstverständlichkeit zu erlösen, und noch weniger, den Verdacht ihrer Banalität ständig zu zerstreuen, um ihre Fülle des Festlichen besser erleben zu können. Dabei ist doch feierliche Ergriffenheit das größte Kompliment, das wir der sichtbaren Welt machen können.

Dürftige Sachlichkeit
Die existenziell verankerte Auflösung des Staunens durch Erklärungen, Gewöhnung, Langeweile und Ermüdung spielt in der weltanschaulich begründeten, naturalistischen und religiösen Kritik keine nennenswerte Rolle. Die naturalistische Kritik am Staunen unterscheidet sich aber grundlegend von den religiösen Vorbehalten gegen das Staunen. Die Kirchenväter befürchteten, wie ausgeführt, dass durch das ehrfürchtige Staunen über die Welt deren Abhängigkeit vom göttlichen Urheber vergessen gehen könne. Denn der Anblick der schönen Weltordnung wecke eine Bewunderung, die zwar zu der Frage anrege, wie die Natur dies alles zuwege bringe, aber nicht, warum es das alles überhaupt gebe. Darum lehnten sie das Staunen ab. Im Gegensatz dazu argwöhnen Naturalisten bis heute, dass überhaupt erst das verwunderte Staunen über die Welt zum illusionären Gottesglauben hinführe. Denn der Anblick der sichtbaren Welt rufe eine Verblüffung hervor, die vorschnell zur Annahme eines jenseitigen Schöpfers verleite. *Bewunderung* ist das Staunen griechischer Kosmosbetrachtung, *Verwunderung* das Staunen christlicher Gottessuche!

Soll nun aber auf das Staunen verzichtet werden, nur weil es nutzlos ist, zu nichts führt, sich nicht verwerten lässt, flüchtig bleibt, irgendwann langweilt und zuletzt noch melancholisch stimmt? Ist es erstrebenswert, jedes kosmologische Pathos hinter sich zu lassen aus Sorge, in religiöse Deutungen abzugleiten? Ist es tatsächlich notwendig, das Seiende im Ganzen auf ein dürftiges, triviales Format zu bringen, wie es die meisten Naturalisten gerne tun, um besser religiöse Überhöhungen der Wirklichkeit vermeiden zu können?

Sollte man nicht auch als Naturalist die Gewöhnung an die Wirklichkeit eher beklagen, als sie wie Lukrez und seine Nachfahren tendenziell zu begrüßen? Gibt nicht auch uns Naturalisten das unermessliche Weltall einen guten Grund zum Staunen? Die verbreitete Skepsis gegen das Staunen wirkt überspannt und voreilig. Jedenfalls führt die überzogene Angst vor religiösem Aberglauben vorschnell zu einem unnötigen Erfahrungsverzicht. Was hierfür geopfert wird, ist

---
[250] Rilke, Briefe Bd. 1, S. 421.

womöglich größer als das, was hierdurch bewusst verloren gegeben wird. Schließlich ermöglicht der *apollinische Exzess des Staunens*, in dem das *Sein des Seienden* in die Unverborgenheit treten kann, eine beispiellose Erfahrung der Wirklichkeit, für die wir wahrscheinlich gerne einen Preis zahlen würden, wenn wir sie nur kennten. Auf alle Fälle bedeutet die naturalistische Enthaltsamkeit eine unnötige Verarmung des menschlichen Daseins.

Freilich führt Staunen zu keinem anwendbaren technischen und ökonomischen Wissen. Es wird nicht um eines Nutzens willen erstrebt, sondern imponiert sich selbst. Bereits Aristoteles hielt es für lächerlich, überall einen Nutzen zu suchen, der von der Sache selbst verschieden wäre, und zu fragen: 'Was nützt uns das?' und 'Wozu können wir dies gebrauchen' Es sei kein Unglück, wenn sich die Erkenntnis weder als brauchbar noch als nützlich erweise. Das Staunen zeichnet sich gerade dadurch aus, zu nichts nutze zu sein. Denn obgleich es weder technisch noch ökonomisch verwertbar ist, kommt seiner Erschließungskraft existenzielle Bedeutsamkeit zu.

Grundsätzlich soll das Staunen etwas sehen lassen, das sonst nicht gesehen wird. Es soll mehr zeigen, als Alltag und Wissenschaft uns sehen lassen. Dazu müssen lediglich die Augen weit geöffnet bleiben. Das Spiel der Naturerscheinungen, die Veränderlichkeit und Variabilität ihrer Formen besitzen seit jeher eine hohe Anziehungskraft. Wenn wir uns bei wechselndem Wetter zu unterschiedlichen Jahreszeiten in die Anschauung einer Landschaft, eines Baums oder Felsen vertiefen, wenn wir in den Dünen dem Rauschen der Meeresbrandung lauschen, das Ziehen der Wolken über uns und das Wehen der Grashalme neben uns beobachten, wenn wir im Herbst den Wind die bunten Blätter von den Bäumen wehen sehen, dann werden uns diese eindrucksvollen Naturvorgänge tief ergreifen. Mit einem Male strahlt deren unauffällige Vertrautheit eine ungeheure Faszination aus.

Natürlich hängen solche Anschauungen von der Art und Weise ab, in der wir sie vollziehen. Allerdings ist die Frage, ob etwas als schön oder hässlich, erstaunlich oder belanglos wahrgenommen wird, nicht allein Sache subjektiven Empfindens. Manche Gegenden wie Vorstädte mit Einkaufsmärkten an Autobahnen laden weniger zum Verweilen ein als etwa eine Sommerlandschaft zur blauen Stunde. Berge, Täler und Seen können Wanderer leicht affektiv bewegen und mächtige Eindrücke hinterlassen. Doch droht hier nicht das Staunen ins subjektiv Vage abzugleiten? Nachdem die Naturdinge unserer näheren Umgebung eingehend erforscht sind, drängt sich sowieso die bange Frage auf, was denn hieran überhaupt noch erstaunlich sein soll. Freilich sind die subjektiven Zustände der Bewunderung und Verwunderung unleugbar, nur haben sie auch eine Grundlage in der Wirklichkeit? Sind sie den Dingen angemessen?

Ein nachdenklicher Blick bei heiterer Nacht zum sternenklaren Himmelsgewölbe vermag nicht bloß in stille Ehrfurcht zu versetzen, sondern stößt sogar bis zum äußersten Punkt der Wirklichkeit vor: der Unverborgenheit ihrer nackten Existenz, und das heißt zur Tatsache, dass sie überhaupt da ist. Hier könnte das subjektive Staunen sein objektives Fundament finden, vorausgesetzt, die Existenz der Dinge wäre in letzter Beziehung tatsächlich rätselhaft und unfassbar. Freilich beschreiben und erklären die Naturwissenschaften das Weltall überaus erfolgreich. Doch liegt im Universum allem Anschein nach eine Unverständlichkeit, die sich durch naturwissenschaftliche Theorien nicht beheben lässt. Das nackte Dass des Seienden im Ganzen scheint als stillschweigende Voraussetzung der Naturforschung sich jedem wissenschaftlichen Zugriff zu entziehen. Dies führt nahezu zwangsläufig zur Staunen erweckenden Existenzgrundfrage: Warum ist überhaupt etwas und nicht vielmehr nichts?

Wie dargelegt, ist diese Frage bis heute bei Theologen äußerst beliebt, weil sie ihnen die Erlaubnis zu geben scheint, das unendliche Universum als Offenbarung der unendlichen Weisheit und Macht Gottes auslegen zu dürfen. Darum spielen Gläubige gerne diesen Trumpf gegen Naturalisten aus. Unter Umständen gerät hierdurch tatsächlich die Skepsis gegen religiöse Deutungen ins Wanken. Genau aus diesem Grund spielen Naturalisten die Existenzgrundfrage ja gerne herunter, die sie entweder physikalisch umdeuten oder wie das Staunen mit Bausch und Bogen verwerfen.

III. Rätselhafte Existenz

Warum ist überhaupt etwas und nicht vielmehr nichts?

Doppeldeutige Grundfrage

„Warum ist überhaupt Seiendes und nicht vielmehr Nichts?", fragt Martin Heidegger in seiner berühmten Freiburger Antrittsvorlesung.[1] Erst bei näherem Hinsehen wird deutlich, dass sich Heideggers Warumfrage nicht auf das Existenzrätsel bezieht. Dem Philosophen geht es nicht um das „Wunder aller Wunder", dass Seiendes ist. Genausowenig fragt er nach dem Ursprung alles Seienden. Stattdessen denkt Heidegger über die Frage nach: Warum richten wir unser Augenmerk stets auf Alltagsdinge, nicht aber auf die Voraussetzungen, unter denen sich diese uns als solche zeigen? Woher kommt der Vorrang des Seienden vor dem, wodurch es sich uns als Seiendes enthüllt?

Als offene Stelle der Natur sind wir Menschen zur Wirklichkeit hin geöffnet. Doch gewöhnlich verlieren wir uns an die nächsten Dinge, ohne nach den Bedingungen ihrer Offenbarkeit zu fragen. Wie in *Inventur der Tatsachen* ausgeführt, ist es nach Heidegger die Unverborgenheit, die uns das Wirkliche sehen lässt. Dabei setzt er Unverborgenheit, das Offene, mit dem Sein gleich. Das Sein lässt das Seiende als solches aufgehen. Es bringt die Blumen, die Bäume, die Häuser zum Vorschein und bezeichnet so jenen unauffälligen Verständnishorizont oder Bedeutungshintergrund, der uns das alltägliche Seiende *als* solches präsent hält.

Das „Nichts" in der von Heidegger aufgeworfenen Frage „Warum ist überhaupt Seiendes und nicht vielmehr Nichts?" bringt gleichsam ein spezielles Kolorit des Seins oder der Unverborgenheit zum Ausdruck. Zum besseren Verständnis hatten wir in *Inventur der Tatsachen* die Unverborgenheit mit einem Licht verglichen, das die Dinge als solche sichtbar macht. Im Lichte des Alltags bleibt das meiste um uns herum größtenteils unauffällig, selbstverständlich, vertraut und fraglos. Die Unverborgenheit, in der die Dinge aufscheinen, hat in der gewohnten Lebenswelt gleichsam eine warme, gelbe Färbung. Dies kann sich allerdings schlagartig ändern. Der warme Glanz des Lichts kann plötzlich umschlagen und eine kalte, blaue Tönung bekommen. Dann wird aus dem Sein das Nichts, das lediglich eine spezielle Art der Unverborgenheit ausdrückt. Bei diesem Farbwechsel lässt der Verständnishorizont, in dem die alltäglichen Dinge

---

[1] Heidegger, Wegmarken GA 9, S. 122.

bisher wahrgenommen wurden, diese nunmehr auf ganz andere Weise offenbar werden. Genauer entspricht dem Wandel vom Sein zum Nichts eine Verwandlung der alltäglichen Lebenswelt zur Staunen erweckenden Fremde. Der Unterschied zwischen Sein und Nichts liegt mithin in der verschiedenen Art und Weise, wie die Dinge uns begegnen. Das Nichts steht, wie im Kapitel *In der Fremde* entfaltet, für die unheimliche Fremdheit der Welt. In der Fremde werden alle Dinge auffällig, seltsam, erstaunlich, fragwürdig. Dort verlieren sie ihre Gebrauchsbedeutung und stehen als erstaunliche Merkwürdigkeiten dem Betrachter so gegenüber wie Valèrys kurioses Fundstück am Meer dem Sokrates. Mit anderen Worte, das Nichts ist der Deutungsrahmen, innerhalb dessen dem Einzelnen alles Wirkliche als befremdlich und erstaunlich erscheint. Im Gegensatz zur warmen, gelben Unverborgenheit des Seienden taucht ihr blaues Leuchten die Dinge in ein grelles, kaltes Licht. Hierdurch werden die gewohnten Dinge regelrecht verzerrt oder entstellt. Ihre alltägliche Gestalt verformt sich gleichsam in ein Suchbild. Man erkennt ihr vertrautes Antlitz nicht mehr wie bei Vexierbildern, die Figuren enthalten, welche sich erst nach mehrmaligem Hinschauen zu erkennen geben, so fremd und unbekannt sind sie dem Betrachter geworden. Poetisch ausgedrückt bringt das Windspiel des Nichts die Worte so sehr ins Flattern, dass ihre Buchstaben wie die bunte Blätterpracht in den Herbststürmen von den rauschenden Bäumen fallen, bis nur noch eine kahles namenloses Astwerk übrigbleibt: die befremdliche Anonymität des Wirklichen.

Nach Heidegger begegnen wir dem Nichts, das die Existenz der Dinge in ihrer ebenso unheimlichen wie erstaunlichen Seltsamkeit hervortreten lässt, in den Grundstimmungen der Angst und Langeweile. Pathetisch schreibt der Philosoph: „Die tiefe Langeweile, in den Abgründen des Daseins wie ein schweigender Nebel hin- und herziehend, rückt alle Dinge, Menschen und einen selbst mit ihnen in eine merkwürdige Gleichgültigkeit zusammen." Noch drastischer beschreibt Heidegger die Wirkung der Angst. Dabei unterscheidet er zwischen Angst vor der Freiheit und Weltangst. Hier interessiert allein die Weltangst: „In der Angst sagen wir ist es einem unheimlich. ... Wir können nicht sagen, wovor einem unheimlich ist. Im Ganzen ist einem so. Alle Dinge und wir selbst versinken in eine Gleichgültigkeit ... Die Angst offenbart das Nichts."[2] Das heißt: Die Angst offenbart die Unverborgenheit als jene Fremde, in der die Dinge als ebenso irritierend wie frappierend aufgehen. Man ist mit einem Male in einer unverständlichen Welt erwacht.

Selbstredend ist Heideggers Nichts nicht etwa nichts, sondern vielmehr etwas. Aber es ist kein Gegenstand, Objekt oder Seiendes. Es ist auch weder Raum noch Zeit oder Energie. In der Alltagssprache wird das Indefinitivprono-

---

[2] A.a.O., S. 110-112.

men „nichts" entweder als Stellvertreter eines Nomens („Das geht mich nichts an") oder als Artikel meist vor einem nominalistischen Adjektiv („Das ist nichts Besonderes") verwendet. Schon Aristoteles hob die Vieldeutigkeit des Indefinitivpronomens hervor, das im Deutschen „nicht etwas" abkürzt. Das *s* in nichts ist der letzte Buchstabe von etwa*s*, also ein Überbleibsel. Rudolf Carnap und die Vertreter des Wiener Kreises werfen Heidegger vor, die kleine logische Negationspartikel „nicht/nichts" zu einem sinnlosen Substantiv oder unsinnigen Gegenstandsnamen aufgebläht zu haben.[3] Doch Heideggers Nichts ist das alles nicht. Es ist ein Verständnishorizont, innerhalb dessen sich die Wirklichkeit als erstaunlich befremdlich und rätselhaft zeigt, um auf diese Weise überhaupt auf sich aufmerksam zu machen: Das Nichts ist die Ermöglichung der Offenbarkeit des Seienden als eines solchen für das menschliche Dasein.[4] Mithin ist es weder unverständlich noch leer.

Obwohl Heidegger weniger am Seienden als am Sein, also nicht so sehr am Rätsel der Existenz als vielmehr an der Unverborgenheit, dem Offenen oder Nichts interessiert ist, erarbeitet er hierdurch dennoch die Voraussetzungen zur Erfahrung der nackten Existenz alles Wirklichen. Denn selbst wenn Heideggers Warumfrage nicht Ausschau nach dem Ursprung der räumlich-zeitlichen Wirklichkeit hält, spannt seine Warumfrage doch einen unheimlichen Hintergrund auf, vor dem alle vertrauten Lebensbezüge so zerreißen, dass die Dinge den Betrachter in Verblüffung versetzen und dabei ganz verschiedenartige letzte Fragen aufwerfen. Das Nichts stößt den Einzelnen gleichsam auf das beachtliche Da- und Sosein der Dinge. Es ruft Verwunderung über die Wirklichkeit als solche hervor, die wissenschaftliche, philosophische, künstlerische und religiöse Fragen auszulösen vermag: „warum so und nicht anders? Warum überhaupt etwas und nicht nichts?"[5] Hier meint „nichts" nun tatsächlich „nichts": die Aufhebung des Seienden im Ganzen. Offensichtlich gehört zu den durch das Nichts geweckten Fragen auch die Existenzgrundfrage. Somit gebraucht Heidegger die letzte Warumfrage – wenn auch nicht zweideutig – so doch in zweifacher Bedeutung, deren Zusammenhang sich folgendermaßen beschreiben lässt: Erst das „Nichts" in „Warum ist überhaupt Seiendes und nicht vielmehr *Nichts*" ermöglicht die geläufige Existenzgrundfrage: „Warum ist überhaupt etwas und nicht vielmehr *nichts*?"

Warumfrage im Wandel
Die Wirklichkeit muss als fragwürdig in der Unverborgenheit aufgegangen sein, damit nach ihrem Aufbau und Ursprung überhaupt gefragt werden kann. Hei-

---
[3] Vgl. Carnap, Überwindung der Metaphysik; Ayer, Sprache, Wahrheit und Logik, S. 53-55..
[4] Vgl. Heidegger, Wegmarken GA 9, S. 113f.
[5] A.a.O., S. 169.

deggers Nichts steht für diese Fragwürdigkeit alles Wirklichen. Das Nichts streift von den Dingen ihre Selbstverständlichkeit, Unauffälligkeit und Vertrautheit wie ein Gewand ab und schafft erst hierdurch Distanz zur Wirklichkeit, die zum Staunen und Fragen erforderlich ist: Warum ist überhaupt etwas und nicht vielmehr nichts? Es gehört zur menschlichen Eigenart, alles hinterfragen zu können. Mit Recht betont Heidegger, dass die Existenzgrundfrage am weitesten greift. Ihr Bereich umfasst alles. Jedoch fragt sie nicht bloß, warum etwas existiert, was wissenschaftlich oder auf andere Weise erklärbar ist, sondern vielmehr, warum etwas *überhaupt* existiert. Hierbei umreißt die letzte Warumfrage ziemlich eindeutig, wonach sie fragt. Sie hat eine Richtung und ist auf einen Bereich möglicher Antworten bezogen, der weder völlig unbestimmt noch gänzlich unbegrenzt ist. In der letzten Warumfrage scheint bereits ein Spielraum möglicher Antworten vorgezeichnet zu sein. Darum nennt Heidegger sie auch die tiefste Frage, die nach einem letzten Grund von allem Ausschau hält.[6]

Nun wäre es ein Irrtum zu glauben, die letzte Warumfrage durchziehe die gesamte Kulturgeschichte. Ihr Auftreten ist an geistesgeschichtliche Voraussetzungen gebunden. Den antiken Griechen war die Frage fremd, weil, wie dargelegt, die rätselhafte Existenz zum einen durch die Wesensfrage verdeckt blieb und zum anderen das Ganze als selbstgenügsamer Kosmos vorgestellt wurde, von dessen Göttlichkeit die meisten griechischen Philosophen überzeugt waren. Das nackte Dass scheint nicht vernehmbar, gleichsam „verschollen" gewesen zu sein, kommt doch das Wort „verschollen" von „verschallen". Hiermit wird bezeichnet, was ohne Hinweis auf seinen Verbleib verschwunden, unauffindbar ist. Darum bewunderte man die Dinge lediglich als wunderbar, ohne sich über deren Existenz zu verwundern.

Im christlichen Mittelalter wie auch größtenteils in der Neuzeit blieb die letzte Warumfrage gleichfalls aus, weil die Welt von vornherein als Gottes Schöpfung angesehen wurde. Die Existenzgrundlage erübrigte die Existenzgrundfrage! Damals kam die Antwort der Frage gewissermaßen zuvor. So fragt beispielsweise der Kirchenvater Augustinus niemals nach dem letzten Grund der Welt, sondern lediglich: „Warum hat Gott Himmel und Erde geschaffen?", um selbst noch diese Frage, die bereits davon ausgeht, dass die Welt Gottes Willen entspringt, abzuweisen. Zwar schreibt Augustinus an einer Stelle, Gott habe die Welt erschaffen, weil es gut war. Doch an zwei anderen Stellen antwortet er schroff auf die Frage, warum Gott die Welt erschuf, weil der Schöpfer es eben wollte, und dass es unerlaubt sei, den Allmächtigen nach seinen Grün-

---

[6] Vgl. Heidegger, Einführung in die Metaphysik GA 40, S. 3ff.

den zur Erschaffung der Welt zu fragen, da er uns keinerlei Rechenschaft schulde.[7]

Auch in der neuzeitlichen Vernunftphilosophie Fichtes, Hegels und anderer Philosophen des 19. Jahrhunderts, in der die Vernunft gleichsam die Funktion Gottes übernahm, bleibt die letzte Warumfrage vorderhand aus, weil sich die Vernunft selbst zutraute, die Existenz der Dinge zu setzen. Wie in *Merkwürdige Fundstücke* dargelegt, rang erst der späte Schelling der Vernunft das Eingeständnis ab, mit der Welterschaffung überfordert zu sein. Prompt führte diese Erfahrung der Ohnmacht bei ihm zur letzten Warumfrage. Denn wenn die Vernunft mit der Setzung der Existenz aller Dinge überfordert ist, woher kommt dann das All des Überhaupt-Seienden?

Nun wirft zwar schon Leibniz im 17. Jahrhundert mehrfach die letzte Warumfrage auf. In unterschiedlichen Schriften erkundet der Mathematiker und Philosoph, „warum überhaupt eine Welt und warum eine solche besteht" oder „warum es eher etwas als nichts gibt" oder „warum etwas existiert und nicht lieber nicht existiert und warum es lieber auf diese als auf jede andere Weise existiert."[8] Doch obgleich Leibniz die letzte Warumfrage stellt, ist sie bei ihm weniger Ausdruck einer Verwunderung über die rätselhafte Existenz der Welt als vielmehr unvermeidliche Konsequenz seines Satzes vom zureichenden Grund. Dem zufolge hat alles eine Ursache, also auch die Wirklichkeit. Leibniz formuliert das „Prinzip des zureichenden Grunds, kraft dessen wir annehmen, dass sich keine Tatsache als wahr oder existierend, keine Aussage als richtig erweisen kann, ohne dass es einen zureichenden Grund dafür gäbe."[9] Diesen Grundsatz wandte der Philosoph zunächst auf die Dinge in der Welt, dann aber ebenso auf die Welt selbst an, wodurch er zwangsläufig zu Gott als erster Ursache aller Dinge geführt wurde.

Die letzte Warumfrage im Sinne bloßer Verwunderung über die rätselhafte Existenz der Welt beruht auf einer Erfahrung, die ebenso nachgriechisch wie nachchristlich ist. Geschichtlich betrachtet kam sie erst auf, als die großen Antworten der Religionen fragwürdig wurden und sich eine immer größere Skepsis gegenüber dem Schöpfungsglauben verbreitete. Jetzt erst konnte verwundert gefragt werden: Warum ist die Welt überhaupt, könnte sie denn nicht auch vielmehr nicht sein? Keineswegs gehen solche Fragen den Antworten immer voraus. Manchmal treten sie in der Kulturgeschichte erst hervor, nachdem die

---

[7] Augustinus, Dreiundachtzig verschiedene Fragen, S. 28f; vgl. Blumenberg, Die Verführbarkeit der Philosophen, S. 114f.
[8] Leibniz, Theodizee, S. 124f; ders., Vernunftprinzipien/Monadologie, S. 41; ders., Hauptschriften zur Grundlegung der Philosophie Bd. 2, S. 428; ders., Fünf Schriften zur Logik und Metaphysik, S. 39.
[9] Leibniz, Vernunftprinzipien/Monadologie, S. 41.

ihnen gemäßen Antworten brüchig werden. So enthüllt sich auch die letzte Warumfrage erst, nachdem die großen Antworten hierauf in eine Krise gerieten. Zurück blieben dann Leerstellen der monotheistischen Schöpfungslehre, welche die Existenzgrundfrage durch ihre allumfassenden Antworten lange Zeit unter Verschluss hielt.

Heute wird die letzte Warumfrage bevorzugt von Theologen gestellt. Die Katechismen der beiden christlichen Kirchen stellen sie mit großer Vehemenz. Zusätzlich sei hier stellvertretend auf den katholischen Theologen Hans Küng verwiesen, der schreibt: „Das rätselhafte Faktum, dass ich da bin, Dinge, Menschen da sind, die Welt da ist, dass überhaupt etwas ist – das ist das Grundrätsel der Wirklichkeit", welches die Frage weckt, „warum es etwas gibt und nicht vielmehr nichts."[10] Ähnlich lenkt der evangelische Theologe Eberhard Jüngel den Blick auf die Frage, „warum ist überhaupt Seiendes und nicht vielmehr nichts?"[11] Allerdings gibt es auch eine große Zahl religiös ausgerichteter Philosophen, welche auf die letzte Warumfrage eingehen. Sie reicht von Paul Natorp über Max Scheler bis zu Richard Swinburne, um nur einige Namen zu nennen. Nach diesen allen erklärt sich die Faktizität der Welt nicht aus sich selbst. Die Antwort auf die Warumfrage wird von ihnen stets in Gott als Schöpfer alles Seienden gefunden.[12]

Lebens- und Welträtsel

Ein Ausgangspunkt für letzte Fragen ist das eigene Dasein. Um des Ungeheuerlichen der eigenen Existenz gewahr werden zu können, darf man sich nicht aus dem Wege gehen, sondern muss man wach für sich selbst bleiben. Man muss zu einer Selbstverständigung über die bloße Faktizität seines Lebens bereit sein. Erst wer sich selbst fremd wird, kann sich rätselhaft werden und erkennen, dass man auch als bewusstes Selbstverhältnis ein Seiendes unter Seiendem ist, dem sich fast unweigerlich die Frage nach Standort, Bedeutung und einem letzten Grund der eigenen Existenz aufdrängt.

Der berühmte Künstler Giacometti schreibt: „Wo ich bin, ich weiß es nicht, ich werde es nie wissen."[13] Ausführlicher die Existenzialistin Simone de Beauvoir: „Wenn ich am Nachmittag in meinem Studio einschlafe, befällt mich beim Erwachen zuweilen eine Art von kindlichem Staunen: Warum bin ich ich? Was mich überrascht, dass ich mich jetzt und hier im Zentrum dieses und nicht eines anderen Lebens befinde, durch welchen Zufall ist es dazu gekommen? ... Es ist so erstaunlich, man selbst zu sein, gerade man selbst, es ist so radikal einzigar-

---

[10] Küng, Thesen zur Gottesfrage, S. 38, 89.
[11] Jüngel, Eberhard, Gott als Geheimnis der Welt, S. 38.
[12] Vgl. Wetz, Lebenswelt und Weltall, S. 337.
[13] Giacometti, in: Peppiatt, S. 126.

tig."[14] Ähnlich Sören Kierkegaard: „Man steckt den Finger in die Erde, um zu riechen, in welchem Lande man sich befindet, ich stecke den Finger ins Dasein – es riecht nach nichts. Wo bin ich? Was will das besagen: die Welt? Was bedeutet dieses Wort? Wer hat mich in das Ganze hineingenarrt und lässt mich nun da stehen?"[15] Schließlich Blaise Pascal: „Wenn ich die kurze Dauer meines Lebens betrachte, das von der vorhergehenden und der darauffolgenden Ewigkeit aufgesogen wird ... und den kleinen Raum, den ich ausfülle und den ich noch dazu von der unendlichen Unermesslichkeit der Räume verschlungen sehe, die ich nicht kenne und die mich nicht kennen, so gerate ich in Schrecken und erstaune, mich eher hier als dort zu sehen, denn es gibt keinen Grund, warum es eher hier als dort ist, warum jetzt und nicht vielmehr früher? Wer hat mich dorthin gebracht."[16]

Wie leicht lässt sich der Blick von der Unfassbarkeit der eigenen Existenz auf die „Unbegreiflichkeit" alles Seienden lenken, wie Georg Simmel vermerkt: „Dass es eine Welt gibt, ist die schlechthin harte Tatsache, diejenige, in die unsere Vernunft nicht eindringen kann", schreibt er demütig.[17] Gleichfalls übt auf Ludwig Wittgenstein die Tatsache, dass überhaupt etwas ist, eine ungeheure Faszination aus. So schreibt er in einem Vortrag 1930: „Wie erstaunlich, dass überhaupt etwas existiert." Doch bereits 1916 notiert er in seinem Tagebuch, dass es ein „Wunder ist, dass es die Welt gibt. Dass es das gibt, was es gibt."[18] Dieses „Staunen über die Existenz der Welt" nennt Wittgenstein sogar sein stärkstes Erlebnis.[19] An anderer Stelle heißt es: „Nicht wie die Welt ist, ist das Mystische, sondern dass sie ist."[20] Hier wie dort geht es stets um das „Wunder aller Wunder, dass überhaupt etwas ist", das „Rätsel, dass überhaupt etwas ist", wie gleichfalls der späte Paul Natorp betont. „Das ist das erstaunliche Wunder ... : das schlichte Dass, das schlichte ´es ist`: das Faktum." Wo dieses „nackte Es ist" aufgeht, dort stellt sich auch schon die „Dassfrage, warum überhaupt etwas ist."[21] Hans Jonas spricht in solchem Zusammenhang vom „Mysterium der Mysterien", das uns zwangsläufig auf die letzte Frage stößt: „Warum Etwas ist anstatt Nichts."[22] Diese anstößige Frage zur Vergegenwärtigung der Faktizität alles Existierenden bringt das sogenannte Lebens- und Welträtsel zum Bewusstsein.

---

[14] Beauvoir, Alles in allem. S. 9, dies., Der Lauf der Dinge, S. 249.
[15] Kierkegaard, Die Wiederholung, S. 410.
[16] Pascal, Das Ich besteht in meinem Denken, Fr.2.
[17] Simmel, Hauptprobleme der Philosophie, S. 48,59
[18] Wittgenstein, Schriften 1, S. 176.
[19] Wittgenstein, Geheime Tagebücher 1914-1916, S. 82, 85.
[20] Wittgenstein, Tractatus, 6.44.
[21] Natorp, Philosophische Systematik, S. 227, 50, 52.
[22] Jonas, Organismus und Freiheit, S. 336

Wie die letzte Warumfrage setzt sich die Formel „Lebens- und Welträtsel" erst seit dem 19. Jahrhundert durch. Die Zahl der Philosophen ist Legion, die diese Formulierung wählt. Beispielhaft seien hier lediglich Wilhelm Dilthey, Ernst Haeckel, Heinrich Rickert, Edmund Husserl und Karl Raimund Popper genannt.[23] Jedoch bleibt die damit verbundene Warumfrage bis heute umstritten. Immerhin macht sie drei starke Annahmen: An erster Stelle steht die verwunderte Feststellung, dass überhaupt etwas existiert. Darauf folgt als Zweites die voreilige Vermutung, dass ebensogut auch nichts sein könnte. Schließlich geht daraus die maßlose Frage hervor, warum es dann überhaupt etwas statt nichts gibt.

Unter Verschluss
In der Moderne versucht man immer wieder, das Staunen über die Existenz der Dinge und die hierdurch angeregte Existenzgrundfrage hinter Schloss und Riegel zu bringen. Speziell in der sprachanalytischen Philosophie wird die Existenz alles Seienden, die das Staunen auslöst und die Warumfrage provoziert, drastisch heruntergespielt, ja hinter Buchstaben und Zahlen verdunkelt. Sprachanalytiker fragen nämlich ausschließlich, wie das Prädikat „existieren" sinnvoll gebraucht werden kann. Über eine Sache auszusagen, dass sie existiert, besagt: Es gibt eine Entität oder ein Seiendes, das so und so beschaffen ist. Dies wiederum bedeutet: Es gibt beispielsweise etwas, das unter den Begriff „Katze" fällt. Der Ausdruck „Existenz" erfüllt hier den Begriff „Katze". Genauer betrachtet wird dadurch die Existenz des Seienden ebenso verdeckt wie verharmlost. Denn sie gilt an dieser Stelle lediglich als ein Prädikat, das einem Begriff zukommt. Zwar bezieht sich der erfüllte Begriff „Katze" auf ein Seiendes – der Begriff „denotiert" oder „referiert" auf etwas, wie es sprachanalytisch heißt. Es gibt einen „starren Designator" oder ein „Referenzobjekt", womit das bezeichnete Tier selbst gemeint ist. Dessen Existenz wird hier aber lediglich als Eigenschaft eines Begriffs verstanden. Dadurch wird die Existenz wie in der Antike, in der das Was der Dinge deren Dass verstellte, auf merkwürdige Weise partiell verschüttet und so ihre dramatische Bedeutung gleichermaßen verflüchtigt wie verharmlost.

Dies ist erst recht der Fall, wenn der Existenz – wie vom Logiker Gottlob Frege – ein Zahlenwert zugeordnet wird. Frege kennzeichnet Existenz mit 1, Nicht-Existenz mit 0. Das heißt: Wird einem Begriff die Zahl 0 zugeordnet, so wird über etwas gesagt, dass es nicht existiert. Der Begriff „ein britischer König mit Namen Charles III." lässt sich hingegen die Zahl 1 zuzählen. Wenn aber Existenz lediglich als Zahlausdruck eines Begriffs verwendet wird, dann gerät

---

[23] Vgl. Wetz, Lebenswelt und Weltall, S. 196ff.

sie ebenfalls fast gänzlich aus dem Blick. Jedenfalls kann sie nun nicht mehr als etwas Befremdliches, Erstaunliches, Fragwürdiges aufgehen, weil sie hinter abstrakten Kennworten gleichsam verschwindet. Darum ist es jetzt ausgeschlossen, sie noch als etwas Spektakuläres zu begreifen. Im Gegenteil wird die in formale Kennzeichnungen übersetzte Existenz der Dinge in der sprachanalytischen Tradition, die mit den Namen Frege, Russell, Quine verbunden ist, als natürlich, selbstverständlich, normal eingestuft, wenn nicht als banal oder redundant herabgesetzt.[24] In Wahrheit jedoch ist sie dies alles genauso wenig, wie sie bloß Eigenschaft eines Begriffs ist.

Existenz ist überhaupt keine Eigenschaft. Sie ist nichts, was einer Sache anhaftet oder innewohnt wie Wesensbestimmungen. Denn Existenz kann einer Sache nicht als Eigenschaft zugesprochen werden, ohne schon vorauszusetzen, dass sie existiert. Es ist falsch zu sagen, dass Existenz einer Sache zukommt, weil sie dieser gewissermaßen zuvorkommt. Als Eigenschaft wäre die Existenz der jeweiligen Sache logisch nachgeordnet, tatsächlich ist sie ihr aber logisch vorgeordnet. Doch gerade weil Existenz allem, was irgendwie ist und verstanden werden kann, logisch vorausgeht, erscheint sie einesteils als selbstverständlich, normal und natürlich. Aus demselben Grund ist sie anderenteils zugleich rätselhaft, erstaunlich, fragwürdig, wie zu zeigen sein wird, so dass die letzte Warumfrage nahezu automatisch aufbricht.

Unter Verdacht
Nicht nur der Existenzbegriff, auch die letzte Warumfrage hat es schwer. In der Gegenwart werden ihr oftmals regelrecht Maulkörbe umgehängt. Nun ist eines ihre Ablehnung wegen Nutzlosigkeit, ein anderes unsere Gleichgültigkeit ihr gegenüber, wieder ein anderes deren Verwerfung wegen der Unerreichbarkeit allgemeinverbindlicher Antworten und noch einmal ein anderes ihre Beseitigung, weil sie angeblich unzeitgemäß sei. Alle Zurückweisungen stehen jedoch an Radikalität dem sprachanalytischen Verdacht nach, dass sie einfach unsinnig sei. Dieser Verdacht hat nichts von einem Tabu, sondern versteht sich vielmehr als Weigerung, Blödsinniges zu tun. Hier gilt die Staunen erregende Existenzgrundfrage als konfuse Scheinfrage, gleichsam als tiefsinniges Geschwafel, das auf einer Sprachverwirrung basiert. Etlichen Sprachanalytikern zufolge beruht die letzte Warumfrage auf grundlegenden Missverständnissen bezüglich der darin gebrauchten Begriffe, die schlicht unreflektiert verwendet würden.

Überhaupt sei dies der Grund für viele Pseudoprobleme. Die sprachkritische Aufgabe der Philosophie liege deshalb darin, solche aufzulösen. Philosophie ist eine therapeutische Disziplin, wie Ludwig Wittgenstein in seinem Frühwerk be-

---
[24] Vgl. Luckner/Ostrisch, Existenz, S. 32-47.

tont: „Die meisten Sätze und Fragen, welche über philosophische Dinge geschrieben worden sind, sind nicht falsch, sondern unsinnig. Wir können daher Fragen dieser Art überhaupt nicht beantworten, sondern nur ihre Unsinnigkeit feststellen. Die meisten Fragen und Sätze der Philosophen beruhen darauf, dass wir unsere Sprachlogik nicht verstehen. ... Und es ist nicht verwunderlich, dass die tiefsten Probleme eigentlich keine Probleme sind."[25] In die gleiche Richtung weisen Wittgensteins spätere Ausführungen, denen zufolge zahlreiche philosophische Probleme, letzte Fragen eingeschlossen, aufgrund eingewurzelter fehlerhafter Vorstellungen über die Wirkungsweise der Sprache zustande kommen. Es liege ihnen eine „Verhexung unseres Verstandes durch die Mittel unserer Sprache" zugrunde. Daher bedürften sie einer Sprachtherapie, die sie „wie eine Krankheit" angingen.[26] Demgemäß sollten letzte Warumfragen durch Sprachanalyse aufgelöst werden – nach der Devise Quines: „Explizieren heißt Eliminieren."[27]

Schon nach dem Lebensphilosophen Henri Berson ist die Frage, warum es überhaupt irgendetwas gibt und nicht vielmehr nichts, in „illusorischen Ausdrücken formuliert", die verschwinden, sobald man die Ausdrücke nur näher untersucht. Allein das „nichts" in der Warumfrage hält Bergson für absolut sinnlos, weil man sich darunter doch immer wieder etwas vorstelle; der Begriff „nichts" widerspreche sich selbst,[28] weil dieses darin doch als „etwas" gedacht werde. Es sei unmöglich, sich die Aufhebung von allem vorzustellen. Trotzdem bringt die Warumfrage aber das Staunen über die rätselhafte Weltexistenz erfolgreich zur Sprache. Wie ist das möglich?

Auffälligerweise bleibt Ludwig Wittgensteins Einstellung zu alledem widersprüchlich: Einerseits findet er selbst nichts erstaunlicher als das nackte Dass der Dinge. Andererseits betont er in dem erwähnten Vortrag 1930, „dass der sprachliche Ausdruck, den wir diesen Erlebnissen geben, Unsinn ist. Wenn ich sage: ´Ich staune, dass die Welt existiert`, dann ist das ein Missbrauch der Sprache."[29] So gleichfalls in einem Gespräch mit Moritz Schlick am 30.12.1929: „Das Erstaunen, dass etwas existiert, ... kann nicht in Form einer Frage ausgedrückt werden, und es gibt auch keine Antwort. Alles, was wir sagen mögen, kann apriori nur Unsinn sein."[30] Allerdings sagt Wittgenstein nicht wie Rudolf Carnap, dass bei diesem Staunen lediglich Lebensgefühle in große Fragen und Behauptungssätze eingekleidet werden, wodurch ein unsinniges Sprachgebilde

---

[25] Wittgenstein, Tractatus, 4.003.
[26] Wittgenstein, Philosophische Untersuchungen, S. 109, 225.
[27] Quine, Wort und Gegenstand, S. 448.
[28] Bergson, Denken und schöpferisches Werden, S. 115-117
[29] Wittgenstein, Geheime Tagebücher, S. 82.
[30] Wittgenstein, Schriften 3, S. 68f.

ohne jeden Erkenntniswert entsteht. Das heißt, Wittgenstein moniert nicht, dass hier subjektive Gemütseindrücke irrtümlich in eine objektive Darstellungsform gebracht werden. Während die verblüfften Existenzerlebnisse mit der dazugehörigen Warumfrage für Carnap bloße Stimmungen ohne kognitiven Gehalt ausdrücken, macht Wittgenstein lediglich darauf aufmerksam, dass alle Versuche, das Staunen über die Existenz der Welt zu artikulieren, gegen die Grenzen der Sprache anrennen und deshalb zu Nonsense führen. Dabei bleibt Wittgensteins Einschätzung des nackten Dass irgendwie vage und diffus. Dies wirkt äußerst irritierend, wenn man bedenkt, wie kompromisslos Wittgenstein den Standpunkt verficht, dass alles, was sich überhaupt sagen lässt, klar sagen lässt. Jedoch lässt er hier selbst an die Stelle glasklarer Deutlichkeit eine merkwürdige Verschwommenheit treten:

Denn *zum einen* empfindet Wittgenstein die Tatsache, dass überhaupt etwas existiert, als unbegreifliches Wunder, das weder durch wissenschaftliche Forschung noch logische Analyse aufgehoben werden kann. Damit thematisiert er das erstaunliche nackte Dass als intersubjektiv verständlichen, aussagbaren Sachverhalt. *Zum anderen* verwirft er jede sprachliche Fixierung dieses Erlebnisses wie etwa in der letzten Warumfrage als unsinnig, weil alle Versuche, die rätselhafte Existenz auszusprechen, nicht seinen Sinnkriterien genügen. Was aber nicht sinnvoll sagbar ist, das kann selbst auch nicht sinnvoll sein, also sind das starke Existenzerlebnis und die daraus gebildete Warumfrage sinnlos.

Nach seiner Frühphilosophie sind nur naturwissenschaftliche Existenzbehauptungen und nach seiner Spätphilosophie vorrangig alltagssprachliche Existenzäußerungen sinnvoll. In diesem Punkt bleibt Wittgenstein ein Gefangener seiner Festlegungen. Er verfängt sich gleichsam im eigenen sprachlichen Sinnrahmen, wo dem nackten Dass der kognitive Sinngehalt einesteils manifest aberkannt, andernteils latent zuerkannt wird. Denn entgegen seiner Auffassung und Absicht zeigen seine Ausführungen, dass sich das Wunder der Existenz klar und deutlich ausdrücken lässt. So insistiert er zwar darauf, dass das erstaunliche Dass der Welt und damit die Warumfrage über die Grenzen sinnvoller Mitteilungen hinausgehen, aber durch die Art, wie er selbst darüber spricht, beweist er, dass sich hierüber allgemein verständlich reden lässt. Seine Darlegungen widersprechen also inhaltlich seiner Einschätzung ihrer Wertigkeit. Offenbar sitzt Wittgenstein hier einem Selbstmissverständnis auf, das sich aus seinem engen Sinnrahmen ergibt, den er anscheinend auch dann nicht erweitern mochte, als seine eigenen Aussagen diesen sprengten und überschritten.

Wie es scheint, wollte sich aber Wittgenstein hiermit nicht abfinden. Wiederholt zog es ihn ins verminte Gelände, vor dem er eindringlich warnte. Dabei gab er zu bedenken, dass die erstaunliche Existenz zwar unsagbar ist, sich aber dennoch irgendwie zeigt, ja, dass wir bei unserem Bemühen, sie auszudrücken, einerseits gegen die Grenzen der Sprache anrennen, andererseits „dieses Anrennen auf etwas hindeutet"[31], das er jedoch weiter hartnäckig Unsinn nannte. So schreibt er nicht nur 1930: „Immer in dem Versuch, die Sprachgrenze zu finden, bis zu ihr zu reden und sie so zu zeigen, stolpere ich über sie in den Unsinn hinein."[32] Noch 1947 gibt er den ungewohnt emphatischen Ratschlag: „Scheue Dich ja nicht davor, Unsinn zu reden! Nur musst Du auf deinen Unsinn lauschen."[33] Es ist, als ob er geahnt hätte, dass in manch scheinbarem Unsinn doch ein sinnvoller Gedanke steckt – wie etwa im Staunen über das Wunder der Existenz der Sachverhalt ihrer unerklärlichen Faktizität, über die sich mehr sagen lässt, als sich Wittgenstein damals vorstellen konnte. Über die erstaunliche Existenz der Wirklichkeit zu reflektieren heißt nicht automatisch, die Grenzen des sinnvoll Sagbaren zu überschreiten und sinnlos ins unverständlich Leere hinein zu stammeln. Auch wenn sich das nackte Dasse dem naturwissenschaftlichen Zugriff entzieht, so bleibt es doch ein der philosophischen Beschreibung und Analyse zugänglicher Tatbestand.

Sinnlos oder gegenstandslos?
Nun sind das eine die fragwürdigen Sinnkriterien naturwissenschaftlicher und alltagssprachlicher Art, durch welche die letzte Warumfrage verhindert wird. Das andere sind rein logische Argumente, die ihre Sinnlosigkeit aufzeigen sollten. An dieser Stelle argumentiert Wittgenstein wie Bergson: „Es ist Unsinn zu sagen ´Ich staune, dass die Welt existiert`, weil ich mir nicht vorstellen kann, dass sie nicht existierte."[34] Obwohl beide recht haben, dass das absolute Nichts unvorstellbar ist, so bleibt das absolute Nichts aber denkbar. Zwar kann man das Nichts so wenig vorstellen wie das Unendliche oder Infinitesimale abzählen, doch kann die Aufhebung von allem genauso in Gedanken erfasst wie mit dem Unendlichen in Berechnungen operiert werden. Die absolute Negation alles Seienden ist also logisch möglich.

Als logisch möglich gilt, was sich widerspruchsfrei denken lässt. Der Gedanke an das kontradiktorische Gegenteil der Existenz, nämlich Nichtexistenz, enthält keinerlei Widerspruch. Allerdings folgt aus der bloßen Denkmöglichkeit des Nichtseins von dem, was existiert, nicht zwangsläufig, dass es tatsächlich auch nicht existieren könnte. Das vermeintlich tiefschürfende Denken würde sich an der letzten Warumfrage verheben, wenn es irrtümlicherweise von der abstrakten *Denkmöglichkeit* des Nichtseins auf die konkrete *Realmöglichkeit* schließen würde, nicht zu sein. Denn von der formalen Möglichkeit des Wirk-

---

[31] Ebda.
[32] Wittgenstein, Werkausgabe Bd. 3, S. 25.
[33] Wittgenstein, Werkausgabe Bd. 8, S. 530.
[34] A.a.O., S. 83.

lichen, nicht zu sein, darf nicht auf dessen reale Möglichkeit des Nichtseins geschlossen werden. Ob eine solche reale Möglichkeit wirklich besteht, kann nicht von vornherein als gesichert gelten. So muss also streng zwischen logischer und realer Möglichkeit unterschieden werden.

Darum ist auch die seit Leibniz bis Swinburne immer wieder artikulierte Idee höchst fragwürdig, dass nichts wahrscheinlicher, natürlicher und normaler sei als das Nichtsein.[35] Die Begründung hierfür lautet, dass „nichts" einfacher und weniger schwierig als „etwas" sei. Aber selbst wenn dem so wäre, was schwer nachzuweisen ist, so stünde deshalb noch lange nicht fest, dass „nichts" wahrscheinlicher als „etwas" ist. Die angenommene Wahrscheinlichkeit und Normalität steht demnach keineswegs fest, weil sie allein von der realen, aber nicht von der logischen Möglichkeit des Nichtseins der Welt abhängt.

Eines ist nun die unterstellte *Möglichkeit des Nichtseins* im zweiten Teil der letzten Frage: Warum ist überhaupt etwas und *nicht vielmehr nichts*? Mit Bezug hierauf ist es nicht gelungen, die letzte Warumfrage als Scheinproblem zu entlarven. Denn es ist durchaus möglich, das Nichtsein alles dessen, was ist, zu denken, ohne deshalb schon zu behaupten, dass es sich real auch so verhält.

Ein anderes ist die Frage nach einem *letzten Grund* alles Wirklichen im ersten Teil der allumfassenden Frage: *Warum ist überhaupt etwas* und nicht vielmehr nichts? Hier geht es nicht um die Frage, warum Steine schwer, Nächte dunkel und Sterne hell sind. Dies hängt von wissenschaftlich ermittelbaren Ursachen ab. Stattdessen geht es um die Frage, warum *überhaupt* alles so ist, wie es ist, warum *überhaupt* etwas existiert. Diese bereits größtenteils rehabilitierte Frage steht noch aus einem anderen Grund im Verdacht, sinnlos zu sein. Der Schüler von Max Planck, Moritz Schlick schreibt, dass „eine Frage, die prinzipiell unbeantwortbar ist, keine Bedeutung haben (kann), sie kann überhaupt keine Frage sein: Sie ist nichts als eine sinnlose Wortreihe mit einem Fragezeichen dahinter."[36] Unter der Überschrift „Sinnlose Fragestellungen" betont gleichfalls der Physiker und Mathematiker Philipp Frank, dass man sich bei der Frage „'Warum ist überhaupt Seiendes und nicht vielmehr Nichts` ... nicht einmal in den vagsten Umrissen vorstellen kann, was unter ihrer Lösung eigentlich gemeint sein soll."[37] Ähnlich wieder der frühe Wittgenstein: „Das Rätsel gibt es nicht. Wenn sich eine Frage überhaupt stellen lässt, so kann sie auch beantwortet werden."[38] Jedoch greift diese Einschätzung ebenfalls zu kurz. Selbst wenn es keinen letzten Existenzgrund der Wirklichkeit geben würde, was nicht von vornherein feststeht, wäre die Frage danach trotzdem sinnvoll. Man wäre

---

[35] Vgl. Leibniz, Hauptschriften Bd. 2, S. 428.
[36] Schlick, Philosophische Logik, S. 263.
[37] Frank, Kausalgesetz, S. 36.
[38] Wittgenstein, Tractatus 6.5.

lediglich von einer verkehrten Voraussetzung ausgegangen. In diesem Falle wäre die Frage keineswegs *sinnlos*, sondern lediglich *gegenstandslos*, weil es den Gegenstand nicht gibt, nach dem sie Ausschau hält: einen letzten Grund.

Alles in allem ist der Nachweis misslungen, die letzte Warumfrage der Unsinnigkeit zu überführen. Das Erstaunen darüber, dass überhaupt etwas existiert, ist weder irregeleitet noch verworren. Die Frage, warum es überhaupt etwas statt nichts gibt, beruht auf keinem diffusen Sprachgebrauch. Sie formuliert kein Scheinproblem. Alle Versuche, die Existenzgrundfrage als ungereimtes Gerede bloßzustellen, überzeugen nicht. Es gibt das Staunen erweckende Lebens- und Welträtsel. Die Existenzgrundfrage bleibt.

Die Frage bleibt
„Halte dich still, halte dich stumm,/Nur nicht forschen, warum? Warum?/Nur nicht bittere Fragen tauschen, Antwort ist doch nur wie Meeresrauschen/Wie's dich auch aufzuhorchen treibt/Das Dunkel, das Rätsel, die Frage bleibt," so Theodor Fontanes *Die Frage bleibt*: Ähnlich Heinrich Heines *Fragen*: „Am Meer, am wüstlichen, nächtlichen Meer/Steht ein Jüngling-Mann,/Die Brust voll Wehmut, das Haupt voll Zweifel,/Und mit düstern Lippen fragt er die Wogen:/O löst mir das Rätsel des Lebens,/das qualvoll uralte Rätsel,/Worüber schon manche Häupter gegrübelt/ .../Es murmeln die Wogen ihr ewges Gemurmel. /Es wehet der Wind, es fliehen die Wolken./Es blinken die Sterne, gleichgültig und kalt,/Und ein Narr wartet auf Antwort." Diese Szene weckt Assoziationen an Caspar David Friedrichs Gemälde *Der Mönch am Meer*, der an einem verlassenen Strand auf den weiten Ozean und den grenzenlosen Himmel gleichfalls fragend hinauszublicken scheint.

Mögen die großen Antworten unzugänglich sein, die großen Fragen bleiben unumgänglich, wie Immanuel Kant in der *Kritik der reinen Vernunft* hervorhebt: „Die menschliche Vernunft hat das besondere Schicksal in einer Gattung ihrer Erkenntnisse: dass sie durch Fragen belästigt wird, die sie nicht abweisen kann; denn sie sind ihr durch die Natur der Vernunft selbst aufgegeben, die sie aber auch nicht beantworten kann; denn sie übersteigen alles Vermögen der menschlichen Vernunft."[39] Offenbar gibt es letzte Fragen, die auf keine letztgültige Antworten hoffen können. Solche zu finden scheint uns Menschen versagt zu sein, weil sie die Kapazität unseres Hirns übersteigen. Anscheinend sind wir hierfür nicht talentiert genug, wie Ionesco klagt: „Niemals werde ich mich trösten, nie werde ich vergessen können, dass ich nicht hinter die Mauer sehen kann, die bis zum Himmel reicht."[40]

---

[39] Kant, Werke Bd. 4, S. 7.
[40] Ionesco, Der Einzelgänger, S. 57.

Trotzdem werden die bohrenden Kinderfragen, warum die Dinge so sind, wie sie sind, bis hin zur allumfassenden Frage, warum es überhaupt etwas statt nichts gibt, auch künftig nicht verstummen. Einmal gestellt, lassen sie sich nicht mehr rückgängig machen. „Nur dem gedankenlosen Tier scheint sich die Welt und das Dasein von selbst zu verstehen: dem Menschen ist sie ein Problem, dessen sogar der Roheste und Beschränkteste in einzelnen helleren Augenblicken lebhaft innewird." Darum wird sich selbst der Durchschnittsbürger gelegentlich fragen: „warum die Welt da sei und gerade diese Beschaffenheit habe", wie Schopenhauer findet.[41] Hiervon ist auch der nüchterne Skeptiker David Hume überzeugt, der ebenfalls fragt: „warum existiert diese bestimmte Reihenfolge von Ursachen von Ewigkeit her und nicht eine andere oder überhaupt keine?" Ungewohnt pathetisch stellt Hume fest: „Das Ganze ist ein Rätsel, ein Änigma, ein unerklärliches Geheimnis."[42] Wie es scheint, kommt die letzte Warumfrage selbst dann nicht zur Ruhe, wenn sie sich nicht ein für allemal beantworten lässt, keine zuverlässige Methode zu ihrer Beantwortung verfügbar ist und ihre möglichen Antworten den Bereich sicherer Beweisführungen übersteigen. Jedenfalls hält es Ionesco für völlig normal, dass Menschen sich solche Fragen stellen, und es mutet ihn seltsam an, wenn sie ihr ganzes Leben nicht einen Gedanken hieran verschwenden: „Ich dachte, es sei sonderbar, es anormal zu finden, wenn man unablässig mit der Frage lebt, was das Universum ist, welches meine Stellung darin ist, was ich hier zu tun habe, und ob hier überhaupt etwas zu tun ist. Mir scheint es vielmehr anormal, dass Leute nicht daran denken, dass sie in einer Gedankenlosigkeit dahinleben."[43]

Aber bedeutet, die Existenzgrundfrage offenzuhalten, sie tatsächlich auch offenlassen zu müssen? Freilich bildet das Faktum der Wirklichkeit nicht nur eine unübersteigbare Grenze der Naturwissenschaften. Es markiert auch eine Grenze der Vernunft, die sich unter dem Impuls letzter Fragen vom Feld einfacher Erfahrungen bis zu höchsten Ideen emporschwingt, welche mit Wucht gegen die Grenzen der Sprache anrennen. Jedoch gibt es nicht bloß ein unausrottbares Bedürfnis, plausible Antworten auf umfassende Fragen zu finden, so dass wohl auch künftig das Ganze des Seienden überdacht werden wird. Darüber hinaus steht ebenfalls fest, dass es sich mit allem – unabhängig vom menschlichen Fragen – in letzter Beziehung doch irgendwie verhalten muss. Fragwürdigkeit gibt es nur für ein Lebewesen, das radikaler Fragen mächtig ist, aber nicht Bescheid weiß. Die von uns unabhängige Wirklichkeit ist fraglos so, wie sie an sich ist, nicht letztfragwürdig, sondern antwortgesättigt. Da es sich also irgendwie mit dem Ganzen der Wirklichkeit verhält, dürfen wir Menschen uns weiterhin ge-

---
[41] Schopenhauer, Die Welt als Wille und Vorstellung Bd. 2., S. 221f.
[42] Hume, Die Naturgeschichte der Religion, S. 71.
[43] Ionesco, Der Einzelgänger, S. 88f.

legentlich durch den Kopf gehen lassen, was es mit der Existenz des unermesslichen Universums in letzter Beziehung auf sich haben könnte: Warum ist überhaupt etwas und nicht vielmehr nichts?

Diese Grundfrage wurde in *Feinde des Staunens* als einer der starken Trümpfe der Religion bezeichnet, weshalb Naturalisten die Warumfrage und das Staunen nicht sonderlich mögen. Beides scheint die Menschen in eine theistische Falle zu locken, legen das Staunen und die Warumfrage doch eine Antwort nahe, die hinter allem einen religiösen Grund entdecken zu dürfen glaubt. Allerdings hüte man sich vor dem Kurzschluss, dass aus der Plausibilität der Existenzgrundfrage bereits die Glaubwürdigkeit einer positiven religiösen Antwort folgt. Die radikale Nachfrage nach einem letzten Grund ist nach beiden Richtungen hin offen. Natürlich kann sie auch negativ beantwortet werden. Denn zweifellos könnte die Wirklichkeit einfach grund- und zwecklos da sein, wie sogar im Zweiten Teil des Buchs vermutet wird. Jedenfalls folgt aus dem Weltexistenzrätsel weder, dass es einen jenseitigen Schöpfergott gibt, noch, dass es einen solchen nicht gibt, selbst wenn sich ein solcher unserer Erkenntnis entzieht.

Geradezu unaufhaltsam steuert die offene Frage nach dem Urgrund des Ganzen, verbunden mit der noch ungeprüften Behauptung, dass letztendlich gar nichts existieren müsste, auf das Problem des Weltanfangs zu.

Anfang und Nichts

Aller Anfang ist schwer

„Jedem Anfang wohnt ein Zauber inne", schreibt nicht nur Hermann Hesse, sondern auch Hannah Arendt, die dem Wunder des Anfangs vorrangig bei der Geburt eines Menschen höchste Beachtung schenkt.[44] Jedoch gilt ebenso: „Aller Anfang ist schwer", wie der griechische Dichter Hesiod im 7. Jhd. v. Chr. vermerkt. Aber hat denn überhaupt alles einen Anfang? „Wehret den Anfängen!", mahnt der römische Dichter Ovid im 1. Jhd. v. Chr. Seit Jahrtausenden bewegt religiöse und philosophische Gelehrte die Frage, ob die Welt einen Anfang hat oder nicht. Herkömmlicherweise wird dieses Problem mit der Frage nach einer obersten Ursache der Welt verknüpft.

Mit bloßer Philosophie scheinen beide Fragen nicht entschieden werden zu können. Sowohl die Zeitlichkeit als auch die Ewigkeit der Welt sind nach dem islamischen Philosophen Algazali, 11. Jhd., dem christlichen Denker Thomas von Aquin, 13. Jhd., und dem Aufklärer Immanuel Kant weder beweisbar noch

---

[44] Vgl. Arendt, Vita Activa.

widerlegbar. „Anfang und Ende der Dinge werden dem Menschen immer ein Geheimnis bleiben," schreibt Blaise Pascal im 16. Jahrhundert.[45] Das Gleiche scheint für die zweite Frage zu gelten, ob die Welt einen Schöpfer hat. Mit Gewissheit lassen sich jedenfalls beide Fragen weder verneinen noch bejahen. In diesen Problemstellungen scheint sich die philosophische Reflexion im Kreis zu drehen. Stichhaltige Beweise für je eine der beiden Positionen gibt es offenbar nicht. Anscheinend markieren diese Fragen eine Grenzlinie unseres Denkens, der Vernunft, auch der Empirie. Ziemlich sicher ist lediglich, dass die Grundlagen einer möglichen Antwort am ehesten in naturwissenschaftlichen Sachverhalten aufgespürt werden können, die jedoch zuweilen schwer und bloß begrenzt zugänglich sind. Doch führt deren philosophische Durchdringung gleichfalls bis heute immer wieder zu entgegengesetzten Ergebnissen, Vermutungen und Behauptungen. Sind diese Fragen nur eine Sache des Meinens und Glaubens, bloße Ansichtssache, deren Beantwortung vom jeweiligen Ausgangspunkt abhängt, von dem der Einzelne zu solchen Fragen hingetrieben wird? Der geläufigen Rückführung letzter Antworten ausschließlich auf die private Selbstverständigung des Einzelnen über Leben und Welt sei hier nicht nachgegeben. Dem Zeitgeist zum Trotz halten wir sie rationaler Reflexion und Argumentation zugänglich.

Während Moses Maimonides, ein jüdischer Philosoph des Mittelalters, die zeitliche Erschaffung der Welt für wahrscheinlich hält, stuft sie Thomas von Aquin lediglich als vertretbar ein und erhebt sie so in den Rang eines Glaubensbekenntnisses. Dagegen halten Albertus Magnus und Bonaventura, zwei weitere Mittelalterphilosophen, die Idee der Schöpfung für eine beweisbare Vernunftwahrheit. Allerdings gibt es keine endgültigen Beweise für den einen oder anderen Standpunkt. Auch die heutige Astrophysik kann lediglich eine Ausgangssituation für den Weltverlauf hypothetisch rekonstruieren, aber nicht ausschließen, dass noch etwas anderes „davor" und „darüber" existiert, das mit naturwissenschaftlichen Methoden nicht erfasst werden kann.

Schöpfung aus dem Nichts
„Wenn jemand aus der unbezweifelbaren Tatsache, dass die Welt existiert, auf eine Ursache dieser Existenz schließen will, dann widerspricht diese Annahme unserer wissenschaftlichen Erkenntnis in keinem einzigen Punkt", schreibt der berühmte Physiker Werner Heisenberg.[46] Schärfer der Astrophysiker Stephen Hawking: „Der letzte verbleibende Bereich, den die Religion noch für sich beanspruchen kann, ist der Ursprung des Universums."[47] Es gibt eine Reihe wis-

---
[45] Pascal, Gedanken über die Religion und einige andere Themen, II, 72.
[46] Heisenberg, Naturwissenschaftliche und religiöse Wahrheit, S. 349.
[47] Hawking, Kurze Antworten auf große Fragen, S. 53.

senschaftlicher Tatsachen, die es erlauben, nach rückwärts auf einen Anfang unseres Weltalls zu schließen. Nach derzeitigem Stand der Forschung entstand es vor rund 13,8 Milliarden Jahren. Dieser früheste Zustand unseres Weltalls wird Urknall – „Big Bang" – genannt. Die Singularität, aus welcher der Urknall hervorging, lässt sich nicht mit wissenschaftlichen Methoden erfassen. Denn an der Urknall-Singularität waren alle uns bekannten Naturgesetze noch außer Kraft gesetzt. Die Energie, Dichte und Temperatur des Urknalls waren extrem hoch. Hieraus entwickelten sich Materie, Raum und Zeit. Schon nach der ersten Viertelstunde entstanden Wasserstoff und Helium. Die ersten Sterne bildeten sich nach ungefähr 400 Millionen Jahren. Im 7. Jhd. v. Chr. schrieb bereits Hesiod: „Als erstes entstand das Chaos."[48] Aber woraus?

Die Urexplosion mit Überlichtgeschwindigkeit, die sogenannte Inflation, bei der sich der Weltraum in extrem kurzer Zeit aufblähte, ist wohl das Unheimlichste und Gewaltigste. Stand an deren Anfang das Walten eines Gottes gemäß den Schöpfungsmythen der großen Weltreligionen? Bestätigt das Big-Bang-Modell die traditionelle Vorstellung der Erschaffung der Welt aus dem Nichts? Jedenfalls drückt Papst Pius XII. im Jahre 1951 die Hoffnung aus, dass sich aus der Urknalltheorie ein Gottesbeweis ergeben könnte. Hierzu passt, dass sich die 1927 erstmals formulierte Idee des Urknalls auf einen Geistlichen zurückgeht, den Astronomen Abbé Georges Lemaitre. Seiner Auffassung nach soll der unermessliche Kosmos aus einem einzigen Energiequantum hervorgegangen sein. Die Bezeichnung „Big Bang" erfand allerdings der Astronom Fred Hoyle erst im Jahre 1949.

Nach altorientalischer und biblischer Auffassung besteht die Welt aus einem übersichtlichen Himmelsgewölbe mit Fixsternen, oberhalb dessen sich der jenseitige Himmel befindet. Unter dem besternten Himmelsgewölbe sind unsere kreisrunde Erdscheibe platziert und darunter wiederum eine Unterwelt, die zur Hölle führt. Diese noch verhältnismäßig übersichtliche Welt soll erst vor rund 6000 Jahren entstanden sein. Die Berechnungen schwankten seinerzeit zwischen 6984 und 3483 v. Chr. Natürlich sind alle diese Annahmen falsch. Trotzdem scheint die Urknalltheorie mit den Schöpfungslehren der Juden, Christen und Muslime grundsätzlich vereinbar zu sein. Denn hier wie dort wird von einem absoluten Anfang der räumlich-zeitlichen Welt ausgegangen, überzeugt davon, dass man in der Reihe der Ursachen nicht endlos zurückgehen kann. Nach den monotheistischen Schöpfungsphilosophien ist das Ganze unserer Wirklichkeit das vergängliche Werk eines außerweltlichen Gottes. Dieser habe das Universum zur Stunde null – dem Tag, vor dem es kein gestern gab – aus dem Nichts heraufbefohlen. Seither trage und halte der Allmächtige die Welt

---

[48] Hesiod, Werke und Tage, Vers 116.

fürsorglich in seinen Händen. Auf diese Weise wird die Lehre von der Schöpfung aus dem Nichts – „creatio ex nihilo" – ergänzt durch die Idee der Erneuerung der Schöpfung in jedem Augenblick – „creatio continua". Hier tritt die Wirklichkeit als Schöpfung in die Unverborgenheit und somit das Sein des Seienden als Kreatürlichkeit hervor.

Solche Modelle unterscheiden strikt zwischen göttlichem Willen und göttlichem Verstand. Der göttliche Verstand legt den Aufbau und die Beschaffenheit der Welt fest, gleichsam deren „Was". Dagegen entscheidet Gottes freier Wille, ob die entworfene Welt auch verwirklicht wird, also über deren „Dass". Je nach Schöpfungsphilosophie wählt Gott zwischen verschiedenen Entwürfen aus, bevor er sein Vorhaben in die Tat umsetzt. Der göttliche Wille zeichnet für die Existenz der Welt verantwortlich. Auf ihn geht deren Überhauptsein zurück. Der göttliche Wille führt gleichsam das Weltall aus dem Nichts ins Sein, entreißt die Wirklichkeit dem Nichtsein, wie es bildhaft heißt, indem er die Dinge ins Dasein ruft und sie nach Maß, Zahl und Gewicht ordnet. Sein und Nichts stehen hier in einem Verhältnis gegenseitigen Ausschlusses. Sie bilden einen kontradiktorischen Widerspruch. Nur ein Gott kann den unüberbrückbaren Gegensatz, der zwischen Sein und Nichts klafft, überwinden. Diese geläufige Lehre von der Schöpfung aus dem Nichts – „creatio ex nihilo" – ist erst im Jahre 1215 vom katholischen *IV. Laterankonzil* in den Rang eines Dogmas erhoben worden. In beiden Schöpfungsberichten des *Alten Testaments* ist von einer Schöpfung aus dem Nichts nicht die Rede.[49] Zum allerersten Mal wird im alttestamentarischen *2. Buch der Makkabäer* von Schöpfung „aus dem Nichts" gesprochen.[50]

Die aus dem Nichts heraufbefohlene Welt existiert nicht notwendigerweise. Sie müsste nicht sein, weil Gott sie nicht erschaffen musste. Er hätte die Erschaffung der Welt unterlassen können. Darum darf gesagt werden, dass überhaupt nichts zu existieren brauchte. Die Welt könnte auch nicht sein. Alles hätte anders kommen können. Diese Eigenschaft der Wirklichkeit wird Kontingenz genannt. Zwar existiert die Welt *oder* nicht, aber vor ihrer Erschaffung war noch unentschieden, ob sie jemals existieren würde. Es bestand die offene Möglichkeit, zu sein *und* nicht zu sein. Die Entscheidung hierüber hing von Gottes freiem Willen ab, für den keine Notwendigkeit bestand, die Welt zu erschaffen.

Auf die Existenzgrundfrage, warum die Welt überhaupt existiert und nicht vielmehr nichts, obgleich keineswegs etwas existieren müsste, gibt die Schöpfungslehre eine schlüssige Antwort: Gott befahl die Welt ohne jeden Zwang aus dem Nichts herauf. Damit wäre das Existenzrätsel gelöst. Allerdings lässt sich die Existenzgrundfrage auf Gott selbst auch beziehen, der gewöhnlich als eine

---

[49] Altes Testament, Buch Genesis 1,2-2,4, 2,4-25.
[50] Altes Testament, Buch Makkabäer 7, 28.

Macht ohne Ursache dargestellt wird. Hiermit fand sich schon Immanuel Kant nicht ab, der in der *Kritik der reinen Vernunft* schreibt: „Man kann sich des Gedankens nicht erwehren, man kann ihn aber auch nicht ertragen, dass ein Wesen, welches wir uns auch als das Höchste unter allen möglichen vorstellen, gleichsam zu sich selbst sage: Ich bin von Ewigkeit zu Ewigkeit, außer mir ist nichts, ohne das, was bloß durch meinen Willen etwas ist, aber woher bin ich denn? Hier sinkt alles unter uns."[51] Vermag Gott ursachlos zu existieren, so könnte dies auch auf die uns bekannte Wirklichkeit zutreffen, wie Bertrand Russell vermerkt: „Wenn es irgendetwas ohne Ursache geben kann, dann kann das ebenso die Welt sein wie Gott."[52] Vielleicht darf noch ein Schritt weitergegangen werden: Könnte die Welt nicht auch ohne Gott eher zufällig aus dem Nichts hervorgegangen sein, so dass es weiterhin sinnvoll wäre zu sagen, dass sie überhaupt nicht zu existieren brauchte?

Viel Lärm ums Nichts
In Thomas Manns *Bekenntnissen des Hochstaplers Felix Krull* nennt Professor Kuckuck das Weltall tatsächlich das „sterbliche Kind des ewigen Nichts." Die Wirklichkeit sei eine Episode „zwischen Nichts und Nichts. Es habe das Sein nicht immer gegeben und werde es nicht immer geben. Es habe einen Anfang gehabt und werde ein Ende haben."[53] Heute ist die Zahl der Physiker groß, welche den Urknall aus einem gottlosen Nichts hervorgehen lassen. Zahlreiche Werke tragen bereits das Nichts im Titel, in dem zwar auf die religiöse Existenzgrundfrage angespielt, diese aber ohne jeden religiösen Bezug physikalisch beantwortet wird. Hierfür einige Beispiele: Alexander Vilenkin *Creation of Universes from Nothing*, Bede Rudle *Why there is something rather than Nothing*, Lawrene Krauss *A universe from Nothing. Why there is Something rather than Nothing*, Adolf Grünbaum *Why is there a Universe at all, rather than just nothing?*[54] Aber was heißt „Nichts" in der Physik?

In Philosophie und Religion bedeutet „Nichts" häufig mehr als das Fehlen von Jeglichem, wie schon in vorigen Kapiteln deutlich wurde. Das nihilistische „Nichts" etwa Nietzsches, Becketts und Ionescos meint die Sinnlosigkeit des Ganzen, die Nichtigkeit aller Werte, den Verlust jeden religiösen Glaubens. Philosophen wie Ernst Jünger verbanden mit dieser negativen Epochenerfahrung des „Nichts" die Erwartung, dass bald neue und bessere Zeiten anbrechen werden.

---

[51] Kant, Werke Bd. 3, S. 404.
[52] Russell, Autobiografie, S. 49f.
[53] Mann, Die Bekenntnisse des Hochstaplers Felix Krull, S. 359f.
[54] Vgl. hierzu mit ausführlicher Literaturliste insbesondere Eichhorst, Das falsche Nichts.

Das buddhistische „Nichts" dagegen, bekannt als Nirwana, bezeichnet einen Zustand vollkommener Ruhe, eine friedliche Seligkeit, das dauerhafte Erlöschen aller Begierden, Sehnsüchte und Wünsche. Das Nichts spielt in fernöstlichen Philosophien eine große Rolle. Doch auch hier bezeichnet es nicht ein absolutes, sondern lediglich ein relatives Nichts, das sich durch Abzug aller Prädikate der erfahrbaren Wirklichkeit begreiflich machen lässt und somit doch „etwas" meint.

Der Ontologe Martin Heidegger wiederum versteht unter dem „Nichts", wie ausgeführt, einen Verständnishorizont, in dem die Dinge ihre vertrauten Bedeutungen verloren haben und deshalb wie verwandelt als befremdlich und fragwürdig erscheinen. Rudolf Carnap sieht in Heideggers Substantivierung des „Nichts" bekanntlich einen groben logischen Fehler. Hierdurch würde das negative Indefinitivpronomen „nichts" zu einem Objekt verdinglicht, was selbstwidersprüchlich und damit unsinnig sei.[55] Wie bereits aufgezeigt, begeht weder Heidegger noch der Nihilismus oder Buddhismus diesen Fehler. Hier wie dort bezeichnet das Nichts kein dingliches Objekt, aber zugegebenermaßen „etwas", das jedoch keineswegs von vornherein unsinnig ist.

Im Gegensatz zu den drei Beispielen von Nihilismus, Buddhismus und Ontologie sind in der traditionellen Frage „Warum ist überhaupt etwas und nicht vielmehr nichts" oder in der religiösen Lehre von der „Schöpfung aus dem Nichts" die Begriffe „nichts" und „Nichts" gleichbedeutend mit der totalen Abwesenheit alles Wirklichen. Das Nichts bezeichnet den Wegfall von allem und bedeutet deshalb hier auch nichts anderes als nichts. Als Inbegriff schlechthinniger Verneinung alles Seienden ist es das Gegenteil von Existieren überhaupt, unter dem man sich zwar nichts vorstellen, das man aber, wie in *Warum ist überhaupt etwas und nicht vielmehr nichts?* ausgeführt, denken kann. Allerdings muss hierbei – und dies sei nachdrücklich wiederholt – streng zwischen logischer und realer Möglichkeit unterschieden werden.

Logisch möglich ist alles, was sich widerspruchsfrei denken lässt. Es ist möglich, die gesamte Wirklichkeit widerspruchsfrei zu negieren. Hiernach scheint das absolute Nichtsein der Dinge problemlos denkbar zu sein. Jedoch folgt aus der Möglichkeit, die Wirklichkeit wegdenken zu können, nicht schon die reale Möglichkeit des Nichtseins aller Dinge, wie bereits Immanuel Kant hervorhob: „Dass das Nichtsein eines Dinges sich selbst nicht widerspreche, ist eine lahme Berufung auf eine logische Bedingung, die zwar zum Begriffe notwendig, aber zur realen Möglichkeit bei weitem nicht hinreichend ist; wie ich denn eine jede existierende Substanz in Gedanken aufheben kann, ohne mich selbst zu wider-

---

[55] Vgl. Carnap, Überwindung der Metaphysik.

sprechen, daraus aber auf ... die Möglichkeit seines Nichtseins an sich selbst gar nicht schließen kann."[56]

Offenkundig gibt es die reale Möglichkeit zum Nichtsein der Welt in diesem Augenblick heute nicht mehr, da die Welt ja existiert. Wenn es diese Möglichkeit überhaupt jemals gab, dann muss sie außerhalb des Universums angesiedelt gewesen sein. Aber sollte Gott als Schöpfer des Weltalls entfallen, so gab es doch „vor" Entstehung des Universums schlicht gar nichts. Jedoch – so sei ernsthaft gefragt – ist es wirklich real möglich, dass vor Entstehung des Weltalls gar nichts existierte und das Weltall einfach so aus dem Nichts entstand? Moderne Astrophysiker scheinen zu dieser merkwürdigen Auffassung zu neigen. Allerdings stimmt ihr Nichts gar nicht mit dem religiösen Nichts überein, aus dem Gott die Schöpfung hervorholte, weil es wie das nihilistische, ontologische und buddhistische Nichts gar nicht „nichts", sondern vielmehr „etwas" ist?

Vom Zählen zum Erzählen

Wie viele seiner Kollegen vermerkt der berühmte Physiker Stephen Hawking ein ums andere Mal, dass „das ungeheuer riesige Universum voll Raum und Energie ganz einfach aus dem Nichts aufgetaucht" sei, ja im Grunde „nichts den Urknall verursacht" habe.[57]

Wenn heutige Physiker wie Hawking von „Nichts" sprechen, dann meinen sie damit selbstverständlich keineswegs das Nichts Heideggers, der Buddhisten oder Nihilisten. Aber wie Letztere verstehen die Physiker unter dem Nichts nicht einfach „nichts", sondern „etwas". In Anspielung auf die religiöse Idee der Schöpfung aus dem Nichts und als atheistische Alternative hierzu lassen besagte Astrophysiker den Urknall und das sich hieraus entwickelnde Universum aus einem gottlosen Nichts hervorgehen.

Da nun aber Raum und Zeit wahrscheinlich erst mit dem Urknall entstanden, erscheint es als unsinnig, hierüber zu spekulieren, woher das Universum kommt, weil wir gar nichts Sinnvolles dazu sagen können, was „vor" dem Urknall war. Allerdings lässt sich kein Anfang ohne ein Vorher vorstellen. Sprachlich liegt jeder Anfang in der Zeit. Von unserem Bewusstsein her sind wir gezwungen, vor jedes Davor noch ein weiteres Davor zu setzen. Dennoch gehen mathematische Gleichungen der heutigen Physik bis „vor" oder „hinter" den Urknall zurück, mit dem die Zeit überhaupt erst entstanden sein soll. Inzwischen gibt es eine ganze Reihe sogenannter „Pre-Big-Bang-Theories", die bis in Bereiche vorzustoßen scheinen, die „vor" Entstehung von Raum und Zeit liegen. Darum stellt sich allen Erkenntnisproblemen zum Trotz die Frage, ob die mut-

---

[56] Kant, Werke Bd. 3, S. 206.
[57] Hawking, Kurze Antworten auf große Fragen, S. 59, 56, 53, 60.

maßlichen Sachverhalte „vor", „hinter" und „außerhalb" von Raum und Zeit nicht doch in eine allgemeinverständliche Sprache übersetzt werden können. Da nun unsere Vorstellungen immer räumlich-zeitlich strukturiert sind, ist es praktisch ausgeschlossen, ein angemessenes Verständnis hierüber zu gewinnen. Aus der mesokosmischen Ausrichtung unseres Vorstellungs- und Sprachvermögens gibt es kein Entrinnen. Deshalb können, losgelöst von mathematischen Formeln, die Zustände und Ereignisse „vor" oder „hinter" dem Urknall gar nicht anders denn als räumlich und zeitlich dargestellt und begriffen werden. Mit anderen Worten lassen sich die fraglichen Sachverhalte außerhalb von Raum und Zeit nur innerhalb unserer räumlich-zeitlichen Sprache zugänglich machen.

Aber mag unser Verstand auch an dieser Grenze versagen, so weiß er sich doch zu helfen. Ratlosigkeit ist nicht seine Stärke. Worüber nicht und niemals angemessen gesprochen werden kann, weil uns die hierfür notwendige Begabung fehlt, hierüber muss keineswegs geschwiegen werden. Denn mit Hilfe von Bildern, Vergleichen und Paradoxien lässt sich ein wenig von dem verständlich machen, was im Grunde unsere Vorstellungskraft übersteigt. Wo diese also auf Grenzen stößt, dort leisten Metaphern das Unmögliche: ein halbwegs angemessenes Verständnis des eigentlich Unvorstellbaren. Bilder, Vergleiche und Paradoxien können indirekt einfangen, was sich direktem Zugang entzieht. Sie können „gezählte" Tatsachen in „erzählte" Sachverhalte verwandeln und so Wirklichkeiten präsent halten, die andernfalls von Menschen ohne höheres Mathematikverständnis unbemerkt und unerkannt bleiben müssten.

Metaphern übertragen Bedeutungen von Sachen auf Worte und Sätze, die üblicherweise dafür nicht gebraucht werden. Beispiele für metaphorische Formulierungen sind etwa „die Nadel im Heuhaufen suchen", „eine Mauer des Schweigens errichten", „den Nagel auf den Kopf treffen". Natürlich lassen sich die Bedeutungen dieser Redewendungen auch nicht bildhaft ausdrücken. Metaphern sind unverzichtbare Hilfsmittel der Rhetorik. Sie schmücken eine Rede mit glanzvollen Sprachbildern aus. Als poetisches Beiwerk gleichen sie schönen Ornamenten. Oftmals jedoch dienen anschauliche Wörter auch dazu, abstrakte Zusammenhänge für den Leser oder Zuhörer greifbarer zu machen. Indem Metaphern schwierige Aussagen gefällig präsentieren, erhöhen sie deren Plausibilität und Attraktivität. Nicht selten aber bringen sie bloß unpräzise zum Ausdruck, was sich genauer aussagen ließe. In solchen Fällen gilt ihre Ausmerzung als wünschenswert. Überhaupt halten etliche Philosophen nur solche Sachverhalte für zulässig, die sich klar und deutlich ausdrücken lassen. An die Stelle ungenauer Metaphern sollten präzise Begriffe treten.

Allerdings gibt es Bereiche der Wirklichkeit, denen wir uns mit der allgemeinen Sprache gar nicht anders nähern können als mit Hilfe paradoxer, metaphorischer, analoger Formulierungen. Das heißt zur Erfassung solcher Sachverhalte stehen uns keine anderen Ausdrücke als Metaphern zur Verfügung, weil jene sich der begrifflichen Sprache von Philosophie und Alltag entziehen. Sprachliche Bilder dieser Art nennt Hans Blumenberg „absolute Metaphern".[58] Solche können Sachverhalte halbwegs anschaulich machen, die außerhalb der Reichweite unseres Vorstellungsvermögens liegen. Zugleich stehen sie häufig für die Unzulänglichkeiten und Grenzen des Begrifflichen ein. Sie fungieren als Platzhalter für Erkenntnisse, die nicht mit der Alltagssprache ausgedrückt werden können. Freilich sind solche Versuche metaphorischer Veranschaulichung prekär, aber unabdingbar. Denn es gehört zur Eigenart absoluter Metaphern, dass sie Sachverhalte veranschaulichen, für die es keine andere Möglichkeit allgemeinverständlicher Darstellung gibt. Selbstverständlich sind auch sie – verschwommenen Bildern gleich – lediglich ein schlechter Ersatz für das, was man lieber deutlicher und klarer sagen möchte und womöglich mit mathematischen Mitteln auch deutlich und klar berechnen kann. Doch im Unterschied zu den unpräzisen Bildern, die sich durch genaue Begriffe überwinden ließen, stehen absolute Metaphern für etwas, das sich weder in allgemeinverständliche Begriffe überführen noch durch solche angemessen erfassen lässt.

Kosmologische Metaphern

Im quantenmechanischen Abschnitt von *Inventur der Tatsachen* werden bereits absolute Metaphern zur Veranschaulichung mathematischer Formalismen gebraucht. Dort wird etwa die Superposition mit dem kuriosen Verhalten zweier Münzen in einer Black-Box verglichen. Hier seien einige verblüffende Beispiele für absolute Metaphern aus der Astrophysik erläutert: Kosmologen schätzen den Durchmesser unseres Universums auf knapp 100 Milliarden Lichtjahre, wobei sich diese Zahl lediglich auf die Größe des beobachtbaren Universums bezieht. So gigantisch diese Ausdehnung ist, nach gegenwärtigem Forschungsstand ist das Universum dennoch räumlich begrenzt. Allerdings können wir nirgendwo auf eine Grenze stoßen. Obwohl das Universum endlich ausgedehnt und mithin geschlossen ist, hat es offenbar trotzdem keine Außengrenzen. Dies klingt absurd, unsinnig, weil es für uns unvorstellbar ist. Wir können uns keinen begrenzten Raum vorstellen, ohne ihn in einen noch größeren Raum zu lokalisieren. Aus dieser Verlegenheit hilft eine absolute Metapher Albert Einsteins heraus: Man stelle sich eine dreidimensionale Kugel vor, auf der Lebewesen existieren, die lediglich lang und breit sind. Ebenfalls sei das Gesichtsfeld dieser Flachlinge bloß zweidimensional. Zur dreidimensionalen Tiefenwahrnehmung sind sie nicht imstande. Da sie nur Länge und Breite kennen, stoßen sie auf der Kugeloberfläche nirgendwo an eine Grenze, obwohl diese begrenzt ist. Wir

---

[58] Blumenberg, Paradigmen zu einer Metaphorologie, S. 9

Menschen sind mit solchen Flachlingen vergleichbar. Auf diese Weise gelingt es, mit einer absoluten Metapher ein anschauliches Verständnis von einem endlich ausgedehnten Universum ohne Grenzen zu entwickeln.

Mit einem ähnlichen Bild lässt sich auch die Expansion des Universums veranschaulichen. Auch sie bleibt unvorstellbar, weil sich für unser Anschauungsvermögen jede Ausdehnung immer nur in einem Raum, aber nicht als Ausdehnung des Raumes selbst vollziehen kann. Ersetzen wir nun das Bild der Kugel durch einen Luftballon, der sich immer weiter aufbläht und somit ständig größer wird. Gleichfalls sei dieser von Flächenwesen mit nur zweidimensionaler Wahrnehmung besiedelt. Wie schon für die vorherigen Flachlinge wird auch für diese Flächenwesen der begrenzte Raum zwar immer größer, an eine Außengrenze geraten sie aber nicht.

Ein drittes Beispiel: Weshalb fallen Steine? Nach Aristoteles strebt ein Stein zur Erde hin, weil sein natürlicher Platz auf dem Boden ist. Newton zufolge wird der Stein von einer Anziehungskraft zur Erde hin bewegt: der Gravitation, die dort zustande kommt, wo sich Massen befinden. Nach Einsteins Allgemeiner Relativitätstheorie schließlich führt die besondere Geometrie der Welt zur Schwerkraft. Einstein packte den dreidimensionalen Raum und die Zeit zur vierdimensionalen Raum-Zeit zusammen und erklärte anschließend die Gravitation als Krümmung der Raum-Zeit. Nun haben wir für die Raum-Zeit-Krümmung wieder ebenso wenig ein Sensorium wie die Flachlinge für die Tiefe des dreidimensionalen Raums. Darum lassen sich diese unvorstellbaren Zusammenhänge abermals nur durch absolute Metaphern anschaulich machen. Im vorliegenden Fall verglich Einstein die Raum-Zeit mit einem riesigen Trampolin. Dessen stark federnde Fläche lässt sich durch Stahlkugeln nach unten biegen. Dann ergeben sich Dellen an den Stellen, wo die Kugeln liegen, und seitwärts davon schiefe Ebenen, die auf die Einbuchtungen zulaufen. So wird das Trampolin, das für die Raum-Zeit steht, durch massereiche Phänomene gekrümmt. Je größer die Masse, umso tiefer die Delle im Trampolin! Einstein erklärt die Gravitation als solche Veränderungen der Raum-Zeit. Sie gründet auf deren Krümmungen. Was in die Nähe massereicher Vertiefungen des Trampolins kommt, rollt gleichsam auf diese Einbeulungen zu. Es wird hiervon angezogen. So ist die Gravitation mit Materiedichte und Raum-Zeit aufs engste verbunden. Extrem massereich sind Schwarze Löcher. Sie drücken tiefe Bodensenken ins Trampolin. Was ihnen zu nahe kommt, wird davon regelrecht aufgesogen und verschwindet in den tiefen Einkerbungen des Trampolins auf Nimmerwiedersehen. Mit der absoluten Metapher des Trampolins gelingt es zumindest teilweise, die Verbindung der Gravitation mit der Raum-Zeit und deren Krümmungen in einer allgemeinverständlichen Sprache zu veranschaulichen.

Deutungen des Urknalls
Ähnliches leisten Metaphern im Umfeld des Urknalls, der ja ebenfalls ein Bild ist. Inzwischen begnügen sich die Wissenschaften nicht mehr mit dem Eingeständnis, nicht hinter den Urknall vordringen zu können. Auf mathematischem Wege versuchen sie, bis dahin unzugängliche Dunkelzonen zu erhellen. Zur allgemeinverständlichen Darstellung der Ergebnisse werden dann wieder Metaphern mobilisiert, die das scheinbar Unaussprechliche dennoch zur Sprache bringen sollen. Wie bei den drei vorherigen Beispielen dürfen so alle normalsprachlichen Beschreibungen des Urknalls selbst wie auch die mutmaßlichen Sachverhalte „vor" dem Urknall nur im übertragenen Sinne verstanden werden. Jedoch sollen solche Metaphern gleichfalls veranschaulichen, warum es sinnlos ist, nach dem „Vorher" des Urknalls zu fragen, auch wenn sich unserem Verstand eine solche Frage zwangsläufig aufdrängt.

Für den berühmten Physiker Stephen Hawking sind in dieser Frage drei Phasen charakteristisch: Wie einige Jahre üblich sah auch Hawking *zuerst* den Ursprung des Universums in einer rätselhaften Singularität ohne räumlich-zeitliche Ausdehnung, die außerhalb jeder uns bekannten Naturgesetzmäßigkeit blieb. Dieses Verständnis des Urknalls war mit schöpfungstheologischen Spekulationen vereinbar.

Allerdings fanden sich Hawking und Physiker wie James Hartle damit nicht ab. Sie suchten Wege, auf denen sie sich dem bis dahin als unberechenbar eingestuften Anfang des Universums doch mathematisch-wissenschaftlich nähern konnten, um so die Urknall-Singularität zu vermeiden. Das Ergebnis dieser *zweiten Etappe* war die Idee eines endlichen Universums ohne Rand und Grenze. Metaphorisch wurde nicht mehr nur allein der Raum, sondern die gesamte Raumzeit mit der Erdoberfläche verglichen, die für Flachlinge bekanntlich nirgendwo beginnt und endet, weil sie weder Rand noch Grenze hat. Die für unser Denken unvermeidliche Frage nach dem „Außerhalb" und „Davor" des Urknalls hatte nun nicht bloß deshalb ihren Sinn verloren, weil Raum und Zeit erst mit dem Urknall entstanden, sondern auch, weil für den Beginn des Universums eine der Rand- und Grenzenlosigkeit der Erdoberfläche vergleichbare Anfangslosigkeit charakteristisch war. Die unweigerliche Frage, was „vor" dem Urknall war, ist – mit einer absoluten Metapher gesprochen – nach Hawking genauso sinnlos wie die Frage, was südlich des Südpols liegt.[59] Das in sich abgeschlossene Universum erübrigt die Annahme eines göttlichen Schöpfers. In diesem Falle ist „es überflüssig, Gott anzurufen, um zu erfahren, wie das Universum begann. Das ist kein Beweis, dass es Gott nicht gibt. Es bedeutet nur, dass Gott nicht notwendig ist", so Hawking.[60]

---

[59] Vgl. Hawking, Eine kurze Geschichte der Zeit, S. 174ff.
[60] Hawking, Was war vor dem Urknall?, S. 265.

Jedoch war Hawking auch mit diesem Modell nicht gänzlich zufrieden. In einem *dritten Anlauf* wurde der Frage nachgegangen, wie und warum es zum Urknall kam. Nun errechneten Hawking und seine Kollegen doch Zustände und Ereignisse „vor" dem Urknall, auf die wir in den nächsten Abschnitten eingehen werden.

Hier sei lediglich hervorgehoben: Auch über die Geschehnisse „am" und „vor" dem Urknall werden regelmäßig allgemeinverständliche Aussagen für ein breites Publikum gemacht, die, um eben nicht dem Verdikt der Unsinnigkeit zu verfallen, nur in übertragenem Sinne verstanden werden dürfen.

In der Sprache der Philosophie dürfen solche Beschreibungen weder *univok* noch *äquivok*, sondern bestenfalls in metaphorischem Sinne *analog* aufgefasst werden. Univok heißt soviel wie eindeutig, beispielsweise die Vorstellung des Löwen als eines Raubtieres. Hier fallen Name und Bedeutung zusammen (nomen idem et ratio eadem). Äquivok steht dagegen für mehrdeutig: Der Name ist derselbe, die Sache aber verschieden (nomen idem, ratio diversa): Blumenstrauß im Unterschied zum Vogel Strauß. Das Wort analog schließlich wird mit „ähnlich" übersetzt. In diesem Falle verfügt ein und dasselbe Wort zwar über verschiedene Bedeutungen, die aber in einem bestimmten Zusammenhang oder Verhältnis zueinander stehen. Somit sind sie miteinander verwandt. Beispielsweise „Mein Schatz" im Sinne von Liebling und „Mein Schatz" im Sinne von Reichtum. Bei analogen Aussagen muss unterschieden werden zwischen dem, was mit dem fraglichen Sachverhalt übereinkommt, und dem, was sich davon unterscheidet. Die Übereinstimmung beim „Schatz"-Beispiel besteht in der hohen Wertigkeit beider Phänomene, deren Unterschied in der Differenz zwischen Ideellem und Materiellem. Um über Zustände und Ereignisse „vor" dem Urknall allgemeinverständlich reden zu können, bleiben wir auf Begriffe unserer gewohnten Erfahrungswelt angewiesen, die dann per analogiam auf die Wirklichkeit außerhalb unseres Universums übertragen werden. Die Prozesse und Zustände „vor" dem Urknall sind womöglich weder zeitlich noch räumlich, aber räumlich-zeitlichen Zuständen und Ereignissen analog, was jedoch – mit einer weiteren Einschränkung – bloß metaphorisch verstanden werden darf. Heutige Astrophysiker verkomplizieren diese bereits verworrenen Zusammenhänge dadurch, dass sie die Sachverhalte „vor" dem Urknall gerne als „Nichts" bezeichnen.

Physikalisches Nichts
Heutzutage treibt nicht nur Theologen und Philosophen, sondern auch Astrophysiker die Grundfrage um, warum es überhaupt etwas gibt und nicht vielmehr nichts. Doch stiften Physiker in dieser Frage mittlerweile mehr Verwirrung als Philosophen und Theologen. Berühmte Naturwissenschaftler bleiben in nach-

weislich unhaltbaren Vorstellungen befangen, die hinter religiöse Schöpfungslehren zurückfallen, wenn sie etwa schreiben, dass das Universum von selbst aus dem Nichts entstanden sei. Spontane Erzeugung im Nichts sei der Grund, warum es überhaupt und nicht einfach nichts, warum es das Universum gebe, schreiben Hawking und seine Kollegen gelegentlich. Das Universum habe sich selbst verursacht, heißt es. Allerdings ist die Idee der Selbstverursachung (causa sui) in sich widersprüchlich. Etwas kann sich nicht selbst hervorbringen, ohne schon da zu sein. Eine Ursache kann nicht ihre eigene Wirkung sein. So gesehen ist die Idee der Selbsterschaffung des Universums aus dem Nichts noch unsinniger als die religiöse Schöpfung aus dem Nichts durch einen außerweltlichen Gott. Mit solchen abstrusen Redensarten wird es der modernen Physik wohl kaum gelingen, die religiöse Schöpfungslehre zu widerlegen.

Was ist das Nichts, aus dem unser Universum spontan hervorgegangen sei? Weder Zeit noch Raum, aber ebensowenig Materie. Bereits in der hinduistischen Rig-Veda aus dem 15. Jhd. v. Chr. wird der Zustand vor Entstehung der Welt mit den Worten beschrieben: „Weder ein Etwas war damals noch auch ein Nichts war das Weltall. Nicht bestand der Luftraum noch war der Himmel darüber."[61] Ähnlich sieht der griechische Philosoph Anaximander im 6. Jhd. v. Chr. den Ursprung unseres Weltalls begründet in einem strukturlosen „Unbegrenzten" („Apeiron"), in dem alles im Gleichgewicht zu sein scheint.[62] Im 5. Jhd. v. Chr. lässt Empedokles gleichfalls das Weltall aus einem symmetrischen, strukturarmen Anfangszustand entstehen: „Alle Dinge waren zusammen, unendlich der Menge wie der Kleinheit nach. Denn das Kleine war eben unendlich. Und solange alle Dinge zusammen waren, konnte man wegen ihrer Kleinheit keines darin deutlich unterscheiden."[63]

Vergleichbare Überlegungen stellen die Deutschen Idealisten in der ersten Hälfte des 19. Jahrhunderts an. Der späte Schelling beschreibt den Urzustand als „stilles Sinnen über sich selbst ohne alle Äußerung und Offenbarung". Noch ruhe alles in „absoluter Indifferenz", in der „nichts unterscheidbar noch auf irgendeine Weise vorhanden" sei, aus der aber alles hervorgehen werde.[64] Ähnlich Hegel: „Der Anfang ist also das reine Sein"[65], das „ohne alle weitere Bestimmung"[66] bleibt, also „keine Verschiedenheit innerhalb seiner noch nach außen hat."[67] Als reine „Bestimmungslosigkeit"[68], die jeder Qualität und Komple-

---

[61] Rig-Veda, Der Uranfang.
[62] Anaximander in Bojowald, Zurück vor den Urknall, S. 282.
[63] Empedokles in Bojowald: Zurück vor den Urknall, S. 285.
[64] Schelling in Wetz: Schelling zur Einführung, S. 150f.
[65] Hegel, Werke Bd. 5, S. 69.
[66] A.a.O. S. 82.
[67] Ebda.
[68] A.a.O. S. 83.

xität entbehrt, ist es soviel wie nichts. Deshalb gilt: „Das reine Sein und das reine Nichts ist also dasselbe."[69] Hieraus sei alles Werden hervorgegangen. Wenn heutige Astrophysiker das Universum gleichfalls aus dem „Nichts" hervorgehen lassen, stehen sie unausgesprochen in dieser Tradition. Auch der von ihnen als „Nichts" bezeichnete Zustand ist nur scheinbar nichts.

Es ist ein brodelndes Vakuum, in dem Quanten fluktuieren, ein Nichts mithin, das schwankt. Darin entstehen unaufhörlich Energiequanten, die sich in Teilchen und Anti-Teilchen spalten, aufeinander prallen, miteinander verschmelzen und sich gegenseitig vernichten oder auslöschen, so dass sich sogleich wieder zu null summiert, was soeben erst entstand. Das Nichts besteht also aus Partikeln, die sofort wieder verschwinden. Aber dieser metaphorische Sprachgebrauch ist noch zu ungenau. Denn die Teilchen-Antiteilchen-Paare entstehen nicht real, fliegen dann aufeinander zu, treffen aufeinander und vernichten sich anschließend. Es wäre falsch zu denken, dass das eine nach dem anderen geschieht. Richtiger ist zu sagen: Indem sie existieren, finden sie schon zusammen und löschen sich gegenseitig aus, so dass kein bestimmter Messwert für eine Größe zugeordnet werden kann. Das Nichts ist eine Quantenfluktuation, deren Ladung insgesamt unverändert bei null bleibt. Da unsere Vorstellungskraft räumlich-zeitlich gebunden ist, können wir solche Zustände und Ereignisse nur mit größter Mühe denken. Wir verstehen hier zwangsläufig hintereinander, was nicht nur gleichzeitig geschieht, sondern sich überhaupt nicht zeitlich zuträgt.

Aus dem Angedeuteten erhellt, dass das physikalische Nichts durchaus etwas ist. Es besteht gleichsam aus fluktuierenden Teilchen, die sich immer wieder zum Gesamtwert null addieren. Damit wird verständlich, weshalb die moderne Physik gerne von Leere oder Nichts spricht. Einen solchen Sprachgebrauch legt die Nullsumme der Quantenfluktuation nahe – nach dem Motto: null gleich nichts. Darüber hinaus wurde dieser Begriff sicherlich auch gewählt, um die Theologen zu ärgern. Da jedoch eine Nullsumme immer die Nullsumme von etwas ist, bedeutet das physikalische Nichts natürlich nicht wirklich nichts. Hier wird Etikettenschwindel betrieben, der zwar leicht durchschaubar ist, aber verwirrend bleibt.[70]

Wenn sich nun Teilchen und Anti-Teilchen immer wieder gegenseitig auslöschen, dann dürften wir, alles um uns herum, ja die Milliarden Galaxien gar nicht existieren. Trotzdem gibt es das Universum. Die Erklärung hierfür liegt im Schwanken der gegensätzlich aufgeladenen Teilchen. Am Anfang unseres Weltalls muss die Quantenfluktuation aus dem Gleichgewicht geraten sein mit dem Urknall als Folge, so die Meinung namhafter Astrophysiker. Offenbar kam

---

[69] Ebda.
[70] Vgl. Eichhorst, Das falsche Nichts.

es zu einer Abweichung in der sonst eher ausgewogenen Quantenfluktuation. Fluktuation meint hier nichts anderes als die einfache Tatsache, dass die Teilchen und Antiteilchen ein wenig hin und her schwanken, „bevor" sie sich gegenseitig vernichten. Das physikalische Nichts ist demzufolge ein instabiler Zustand, in dem bei größeren Schwankungen Teilchen und Antiteilchen nicht mehr ohne weiteres zueinander finden. Aufgrund solcher Asymmetrien bei der gegenseitigen Auslöschung von Teilchen und Anti-Teilchen ist mutmaßlich mindestens ein Partikel übrig geblieben, aus dem das gesamte Universum entstand. Hier bekommt schließlich die astrophysikalische Rede von der spontanen Erzeugung des Universums aus dem Nichts doch noch eine sinnvolle Bedeutung. Denn hiermit ist jene unvorhersehbare, eher seltene, spezielle Quantenschwankung gemeint, die zum Urknall führte.

Nur *ein* Anfang

Aus dem bereits Dargelegten erhellt: Der Urknall ist höchstwahrscheinlich nicht *der* Anfang, sondern lediglich *ein* Anfang. „Vor" dem Urknall gab es nicht das absolute Nichts im Sinne der totalen Abwesenheit von Jeglichem, sondern nach dem gegenwärtigen Stand der Forschung eine als Nichts bezeichnete Nullsumme von Quantenfluktuationen. Diese waren mit dem Universum insofern verbunden, als aus ihren mutmaßlichen Schwankungen der Urknall entstand.

Allerdings geht das erwähnte *dritte kosmologische Modell* von Hawkin noch über die Idee wabernder Quantenfluktuationen hinaus. Nun heißt es bei Hawking und seinen Kollegen: Der absolute Anfang ist ein Übergang, der Ursprung ein Urschwung, der Urknall ein Urprall.[71] Statt von „Big Bang" ist jetzt von „Big Bounce" die Rede, was soviel wie Umschwung oder Rückprall heißt. Hier wird von einem kollabierenden Vorläufer-Universum ausgegangen, das, nachdem es sich auf ein Minimum zusammenzog, also kontrahierte, mit großer Wucht zurückschwang, um sich erneut auszudehnen. Es drängt sich das Bild einer elastischen Metallfeder auf, die, erst einmal zusammengedrückt, impulsiv auseinanderspringt, wenn man sie loslässt. Nach diesem kosmologischen Modell gibt es weder einen absoluten Anbeginn von allem noch einen unerklärlichen Nullpunkt der Raumzeit.

Mittlerweile steht nicht einmal mehr fest, dass mit dem Urknall die Zeit aus einem irgendwie zeitlosen Zustand entstand. Zeit könnte es bereits vor dem Big Bounce gegeben haben, das Vorläufer-Universum irgendwie zeitlich beschaffen gewesen sein.[72]

Etliche „Pre-Big-Bang-Theories" halten selbst zyklische Verläufe des Universums für wahrscheinlich. Sie gehen von einem ewigen Werden und Verge-

---

[71] Vgl. Vaas. Vor dem Urknall, S. 14-31.
[72] Ebd.

hen aus. Hiernach wiederholt sich der Urknall seit Ewigkeiten. Dazu müsste sich allerdings die Expansion unseres heutigen Weltalls in einigen Milliarden Jahren umkehren, um zuletzt zusammenzubrechen (Big Crunch). Periodisch blähe sich das Universum auf (Expansion), heißt es, um anschließend immer wieder in sich zusammenzufallen (Kontraktion). Es befinde sich in einem unaufhörlichen Kreislauf. Jedoch ist es ebensogut möglich, dass sich das Weltall immer weiter ausdehnt und allmählich erkaltet, bis irgendwann gar keine Sterne mehr leuchten werden (Big Whimper). Einem anderen Szenario zufolge könnte die vermutete Dunkle Energie im All die mikro- und makrokosmischen Strukturen irgendwann auseinanderreißen (Big Rip).

Eine periodisch wiederkehrende Entstehung des Kosmos mit anschließender Zerstörung und Wiederaufbau war das Grundmodell vieler alter Kosmogonien. Namhafte philosophische Vorbilder dieser Idee finden sich in der Antike. Ob Heraklit, Zenon von Kition oder Chrysipp – zahlreiche Philosophen lassen das kosmische Geschehen in Zyklen ablaufen: Nach einem Weltalter werde ein Weltbrand (ekpyrosis) alles auslöschen und dem Urfeuer zurückgeben, aus dem es sich dann von neuem entwickeln wird. Ähnliche Vorstellungen waren in archaischen Kulturen verbreitet. Außerdem gehen fernöstlichen Religionen von einem ewigen Werden und Vergehen aus. Nach hinduistischer Auffassung soll sogar erst nach Billionen von Jahren eine Zerstörung des gesamten Kosmos erfolgen, der anschließend wieder neu entstehen wird und so in unablässigem Wechsel. Wie die Dinge liegen, erweckt die heutige Astrophysik uralte Ideen in abgewandelter Form wieder zu neuem Leben.

Mittlerweile hält man es nicht einmal mehr für ausgeschlossen, dass es Mehrfachwelten, ein sogenanntes *Multiversum*, gibt und der Urknall nur der Anfang eines neuen Weltalls in der riesigen Landschaft von Parallelwelten war, in denen ganz andere Naturgesetze als in unserem Universum gelten könnten. Jedenfalls überschreitet die physikalische Kosmologie der Gegenwart immer häufiger die Grenzen von Raum und Zeit und dringt dabei mathematisch in Sachverhalte „vor" dem Urknall ein. Nach heutigem Forschungsstand ist der Urknall nicht *der* Anfang der Wirklichkeit, sondern *ein* Anfang im Ganzen der Wirklichkeit, die keinen Anfang zu haben scheint.

Zum besseren Verständnis des Multiversums werden wieder absolute Metaphern eingesetzt, die das ebenso Zeit- und Raumlose wie Unanschauliche ins Bild setzen sollen. Der Zustand „vor" dem Urknall, den Anaximander das Unbestimmte und heutige Astrophysiker das Nichts nennen, wird zuweilen mit einem gefüllten Wasserbehälter verglichen. Wird nun das Wasser erhitzt, geraten die Moleküle in Bewegung. Das Wasser gerät in einen instabilen Zustand. Es kommt aus dem Gleichgewicht – eine Metapher für Quantenfluktuation. Am Siedepunkt bilden sich am Boden des Behälters kleine Wasserdampfblasen, die, weil sie leichter als das umgebende Wasser sind, blubbernd zur Oberfläche steigen. Den unterschiedlichen Universen entsprechen die verschiedenen Wasserdampfblasen. So könnten sich aus einem brodelnden Quantenvakuum auch noch andere Universen außerhalb unserer Raum-Zeit gebildet haben. Diese wären aber wie die Wasserdampfblasen nicht nur völlig getrennt voneinander, in den diversen Universen könnten auch ganz unterschiedliche Gesetzmäßigkeiten herrschen. So existieren möglicherweise viele parallele Universen, ja entstehen ständig neue Welten. Wie es ein Irrtum ist zu sagen, dass es nur eine Sonne oder nur eine Galaxie gibt, könnte die Annahme genauso falsch sein, dass nur ein Universum existiert, weil wir in einem Multiversum leben.

Anfangslose Schöpfung?
Bevor sich im 20. Jahrhundert allmählich die Big-Bang-Theory immer stärker durchsetzte, erfreute sich in der physikalischen Fachwelt die *Steady-State-Theory* großer Akzeptanz. Hiernach gibt es das Universum schon seit Ewigkeiten: Dieses habe weder einen zeitlichen Anfang noch ein Ende. Es existiere seit jeher und werde in alle Ewigkeit existieren. Auch für diese Auffassung gibt es eine Menge Gewährsleute in der Kulturgeschichte.

So lehren die Hindus, Buddhisten und Taoisten ein anfangs- und endloses Werden und Vergehen. Wie im abendländischen Pantheismus lassen die älteren asiatischen Philosophien die Welt nicht durch den Willen Gottes aus dem Nichts hervorgehen, sondern sie seit Ewigkeit bestehen. Die göttlichen Kräfte in der Welt werden mal mehr mit personellen Zügen ausgestattet, mal als unpersönliche Mächte dargestellt, die den Kosmos in Ordnung halten. Ob Xenophanes oder sein Schüler Parmenides – für beide griechischen Philosophen ist das Ganze des Seienden ebenso unentstanden wie unvergänglich. Auch für Heraklit, ein Gegenspieler von Parmenides, steht fest: „Der Kosmos war immer schon und ist und wird sein."[73] Gleichfalls betont Aristoteles, dass das Weltall „in seiner ganzen Dauer weder Anfang noch Ende hat."[74] Die alten Griechen blickten auf einen ewigen Kosmos.

Das gilt ebenso für die Neuplatoniker Plotin, Proklos und Porphyrios, 3.Jhd., denen zufolge sich die gesamte Wirklichkeit seit Ewigkeit vom göttlichen Ureinen bis hinunter zur materiellen Welt stufenweise differenziert. Alles, was ist, fließt aus dem Ureinen anfangs- und endlos heraus wie das Licht aus der Sonne. Je dichter eine Hervorbringung am Ureinen ist, umso mehr Wert und Wirklichkeit wird ihr zuteil – dem Geistigen mehr als dem Materiellen. Am meisten interessiert an dieser Stelle, dass dieser unabschließbare Prozess niemals begonnen haben soll.

---

[73] Heraklit in Capelle, Fr. 30
[74] Aristoteles, Vom Himmel, 284a

Viele muslimisch geprägten Philosophen unseres teilweise arabisch geprägten Mittelalters lassen sich gleichermaßen vom Neuplatonismus wie Aristotelismus leiten und gehen von einer unzerstörbaren kosmischen Ordnung aus. Nach Alfarabi, Avicenna und Averroes wird alles von Gott in einem ewigen Schaffensprozess hervorgebracht und die Struktur der Wirklichkeit bleibt immer dieselbe. Anfangs- und endlos entquillt dem ersten Ordner der Kosmos. Hervorgang und Gestaltung der Schöpfung vollziehen sich seit Ewigkeit. Die Welt ist hier nicht das Werk eines Schöpfers, der sie irgendwann aus dem Nichts heraufbefahl, sondern sie besteht seit jeher und endlos fort. Im 6. Jhd. betonte schon Boethius, dass die zeitliche Anfangs- und Endlosigkeit des Kosmos dessen göttlicher Allverursachung keineswegs widerspricht. Auch ohne zeitlichen Beginn könne das Seiende im Ganzen von Gott begründet sein. Selbst nach dem christlichen Philosophen Thomas von Aquin schließen sich Geschöpflichkeit und Ewigkeit der Welt mitnichten aus. Dann wäre die Welt wie ihr Schöpfer von Ewigkeit her.

Für die religiösen Befürworter der anfangslosen Schöpfung ist es ausgeschlossen, dass Gott eine ganze Ewigkeit gewartet hätte, bis er sich entschloss, tätig zu werden. Allein schon seine Güte, die zu seinem Wesen gehöre, veranlasste ihn, sich seit Ewigkeit schöpferisch zu betätigen. Sobald Gott ist, wählt er das Gute und damit die Welt.

Im Gegensatz dazu vertraut Thomas von Aquin zuletzt dann doch den Lehrmeinungen aller monotheistischen Religionen und *Buch Genesis 1.1.*, wo es heißt: „Im Anfang schuf Gott Himmel und Erde." Da der absolute Anfang oder die absolute Anfangslosigkeit weder wissenschaftlich erforscht noch philosophisch ergründet werden könne, sei es erlaubt, im Vertrauen auf das geoffenbarte Wort Gottes in der Bibel an den absoluten Anfang der Welt zu glauben, so Thomas. Diese Überzeugung sei eine Sache des frommen Vertrauens, aber nicht philosophischer Argumente oder physikalischer Erkenntnisse. Als katholischer Theologe und Philosoph bekennt sich Thomas zu diesem Glauben, ohne die Ewigkeit der Welt logisch ausschließen zu können und zu wollen. Aber wie der frühe Kant davon ausging, dass die einmal begonnene Weltentwicklung niemals aufhört, war der Aristoteliker Thomas interessanterweise davon überzeugt, dass Gott speziell den Sternenhimmel zur Freude der Seligen auf immer und ewig erhalten werde „Die Himmelskörper sind dem Ganzen und den Teilen nach unzerstörbar", weshalb sie endlos „bestehen bleiben." [75]

Inzwischen wurde durch die Entdeckung des Urknalls zwar die Vorstellung zeitlicher Anfangslosigkeit des Universums radikal in Frage gestellt, doch ist damit die Annahme einer außerzeitlichen Anfangslosigkeit des Seienden im

---

[75] Thomas von Aquin, Compendium Theologiae, Kapitel 170.

Ganzen noch nicht entkräftet. Im Gegenteil scheinen neuere Forschungen gerade diesen Aspekt der sonst überwundenen Steady-State-Theory wieder aufleben zu lassen, der, wie zuletzt dargelegt, nicht notwendigerweise religiösen Schöpfungslehren widerspricht.

Aus nichts entsteht nichts
Welche Ereignisse und Zustände zum Inventar der Wirklichkeit auch immer gehören – trotz aller Wandlungen ist sie selbst offenbar nichts Vorläufiges, geschweige denn etwas Hinfälliges. Sollte aber zutreffen, dass das Ganze der Wirklichkeit im nicht zwingend zeitlichen Sinne anfangslos ist, dann wäre damit noch lange nicht ausgeschlossen, dass die Wirklichkeit in letzter Beziehung von einer höheren Macht erschaffen wurde und erhalten wird. Aufgrund ihrer Anfangslosigkeit käme sie nicht notwendigerweise jeder möglichen Entstehung durch einen Schöpfer zuvor. Selbst wenn sie schon „immer" gewesen wäre, könnte sie doch entstanden sein.

Meistens jedoch wird von der Anfangslosigkeit der Welt auf deren Selbstgenügsamkeit geschlossen. Wenn die Wirklichkeit keinen Anfang hätte, dann wäre sie auch ohne Urheber, meint Immanuel Kant, der in dieser Frage zahlreichen Philosophen folgt. Bonaventura, ein Philosoph der mittelalterlichen Scholastik, hält es für absurd, die Welt gleichzeitig für ewig und für Gottes Schöpfung zu halten. Doch schon Thomas von Aquin, Dietrich von Freiberg und Wilhelm von Ockham sehen hierin keinen Widerspruch. Angesichts der unendlichen Macht Gottes sei es durchaus denkbar, dass Gott das Ganze der Wirklichkeit schon „immer" verursacht habe, so dass es seit Ewigkeit bestehe. Selbst wenn Gott die Ursache des Ganzen sei, müsse das Nichts nicht der Wirklichkeit vorhergehen. Freilich geht der Grund dem Begründeten voraus, der Schöpfer dem Geschöpf, aber nicht unbedingt der Zeit, jedoch immer der Folge nach. Auch eine Wirkung, die mit ihrer Ursache ohne zeitlichen Abstand verbunden ist, bleibt eine Wirkung. So bewegt sich der Schatten einer Person simultan mit ihren Bewegungen, und der Fußabdruck ist nicht später als der Fußstapfen, der ihn verursacht. In diesem Sinne könnte Gott seit Ewigkeit die Wirklichkeit erschaffen und erhalten. Mit Boethius von Dacien gesprochen: „Wäre die Sonne immer in unserer Hemisphäre gewesen, so wäre das Licht immer im Medium gewesen, und das Licht wäre der Sonne gleichewig und dennoch ihre Wirkung gewesen. ... Wenn ein Fuß immer im Sand gestanden hätte, wäre die Spur ihm gleichewig und dennoch seine Wirkung."[76] Das schließt natürlich nicht aus, dass sich alles in Nichts auflösen würde, sobald der Allmächtige seine tragende Hand vom Ganzen der Wirklichkeit zurückzöge.

---

[76] Schönberger/Nickl (Hg.):Die Ewigkeit der Welt, S. 115, auch S. 19, 89.

In der Gegenwart sind die Überlegungen zur Anfangslosigkeit der Schöpfung allein schon deshalb größtenteils in Vergessenheit geraten, weil die monotheistischen Religionen von einem absoluten Anfang der Welt ausgehen. Umgekehrt bedeutet heute tendenziell, eine absolute Anfangslosigkeit des großen Ganzen anzunehmen, einen atheistischen Standpunkt zu vertreten, was aber keineswegs unweigerlich daraus folgt.

Wie erläutert versteht sich die physikalische Schöpfung aus dem Nichts als Alternative zur religiösen Schöpfung aus dem Nichts. Doch lässt sich diese Formel leicht missverstehen, weil ja hier und dort das Nichts etwas ganz Unterschiedliches meint. In der Theologie ist damit wirklich „nichts" gemeint, das kontradiktorische Gegenteil von jedwedem Weltlichen, in der Physik dagegen „etwas". Deshalb ist das eine auch kein Äquivalent des anderen, wie Hawking und andere Astrophysiker ihren Lesern suggerieren möchten. Weit davon entfernt, eine gleichwertige Neuauflage zur religiösen Schöpfung aus dem Nichts darzustellen, ist die physikalische Schöpfung aus dem Nichts sogar das blanke Gegenteil. Denn genauer betrachtet bringen die modernen Astrophysiker doch lediglich den griechischen Grundsatz zum Aufblühen, dass nichts aus nichts entstehen könne (ex nihilo nihil fit). In diesem Sinne vermerkten schon Anaximander und Empedokles: „es ist unmöglich, dass etwas aus dem gar nicht Vorhandenen entsteht." Es führt keine logische Brücke vom „nichts" zum „etwas". Zusammenfassend betont der spätantike Gelehrte Boethius im 6. Jhd.: Das Fundament aller Theorien über die Natur sei, „dass nichts aus nichts entstehen kann"; „keiner von den Alten hat ihn jemals bestritten."[77]

Umgekehrt heißt das aber: Aus der Tatsache, dass heute überhaupt etwas existiert, folgt, dass es niemals nichts gab, da aus nichts ja eben nichts entstehen kann. „Nichts ist nicht"[78], wie schon Parmenides im 5. Jhd. v. Chr. lakonisch betont. Wenn es das Ganze des Seienden gibt, dann „ist nichts anderes noch wird sein außer dem Seienden."[79] Da feststeht, „dass etwas ist", ist bereits klar, „dass nicht zu sein unmöglich ist."[80] Mit dem Faktum, dass überhaupt etwas existiert, wird die Idee vom realmöglichen Nichts abwegig. Das Nichts gibt es nicht. Mehr als Zweijahrtausende später kommt der mittlere Schelling zum gleichen Ergebnis, „dass das Nichtsein ewig unmöglich und niemals zu erkennen noch zu begreifen ist."[81] Deutlicher an anderer Stelle: „Das All ist dasjenige,

---

[77] Boethius, Trost der Philosophie, V. Buch, S. 125.
[78] Parmenides, Fragment 6,2.
[79] Parmenides, Fragment 8,37f.
[80] Parmenides, Fragement 2,3.
[81] Schellings Werke, System der gesammten Philosophie, VI, 155.

dem es schlechthin unmöglich ist, nicht zu sein, wie das Nichts, dem es schlechthin unmöglich ist, zu sein."[82]

Demnach gab es schon „immer" etwas, aus dem alles, was ist, hervorging. Diese Erkenntnis verleiht der bereits geäußerten Vermutung, dass es keinen absoluten Anfang gibt, ein Höchstmaß an Plausibilität.

Alles

Eine Unklarheit

Es gibt natürlich Anfänge in der Zeit, vermutlich aber auch einen Anfang der Zeit selbst. Das Ganze der Wirklichkeit im *Letzten* jedoch ist wahrscheinlich anfangslos, weil eben aus dem Nichts nichts entstehen kann und die Wirklichkeit darum dem Nichtsein „immer" schon zuvorkam. Wie ausgeführt ist das Ganze des Seienden im Letzten – ob als Universum mit „Big Bang" oder „Big Bounce" oder als Multiversum – lediglich eine Idee, welche die Wirklichkeit als solche zusammenfasst. Natürlich ist die Wirklichkeit selbst keine Idee, sondern wird durch die Idee als Inbegriff des überhaupt Existierenden für uns erst denkbar.

Dabei muss streng zwischen der *Idee des Ganzen* und der *Idee des Ganzen im Letzten* unterschieden werden. Diesen Unterschied verwischt Stephen Hawking mit den Worten: „Wenn das Universum einen Anfang hatte, können wir von der Annahme ausgehen, dass es durch einen Schöpfer geschaffen worden sei. Doch wenn das Universum wirklich völlig in sich abgeschlossen ist, wenn es wirklich keine Grenze und keinen Rand hat, dann hätte es auch weder einen Anfang noch ein Ende ... Es wäre weder erschaffen noch zerstörbar ... Es würde einfach sein. Wo wäre dann noch Raum für einen Schöpfer?"[83] Hier verkennt Hawking, dass auch ein in sich geschlossenes Universum oder Multiversum, das möglicherweise sogar zeitlich anfangslos existiert, nicht von vornherein einen Schöpfer ausschließt. Wie dargelegt haben dies schon Thomas von Aquin und arabische Philosophen wie Avicenna oder Neuplatoniker wie Proklos erkannt. Bei Hawking entsteht die Konfusion dadurch, dass er das Ganze des Seienden mit dem Ganzen des Seienden im Letzten gleichsetzt.

Allerdings wird ihm der Unterschied an anderer Stelle bewusst: „Auch wenn die Wissenschaft möglicherweise das Problem zu lösen vermag, wie das Universum begonnen hat, so kann sie nicht die Frage beantworten: Warum macht sich das Universum die Mühe zu existieren?"[84] Denn selbst wenn wir alle Ge-

---

[82] Schellings Werke, Aphorismen zur Einleitung in die Naturphilosophie, VII, 174.
[83] Hawking, Eine kurze Geschichte der Zeit, S. 12, 173, 179.
[84] Hawking, Einsteins Traum, S. 177.

setze, die das Universum regiert, kennen würden, so hätten „wir noch keine Antwort auf die Frage: Warum existiert das Universum?"[85] Aus dieser Verlegenheit zieht sich Hawking mit den Worten heraus: „Vielleicht gibt es keine Antwort auf die Frage, warum das Universum existiert."[86] Der atheistische Hawking („Ich glaube nicht an einen persönlichen Gott."[87]) war überzeugt, dass es sich so verhält. Deshalb versuchte er wie die meisten Sprachanalytiker und Naturalisten, die letzte Warumfrage loszuwerden: „Vielleicht ist das ja eine sinnlose Frage."[88] Aber genau das ist sie nicht, wie in *Warum ist überhaupt etwas und nicht vielmehr nichts?* gezeigt wurde. Sie ist allenfalls eine gegenstandslose Frage, die nur philosophisch, nicht aber physikalisch behandelt werden kann. Denn die letzte Warumfrage zielt nicht nur auf ein Verständnis, sondern auf eine Letztdeutung des großen Ganzen.

Bei der Suche nach dem Ganzen des Seienden geht es vorrangig um naturwissenschaftliche Fragen, bei einer Deutung des Ganzen im Letzten um die Wirklichkeit in letzter Beziehung. Eine solche Abschlussdeutung, die aus Interpretation, Reflexion und Kontemplation hervorgeht, kann niemals nur Ergebnis naturwissenschaftlicher Anstrengung sein. Sie geht über das physikalische Universum hinaus. Ein Ausgriff aufs allumfassende Ganze im Letzten gründet zwar auf naturwissenschaftlichen Ergebnissen, lässt sich aber nur reflexiv und argumentativ durchführen. Somit geschieht das philosophische Nachdenken über das Ganze im Letzten nicht mehr in der physikalischen Kosmologie, sondern bleibt einer Kosmohermeneutik vorbehalten.

Kosmohermeneutik
Eine solche Disziplin steht in der Nachfolge der metaphysischen Kosmologie, die in der Neuzeit durch die physikalische Kosmologie ersetzt wurde. Der Ausdruck Metaphysik stammt von Andronikos von Rhodos, der bei der Herausgabe der Werke von Aristoteles im 1. Jhd. v. Chr. diesen Begriff zur Bezeichnung der Bücher wählte, die den Physikbüchern von Aristoteles nachfolgten. Metaphysik bedeutete also ursprünglich soviel wie „Nach-der-Physik". Erst Simplikios, 5. Jhd., gebrauchte diesen editorischen Verlegenheitstitel für das, was über die Physik hinausgeht. Traditionell wurde die Metaphysik unterteilt in Allgemeine Metaphysik (metaphysica generalis), in der es um allgemeine Bestimmungen des Seienden geht, und Spezielle Metaphysik (metaphysica specialis), die sich mit speziellen Gebieten der Wirklichkeit befasst: Welt (rationale Kosmologie), Seele (rationale Psychologie) und Gott (rationale Theologie). Die All-

---

[85] Hawking, Was war vor dem Urknall?, S. 267.
[86] Ebda.
[87] Ebda.
[88] Ebda.

gemeine Metaphysik wurde auch Ontologie genannt, worauf der erste Abschnitt von *Inventur der Tatsachen* eingeht. Charakteristisch für alle Disziplinen der Metaphysik war es, dass sie zum einen auf bloßem Denken basierten, zum anderen durch reines Nachdenken bis zum Letzten des Ganzen vorzudringen glaubten.

So sehr nun die Ablösung der rationalen Kosmologie durch die mathematische Astrophysik gerechtfertigt ist, grundsätzlich gehen mit dem Siegeszug der exakten Naturwissenschaften schwerwiegende Wissensverluste einher, die das Ganze im Letzten betreffen. Deshalb hinterlassen die modernen Wissenschaften eine Reihe von offenen Restfragen, die sich nicht beseitigen, sondern nur durch philosophisches Nachdenken klären lassen. Dafür steht das Projekt Kosmohermeneutik. Darin geht es um das Ganze in seiner Gänze. Hier werden Letztbestimmungen des Ganzen erarbeitet, die über die mathematischen Naturwissenschaften hinausgehen, ohne sich von deren Hypothesen zu lösen, mit denen sie kompatibel bleiben müssen, um glaubwürdig sein zu können.

Es liegt in der Eigenart jeder Hermneutik für ihre Interpretationen keine zwingende Beweiskraft zu beanspruchen. Solche können nichts anbieten, das auch nur entfernt hieb- und stichfesten Argumenten gleichkäme. Doch argumentationsgestützte Plausibilität genügt hier bereits. Zwischen methodischer Beweisführung, die auf definitive Gewissheit abzielt, und subjektiver Willkür, die alles der Beliebigkeit überlässt, gibt es die argumentierende Beratung. Diese sammelt plausible Argumente für den einen oder anderen Standpunkt und stützt sich auf verständige Überlegungen und umsichtige Erwägungen, ohne Alternativen grundsätzlich auszuschließen. Die Ergebnisse solcher klugen Beratungen können immer nur mehr oder weniger einleuchtende Auslegungsvorschläge, Hypothesen von größerer oder kleinerer Wahrscheinlichkeit sein. So erheben die zur Stützung unserer Deutung herangezogenen Argumente lediglich den Anspruch, rational vertretbar, annehmbar, nachvollziehbar, mehr oder weniger überzeugend zu sein. Sie stimmen die Anmaßung, endgültiger Sicherheit und unerschütterlicher Wahrheit auf das Maß zustimmungswürdiger Mutmaßung herab. Irritationsfeste Unbeirrbarkeit wird nicht erstrebt. Doch ist absolute Zuverlässigkeit bei derartigen Reflexionen und Deutungen auch keine unerlässliche Voraussetzung für Zulässigkeit.

Trotzdem bleibt unser kosmohermeneutischer Ausgriff aufs Ganze im Letzten ein Wagnis. Denn auch Reflexionen und Interpretationen, welche die Naturwissenschaften berücksichtigen, können niemals alle Zwiespältigkeit, Ambivalenz und Zweifel auflösen, weil eben nicht das Ganze bis zur Gänze sicher erfasst werden kann. Es liegt nicht offen zutage, sondern gibt lediglich mehr oder wenige deutliche Spuren zu erkennen. Kosmohermeneutische Auslegungen gelangen bestenfalls zu einem robusten, belastbaren Standpunkt eigenen

Rechts, der jedoch nicht von jeglichem Wanken und Schwanken befreit ist. Da in letzten Fragen immer eine Unsicherheit bleibt, kein Argumentieren und Nachdenken zu totaler Gewissheit führt, verlangt ein Letztstandpunkt stets das Einverständnis aller in solche Fragen hineingezogenen Grübler – ein Einverständnis, in dem mit dem Risiko zu irren das Hin- und Herschwanken zwischen den Positionen erst einmal zu einem Stillstand kommt, weil man sich für eine Position entschieden hat, die man für verantwortbar hält, so dass man vorübergehend zur Ruhe kommt.

Heute haben viele Menschen, beeinflusst von sozialer Prägung, ihrer Lebensgeschichte oder ihren Neigungen, sich im Vorhinein auf einen Letztstandpunkt festgelegt. Andere wiederum zögern, bleiben unentschieden, überzeugt davon, dass bei solchen Überlegungen sowieso nichts herauskommt. Letztdeutungen seien unerreichbar und ohnedies entbehrlich. Es sei besser, sich ans Nächstliegende zu halten, den „Garten zu bestellen,"[89] wie es bei Voltaire heißt. Im Gegensatz dazu wird hier die menschliche Chance zum philosophischen Nachdenken übers Ganze im Letzten ergriffen, um über eine befürwortete Abschlussdeutung schrittweise zur stärksten Wirklichkeitserfahrung zu gelangen.

Im Mittelpunkt all unserer Überlegungen steht die wissenschaftlich irreduzible Existenz der Wirklichkeit, die regelmäßig die Frage nach einem Schöpfergott provoziert, gleichviel, ob diese auf ein Multiversum oder Universum mit „Big Bang" oder „Big Bounce" bezogen wird. Darum darf die kosmohermeneutische Auslegung der Wirklichkeit dieser Frage nicht ausweichen. Zu diesem Zweck muss hier auf die moderne Religionskritik eingegangen werden.

Naturwissenschaft als Komplize des Naturalismus

Nietzsche prophezeit im 19. Jahrhundert, dass der Untergang des Christentums in Europa den nächsten beiden Jahrhunderten vorbehalten bleibt. Im ersten Jahrhundert würden sich mehrheitlich die Intellektuellen davon abwenden, im zweiten die breite Bevölkerung. Seine Prophezeiung scheint aufzugehen. Das zweite Jahrhundert ist angebrochen, und die Zahl der Menschen in Westeuropa wächst, die gleichgültig an der christlichen Religion vorübergehen. Den Glauben halten heute nicht mal mehr träge Gewohnheiten am Leben, geschweige denn kräftige Wurzeln. Gott ist für zahlreiche Gelehrte bestenfalls ein museales Gebilde aus literarischen, musikalischen, bildnerischen und steinernen Zeugnissen. Dabei sind viele Menschen der Religion nicht mal mehr überdrüssig, so wenig berühren sie noch religiöse Fragen. Es fällt ihnen leicht, Gott nicht mehr existieren zu lassen und ihm kosmologisches Hausverbot zu erteilen. Religion und Kirche interessieren sie einfach nicht.

---

[89] Voltaire, Romane und Erzählungen, S. 286.

Dennoch schaffte es in jüngster Vergangenheit eine Reihe atheistischer Bücher auf Bestsellerlisten. Kronzeugen für den sogenannten „Neuen Atheismus" sind Daniel Dennett, Sam Harris, Christopher Hitchens, im französischen Sprachraum Michel Onfray, hierzulande Norbert Hoerster oder Michael Schmidt-Salomon und vor allem Richard Dawkins, der am meisten Aufsehen und die größten Schlagzeilen machte. Religion als archaische Staatsdoktrin wie in islamischen Ländern oder als modernes Sinnstiftungsangebot wie in der westlichen Welt gilt diesen Autoren zufolge als überholt, weil solcher Glaube an Gott jeder vernünftigen Grundlage entbehrt. Die neue akademische Religionskritik ist verwunderlich, weil es Religionskritik dieser Art schon einmal im 19. Jahrhundert gab. Doch gibt es eine Reihe von Faktoren, die deren Wiederaufflammen erklären: das Erstarken des Islamismus, des Terrors im Namen Allahs, die evangelikalen Fundamentalisten in den USA oder anderswo, die hartnäckig die Ergebnisse der modernen Naturwissenschaften als Teufelswerk bekämpfen, und nicht zuletzt die folkloristischen Fernsehauftritte der von Reformstaus und Missbrauchsskandalen geschüttelten katholischen Kirche.

In der Auffassung, dass es keinen Gott gibt, stimmt der neue Atheismus mit dem Naturalismus überein, demzufolge es mit der höheren Wertigkeit von Welt und Mensch nichts ist. Allgemein geht der moderne Naturalismus davon aus, dass es für alles eine natürliche Erklärung gibt und die Wirklichkeit mit naturwissenschaftlichen Mitteln weitgehend – wenn auch bloß hypothetisch – erkannt und erklärt werden könne. Die Grundüberzeugung des Naturalismus heißt: Es gibt keine Gespenster! Alles lässt sich durch natürliche Vorgänge erklären; in der Welt geht es überall mit rechten Dingen zu, wie Gerhard Vollmer betont. Der metaphysische Budenzauber religiöser Akrobaten führt die Menschen bloß in die Irre.

Dennoch vermochten viele neuzeitliche Naturwissenschaftler ihre Forschungsarbeiten mit dem religiösen Glauben zu verbinden – nicht nur Kopernikus, Kepler, Galilei und Newton, sondern auch der Entdecker genetischer Grundlagen, der Augustinermönch Gregor Mendel, oder der katholische Geistliche Georges Lemaitre, ein Astronom, auf den die Idee des Urknalls zurückgeht, um nur einige zu nennen. Trotzdem stehen die modernen Naturwissenschaften einer naturalistischen Sichtweise bereits in *methodischer Hinsicht* nahe, weil sie grundsätzlich auf die Frage nach dem Sinn des physischen Weltalls und allen innerweltlichen Geschehens verzichten. Hierzu können die Naturwissenschaften nichts sagen. Die Welt, das raum-zeitliche Universum, besteht für sie aus Forschungsergebnissen, aus Theorien und Formeln, die sich zu einem verworrenen Teppich verweben, von dem sich kein höherer Sinn erwarten lässt. Das Weltall stellt sich als indifferentes Faktum dar, das allen Sinnfragen gegenüber stumm bleibt. Mathematische Formeln beantworten Sinnfragen nicht. So können die Naturwissenschaften das Universum nicht als Stufenreich mit fester Rangordnung oder als zweckmäßig, schön und vollkommen eingerichteten Vernunftzusammenhang darstellen. Dies ist von vornherein ausgeschlossen. Dasselbe gilt von der Vorstellung, dass die Natur von einer Weltseele belebt, einem Weltgeist zusammengehalten oder einem letzten Grund mit göttlicher Hirtenfürsorge getragen wird.

Ein aus methodischen Gründen gegenüber Sinnfragen stummes und allen höheren Wertbestimmungen gegenüber neutrales Weltall verführt jedoch flugs dazu, die Enthaltung bei der Ergründung höherer Sinn- und Wertbestimmungen in die Vermutung umkippen zu lassen, dass es höhere Sinnbestimmungen nicht gibt, zumal für alle religiösen Deutungen jeder Anhaltspunkt fehlt. Der methodische Verzicht auf den höheren Sinn stachelt gewissermaßen zur Behauptung an: Einen solchen Sinn gibt es nicht!

Glaube ohne Glaubwürdigkeit

Nun hat sich die moderne Wissenschaft nicht nur in *methodischer*, sondern auch in *inhaltlicher* Hinsicht zum Kumpanen des Naturalismus entwickelt. Die wissenschaftliche Forschung ist inzwischen bis zu einem Punkt fortgeschritten, der Sinndeutungen mythischer, religiöser oder metaphysischer Art nicht mehr ohne weiteres zulässt, sondern sie im Gegenteil als hoffnungslos überkommen erscheinen lässt. Allen Vereinbarkeitsbemühungen von wissenschaftlicher Weltauffassung mit monotheistischer Religion – und dies ist vorerst nur ein formales Problem – haftet etwas Gewaltsames an. Denn selbst wenn es widerspruchsfrei denkbar wäre, in das kosmische und lebensweltliche Geschehen einen mit dem Gottesglauben verträglichen Sinnzusammenhang hineinzulegen, wirken solche Versuche doch oftmals konstruiert, aufgesetzt, was das Maß ihrer Glaubwürdigkeit erheblich vermindert. Nichts fügt sich hier mit fragloser Selbstverständlichkeit zusammen; alles hat den Anschein einer fragwürdigen Anstrengung, der wir von vornherein große Zweifel entgegenbringen würden, wenn wir ähnlichen Bemühungen in anderen Lebenszusammenhängen begegneten. Der konstruierte Charakter der Bemühungen, etwas zusammen zu bringen, was nicht so recht zusammen passen will, muss bei reflektierten Gemütern zwangsläufig Zweifel an solchen Versuchen hervorrufen.

Man kann zwar immer wieder versuchen, die heutige Kosmologie, „Pre-Big-Bang-Theories" eingeschlossen, in theologische Deutungsmuster einzubetten. Man kann sich auch bemühen, die logische Verträglichkeit einer solchen Position nachzuweisen. Nur ist logische Vereinbarkeit von Glauben und Wissen noch kein hinreichendes Kriterium für rationale Vertretbarkeit. Wir leben in einem Universum aus Wasserstoff und Helium mit sich aufblähenden Roten Riesen, sich abkühlenden Weißen Zwergen, Supernova-Explosionen, rotierenden

Neutronensternen, interstellaren Staub- und Gaswolken, Gravitationswellen, Dunkler Materie und Dunkler Energie, Fluchtbewegungen der Galaxien und einem evolutionären Wechselspiel zufällig streuender Mutationen mit dem Selbsterhaltungsstreben der Lebewesen. Alle Anstrengungen, die Fürsorge eines alles tragenden und lenkenden Schöpfers in einem solchen Universum zu vernehmen, wollen nicht so recht überzeugen. Es ist die Art und Weise, wie sich beides miteinander verbinden lässt, gewissermaßen das Aussehen, die Physiognomie des physikalischen Weltalls, das dem alten Gedanken der Schöpfung seine Plausibilität nimmt und den religiösen Himmel über uns verdunkelt. Eine Welt aus Elektronen und Protonen, aus Wasserstoff und Helium, aus Wellen und Korpuskeln ist vom Bau und seiner Physiognomie her spürbar anders als eine Welt, deren Firmament vom Werk göttlicher Hände kündet.

Noch einmal anders formuliert: Obgleich der Schluss keineswegs zwingend erfolgt, ist es höchst unwahrscheinlich, dass ein fürsorglicher Gott seine schützende Hand seit Ewigkeit über Quantenfelder, Quantenfluktuationen, ein zyklisch pulsierendes Universum oder Multiversum hält. Es ist die Physiognomie der physikalischen Sachverhalte, die den „Pre-Big-Bang-Theories" ihre religiöse Plausibilität nimmt. Abgesehen davon, steht die Vorstellung einer anfangslosen Wirklichkeit im Widerspruch zu den offiziellen Schöpfungslehren. Ohne Gott wäre aber die Wirklichkeit schlussendlich von nirgendwoher. Hierfür stehen heute alle „Pre-Big-Bang-Theories", die Idee des physikalischen Nichts, und das heißt: die Nullsumme von Quantenfluktuationen eingeschlossen.

Außerdem wissen wir inzwischen, wenn wir in die Zukunft blicken, dass das Ende der Menschheit nicht mit dem Ende der Welt zusammenfallen wird. Irgendwann wird die Menschheit von der Erdoberfläche verschwunden sein und die Welt, unberührt von unserem Dahinscheiden, dennoch fortbestehen. Nachdem wir Milliarden Jahre nicht da waren, wird es eines Tages so sein, als ob es uns niemals gegeben hätte. Unser Untergang wird sich längst ereignet haben, wenn die Sonne als Roter Riese die Erde verschlucken wird. Dann wird es keine Ozeane mehr geben, die noch Leben hervorbringen könnten. Aber in den Sturz der Menschheit wird die Welt ringsum nicht mit hineingezogen. Das Universum wird über Milliarden von Jahren weiter bestehen. Dabei wissen wir nicht, ob die Fluchtbewegung der Galaxien immer weiter gehen oder ob sie auf Grund der Massenanziehung zu einem Stillstand kommen und alles in sich zusammenfallen wird, das heißt, ob von allem ein sich dem Nullpunkt näherndes Strahlungsfeld übrig bleibt, das eventuell wieder neu explodiert. Nur eines wissen wir ziemlich sicher: die Menschheit wird es dann schon lange nicht mehr geben.

Wie mit Bezug auf solchen Weltverlauf noch überzeugend davon die Rede sein kann, dass alles von Anfang an auf Verklärung und Vollendung ausgerichtet ist, in der die Herrlichkeit Gottes offenbar und am Ende der Mensch verherrlicht wird, ist nur schwer nachzuvollziehen. Freilich geht es nicht darum, das Glaubenszeugnis vom Wohin des Menschen und der Welt mit naturwissenschaftlichen Mitteln zu harmonisieren. Gleichwohl müssen sich beide Sichtweisen aber doch irgendwie aufeinander abstimmen oder in ein Verhältnis bringen lassen. Die überhebliche Feststellung, naturwissenschaftliche Ergebnisse seien von erstaunlicher Irrelevanz für religiöse Deutungen, in denen es vorrangig um Trost, Dankbarkeit und Hoffnung gehe, genügt jedenfalls nicht. Wissenschaftliche Erkenntnisse sind durchaus relevant für unser letztes Selbst- und Weltverständnis; sie können jeden religiösen Glauben erschüttern, wie es bei vielen Menschen der Fall ist. Nur unter größter Denkanstrengung ist es möglich, sich die Vereinbarkeit beider Sichtweisen vorzustellen. Doch was dabei physiognomisch herauskommt, provoziert mit nahezu bezwingender Evidenz mehr abweisende Skepsis als zustimmende Resonanz. Die Deutungen der Religion lassen sich nicht mehr bruchlos ins wissenschaftliche Universum integrieren.

Problem der Projektion
Hinzu kommt – womit religiöse Deutungen schon immer zu kämpfen haben – die Frage nach der Zulässigkeit sogenannter Anthropomorphismen, also die Übertragung menschlicher Bestimmungen auf das Universum, die Geschichte oder Gott. Hierüber wird zwar nur metaphorisch und analog gesprochen, was aber trotzdem ein Problem darstellt. Dürfen menschliche Eigenschaften auf außermenschliche Größen übertragen, Muster des Vertrauten ins Fremde projiziert, Gott als Vater und die Welt als Haus angesprochen werden? Hierdurch werden doch Gott und die Natur in die Menschensphäre hineingezogen.[90] Zur Stärkung unseres Weltvertrauens werden beide nach dem Modell und Leitbild menschlicher Fähigkeiten und Zusammenhänge vorgestellt. Dem entsprechend heißt es etwa, dass Gott die Welt mit „Hirtenfürsorge hüte" oder „alle Sternlein gezählet" habe.

Allerdings lässt sich zur Verteidigung vorbringen: Ist der Mensch gottebenbildlich, so muss Gott menschenähnlich sein – und seine Schöpfung konsequenterweise einem Menschenwerk gleichen. Deswegen darf Gott als Töpfer, Bau- oder Werkmeister bezeichnet werden. Natürlich sind Anthropomorphismen noch kein Einwand gegen theologisch organisierte Sinndeutungen. Dennoch besteht der Verdacht, dass solche Wertsetzungen unerlaubt menschliche Bestimmungen auf die Welt übertragen.

Damit stellt sich erneut die Frage, ob dies denn alles zusammenpasst oder ob hier in die Welt projiziert wird, was man darin einfach nur gerne sehen möchte. Ludwig Feuerbach stellte bereits im 19. Jahrhundert nicht nur religiöse Prädi-

---

[90] Vgl. Topitsch, Vom Ursprung und Ende der Metaphysik.

kate als prekäre Anthropomorphismen in Frage, er verwies auch darauf, dass in solchen Analysen von vornherein Zweifel und Unglaube nagten.

So läuft die Entlarvung religiöser Sinndeutungen als verkappte Projektionen auf die Feststellung hinaus: Der aus der Welt herausgelesene Sinn ist nur darin enthalten, weil er zuvor in sie hineingelegt wurde. Hiergegen kann wiederum eingewandt werden: Der in die Wirklichkeit projizierte Sinn könnte doch einen unabhängigen Status haben. In diesem Falle projizierte man in die Wirklichkeit nur hinein, was sie bereits real enthielte. Vielleicht kann der Mensch sogar bloß deshalb Sinn in die Wirklichkeit projizieren, weil diese solcherlei schon hat. Es ist aber fraglich, ob, nachdem einmal die Projektionsmechanismen durchschaut wurden, noch ohne weiteres an religiöse Sinnmodelle geglaubt werden kann. Denn wenn sich das Bewusstsein einer Projektion erst einmal eingestellt hat und angefangen wurde, darüber zu reflektieren, dann geschieht bereits eine Ablösung von diesen Deutungen. Dass etwas theoretisch nicht ausgeschlossen ist, also logisch möglich bleibt, genügt einfach nicht, um einer Sache Glaubwürdigkeit zu verleihen. Es geht nicht allein um logische Vereinbarkeit, sondern vielmehr um die Frage, wann etwas Anschlusskraft im Menschen hervorruft. Somit entscheidet gegen religiöse Sinndeutungen nicht vorrangig ihre Undenkbarkeit – vieles ist denkbar! –, sondern die Art und Weise ihrer Denkbarkeit. Wenn man bedenkt, wie religiöse Sinnmodelle einst zustande kamen und heute konzipiert werden, müssen in nachdenklichen Gemütern, die in schonungsloser Ehrlichkeit zu sich selbst stehen, fast automatisch Zweifel aufsteigen.

Bedenken wir zudem die psychischen und gesellschaftlichen Voraussetzungen der Religion, die seit Giambattista Vico über Henri Bergson bis hin zu Sigmund Freud und Hans Blumenberg so beschrieben werden: Religionen erzählen Geschichten, welche die Urängste der Menschheit vor der übermächtigen, schrecklichen, namenlosen Wirklichkeit zu bannen suchen. Soziobiologisch gesehen haben Religionen die Funktion, der Menschheit einen Überlebensvorteil zu verschaffen, mithin einen ganz profanen Nutzen. Sie stärken das menschliche Immunsystem im Kampf mit der Natur und den Zusammenhalt der Gemeinschaft. Wie technische Geräte sind sie Werkzeuge zur Befriedigung menschlicher Bedürfnisse, Wünsche und Interessen.

Wenn wir Religionen aber auf ihre Funktionen reduzieren und sie als keck ausgeheckte Geschichten beschreiben, mit deren Hilfe die Menschen besser mit der Welt zurechtkommen, dann erschüttern auch diese Erkenntnisse ihren Wahrheitsanspruch. Besteht nämlich ihre Leistung in der Eindämmung archaischer Ängste und der Verbannung jener Schrecken, welche die übermächtige Wirklichkeit hervorruft, so bedeuten ihre Geschichten doch offenbar etwas anderes als sie vordergründig ausdrücken.

Funktionsbeschreibungen verfremden Religionen bereits so stark, dass man sich hierdurch fast zwangsläufig von ihnen entfremdet. Daraufhin fällt es schwer, noch verbindliche Anschlusskraft für sie zu entwickeln. Hier wie schon zuvor gerät das unablässige Insistieren auf logische Vertretbarkeit, wonach Gottes Existenz niemals ausgeschlossen werden kann, zusehends unter Druck. Der Verdacht ist groß, dass man an etwas festhalten möchte, wovon man sich eigentlich schon gelöst hat, nur um nicht jene Lebenshilfen zu verlieren, die für das von quälenden Fragen geplagte und auf Trost bedachte menschliche Dasein so wichtig sind. Wie oft wird die Vorliebe für die eigene Meinung als Wahrheitsliebe getarnt!

Fragwürdige Abschirmung
Seit Blaise Pascal in der frühen Neuzeit bis zu Hermann Lübbe heute werden religiöse Phänomene auf die menschliche Grundverfassung zurückgeführt und mit deren existenzieller Bedürftigkeit gerechtfertigt. Anderen Gelehrten sind Religionen gerade deshalb verdächtig, weil sie mit den Nöten des Menschen zusammenhängen. Diesen kritischen Stimmen zufolge möchten die Menschen ihren höheren Trost nicht auf seine Plausibilität hin prüfen, weil ihre religiösen Bedürfnisse so stark sind, dass sie Zweifel daran gar nicht zulassen können. Solche Auffassung vertreten Blaise Pascals Zeitgenosse David Hume und später Sigmund Freud oder Ernst Topitsch. Offenbar verhält es sich mit der Fragwürdigkeit religiöser Deutungen so ähnlich wie mit dem Problem der Theodizee, der Rechtfertigung Gottes angesichts der Übel in der Welt: Während die einen in den Notlagen der Menschen einen Grund sehen, an Gott zu glauben, ist für die anderen die gleiche Not ein guter Grund, nicht an ihn zu glauben, weil ein gütiger Gott solche Leiden nicht zulassen dürfe.

Nun folgt aus der Tatsache, dass religiösen Deutungen starke Wünsche, Neigungen und Sehnsüchte zugrunde liegen, schon in gewissem Umfang ihre Fragwürdigkeit. Sigmund Freud schrieb hierzu:[91] „Es gibt im Leben kaum einen Bereich, wo wir uns so schnell mit Antworten auf die Frage, ob etwas in Ordnung ist oder nicht, zufrieden geben, wie in religiösen Fragen, weil wir darin einfach nicht verunsichert werden wollen." Dabei wird Religiosität gerne auf die existenziale Grundsituation gestützt, die stark gegen naturwissenschaftliche Ergebnisse sowie vom Universum abgeschirmt wird. Obgleich der Mensch in die „Natur" gehört, werden lediglich die „Situationen" beschrieben, in denen sich sein Leben zuträgt. Zur existenzialen Grundsituation gehöre die Erfahrung eigener Unverfügbarkeit, die dem Einzelnen klar vor Augen führe, dass man weder aus sich noch durch sich existiere.

---

[91] Vgl. Freud, Die Zukunft einer Illusion, S. 323-380; ders., Das Unbehagen in der Kultur, S. 419-506.

Bei dieser Art der Argumentation wird das menschliche Dasein vom naturhaften Weltall abgekoppelt. Es wird von der Unvergleichbarkeit des wissenschaftlichen Tatsachenwissens mit existenziellen Wahrheitserfahrungen ausgegangen. Beides müsse nicht miteinander versöhnt werden, weil es getrennten Abteilungen zugehöre, weshalb es gar nicht miteinander konkurrieren könne. Man betont die Verschiedenartigkeit der beiden Wissensarten, ohne allerdings zu erkennen, dass in der einen etwas behauptet wird, das in der anderen gewährleistet sein muss, damit jene als plausibel erscheinen kann. Der Theologe Rudolf Bultmann etwa behauptet, dass der Schöpfungsgedanke ein innerer Bestandteil der Erhellung des menschlichen Daseins und eine Aussage geschichtlich-existenzialer Art ist: Einesteils empfinde sich der Mensch in die Welt geworfen, andernteils als von Gott angenommen, im Letzten jedenfalls als unverfügbar.[92] Das Bekenntnis der Menschen zu Gott als Schöpfer des Himmels und der Erde dürfe nicht als kosmologischer Satz missverstanden werden, durch den die Existenz der Welt erklärt werde, sagen die Theologen. Die für antike Griechen unmögliche Vorstellung der Erschaffung der Welt aus dem Nichts soll vielmehr auf den jenseitigen Gott als Herrn der Geschichte hinweisen, dem die Welt gehört und dessen Macht sie trägt und erhält. Dem entsprechend wird im Glaubensbekenntnis die Wirklichkeit weder physikalisch noch an sich beschrieben, sondern existenziell vom Menschen her interpretiert.

Nun überzeugt ein solches Schöpfungsverständnis nur dann, wenn der dieser Aussage innewohnende Sachverhalt, dass Gott Schöpfer des physischen Weltalls mit seinen Milliarden Galaxien und seiner naturhistorischen Evolution ist, auch Überzeugungskraft besitzt. Andernfalls gerät man schnell in den Verdacht, sich irgendetwas zurecht zu reimen.

Daneben macht die sich im Glauben vollziehende Gotteserfahrung, von der ebenfalls gerne als einem sich jeglicher naturwissenschaftlichen Erkenntnis entziehenden Erlebnis gesprochen wird, nur dann Sinn, wenn Gott existiert. Existenzielles Wissen enthält untilgbare Tatsachenaussagen! Deshalb dürfen die von der inneren Selbsterfahrung abgesonderten Sachprobleme, ob es Gott gibt und wie das wissenschaftlich erfasste Universum als Schöpfung vorgestellt werden kann, nicht einfach als unerlaubte Abstraktionen von der menschlichen Existenz oder als gewichtslose Belanglosigkeiten abgetan werden, wie dies manchmal der Fall ist. Da nun einmal das religiöse Wissen auch als existenzielle Erfahrung klare Sachverhalte voraussetzt, bleibt das Problem der Vereinbarkeit der existenziellen Gotteserfahrung mit naturwissenschaftlichem Wissen von hohem Interesse: Lassen sich die Kerngehalte der monotheistischen Deutungen mit den Naturwissenschaften vereinbaren, die über die Welt ja keineswegs grob

---

[92] Vgl. Bultmann, Das Urchristentum, S. 11ff.

im Irrtum sind? Oder steht die glaubende Selbsthingabe an Gottes unverfügbare Macht im Verdacht, Fiktionen und Illusionen in Szene zu setzen? Da religiöse Deutungen gegenwärtig mit so vielen ernst zu nehmenden Vorbehalten belastet sind, spricht mehr für den atheistischen Naturalismus als für die Richtigkeit religiöser Lehren.

Das Ganze im Letzten

Die zuletzt entfaltete Religionskritik, kombiniert mit unseren Darlegungen zu *Anfang und Nichts*, legt ein Verständnis des Ganzen im Letzten nahe, wonach die Wirklichkeit einfach da ist. So sei auf der Grundlage vielfältiger Argumente wie auch naturwissenschaftlicher Hypothesen dem Naturalismus eine Überlegenheit über religiöse Deutungen der Wirklichkeit attestiert. Damit führt der kosmohermeneutische Ausgriff aufs Ganze in seiner Gänze zur lakonischen Feststellung, dass mit den Tatsachen der natürlichen Wirklichkeit „alles" abgetan ist. Mit Holbach gesprochen ist das All im weitesten Sinne „das große Ganze ..., außerhalb dessen nichts existieren kann."[93] Ähnlich Nietzsche: „Es gibt nichts außer dem Ganzen."[94] An anderer Stelle deutlicher: Die Wirklichkeit „besteht: sie ist nichts, was wird, nichts, was vergeht. Oder vielmehr: sie wird, sie vergeht, aber sie hat nie angefangen zu werden und aufgehört zu vergehen – sie erhält sich in beidem... Sie lebt von sich selber: ihre Exkremente sind ihre Nahrung."[95] Höchstwahrscheinlich gibt es keine andere Welt als „diese". So sieht es die Mehrzahl der heutigen Naturphilosophen wie Smart, Armstrong und Kanitscheider, aber auch Astrophysiker von Einstein bis Hawking, denen zufolge die physikalische Wirklichkeit, in der es zum Urknall kam, aus dem sich unser Universum entwickelte, nicht nur gibt, sondern bereits alles ist, was es gibt. Die so verstandene Konzeption ist nicht selbst eine wissenschaftliche Position, sondern eine Extrapolation fundamentaler und umfassender wissenschaftlicher Resultate zu einer Letztdeutung. Diese kann zwar nicht stringent bewiesen werden. Sie sollte aber ernst genommen werden, weil sie sich auf zahlreiche Fakten und Indizien stützt und extrem plausibel ist.

Die in unserem Kulturkreis früheste Form des Naturalismus ist der antike Atomismus, auf deren Hauptvertreter schon verschiedentlich der Blick gelenkt wurde. Demokrit, Leukipp, Epikur und Lukrez leugnen die Göttlichkeit der Natur und bestreiten die Existenz einer dem Ganzen innewohnenden Weltseele. Auch das Dasein eines jenseitigen Weltschöpfers ist mit ihrer Philosophie unvereinbar. Insgesamt gibt es für sie nur dreierlei: zahllose unentstandene und unvergängliche Atome, ein unendlich weiter leerer Raum und die anfangs- und

---

[93] Holbach, System der Natur, S. 32.
[94] Nietzsche, KSA Bd. 6, S. 96.
[95] Nietzsche, Der Wille zur Macht, S. 694.

endlose Bewegung der Atome in dieser Leere, dem Weltraum, in dem durch Verbindung und Trennung der Atome alle Dinge entstehen und vergehen. Überaus bemerkenswert ist ihre Feststellung, dass sich im All unzählige Welten befinden, worunter man sich zahllose Planeten- und Sonnensysteme, Galaxien, vorstellen darf. Das Universum ist für sie weder ein wohlgeordneter Organismus noch ein beseeltes Lebewesen. Das große Ganze halten sie auch nicht für schön, gut und vollkommen, doch ebenso wenig für hässlich, böse oder unvollkommen. Das Weltall ist weder Geschöpf Gottes noch selbst etwas Göttliches. Doch etwas Entsetzliches ist es ebenso wenig. Letzten Endes ist das Universum für sie nur etwas Natürliches. Hier wird das *Sein* als *Inbegriff alles Seienden* verstanden, das als solches ein wertneutrales Vorkommnis sei. Im anfangslosen Ganzen walteten weder kosmisches Schicksal noch göttliche Vorsehung, sondern bloß atomare Kräfte.

Ein solcher Letztstandpunkt bringt jedes weitere Nachfragen im kosmohermeneutischen Nachdenken zum Erliegen, die Untersuchung aber noch nicht zum Abschluss. Denn wenn das Ganze des Seienden im Letzten einfach da ist, dann ist es *erstens* nicht mehr von irgendetwas Anderem abhängig. Es ist mithin un-bedingt, selbstgenügsam, oder, wie es heißt, subsistierend. Mit dieser Subsistenz gleichursprünglich verbunden ist *zweitens* die bereits erläuterte Vermutung, dass das kosmische Ganze im nicht zeitlichen Sinne anfangslos existiert. Doch in letzter Beziehung selbstgenügsam und anfangslos zu sein heißt *drittens* soviel wie grundlos da zu sein. Hinter der Wirklichkeit scheint sich weder eine erste Ursache noch eine höchste Absicht oder ein letzter Zweck zu verbergen. Sie ist offenbar weder von jemandem noch für jemanden gemacht.

Paradox formuliert übertragen sich diese Abwesenheiten auf alles, was es gibt, wie schon Schopenhauer erkannte: „Wenn ein Stein jetzt Schwere, jetzt Starrheit, jetzt Elektrizität, jetzt chemische Eigenschaften zeigt, das hängt von Ursachen, von äußeren Einwirkungen ab und ist aus diesen zu erklären ..., dass er aber *überhaupt* ein solcher ist, wie er ist, dass er *überhaupt* existiert, das hat keinen Grund."[96] So gesehen ist die Existenzgrundfrage, warum überhaupt etwas ist, tatsächlich gegenstandslos. Denn es gibt nicht, wonach sie fragt. Nur erübrigt sich die Frage deshalb noch lange nicht, wie in *Warum existiert überhaupt etwas und nicht vielmehr nichts?* gezeigt wurde. Wenn die Wirklichkeit aber selbstgenügsam, anfangs- und grundlos einfach da ist, dann haftet allem Wirklichen *viertens* sogar eine eigentümliche Notwendigkeit an, die der Existenz alles Seienden zusätzliches Gewicht verleiht. Das nächste Kapitel *Wunder der Existenz* wird sich mit dieser ebenso kuriosen wie komplexen Notwendigkeit näher befassen.

---

[96] Schopenhauer, Die Welt als Wille und Vorstellung Bd. 1, S. 206.

Verharmloste Brisanz der Wirklichkeit
So merkwürdig es klingt: Naturalisten und Theisten stimmen in einem wichtigen Punkt – wenn auch aus unterschiedlichen Gründen – überein: Die weltanschaulichen Gegner trivialisieren die Wirklichkeit. Während Theologen diese nämlich zu stark vereinfachen, indem sie die Schöpfung mit einem Menschenwerk vergleichen, bagatellisieren Naturalisten das Weltall, indem sie es neutral als natürlich kennzeichnen und dessen Existenz gleichsam für normal halten.

1) Religiöse Schöpfungsmodelle verflachen die Wirklichkeit, wenn sie Gott als Töpfer, Baumeister oder Vater preisen und dessen Werk mit einem Gebilde vergleichen, das menschlichen Hervorbringungen ähnelt. Auf diese Weise legen sie der Wirklichkeit bebilderte Gewänder an, die fast alle der alltäglichen Menschensphäre entlehnt sind. Diese bereits problematisierte Übertragung anthropomorpher Bestimmungen aufs große Ganze verniedlicht und verharmlost das Seiende im Ganzen. Die Wirklichkeit wird hierdurch in ein überschaubares Schema gepresst, das den unermesslichen Kosmos eher verdeckt als enthüllt. Solche religiösen Kostümierungen, selbst wenn sie nur metaphorisch gemeint sind, lassen die Wirklichkeit oftmals nicht einmal mehr im Schattenriss erkennbar werden. Darum dürfen solche existenziell ausgerichteten Weltbeschreibungen noch nicht mal analog aufgefasst werden. Sie lassen sich nur äquivok verstehen. Wir müssen uns das Seiende im Kleinen, Großen und Ganzen so weit entfernt wie möglich von allem Menschlichen denken. Das heutige Verständnis des Universums ist den theologischen Kostümen entwachsen. Wie dargelegt werden diese der Wirklichkeit bereits physiognomisch nicht gerecht. Meistens sind sie viel zu klein. Schöpfungstheologen sind schlechte Verkleidungskünstler. Indem sie mit ihren Bildern das unermessliche Universum eher verschleiern und verkleinern als angemessen erfassen, vertreiben sie zwar die menschliche Weltangst, berauben aber das Weltall seiner wahren Faszination und dessen Überhauptsein seiner angemessenen Erstaunlichkeit. So legt mit den Kleidern der Religion das Universum nicht nur seine Eitelkeit ab, Geschöpf Gottes sein zu wollen, es gewinnt durch die säkulare Entblößung auch die Kuriosität seiner Existenz zurück.

2) Ähnlich, wenn auch auf andere Weise verschleiern die Naturalisten häufig die Kuriosität der Wirklichkeit, indem sie deren Existenz für selbstverständlich nehmen. Wie in *Feinde des Staunens* dargelegt, gehört die Verblüffung nicht zur Stärke der Naturalisten, vor der sie oft schon deshalb zurückweichen, weil sie leicht zu religiösem Aberglauben führe. Solch aufklärerische Abwehr irrationaler Vorstellungen lässt Naturalisten das einzigartige Angebot der Verblüffung über das Überhauptsein alles Wirklichen tendenziell ausschlagen. Selbst die letzte Warumfrage kann sie nicht zum Staunen über die Wirklichkeit bewe-

gen, weil sie sich ihnen gar nicht stellt. Nur erübrigt sich deshalb schon die Existenzgrundfrage? Bekanntlich ist das Gegenteil der Fall: Die Existenz alles Wirklichen vom Atom bis zum Andromedanebel bleibt gerade in Anbetracht ihres – wenn auch nur logisch – möglichen Nichtseins extrem frappierend. Dieses Staunen wird ins Unermessliche gesteigert, wenn man bedenkt, dass die selbstgenügsame, grund- und anfangslose Wirklichkeit in letzter Beziehung sogar notwendigerweise existiert, worum es im Folgenden gehen wird.

Das Wunder der Existenz

Faktische Notwendigkeit

Leibniz und Swinburne halten es für wahrscheinlicher, wie in *Unter Verdacht* vermerkt, dass eher nichts existiert, als dass etwas da ist. Nur deshalb sei die Existenz der Welt verblüffend. Nach Schelling und Kripke wird die Existenz der Dinge dadurch bemerkens- und bestaunenswert, dass sie genauso nicht existieren könnten. Das Staunen vor der Existenz alles Seienden ist erst möglich auf der Grundlage seiner Kontingenz, das heißt vor dem Hintergrund, dass es auch nicht sein könnte. Was nicht anders (wie etwa „3x3=9") oder nicht nicht sein kann, ruft weder Bewunderung noch Verwunderung hervor.

Diese vordergründig plausiblen Annahmen setzen stillschweigend die Möglichkeit absoluten Nichtseins voraus. Damit aber überhaupt gesagt werden kann, dass nichts zu sein brauchte, nichts hätte sein können oder auch genauso gut nichts sein könnte, muss „vor" dem großen Ganzen zum einen nichts gewesen sein und zum anderen die alternative Möglichkeit real bestanden haben, sein und nicht sein zu können. Es genügt nicht, solche Möglichkeit bloß widerspruchsfrei denken zu können, um solch schwerwiegendes Urteil über die Wirklichkeit fällen zu dürfen. Die reale Möglichkeit[97] zum Nichtsein setzt voraus, dass es unabhängig von unserem Denken und der gesamten Wirklichkeit sowohl das Nichts als auch die doppelseitige Möglichkeit gibt, sein und nicht sein zu können. Wie mit dem aktuellen Regenschauer, der nur dann nicht zu fallen brauchte, wenn soeben noch real unbestimmt war, ob es wirklich regnen wird, so muss es sich mit allem anderen ebenfalls verhalten, wenn zutreffen soll, dass überhaupt nichts zu sein brauchte.

Wo aber außerhalb unseres Denkens gibt es diese offene, alternative Realmöglichkeit? In der traditionellen Philosophie lokalisierte man sie in der ungeformten Materie oder unbestimmten Zukunft. Beispielsweise definierte Aristoteles Holz als mögliches Material für einen Stuhl, eine Bank oder Ähnliches.

---

[97] Vgl. zur Realmöglichkeit auch die Abschnitte *Unter Verdacht* in *Warum ist überhaupt etwas und nicht vielmehr nichts?* und *Viel Lärm ums Nichts* in *Anfang und Nichts*.

Außerdem galt als möglich, dass es künftig regnen wie auch nicht regnen wird. Geht es nun um die reale Möglichkeit des Nichtseins der Wirklichkeit im Ganzen, so kommen weder Materie noch Zukunft als die gesuchten Ursprungs- und Aufenthaltsorte der alternativen Realmöglichkeit in Frage, weil beide zur Welt gehören.

Seit Jahrtausenden bieten die monotheistischen Religionen, in denen zum ersten Mal die Kontingenz der Welt, also deren Überhauptnichtseinmüssen, festgestellt wurde, eine schlüssige Lösung an: Ursprungs- und Aufenthaltsort der offenen Realmöglichkeit sei Gott, und die Welt brauchte nicht zu sein, weil ihr Schöpfer sie nicht erschaffen musste. Die Welt sei die kontingente Wirkung des freien göttlichen Willens, für den es keinerlei Notwendigkeit gab, sie hervorzubringen. Diese Überlegungen sind stimmig, nur existiert Gott höchstwahrscheinlich nicht, wie unsere kosmohermeneutischen Ewägungen gezeigt haben. Daher stellt sich die Frage, wo es die Realmöglichkeit zum Nichtsein der Welt sonst noch geben kann. Zynisch spricht Nicolai Hartmann in diesem Zusammenhang von Gespensterdasein der frei herumlaufenden Möglichkeiten[98] und weist nachdrücklich darauf hin, dass nicht alles, was uns als denkmöglich vorschwebt, auch realmöglich ist. Wenn es Gott nicht gibt, müsste es die alternative Realmöglichkeit der Welt im Nichts geben.

Aber nichts ist nichts. Es bezeichnet das Fehlen von Jeglichem. Folglich kann es „darin" keine alternativen Möglichkeiten geben, geschweige denn etwas „daraus" hervorgehen. Im Grunde genommen gibt es weder das Nichts noch die Möglichkeit zum Nichtsein „vor" der Wirklichkeit im Ganzen, weil nichts aus nichts entstehen kann. Davon unberührt scheint aber weiter widerspruchsfrei denkbar zu sein, dass es auch nichts geben könnte. Doch auch das stimmt nicht.

Denn wenn es gar nichts geben würde, dann wäre sogar undenkbar, dass überhaupt etwas entstehen könnte. Selbst die bloße Denkbarkeit des Nichts wird durch die aus dem Nichts folgende Undenkbarkeit des Ganzen ad absurdum geführt. Schon auf der begrifflichen Ebene entsteht also ein Widerspruch, durch den selbst die logische Möglichkeit, dass nichts sein müsste, ausgeschlossen wird. Denn aus der unleugbaren Tatsache, dass etwas existiert, folgt zwangsläufig, dass es niemals nichts gab. Da nichts aus nichts entstehen kann, Blumen, Bäume und Berge aber zweifellos existieren, muss es schon „immer" etwas gegeben haben, mit dem alles bis heute verbunden ist. Die Existenz der Welt beweist die Unmöglichkeit des absoluten Nichts.

Wenn es sonach real unmöglich ist, dass das anfangs-, grund- und zwecklose Ganze nicht existiert, weil es die Möglichkeit zum Nichtsein, das Nichts, gar nicht geben kann, dann existiert die Wirklichkeit in einem speziellen Sinne not-

---

[98] Vgl. Hartmann, Möglichkeit und Wirklichkeit, S. 174f.

wendigerweise. Zum besseren Verständnis dieser Notwendigkeit sei sie von anderen Formen der Notwendigkeit abgegrenzt. Das anfangslose Ganze existiert nicht notwendig im kausalen Sinne (Wenn der Regen auf die Straße fällt, dann wird sie nass). Es existiert aber auch nicht notwendig im logischen Sinne (3x3=9) oder geometrischen Sinne (Die drei Winkel eines Dreiecks ergeben immer 180 Grad). Das große Ganze ist notwendig im faktischen Sinne, und das heißt: Es ist notwendig, weil seine Existenz der Möglichkeit, zu sein und nicht zu sein, vorausgeht, nachdem einmal feststeht, dass etwas existiert. Das Ganze des Seienden ist also notwendig aus Mangel an realer Möglichkeit, nicht zu sein. Es gibt diese Möglichkeit einfach nicht. Mit Thomas von Aquin gesprochen: „Jedem aber, das ist und das nicht in der Möglichkeit ist, nicht zu sein, ist es notwendig zu sein; denn notwendig zu sein und nicht in der Möglichkeit, nicht zu sein, bedeutet dasselbe."[99] Wenn also die Wirklichkeit einfach da ist, dann besteht sie in letzter Beziehung nicht nur anfangs-, grund- und zwecklos, sondern sogar mit Notwendigkeit, weil „immer" schon etwas da war, so dass es weder das Nichts noch die Möglichkeit zum Nichtsein „zuvor" geben konnte.

Der frühe Jean-Paul Sartre hat diese komplexen Zusammenhänge im *Ekel* erahnt, wenn er über die nackte Existenz schreibt: „Man konnte nicht einmal fragen, wo alles das herkam und warum eine Welt existierte statt des Nichts. ... Es hatte nichts vor ihr gegeben. Nichts. Es hatte keinen Zeitpunkt gegeben, wo sie vermocht hätte, nicht zu existieren ... es war nicht möglich, dass sie nicht existierte ... Das Nichts war nur eine Idee in meinem Kopfe ... dieses Nichts war nicht vor der Existenz gekommen."[100] Ähnlich fragte bereits im 19. Jahrhundert Ludwig Feuerbach: „Woher ist also die Welt? ... Warum ist sie?"[101] und antwortet, dass sie „aus Notwendigkeit existiert, aber nicht aus einer Notwendigkeit, die in einem anderen, von ihr unterschiedenen Wesen liegt ..., sondern aus eigenster, innerer Notwendigkeit."[102] Das sieht Friedrich Nietzsche genauso, der ebenfalls aus dem faktischen Mangel der Welt an Möglichkeit, überhaupt nicht zu sein, den Schluss zieht: „Geschehen und Notwendig-Geschehen ist eine Tautologie ... Es gibt nur Notwendigkeiten." Mit anderen Worten: „Jene eisernen Hände der Notwendigkeit, welche den Würfelbecher des Zufalls schütteln, spielen ihr Spiel unendliche Zeit."[103] Nicht zuletzt der mittlere Schelling: „die Frage: warum ist nicht nichts, warum ist etwas überhaupt? – diese Frage ist auf ewig verdrungen durch die Erkenntnis, dass das Sein notwendig ist."[104]

---

[99] Thomas von Aquin, Compendium Theologiae, Caput 6.
[100] Sartre, Der Ekel, S. 143.
[101] Feuerbach, Das Wesen des Christentums, S. 184.
[102] A.a.O., S. 184, 93.
[103] Nietzsche, KSA Bd. 3, S. 122, 468; ders., Der Wille zur Macht, S. 432.
[104] Schelling, Ausgewählte Schriften Bd. 3, S. 165.

Wie die Subsistenz, Anfangs- und Grundlosigkeit des Seienden im Ganzen bleibt diese Notwendigkeit naturwissenschaftlichen Forschungen verschlossen. Sie erschließt sich erst kosmohermeneutischen Deutungen, in denen ausgehend von naturwissenschaftlichen Hypothesen ein Ausgriff aufs Ganze im Letzten gewagt wird.

Alte Modelle der Weltnotwendigkeit

Ausgehend von der griechischen Erkenntnis, dass nichts aus nichts entstehen kann, die durch die heutige Astrophysik wiederbelebt zu werden scheint, darf vermutet werden, dass, wenn jetzt etwas existiert, schon „immer" etwas existierte. Allerdings wissen wir nichts Genaueres über dieses anfangslose Erste „vor" dem Urknall. Es gibt vielfältige Mutmaßungen und Spekulationen über Quantenfluktuationen, „Big Bounce", Vorläufer-Universen und Multiversum. Möglicherweise werden wir eines Tages mehr hierüber erfahren, vielleicht aber auch nicht, weil es nicht nur unsere Vorstellungskraft, sondern womöglich ebenso unser Denktalent übersteigt. Aber selbst wenn uns niemand in der Frage nach der Beschaffenheit des anfangslosen Ersten ein Licht aufsteckt, so steht doch fast zweifelsfrei fest, dass es solcherlei gab, sonst würde ja heute nichts existieren.

Das große Ganze ist der Inbegriff einer unerbittlichen Notwendigkeit. Es ist keineswegs in die Möglichkeit eingebettet, überhaupt nicht sein zu können. Diese Erkenntnis, die dem monotheistischen Schöpfungsbegriff widerspricht, der von der Kontingenz der Welt ausgeht, steht in der Tradition der antiken Naturphilosophie. Ob Heraklit oder Aristoteles – sie alle lehren einen ursprungslosen Weltbestand von Ewigkeit her, der aus Mangel an Möglichkeit, die Welt aus dem Nichts hervorbringen zu können, mit Notwendigkeit existiert.

Ähnlich besteht für die Neuplatoniker Plotin, Proklos und Porphyrios die ungewordene Welt ihrem Dasein nach notwendigerweise, sogar wenn sie aus dem sogenannten göttlichen Einen hervorgeht. Aber das göttlich Eine ist nicht der freie Grund einer kontingenten Welt. Deren Hervorgang aus dem Göttlichen sei ein notwendiger Prozess ohne Anfang. Es ist von ewig quellendem Entfließen aus Gott die Rede, einem Emanieren, das nicht ausbleiben kann.

Einen vergleichbaren Standpunkt vertreten zahlreiche arabische Philosophen zwischen dem 10. und 12. Jahrhundert. So existiert nach Alfarabi, Avicenna und Averroes die Welt durch immerwährende Emanation aus dem göttlichen Einen mit Notwendigkeit von Ewigkeit her. Die Vorstellung, Gott könne einmal ohne Welt gewesen sein und sich irgendwann entschlossen haben, sie aus dem Nichts zu erschaffen, lag außerhalb ihres Denkhorizonts. Das göttliche Eine produziert anfangslos mit Notwendigkeit die Weltvielfalt, die aus ihm herausfließt. Wie die neuplatonische steht die arabische Position in krassem Gegensatz zum traditionellen Gottes- und Schöpfungsbegriff.

Im Übergang zur Neuzeit beschreiben Giordano Bruno und Baruch de Spinoza das Weltall gleichfalls als ungewordenes Ganzes, das mit Notwendigkeit existiert. Das Universum sei das Allumfassende, das aus Mangel an Möglichkeit, nicht zu sein, nicht nicht sein könne. Speziell Spinoza entwickelt ein System der Notwendigkeit, in dem alles sogar als logisch notwendige Folge aus der göttlichen Natur entwickelt wird. An die Stelle der „überfließenden" Notwendigkeit bei den Neuplatonikern und Arabern tritt bei dem Rationalisten Spinoza die „logische" Notwendigkeit: Alles gehe mit derselben Notwendigkeit aus der göttlichen Natur hervor, „wie aus der Wesenheit des Dreiecks, dessen drei Winkel zweien rechten gleich sind."[105] Dem entsprechend kann das göttliche Eine wieder überhaupt nicht nichts hervorbringen und nichts anderes, als existiert. Zwar wird die göttliche „Substanz" durch nichts genötigt oder gedrängt, aber den Kosmos, die Vielheit der Dinge, die Spinoza als „Modi" und „Attribute" der göttlichen „Substanz" bezeichnet, kann diese überhaupt nicht nicht haben. Dabei wird die Welt erneut ohne zeitlichen Anfang und ohne zeitliches Ende vorgestellt.

Somit herrscht im Ergebnis zwischen Neuplatonikern, Arabern und Giordano Bruno oder Spinoza eine große Übereinstimmung.

Die Substanz

Was auch immer das ursprungslos anfänglich Existierende ist, Quantenfluktuationen oder Ähnliches, in jedem Falle beruht dessen Essenz (Was) auf seiner Existenz (Dass). Zwar lässt sich die Existenz von der Essenz nicht abtrennen, wie schon Schopenhauer betont, der daran erinnert, „dass jede Existentia eine Essentia voraussetzt, d.h. jedes Seiende muss eben auch Etwas sein, ein bestimmtes Wesen haben. Es kann nicht dasein und dabei doch nichts sein" – genau „so wenig wie eine Essentia ohne Existentia"[106] sein kann. Beide kommen nicht unabhängig voneinander vor, so grundverschieden sie sind. Sie können nicht ohne einander sein.

Allerdings geht die Existenz der Essenz voraus – aber weder der Zeit noch dem Range, sondern nur der logischen Folge nach. Die Existenz bildet die Grundlage der Esssenz. In diesem Sinne besitzt die Existenz der Essenz gegenüber Priorität, weil ohne sie überhaupt nichts sein könnte. Darum heißt es im Abschnitt *Unter Verschluss* in *Warum ist überhaupt etwas und nicht vielmehr nichts?*: Existenz kann einer Sache nicht als Eigenschaft zugeordnet werden,

---

[105] Spinoza, Ethica, S. 255.
[106] Schopenhauer, Preisschrift über die Freiheit des Willens, S.92

ohne dass sie mit der Sache bereits vorausgesetzt wäre. Die Existenz ist also das Erste, die Essenz das Zweite. Jene „liegt" dieser „zugrunde".

Wörtlich heißt „Substanz" soviel wie das „Zugrundeliegende". So verstanden bildet die Existenz die Substanz alles Wirklichen. Der Pantheist Spinoza scheint zu dieser Auffassung zu neigen, für den alle Dinge dieser Welt lediglich „Modi" und „Attribute" der göttlichen „Substanz" sind, deren Essenz ihre Existenz darstelle: „Gottes Existenz und Gottes Wesen ist ein und dasselbe."[107] Darum dürfe nicht gesagt werden, dass „Gott sich seiner Existenz erfreut, denn Gottes Existenz ist, nicht anders als seine Essenz, Gott selbst."[108]

Mit dieser seltsamen Feststellung bewegt sich der Pantheist Spinoza scheinbar auf den Bahnen der traditionellen Metaphysik. Denn fast wortgleich schreibt der katholische Theist Thomas von Aquin: „Gottes Wesen ist nichts anderes als sein Sein",[109] wobei „Sein" hier soviel wie Existenz meint: „dass es ist", wie Thomas präzisiert. Dagegen bedeutet Wesen: „was es ist". Damit möchte Thomas sagen: Alles, was Gott ausmacht, ist ihm seit Ewigkeit mit Notwendigkeit eigen. Es gibt an Gott nichts Zufälliges, Beiläufiges, das auch nicht sein könnte, nichts unverwirklicht Mögliches, das irgendwann werden kann. „Er ist reine Wirklichkeit."[110] Darum heißt, sein Wesen zu nennen, schon ihn selbst zu benennen. Das bedeutet, seine Bestimmungen sind Gott nicht einfach nur zugehörig, sondern bringen ihn direkt zum Ausdruck. Sie sind weder Eigenschaften noch Prädikate, sondern von ihm ununterschieden und mithin Gott selbst. „Also ist er selbst sein Wesen."[111]

Bei uns Menschen verhält es sich hiermit anders: Ein „vernunftbegabtes, sterbliches Sinnenwesen" bedeutet zwar dasselbe wie „Mensch", aber nicht dasselbe wie „weißer Mensch". Es gibt vielerlei an uns, das anders sein könnte, ohne dass wir aufhören würden, Menschen zu sein: etwa unsere Körpergröße, Haut- und Haarfarbe. Dagegen ist Gott pure Wirklichkeit, ohne die Möglichkeit, anders und nicht sein zu können. Allerdings steht damit nicht bereits fest, dass Gott existiert. Seine Existenz wird hier stillschweigend vorausgesetzt. Deshalb müsste es präziser heißen: Falls Gott existierte, wäre er reine Wirklichkeit, nur ob er existiert, lässt sich auf diesem Wege nicht ermitteln. Dieser Frage geht Thomas an anderer Stelle nach.

Obwohl Spinoza das Gleiche wie Thomas zur Sprache bringt, bedeutet es bei ihm doch etwas Anderes. Das hängt mit dem Unterschied zwischen Pantheismus und Theismus zusammen. Bei dem katholischen Thomas ist Gott eine jen-

---

[107] A.a.O., S. 121
[108] Spinoza, Gedanken zur Metaphysik, S. 155.
[109] Thomas von Aquin, Compendium Theologiae, Caput 11.
[110] A.a.O., Caput 10.
[111] Ebda.

seitige Macht außerhalb der Welt; bei Spinoza ist Gott eine diesseitige Kraft in den Dingen. Der Pantheist rückt Gott gewissermaßen näher an die Dinge heran, deren Abstand zu Gott bei Thomas größer ausfällt. So ist bei Spinoza etwa die Ausdehnung, der Raum, ein „Attribut" der göttlichen „Substanz"; die vielfältigen Dinge – Sandkörner, Seen, Sterne – sind ihre „Modi". Indem Spinoza schreibt, dass die Essenz der „Substanz" deren Existenz ist, macht er darauf aufmerksam, dass die Existenz allem Wirklichen, also den Attributen und Modi „zugrundeliegt".

Thomas belässt vorderhand im Unklaren, ob es Gott gibt, der, falls es ihn gäbe, Existenz im beschriebenen Sinne wäre; bei Spinoza bleibt dagegen unklar, ob die Existenz, die zweifellos das Fundament alles Seienden ist, wirklich göttliche Qualität besitzt. Bei Thomas bleibt also an dieser Stelle klärungsbedürftig, ob Gott existiert, bei Spinoza, ob die bloße Existenz göttlich ist.

Anders gewendet: Ausgehend von der Vielfalt des Wirklichen, Staubkörnern, Seen und Sternen, kann nach dem „Einen in Allem" gefragt werden. Durch fortschreitende Abzüge aller Wesenseigenschaften von den Dingen, also durch Abstraktion ihrer prädikativen Bestimmungen, gelangt man an den äußersten Punkt der Wirklichkeit, mit Spinoza: an ihre Substanz. Deren Essenz ist die allem Seienden logisch vorgeordnete Existenz, also ihr „Dass", dem das „Was" alles Wirklichen logisch nachgeordnet bleibt.

Das unvordenkliche Sein

Die Existenz geht also der Essenz voraus.[112] Diese Formulierung geht auf Jean-Paul Sartre zurück, drückt aber bei ihm etwas ganz anderes aus, als hier damit gemeint ist. Sartre möchte mit dem berühmten Satz sagen, dass der Mensch zuerst existiert und sich anschließend definiert. Der Mensch komme gleichsam als unbeschriebenes Blatt auf die Welt, und es hänge allein von ihm ab, als was er sich sehe und verstehe. Er sei nichts anderes als das, wozu er sich selbst mache. Kein Programm könne den Einzelnen so einzwängen, dass er sich nicht zumindest teilweise davon befreien könne. In diesem Sinne liegt seine Existenz seinem Wesen voraus.

Sartres hier nicht weiter erläutertes Menschenbild wurde von uns in abgewandelter Form aufs anfangslose Erste übertragen. Denn damit eine Sache bestimmte Eigenschaften haben kann, muss sie überhaupt erst mal existieren. Wie bereits betont, ist Dasein eine wesentliche Voraussetzung von Sosein, mag jedes Was auch mit seinem Dass untrennbar verbunden sein. Demgemäß hat die anfangslose Existenz von da an, dass es sie gibt, zwar bereits eine Essenz, dennoch geht ihr Dasein ihrem Sosein voraus, insofern jene letzterem zugrundeliegt. Mit

---

[112] Vgl. Sartre, Drei Essays, S. 11.

anderen Worten ist das Wesen der anfangslosen Existenz, das uns Menschen unzugänglich bleibt, dieser logisch nachgeordnet.

Von allen neuzeitlichen Philosophen hat der späte Schelling am stärksten der befremdlichen Existenz der Welt nachgespürt. Während Spinozas Begriff Substanz die anfangslose Existenz erst im Schattenriss erkennen lässt, erstrahlt sie beim späten Schelling in hellem Licht als „unvordenkliches Sein"[113]. Dieser Begriff bringt zum Ausdruck, dass die anfangslose Existenz nicht auf das Denken oder die Vernunft zurückgeht. Das unvordenkliche Sein besteht nach Schelling unabhängig davon und zwar völlig grundlos. Zugleich macht der Ausdruck Unvordenklichkeit darauf aufmerksam, dass das von jeder Wesensbestimmung abstrahierte, inhaltlich bestimmungslose „Dass" begrifflich unfassbar bleibt. Denn alles Begreifen von etwas bezieht sich auf etwas, das so und so beschaffen ist, also auf etwas Bestimmtes oder Wesenhaftes. Die aller Eigenschaften entkleidete Existenz ist aber logischerweise nackt, und das heißt unbestimmt und unterschiedslos.

Da drängt sich sofort die Frage auf, wie überhaupt sinnvoll von reiner Existenz gesprochen werden kann. Diese Redeweise beruht auf einer Abstraktion, in der von den Dingen alle Eigenschaften abgezogen werden. Ein angemessenes Bild lässt sich hiervon nicht machen. Wo solches fehlt, dort können aber wieder absolute Metaphern hilfsweise einspringen, die dann den Begriff der gänzlich entblößten Existenz in der Anschauung vertreten. Fast automatisch ruft das von allen Merkmalen befreite „Dass" Assoziationen an weitgehend ungeformte Materie hervor: an einen Haufen Erde, Lehm oder Teig, ebenso an Schlamm, Schnee und Lavaströme, aus denen sich vielerlei formen ließe. Obgleich solch gestaltbare Stoffe auch eine Form haben, weshalb sie selbst als Metaphern nur eingeschränkt funktionieren, verhilft der bildhafte Vergleich des nackten Dass mit größtenteils amorphen Massen der Existenz zu einem halbwegs plausiblen Verständnis. Aufgrund ihrer relativen Bestimmungsarmut bieten die bildlichen Ausdrücke der unvorstellbaren nackten Existenz gleichsam einen anschaulichen Unterschlupf.

Hierzu passend ließ schon Sartre im *Ekel* seinen Helden tiefen Abscheu vor „ganzen Tonnen voll Existenz"[114] empfinden, die erst klar hervortraten, nachdem alle Dinge um ihn herum ihre Bestimmungen und Namen wie Gewänder von sich gestreift hatten. Zweifellos assoziiert man mit „Tonnen voll Existenz" das Bild von einem Haufen ungeordneten Sands oder Erde. Sartre gebraucht selbst dieses Bild, wenn er die offenbare Existenz der Dinge als „monströse, weiche Masse"[115] charakterisiert. Genau genommen meinen Schellings „unvor-

---

[113] Schelling, Ausgewählte Schriften Bd. 5, S. 779ff.
[114] Sartre, Der Ekel, S. 143.
[115] A.a.O., S. 136.

denkliches Sein" und Sartres namenlose Existenz im *Ekel* dasselbe, nämlich das in letzter Beziehung grundlose, unbegreifliche Überhauptsein der Wirklichkeit. Da das „unvordenkliche Sein" anfangslos da ist, nennt Schelling dieses Substrat alles Wirklichen auch „erstes Dass""[116] oder „Ursein",[117] und weil es zugleich aller Wesensbestimmungen entbehrt, überdies „reines Dass."[118] Zu guter Letzt durchschaut Schelling wie anschließend Nietzsche, Feuerbach und Sartre, dass das anfangslos Erste aus Mangel an Möglichkeit, überhaupt nicht zu sein, faktisch notwendig existiert. Nachdrücklich weist er darauf hin, dass das anfangslose Ursein „nicht erst möglich und dann wirklich (ist), sondern es ist gleich wirklich, es fängt mit dem Sein an."[119] Es ist das „notwendig Existierende."[120] Doch geht Schelling noch einen Schritt weiter, indem er das nackte Dass oder unvordenkliche Sein sogar als das „zufällig notwendig Existierende"[121] kennzeichnet. Mit „zufällig" ist hier gemeint, dass das anfangslose Erste einfach da ist, unbeabsichtigt, ungewollt, ebenso grund- wie zwecklos. Es gab für das unvordenkliche Sein nie die alternative Möglichkeit, zu sein und nicht zu sein, weil es dieser Möglichkeit durch seine Existenz immer schon zuvorkam. Darum heißt es auch das „blind Existierende."[122]

Diese kosmohermeneutischen Charakterisierungen des anfangslosen Ersten – nämlich in letzter Beziehung zufällig notwendig, grund- und zwecklos da zu sein – übertragen sich auf die gesamte Wirklichkeit bis zu unserer eigenen Existenz, wenn zutrifft, dass nichts aus nichts entstehen kann. Doch der späte Schelling beschreibet diesen Weg noch nicht, den nach ihm Feuerbach, Nietzsche und Sartre gegangen sind. Stattdessen verknüpft der Spätromantiker auf originelle Weise den griechischen Grundsatz, dass nichts aus nichts zu entstehen vermag (ex nihilo nihil fit) mit der monotheistischen Lehre von der Schöpfung aus dem Nichts (creatio ex nihilo). So abstrus und spekulativ Schellings Überlegungen heute klingen, das Aufregende hieran bleibt seine Vermutung, dass Gott, falls es ihn gäbe, nicht in der Lage gewesen wäre, die Welt aus dem Nichts hervorzubringen. Die Idee der Schöpfung aus dem Nichts sei ein „Grundirrtum".[123] Nach Schellings Überzeugung hat Gott bei der Schöpfung die Existenz der Welt aus sich selbst nehmen müssen, wo es sie als das anfangslose Erste oder unvordenkliche Sein immer schon gegeben habe.

---

[116] Schelling, Ausgewählte Schriften Bd. 5, S. 574.
[117] A.a.O., S. 783
[118] A.a.O., S. 574.
[119] A.a.O., S. 780.
[120] A.a.O. S. 779.
[121] A.a.O, S. 780.
[122] Ebd. – Zur faktischen Notwendigkeit der Welt vgl. auch Hartmann, Möglichkeit und Wirklichkeit, S. 219.
[123] Schelling, Ausgewählte Werke Bd. 2, S. 51.

Im Nebel kruder Spekulationen

Da nichts aus nichts entstehen kann, muss nach Schelling die Existenz einer möglichen Welt schon vor deren Erschaffung in Gott als solche Existenz vorhanden gewesen sein. Bei der Schöpfung gibt Gott diese Existenz gleichsam an die Welt. Bei alldem lässt Schelling die in Gott befindliche Existenz einer möglichen Welt bemerkenswerterweise selbst Gott noch vorausgehen. Das heißt, das unvordenkliche Sein ist das ursprungs- und anfangslose Allererste. Aber von da an, dass es ist, zeigt sich in ihm die „Möglichkeit eines anderen Seins."[124] Das Andere, in das sich das unvordenkliche Sein verwandeln kann, ist die Welt. Aber woher kommt diese Möglichkeit? „Diese Möglichkeit erscheint dem Sein als etwas zuvor nicht Dagewesenes, Neues, Unerwartetes."[125] Die Möglichkeit zur Weltwerdung ist also im unvordenklichen Sein einfach da. Nun muss es aber dazu noch eine Macht geben, die über diese Möglichkeit frei verfügen kann. Diese ist der Geist Gottes, den Schelling kurz „Herr"[126] nennt. „Die Möglichkeit des anderen Seins erscheint dem in dem Ursein Eingeschlossenen",[127] nämlich dem göttlichen Geist, der interessanterweise erst an dritter Stelle genannt wird.

Nicht zeitlich, sondern logisch betrachtet, gibt es also zuerst die von aller Bestimmung freie Urexistenz, das unvordenkliche Sein, dann die Möglichkeit, diese zur Existenz der Welt umzuwandeln, und zuletzt erst die göttliche Macht, diese Möglichkeit zu ergreifen. Nach Schelling ist der göttliche Geist zwar mächtig, die Urexistenz zur Weltexistenz werden zu lassen, aber ohnmächtig, sie aus dem Nichts hervorzubringen. Dabei findet der göttliche Geist nicht nur die Urexistenz, sondern auch die genannte Möglichkeit und sich selbst einfach vor. Somit ist das unvordenkliche Sein als das anfangs- und grundlose Erste selbst für den göttlichen Geist unergründlich und von ihm einfach hinzunehmen. Bei Erschaffung der Welt zaubert Gott nicht wie der monotheistische Schöpfer die Welt aus dem Nichts, sondern nimmt deren mögliche Existenz als etwas, das in ihm liegt und ihm sogar vorausliegt, aus sich selbst, um sie anschließend Welt werden zu lassen. So besitzt Gott zwar die Macht, das unvordenkliche Sein zu verwandeln, er ist aber nicht mächtig genug, es zu erschaffen.

Der Beginn dieser Verwandlung des unvordenklichen Seins ist mit dem zeitlichen Anfang der Welt identisch; spontan assoziiert man hiermit den Urknall. Allerdings ist die Entstehung des Universums bei Schelling keine Schöpfung aus dem Nichts (creatio ex nihilo), sondern eine Schöpfung aus Gott (creatio ex Deo). Das Weltall brauchte nicht zu sein, weil der göttliche Geist das unvor-

---

[124] A.a.O., S. 784.
[125] Schelling, Philosophie der Offenbarung, S. 163.
[126] Schelling, Ausgewählte Schriften Bd. 5, S. 785.
[127] A.a.O., S. 783.

denkliche Sein nicht an die Welt geben und zur Welt formen musste. Zuletzt kommen bei Schelling wieder traditionelle Vorstellungen der monotheistischen Schöpfungslehren zum Tragen, behaupten doch auch sie sowohl einen zeitlichen Anfang der Welt als auch deren Kontingenz im Sinne der Nicht-Notwendigkeit.

Indem Schelling dem göttlichen Geist nicht mehr eine Schöpfung aus dem Nichts zutraut und die Existenz einer möglichen Welt als anfangsloses Erstes einführt, das selbst dem göttlichen Geist noch vorgeordnet ist, misst er wie kein anderer Philosoph zuvor der Existenz allergrößte Bedeutung bei, die er selbst ausdrücklich als „das absolut Erstaunenswerte"[128] feiert. Tatsächlich ist das unvordenkliche Sein als das zufällig notwendig Existierende das Bemerkenswerteste überhaupt, über das sich sogar Schellings Gott hätte wundern dürfen, weil es ja für ihn einfach da war, wie er für sich selbst gleichfalls einfach da war.

Heute überzeugen Schellings religionsphilosophische Spekulationen nicht mehr. Die Zeit ist darüber hinweggegangen. Bereits Friedrich Engels, der sich ausgiebig mit Schellings Existenzphilosophie befasste, ließ den göttlichen Geist aus dem unvordenklichen Sein entweichen und bekannte sich in seiner *Philosophie der Natur* zu einem an Schellings Spätphilosophie orientierten Naturalismus.[129] So verabschiedet sich von neuem die Kontingenz aus der Wirklichkeit, nämlich die Möglichkeit, dass die Welt überhaupt nicht zu sein brauchte. Doch das unvordenkliche Sein bleibt: die anfangs- und grundlose Existenz, die aus Mangel an Möglichkeit, überhaupt nicht zu sein, faktisch notwendig besteht. Dagegen erweist sich das Nichts sowie die Möglichkeit des Überhauptnichtseins der Wirklichkeit erneut als bloße Fiktion. Alles, was existiert, ist grundlos da, und aus Mangel an Möglichkeit, überhaupt nicht zu sein, in letzter Beziehung sogar notwendigerweise.

Faktische Notwendigkeit und objektiver Zufall

Die faktische Notwendigkeit des anfangslosen Ersten überträgt sich auf das Inventar der gesamten Wirklichkeit – sei es auf die Kraftteilchen, die Bosonen, sei es auf die Materieteilchen, den sogenannten Fermionen, auf die Grundkräfte des Universums wie etwa den Elektromagnetismus, auf Konstanten wie die Lichtgeschwindigkeit, die Teilchen- und Welleneigenschaften der Quanten, den Spontanzerfall der Neutronen, auf die Dunkle Materie und Dunkle Energie, so es sie wirklich gibt, die Raum-Zeit und ihre Krümmungen, die Schwarzen Löcher, Gravitationswellen, Milliarden Galaxien mit ihren Sternen und Planeten, das Multiversum, falls auch dies tatsächlich besteht, und auf alles Sonstige.

---

[128] Schelling, Philosophie der Offenbarung. S. 92.
[129] Vgl. Wetz, Schelling zur Einführung.

Dabei widerspricht nur scheinbar die faktische Notwendigkeit dem quantenmechanischen Indeterminismus und objektiven Zufall, wie in *Inventur der Tatsachen* dargelegt.[130] Denn dass Radiumatome zufällig zerfallen, die eindeutigen Messergebnisse der quantenphysikalischen Experimente indeterminiert, also grundlos geschehen und lediglich statistisch wahrscheinlich sind – das alles ist schlussendlich selbst grundlos: Es ist einfach so, wie es ist, ohne die Möglichkeit, nicht oder anders sein zu können, und somit faktisch notwendig. Das heißt, die quantenmechanische Möglichkeit, vor dem Messvorgang so und anders zu sein und sein zu können, oder die Möglichkeit, des Radiumatoms ursachlos jetzt oder nachher zu zerfallen, besteht in letzter Beziehung aus Mangel an Möglichkeit, überhaupt nicht zu bestehen, faktisch notwendig. Als Letztbestimmungen des großen Ganzen wohnen die faktische Notwendigkeit und Grundlosigkeit allem inne, was die Wirklichkeit ausmacht – auch dem objektiven Zufall und Indeterminismus.

Facetten des Unbegreiflichen

Die Tatsache, dass überhaupt etwas existiert und nicht vielmehr nichts, wird gerne als „Wunder aller Wunder" bezeichnet. Ludwig Wittgenstein verwarf diesen Sprachgebrauch, obgleich die bloße Existenz der Welt auch auf ihn eine ungeheure Faszination ausübte. Dennoch hielt er solche Redensarten für unsinnig, weil sie über die Welt hinauszugehen versuchten. Das absolut Wunderbare könne nicht zum Ausdruck gebracht werden.[131] Allerdings irrt Wittgenstein in dieser Frage.

Im Allgemeinen wird unter einem Wunder ein außergewöhnlicher Vorgang verstanden, den man weder einordnen noch erklären kann. Bei wundergläubigen Menschen lösen rätselhafte Ereignisse sofort höchste Bewunderung und Verwunderung aus. Wunder bezeichnen äußerst Erstaunliches. Im religiösen Zusammenhang werden solche verblüffenden Vorgänge mit dem Wirken Gottes oder dem Eingreifen höherer Mächte erklärt. Sie unterstünden nicht den Naturgesetzen, heißt es. Im esoterischen und kirchlichen Erfahrungsraum gelten wissenschaftlich unerklärliche Ereignisse als Wunder, welche die natürlichen Gesetzmäßigkeiten durchbrochen zu haben scheinen.

Aufgeklärte Humanisten, Atheisten und Naturalisten bekämpfen jeden Wunderglauben als Aberglauben und verfolgen Wundergeschichten mit großer Skepsis. Sie setzen Wunderberichte mit einem Mangel an Erkenntnis gleich.

Trotz aller berechtigten Zweifel gibt es jedoch Sachverhalte, welche die Bezeichnung Wunder verdienen: das scheinbar Selbstverständliche. In diesem Sinne vermerkt Friedrich Schleiermacher: „Wunder ist nur der religiöse Name

---

[130] Vgl. Teil I, Kapitel *Inventur der Tatsachen*, Abschnitt *Im Dickicht bizarrer Entdeckungen*.
[131] Vgl. Wittgenstein, Geheime Tagebücher, S. 85f.

für Begebenheit, jede auch die allernatürlichste und gewöhnlichste ... ist ein Wunder. Mir ist alles Wunder."[132] Eine gewöhnliche Apfelblüte, Feldblumen, Baumkronen, die im Winde schaukeln, die Berge am Horizont und die Wolken am Himmel – das alles erscheint als wunderbar, wenn ihm seine Selbstverständlichkeit genommen wird, so dass es in neuem Licht erglänzen kann. „Was nennen wir Wunder?", fragt Ludwig Tieck. „Die Menschen bezeichnen damit das Ungewöhnliche, nicht das an sich Wunderbare":[133] Blumen, Bäume, Berge. Mit Thomas Mann gesprochen: „Ganz zuletzt ... ist alles Dasein ein Wunder."[134] Aber worin besteht das Wunder? Dass alles so ist, wie es ist! Doch das Erstaunlichste bleibt, dass überhaupt etwas ist. Nichts übertrifft die unvordenkliche Existenz an Bestaunenswürdigkeit. Solche Thronerhebung der befremdlichen Existenz alles Seienden dringt bis ins letzte Mark der Wirklichkeit vor. Sie ist ein Letztes, auf dem sich – mit Wittgenstein gesprochen – der Spaten wie auf einem harten Felsen zurückbiegt.[135] Das mit dieser Rangerhöhung der Existenz verknüpfte Staunen ist nicht mehr der Anfang unserer Kosmohermeneutik, sondern deren Vollendung.

Denn was auch immer in der Welt uns sonst noch erstaunen mag, das befremdliche Überhauptsein, diese Voraussetzung von allem, ist das Allererstaunlichste. Das Wunder des nackten Dass lässt sich weder auf etwas reduzieren noch durch etwas explizieren. Es bleibt in letzter Beziehung ebenso unbegreiflich wie unerklärlich. Naturforscher finden bestenfalls heraus, wie die Dinge funktionieren und wie das eine aus dem anderen hervorgeht, doch deren Überhauptsein müssen sie als unverständlich hinnehmen. Für Erklärungen gibt es keine Erklärungen! So mag es überall in der Welt mit rechten Dingen und im weitesten Sinne rational zugehen, die Existenz der Wirklichkeit bleibt schlechthin irrational. Nun hat das Wort irrational viele Bedeutungen. Oft wird hiermit das Abnorme, Unvernünftige, Verrückte, Wahnsinnige, Zwanghafte oder Abergläubische bezeichnet. Hier sei lediglich die Unbegreiflichkeit des nackten Dass darunter verstanden. Dieses kann mindestens dreierlei bedeuten.

Erstens ist die von allen inhaltlichen Bestimmungen befreite Existenz im Sinne der begrifflichen Unfassbarkeit unbegreiflich. Denn begriffen kann nur werden, *was* etwas ist. Die für sich betrachtete Existenz ist aber infolge ihrer Wesenlosigkeit absolut unbestimmt. Wie bereits erläutert, kann von „formloser Masse" nur festgestellt werden, dass sie ist. Denn menschliches Denken bezieht sich immer auf etwas Bestimmtes. Alles Verstehen erfasst Formen. Wird dagegen von allen Wesensbestimmungen abgesehen, so bleibt lediglich ein nacktes

---

[132] Schleiermacher, Über Religion, S. 66.
[133] Tieck, William Lovell, S. 170.
[134] Mann, Felix Krull, S. 477.
[135] Vgl. Wittgenstein, Philosophische Untersuchungen Nr. 217.

Dass übrig, über das wir uns oben metaphorisch ein Bild zu machen versuchten. Das nackte Dass bleibt aber opak, sperrig, widerständig, weil es sich jedem begrifflichen Zugriff entzieht. Diese Undurchdringlichkeit der befremdlichen Existenz darf nicht mit deren Rätselhaftigkeit verwechselt werden – der *zweiten* Dimension ihrer Unbegreiflichkeit. Hier spielt die Frage erneut eine große Rolle, warum überhaupt etwas ist und nicht vielmehr nichts. Sie soll auf das Rätsel der Existenz aufmerksam machen. Das nackte Dass gilt jetzt als unbegreiflich, weil sich uns die Antwort auf die Frage nach seinem letzten Grund entzieht. Deren verborgene Tiefe übersteigt unser Erkenntnisvermögen. Die letzte Warumfrage gilt nun als unergründlich, weil wir den letzten Grund oder die erste Ursache nicht kennen und uns keine zuverlässige Methode zur Verfügung steht, mit deren Hilfe wir sie ermitteln könnten. So bleibt unklar, ob es für die Existenz alles Wirklichen einen höchsten Grund gibt und wenn ja, von welcher Beschaffenheit ein solcher wäre. Diese Beschränktheit unserer Erkenntnisfähigkeit lässt uns die Wirklichkeit als geheimnisvoll erfahren, hinter deren Vorhang sich eine höhere Wahrheit zu verbergen scheint.

An dieser Stelle setzen gewöhnlich die religiösen Schöpfungslehren ein. Sie haben ein ausgeprägtes Gespür für das dunkel erahnte Mysterium der Welt. Deren Vertreter sind sich einig, dass sich das Seiende im Ganzen weder durch Vernunft noch durch Wissenschaft entschlüsseln lässt. Allein der Glaube könne weiterhelfen. Bei der Suche nach letzten Antworten stoßen die großen Religionen auf eine göttliche Macht, die größer als alle menschliche Weisheit und Wissenschaft sei, wie es im Hochmittelalter bei Anselm von Canterbury heißt und das muslimische „Allahu akbar" bekennt: „Gott ist größer". Dem könnte man vorbehaltlos zustimmen, falls es Gott gäbe. Aber es gibt ihn höchstwahrscheinlich nicht.

In starkem Gegensatz zur zweiten Unbegreiflichkeit steht schließlich eine *dritte* Unerklärlichkeit der Existenz, die sich aus der faktischen Notwendigkeit sowie der Anfangs- und Grundlosigkeit des Ganzen ergibt. Auf den ersten Blick liegen die zweite und dritte Dimension der Unbegreiflichkeit dicht beieinander, doch könnten sie kaum unterschiedlicher sein. So ist die Überschreitung der nackten Existenz auf eine göttliche Macht hin nicht etwa deshalb unmöglich, weil sich das Unzugängliche hartnäckig der menschlichen Vernunft verweigert, sondern weil sich hinter dem faktisch notwendigen Ganzen nichts mehr sonst verbirgt. Es lässt sich von nichts ableiten. Damit bleibt die Existenz unfassbar im doppelten Sinne: Sie ist rational undurchdringlich und hierdurch extrem beeindruckend, unglaublich, überwältigend.

Mit anderen Worten: Die durch reflexive Abstraktion von den vorgestanzten Hüllen gewohnter Sinn- und Wesensformen freigelegte Existenz ist weder Symbol noch Anzeichen für etwas Höheres religiöser Art. Das faktisch notwendige Überhauptsein alles Wirklichen ist zwar kosmohermeneutisch klar erkennbar, nur gut lesbar ist es nicht. Es ist gar nicht lesbar, weil es hier nichts zu lesen gibt. Die unerklärliche Existenz, die Schelling „unvordenkliches Sein" und Sartre „vollständige Positivität"[136] nennt, ist mithin nicht deshalb unverständlich, weil ihre Buchstaben unleserlich wären. Sie liegt auch nicht außerhalb der Grenzen menschlicher Verstehbarkeit, so dass ein höherer Verstand sie als bedeutungsvolles Zeichen, gar als göttlichen Text entsiegeln könnte. Die unerklärliche Existenz lässt sich überhaupt nicht näher bestimmen, sondern lediglich beschreiben. Denn sie trägt keinen Code, der entschlüsselt, keine Schrift, die dechiffriert, keinen im manifesten Inhalt verdeckten oder entstellten Gedanken, der ans Tageslicht gezogen werden könnte. Letztlich ist das faktisch notwendige Überhauptsein alles Wirklichen textfremd. Bildhaft formuliert, ist es aussichtslos, unter der Oberfläche des nackten Dass eine Tiefendimension ausmachen zu wollen, da seine Tiefe wieder nur Oberflächen in sich birgt. Die unerklärliche Existenz ist weder ein lösbares Rätsel noch ein ergründbares Mysterium. Alle Versuche, der Wirklichkeit religiöse Geheimnisse entreißen zu wollen, sind zum Scheitern verurteilt, weil es solche nicht gibt. „Das Ansich hat nichts Verborgenes: es ist massiv"[137], schreibt Sartre und meint damit das Gleiche. Natürlich gibt es im großen Ganzen, dem Universum oder Multiversum, eine Reihe physischer Größen, Ereignisse und Kräfte, die uns schon aufgrund unseres begrenzten Forschungstalents wahrscheinlich unzugänglich bleiben. Allerdings berührt diese Annahme nicht die Vermutung, dass die befremdliche Wirklichkeit im Ganzen grundlos und somit faktisch notwendig existiert, so dass sich das Rätsel der Welt auflöst. Die Existenz alles Wirklichen liegt in letzter Beziehung jenseits der Möglichkeit, erklärt werden zu können, weil es hier nichts zu erklären gibt. Das Ganze und damit auch alles Einzelne ist aus Mangel an Möglichkeit, nicht zu sein, einfach da – das ist alles.

Selbstbehauptung der letzten Warumfrage

Wenn außer dem anfangslosen Ganzen einschließlich unseres Weltalls nichts existiert, dann ist die letzte Warumfrage gegenstandslos, wie bereits festgestellt wurde. Denn in diesem Falle gibt es den ersten und höchsten Grund nicht, nach dem sie fragt. Zwar ist die Warumfrage auch jetzt noch theoretisch sinnvoll, praktisch jedoch ist sie soviel wie sinnlos. Sie erübrigt sich, weil sie zu nichts führt. Deshalb sollte vielleicht besser hierauf verzichtet werden.

Allerdings ist diese Einschätzung falsch. Sie beruht auf einem Irrtum. Denn es stimmt nicht, dass die letzte Grundfrage lediglich die Rätselhaftigkeit der

---

[136] Sartre, Das Sein und das Nichts, S. 30-34.
[137] A.a.O., S. 34.

Existenz alles Wirklichen vergegenwärtigen kann, die es gar nicht gibt. Bereits Naturalisten wie Holbach warfen die Frage auf, „warum die Welt existiert",[138] um anschließend deren letzte Grund- und Zwecklosigkeit klarer feststellen zu können. Dagegen soll hier an der Grundfrage: „Warum existiert überhaupt etwas und nicht vielmehr nichts?" festgehalten werden, um das Staunen über das Überhauptsein alles Wirklichen durch dessen Abhebung vom bloß gedachten Nichts ins Unermessliche zu treiben. Die heikle Überlegung, dass auch nichts existieren könnte, darf also angestellt werden, weil sie die Verblüffung über das Überhauptsein der Wirklichkeit zu maximieren vermag. Diese Überlegung ist erlaubt, obwohl sie keinen Anhalt in der Wirklichkeit besitzt und somit von falschen Voraussetzungen ausgeht. Denn mögen sowohl die letzte Warumfrage als auch die bloß fiktiv in Betracht gezogene Möglichkeit des absoluten Nichts gegenstandslos sein, so heben doch beide Erwägungen den in den alltäglichen Routinen verblassten Sensationscharakter des befremdlichen Überhauptseins alles Wirklichen heraus. Demnach hat die gegenstandslose Existenzgrundfrage deshalb einen guten Sinn, weil sie das sogenannte Wunder aller Wunder, dass überhaupt etwas existiert, auf konzentrierte Weise vergegenwärtigt. Die Warumfrage lenkt die Aufmerksamkeit auf das unbegreifliche Dass des Seienden im Ganzen.

Bekanntlich fragt Martin Heidegger nach dem Sinn des Seins, das von allem Seienden wie Elementarteilchen, Bäumen und Sternen unterschieden wird. Der Freiburger Philosoph verstand unter Sein mal eine unzeitgemäße kosmische Macht, der antiken Weltseele vergleichbar, die alles Seiende hervorbringt, ordnet oder lenkt. Mal stellt er das Sein aber auch als Unverborgenheit dar, in der uns das Seiende lediglich *als* solches aufgeht. In diesem Zusammenhang betont er, dass sich die Dinge auf ganz unterschiedliche Weise in der Kulturgeschichte offenbart hätten. Vor dem Hintergrund des geschichtlichen Wandels aller Menschenbilder und Weltanschauungen stellt sich uns daher die Frage, welches Verständnis des Seienden *als* eines solchen noch am ehesten dem Sein entspricht. Denn die Frage nach dem Sinn des Seins, dem „Einen in Allem", soll ja nicht nur als Frage nach dem geschichtlichen Wandel der Unverborgenheit des Seienden behandelt werden, sondern auch als Frage nach dem, was das Sein des Seienden wirklich ausmacht. Welche allumfassende Bestimmung durchdringt die Dinge in letzter Beziehung? Was zeichnet die Wirklichkeit schlussendlich aus? Was ist das Sein des Seienden?

Während für antike Platoniker das Sein des Seienden dessen *anschauliche Wesensform* ist, liegt es für zeitgenössische Physiker in dessen *mathematischer Struktur*, der *Naturgesetzlichkeit* des Universums. Den Pantheisten wiederum

---

[138] Holbach, System der Natur, S. 339.

enthüllt sich das Sein als *Göttlichkeit des Kosmos* und den Theisten als *Schöpfungsordnung*. Dagegen setzen moderne Nihilisten das Sein des Seienden mit dessen *Sinnlosigkeit oder Absurdität* gleich. Bei nüchternen Naturalisten fällt das Sein schlicht mit der *Gesamtheit der natürlichen Tatsachen* zusammen; für sie ist das Sein der *Inbegriff dessen, was der Fall* ist.

Gleichviel, welche der aufgezählten Vorstellungen vom Sein überholt, falsch, richtig oder zeitgemäß sind, jede von ihnen verhüllt etwas Wesentliches. Dieses Verschüttete kommt nicht nur allem Seienden noch ursprünglicher als die aufgelisteten Seinsbegriffe zu, es liegt den genannten Seinsbegriffen sogar zugrunde. Dessen ungeachtet verdient dieses Verdeckte auch deshalb *Sein* genannt zu werden, weil es der *radikale Gegenbegriff zum Nichts* als Negation alles Seienden ist. Wenn nach traditioneller Auffassung vom Seienden schrittweise alle Bestimmungen abgezogen werden, dann gelangt man irgendwann zu völlig Bestimmungslosem, das Sein genannt wurde. Nach der sukzessiven Hinwegnahme aller Prädikate bleibt also ein differenzloses Sein übrig. Näher betrachtet erweist sich dieses im Prozess etappenweisen Abzugs aller Eigenschaften enthüllte Unbestimmte, wie an anderer Stelle hervorgehoben, als dessen bloße Existenz, die im traditionellen Seinsbegriff tendenziell unter fremdem Namen, sozusagen inkognito bleibt. Damit ist bereits im Seinsbegriff als kontradiktorischem Gegenteil des Nichts die Bedeutung der Existenz angelegt. Mithin darf die Gleichsetzung des Seins mit dem nackten Dass weder als künstlich noch als aufgesetzt bewertet werden.

Das Sein ist das spektakuläre Überhauptsein alles Wirklichen, dessen unbegreifliche Existenz, die ungeheure Tatsache, dass überhaupt etwas und nicht vielmehr nichts ist. Somit ist das Sein *das ebenso grundlose wie faktisch notwendige Überhauptsein des Seienden*, welches nachdenkliche Gemüter in überschwängliches Staunen zu bringen vermag.

Der spezielle Verständnishorizont, der dieses Sein entbirgt und dem Seienden seine befremdliche Erstaunlichkeit zurückgibt, ist jene Unverborgenheit, die Heidegger auch das Nichts nennt, das die unheimliche Fremdheit der Welt anzeigt, in der dem Menschen die nackte Existenz der Dinge *als etwas höchst Erstaunliches* aufgeht. Diese außergewöhnliche Erfahrung widerspricht erstens jeder alltäglichen Banalisierung des Wirklichen *als selbstverständlich*, zweitens seiner naturalistischen Bagatellisierung *als natürlich* und drittens seiner religiösen Trivialisierung *als erschaffen*. Bereits der junge Schelling schrieb: „Das bloße Dasein ohne Rücksicht auf die Art und Form desselben müsste jedem, der es so erblickte, als ein Wunder erscheinen und das Gemüt mit Staunen füllen."[139] Doch erst die zusätzliche kosmohermeneutische Erkenntnis faktischer

---

[139] Schelling, Ausgewählte Schriften Bd. 3, S. 689.

Notwendigkeit, Selbstgenügsamkeit, Grund- und Anfangslosigkeit des Ganzen steigert das bereits angefachte Staunen ins Unendliche, dass überhaupt etwas existiert und nicht vielmehr nichts.

In diesem Staunen liegt eine einzigartige Chance für uns Menschen, die Rilke *Auftrag* nennt. Denn wir sind nicht bloß dazu fähig, Seiendes *als* solches und *als* von uns unabhängig vorhanden zu reflektieren. Wir verfügen außerdem über das besondere Talent, der faktisch notwendigen Existenz alles Wirklichen, dessen grundlosem Überhauptsein *als* einem solchen innewerden zu können. Hierbei kann es zur intensivsten Erfahrung der Wirklichkeit kommen, zu der wir überhaupt imstande sind. Erst jetzt erreicht der *apollinische Exzess* seinen Höhepunkt.

Von der Erkenntnis zum Erlebnis

Wie die alten Griechen betont im 19. Jahrhundert Ludwig Feuerbach, dass der Mensch „nicht bloß zum Handeln, sondern auch zur Beschauung bestimmt ist: Nur der Mensch hat reine intellektuelle, interesselose Freuden und Affekte."[140] Das Erlebnis des faktisch notwendigen Überhauptseins der Wirklichkeit vollzieht sich in geistiger Betrachtung, Kontemplation, einer intellektuellen Anschauung, die nur schwer auf den Begriff zu bringen ist. Der Begriff „intellektuelle Anschauung" wurde in der Bewusstseinsphilosophie der ersten Hälfte des 19. Jahrhunderts geprägt. Darin wurde eine Einheit zur Evidenz gebracht, in der Subjekt und Objekt wie alle sonstigen Trennungen miteinander verschmolzen sind. Intellektuelle Anschauungen sollen einsichtig machen, was Begriffe nur unzureichend zur Sprache bringen. In diesem Sinne vollzieht sich im apollinischen Exzess eine intellektuelle Anschauung, in der die allem Wirklichen zugrunde liegende Existenz wie beim plötzlichen Aufleuchten eines Lichts als Wunder evident wird. Hierbei versinkt die Anschauung quasi im Angeschauten. Verloren ins weite Dunkel des Alls gleitet das Ich hinüber in die befremdliche Existenz des nächtlichen Weltraums. Dabei geht der Betrachter mit dem ungeheuren Überhauptsein des Sternenhimmels so auf Tuchfühlung, dass die Distanz zwischen ihm und den Himmelskörpern gleichsam verschwindet.

Worte können auf die grundlose Existenz lediglich hindeuten. Sie können kosmohermeneutisch das nackte Dass konstatieren und reflektieren, nicht aber interpretieren, weil es eben keinem lesbaren oder deutbaren Text gleicht, dessen geheimnisvoller Sinn sich mit dem passenden Schlüssel entziffern ließe. Man muss es hinnehmen, wie es ist, statt erklären zu wollen. „Es gibt Unaussprechliches. Dies zeigt sich, es ist das Mystische," schreibt Wittgenstein.[141] Dem gemäß liegt die faktisch notwendige Existenz im Namenlosen. Darum ist sie auch

---

[140] Feuerbach, Wesen des Christentums, S. 42.
[141] Wittgenstein, Tractatus, S. 115.

fast unsagbar, was aber eben nicht damit zusammenhängt, dass dem Betrachter nicht ihr richtiger Name einfiele.

Jedoch wo die Grenze des Sagbaren erreicht wird, dort kann das geschaute, imaginierte und reflektierte Unsagbare noch mit Worten umkreist werden. Walter Benjamin unterscheidet zwischen kreativer Sprache, die den Dingen einen Namen gibt, der alltäglichen Sprache und einer stummen Sprache, die sich am Rande des Schweigens bewegt.[142] Letzterer gelingt es, das Schweigen zu brechen. Doch vor der aufs höchste gesteigerten Erfahrung des nackten Dass klingen fast alle Worte fade. Die Sprache wird dem Erleben des grundlosen Überhauptseins alles Wirklichen in der intellektuellen Anschauung des apollinischen Exzesses kaum gerecht. Die faktisch notwendige Existenz lässt sich mit Worten nicht angemessen erfassen. Es sind nur begriffliche Annäherungen an die Ungeheuerlichkeit des unvordenklichen Seins möglich, das durch die sprachliche Form seine Eigenart zu verlieren droht. Nach langen Mühen der Erkenntnis kann die Sprache doch nur – einem Wegweiser gleich – zur erstrebten Erfahrung hinführen und diese kommentieren.

Allerdings wäre es ein Missverständnis zu meinen, die staunende Erregung durch das Überhauptsein des Wirklichen stünde lediglich im Dienst der zuvor abstrakt gewonnenen Erkenntnisse. Die gesuchten Erlebnisse malen keineswegs die tendenziell erlebniskargen Einsichten ins faktisch notwendige Überhauptsein der Dinge volkstümlich aus, um philosophischen Laien eine Hilfestellung zu geben, die Schwierigkeiten haben, den dargelegten Erkenntnissen verstandesmäßig zu folgen. Im Gegenteil gebührt der begeisterten Ergriffenheit durch das faktisch notwendige Überhauptsein der Dinge ein eigener Rang. Eines ist das abstrakte Erkennen des grundlosen Überhauptseins der Wirklichkeit, ein anderes dessen konkretes Erleben. Wie verrückt ist doch die Tatsache, dass überhaupt etwas existiert, und man selbst steckt für einige Jahrzehnte mittendrin!

Im Unterschied zu dionysischen Exzessen, die das pralle Leben spürbar machen, und im Unterschied zur sorglosen Gelassenheit, bei der es vor allem auf seelische Ausgeglichenheit und körperliche Entspannung ankommt, verliert das Existenzerlebnis, der apollinische Exzess der intellektuellen Anschauung, nicht den Kontakt mit der realen Welt. Die intellektuelle Anschauung bleibt mit sinnlichen Wahrnehmungen verknüpft. Dadurch wird der Zauber, den etwa der sternenklare Nachthimmel auf einen stillen Betrachter auszuüben vermag, davor geschützt, zur kognitiv entleerten Gefühlsduselei zu verkommen. Solange intensive Himmelsbetrachtungen das Wunder aller Wunder, dass überhaupt etwas ist, bewusst machen, sind sie in kognitiver Hinsicht sogar überaus gehaltvoll.

---

[142] Vgl. Benjamin, Über die Sprache, S. 9-32.

Anders als die religiöse oder esoterische Mystik sind die Wahrheitsansprüche solcher sinnlich-intellektuellen Anschauungen aber eher bescheiden, weil sie sich lediglich von dem letztlich grundlosen Überhauptsein der Planeten, Sterne und Galaxien überwältigen lassen. In diesem Staunen kommt allein das unerklärliche Weltall zur Anschauung. Hierbei wird deutlich, dass es die befremdliche Wirklichkeit zwar gibt, diese aber keinen Namen trägt, ja selbst der Ausdruck „Weltall" bloß eine Metapher, ein Statthalter der unbegreiflichen Existenz ist. Deshalb besteht eine wichtige Aufgabe darin, dem gesichtslosen Überhauptsein der Wirklichkeit ein Antlitz zu verleihen, damit seine grundlose Faktizität erlebbar wird. Irgendwann ist ein Punkt erreicht, an dem alle Erklärungen und Hinweise enden. Dann muss „es" sich einfach zeigen. Somit heißt das Ziel, genauer sehen zu lernen, um noch besser einsehen zu können. Doch erst ein auf sinnliche Wahrnehmungen bezogenes Staunen über das befremdliche Überhauptsein der Dinge, das naturwissenschaftliche Beobachtungen und Untersuchungen in sich aufnimmt und hierbei kosmohermeneutisch die faktische Notwendigkeit sowie Anfangs- und Grundlosigkeit des Ganzen im Letzten mitbedenkt, ist der Wirklichkeit angemessen.

IV. Aufgeklärtes Staunen

Sehenswürdigkeit der Dinge

Hören und Sehen
Ohne die fünf Sinne wäre das Leben ziemlich trostlos. Dann wüssten wir nicht, wie sich das Meeresrauschen anhört, wie eine Rose riecht und Erdbeereis schmeckt. Wir könnten nicht den blauen Himmel, die hohen Berge oder den weiten Ozean sehen und hätten keine Ahnung davon, wie schön es sich anfühlt, die Haut des Partners zu spüren. Der Mensch ist ein „Rendezvous von Sinnesempfindungen", schreibt André Gide. Gerade heute wird den fünf Sinnen eine enorme Bedeutung beigemessen. Sinnliche Erfahrungen legen fest, ob das eigene Dasein als lebenswert oder ungenießbar empfunden wird. Immer mehr Menschen suchen den Sinn ihres Lebens in der Qualität sinnlicher Erlebnisse statt in überlieferten Religionen.

Seit jeher adeln die monotheistischen Religionen, so seltsam es klingt, die Ohren. Denn in ihren Sinnerzählungen werden die Gläubigen hauptsächlich vom Hören und Sagen beansprucht. „Im Anfang war das Wort und das Wort war bei Gott, und Gott war das Wort", so beginnt das *Johannesevangelium*. Dem entsprechend steht im *Römerbrief* von Paulus: „Der Glaube kommt aus dem Hören, das Hören aber aus dem Wort Christi."[1] Mit der religiösen Aufwertung des Hörens geht eine Herabsetzung des Sehens und Sichtbaren einher. „Im Glauben wandeln wir, nicht im Schauen," schreibt Paulus im *2. Korintherbrief*.[2] Im *Johannesevangelium* wird sogar nachdrücklich vor der „Begierde der Augen" gewarnt.[3] Dem entsprechend verurteilt der Kirchenvater Aurelius Augustinus die Augenlust als „Neugierde", wie an anderer Stelle ausgeführt wurde.

Im Gegensatz dazu gingen die alten Griechen vom Vorrang des Sehens aus. In der *Metaphysik* des Aristoteles kann man über die Freude der Menschen an den Sinneswahrnehmungen lesen: „Nicht nur zu praktischen Zwecken, sondern auch wenn wir keine Handlung beabsichtigen, ziehen wir das Sehen so gut wie allem anderen vor, und dies deshalb, weil dieser Sinn uns am meisten Erkenntnis gibt."[4] Bereits Platon betonte, dass wir den Gesichtssinn haben, um Tag und Nacht, die Sonne und die Sterne am Himmel zu schauen. Die alten Griechen

---

[1] Röm. 10,17.
[2] 2 Kor. 5,7.
[3] 1. Joh. 2,16.
[4] Aristoteles, Metaphysik, 980a 21ff.

waren Meister im Staunen und Schauen, aus dem sie großes Glück zogen. Bei ihnen galt das Auge als vorzüglichstes Sinnesorgan. Bekanntlich wurde das Schauen des göttlichen Weltalls als edelste Tätigkeit des Geistes bewertet. Offenbar ist das Auge ein Philosoph, das Ohr ein Theologe. Die alten Griechen schauten den göttlichen Kosmos, die Christen hören das göttliche Wort. Der Sehenswürdigkeit des sichtbaren Weltalls steht die Glaubwürdigkeit des geoffenbarten Wort Gottes gegenüber. Ludwig Feuerbach bringt es auf den Punkt: „Hätte der Mensch nur Augen und Hände, Geschmack und Geruch, so hätte er keine Religion."[5]

Zu Beginn der Neuzeit wird das im christlichen Mittelalter abgewertete Auge wieder aufgewertet. Es ist die Zeit der Erfindung des Fernrohrs, mit dem Galileo Galilei die Oberfläche des Mondes erkunden wird. Neuzeitliche Astronomen und Anatomen lernten wieder, ihren Augen zu trauen und lenkten dabei den Blick entweder nach draußen ins besternte Universum oder nach innen in den menschlichen Körper. Dafür stehen die Namen Nikolaus Kopernikus und Andreas Vesalius. Letzterer erforschte den Körper an geöffneten Leichen mit eigenen Augen. Hierfür führte er den Begriff „Autopsie" ein, der übersetzt „Wahrnehmung mit eigenen Sinnen" heißt. Damit übereinstimmend schreibt der italienische Renaissance-Humanist Leon Battista Alberti: „Das Auge ist unter den Gliedern das erste und hervorragendste, König und fast Gott."[6] Die Erfolgsgeschichte des Sehorgans setzt sich in den nächsten Jahrhunderten fort. Auch der Aufklärungsphilosoph Immanuel Kant findet: „Der Gesichtssinn ist, wenngleich nicht unentbehrlicher als der des Gehörs, doch der edelste."[7] Johann Wolfgang von Goethe teilt diese Auffassung: „Das Gesicht ist der edelste Sinn."[8] Und Thomas Mann preist im *Felix Krull* das Auge als „Juwel aller organischen Bildung."[9] Nicht zuletzt Simone de Beauvoir: „Von den Sinnen scheint mir einer bei weitem der wichtigste: das Sehen."[10] In der Tat geschieht die menschliche Öffnung zur Außenwelt am stärksten über die optische Wahrnehmung.

Sehen und Schauen
Im Alltag nehmen wir die Dinge vorrangig in Hinblick auf ihren möglichen Gebrauch wahr. Wir sehen Stühle, auf die wir uns setzen, Tische, an denen wir frühstücken, Autos, mit denen wir fahren. Doch schon ein kleiner Schritt zur

---

[5] Feuerbach, Vorlesungen über das Wesen der Religion, S. 34.
[6] Zitiert nach Chapeaurouge, Das Auge ist ein Herr, S. 3f.
[7] Kant Werke Bd. VII, S. 156.
[8] Goethes Werke in 8 Bänden, Bd. 8: Maximen und Reflexionen. Wilhelm Meisters Wanderjahre, Aus Makariens Archiv, S. 434..
[9] Mann, Felix Krull, S. 114.
[10] Beauvoir, Der Lauf der Dinge, S. 73.

Seite ermöglicht uns, das Sichtbare auch interesse- und zweckfrei anzuschauen. Das bis dahin Unauffällige und Selbstverständliche verwandelt sich dann leicht in etwas Befremdliches und Bemerkenswertes. Nur wir Menschen verfügen über diese besondere Gabe, die Hans Jonas „Adel des Sehens" nennt.[11] Gemeint ist hiermit die Fähigkeit zu kontemplativer Weltbetrachtung. Johann Wolfgang von Goethe schreibt im *Türmerlied* des *Faust*: „Zum Sehen geboren, zum Schauen bestellt"[12], und möchte damit sagen: Wir brauchen zwar nur die Augen aufzuschlagen und schon „sehen" wir allerlei um uns herum. Doch „Schauen" findet erst dann statt, wenn wir den konventionellen Blick auf die uns umgebenden Dinge durchbrechen. Sehen ist eine angeborene Fähigkeit, Schauen eine erworbene Fertigkeit, die der Übung bedarf. Wer sich auf der Jagd und Flucht befindet, muss seine Augen offenhalten und genau hinsehen; erst wer, vom Daseinskampf entlastet, sich satt und sicher fühlen darf, kann schauen.[13]

Eine feinfühlige Sehkultur ermöglicht einen neuen Blick auf die Dinge, der über die alltäglichen Wahrnehmungen hinausführt. Allerdings beruht solche „Süßigkeit des Sehens", wie der Renaissance-Humanist Francesco Petrarca meint, nicht notwendigerweise auf einem geschulten Sehvermögen. Weite Täler, schneebedeckte Berge, grüne Wälder und bizarre Felsen mit herabstürzenden Bächen ziehen unsere Blicke ohne jede Anstrengung auf sich. Das Wirkliche präsentiert sich auf unseren Spaziergängen als etwas Beeindruckendes und ist im Moment seiner Präsenz als etwas Besonderes augenscheinlich da. Derartige Exerzitien intensivierter Anschauung setzen nicht zwingend eine spezielle Schulung voraus. Offenbar fällt uns nicht nur das Sehen, sondern auch das Schauen leicht. Man braucht ja nur die Augen aufzuschlagen, um der blühenden Wiese neben sich und des gestirnten Himmels über sich gewahr zu werden. Im Unterschied zum Sehen bleibt alles Schauen absichtslos und zweckfrei. Es wird um seiner selbst willen ausgeübt und dient somit weder der Befriedigung grundlegender Bedürfnisse noch irgendwelcher Gebrauchszwecke. Wenn sich der Einzelne, von praktischen Interessen befreit, schneebedeckten Gebirgszügen, zerklüfteten Felsen, bewaldeten Hügeln oder weiten Sandküsten mit Aussicht auf sanfte Wellenspiele zuwendet, dann ruft in ihm die Betrachtung solcher Landschaften, mit Immanuel Kant gesprochen, spontan ein „interesseloses Wohlgefallen" hervor. Trotz aller Mühelosigkeit ist die „Gabe des Schauens", so Thomas Mann[14], aber auch eine Fertigkeit. „Es genügt nicht, Augen zu haben, man muss lernen, sie zu gebrauchen," meint Jean-Paul Sartre.[15]

---

[11] Jonas, Organismus und Freiheit, S. 198ff.
[12] Goethe, Faust II, 5. Akt.
[13] Vgl. Blumenberg, Beschreibung des Menschen.
[14] Mann, Felix Krull, S. 109.
[15] Sartre, Die Wörter, S. 121.

Francis Bacon, auf den der bekannte Ausspruch „Wissen ist Macht" zurückgeht, verwarf zu Beginn der Neuzeit die bloß kontemplative Betrachtung der Natur, um an deren Stelle die Idee ihrer technologischen Dienstbarmachung zum Wohl der Menschheit zu setzen. Bacons Traum von der wissenschaftlich-technischen Natureroberung zur allgemeinen Lebenserleichterung ist mittlerweile vielfältig in Erfüllung gegangen. Man denke nur an all unsere medizinischen und industriellen Errungenschaften. Allerdings geht jede auf Verwertbarkeit ausgerichtete Erforschung der Natur zulasten der besinnlichen Betrachtung. Jedoch hat trotz Bacons Kritik an der Kontemplation die Natur ihren Reiz bis heute behalten. Auch in der Gegenwart ergreift und erfüllt das Universum den Betrachter, indem es sich ihm zur Anschauung darbietet, wie Friedrich Schleiermacher betont: „Erhebt euch einmal … zu jenem Unendlichen der sinnlichen Anschauung, dem bewunderten und gefeierten Sternenhimmel!"[16]

Dennoch scheint in der modernen Erlebniskultur, in der die Menschen mehr nach vergnüglicher Abwechslung als nach ernster Besinnung suchen, die kontemplative Weltbetrachtung immer mehr auf dem Rückzug zu sein. Tausendfache Angebote der Zerstreuung lassen kaum noch Zeit, sich mit etwas eingehender zu befassen, wenn man nichts verpassen möchte. Hieraus folgt die viel beklagte Oberflächlichkeit unserer Gesellschaft, für deren Mitglieder oftmals abnehmende Ausdauer, mangelnde Konzentration und ruhelose Betriebsamkeit charakteristisch sind. Im Zeitalter des Tourismus werden zahllose Sehenswürdigkeiten im Eilschritt und mit teils fragwürdigem Bildungsvorwand besichtigt. Doch ohne innere Beteiligung bleiben solche Besuche müßig: Burgen, Schlösser und Kathedralen beeindrucken nur als schön gestapelte Steine, die, noch während sie in Augenschein genommen werden, schon in Vergessenheit geraten. Allerdings kommt es den meisten Touristen gar nicht aufs „Schauen" an. Viele wollen die Attraktionen nicht einmal sehen, sondern sie lediglich gesehen und natürlich fotografiert haben. Hiervon abgesehen überlagern und ersetzen Millionen Bilder der modernen Medien die Staunen erregende Wirklichkeit, wenn nicht eingefahrene Sehgewohnheiten ohnehin die Augen zuvor schon abstumpfen ließen. Wie schnell sieht sich das Auge satt. Gewöhnung verwandelt selbst das Außergewöhnliche zum Gewöhnlichen! Leider geht in der heutigen Hektik häufig der Sinn für die unscheinbaren Dinge wie auch für den bewunderungswürdigen Kosmos verloren. Vor lauter „Sehen" kommen die Menschen nicht mehr zum „Schauen", ob beim Spazieren durch Landschaften oder beim Flanieren durch Großstädte und Kulturstätten.

So verstanden tut tatsächlich eine Schule des Schauens not, in der das interesselose Betrachten des Wirklichen trainiert und kultiviert würde. Rainer Maria

---

[16] Schleiermacher, Über Religion, S. 33.

Rilke lernte hauptsächlich von den Künstlern Rodin, Cézanne und Katsushika Hokusai, die sichtbaren Dinge mit den Augen abzutasten, um sie genauer schauen zu können: „Ich lerne sehen. Ich weiß nicht, woran es liegt, es geht alles tiefer in mich ein und bleibt nicht an der Stelle stehen, wo es sonst immer zu Ende war. Ich habe ein Inneres, von dem ich nichts wusste. Alles geht jetzt dorthin. Ich weiß nicht, was dort geschieht."[17] Rilkes Interesse an den bildenden Künsten galt den sichtbaren Dingen auf der Erde. In Cézannes und Hokusais Verwendung der Farben sah er eine gelungene Übersetzung ihrer bedenkenswerten Aspekte ins Gemälde. Gerade die Kunst vermag Facetten des Wirklichen gegenwärtig zu halten, die im Alltag leicht übersehen werden. Dazu bedarf es, mit Wilhelm Genazino gesprochen, eines „gedehnten Blicks"[18], der eine Ansicht aus der Bilderflut um uns herum gewissermaßen vor unseren Augen anhält, um sie durch längeres Betrachten und Reflektieren genauer zu erfassen.

Hierzu können Museen und Ausstellungen einen wesentlichen Beitrag leisten, die ja von vornherein außerhalb des Alltags stehen. Sie fordern den Betrachter zum Innehalten auf, um ihre Gemälde, Kunstfotografien und sonstigen Exponate bewusst in Augenschein zu nehmen. Museen möchten den Besuchern eindringliche Seherlebnisse schenken, ihren Horizont erweitern, zur Nachdenklichkeit inspirieren und die ihnen vertraute Welt ins Wanken bringen. Natürlich wandelt sich die Art, wie Kunstwerke den Betrachter ansprechen. Sehgewohnheiten ändern sich. Gerade in der Moderne bedeutet Kunst oftmals Irritation, Schock, Aufbruch von Routinen, ein Abdriften von den ausgetretenen Wegen der Gewohnheit, wodurch ein Blick verändernder Sturz der gewohnten Sicht der Dinge herbeigeführt wird. In mächtigem Flug wird das platte Alltagsleben transzendiert.

Doch um das Wirkliche mit absichtslosen Augen einfangen und mit gesteigerter Intensität wahrnehmen zu können, bedarf es innerer Sammlung und Stille, die uns die Dinge deutlicher zu schauen lehren.

Stille statt Lautlosigkeit

In unserer geräuschvollen Welt gibt es nur wenig Raum für friedliche Stille, die man am ehesten dort antrifft, wo weder Autolärm in der Nähe noch Wasserrauschen in der Ferne oder Vogelgezwitscher am Himmel, auch nicht Musik und Menschenstimmen, nicht einmal das Geräusch herannahender Schritte zu vernehmen sind. Solche Stille, die kein Geräusch zerreißt und nicht der kleinste Laut durchbricht, halten viele Menschen nicht aus. Sie fliehen hiervor wie vor der Einsamkeit und lassen sich stattdessen vom Lärm der Masse verzaubern.

---

[17] Rilke, Aufzeichnungen des Malte Laurids Brigge, in Werke Bd. 3, S. 456.
[18] Genazino, Der gedehnte Blick, S. 42.

Der rastlose Mensch der heutigen Spaß- und Erlebnisgesellschaft empfindet besinnliche Ruhe und Einsamkeit oft als Langeweile, vor der er ständig auf der Flucht ist, immer neue Abwechslungen unter Menschen suchend. Allerdings kann man schon im 17. Jahrhundert in Blaise Pascals *Gedanken 131* und *139* lesen, „dass alles Unglück der Menschen ihrer Unfähigkeit entstammt, in Ruhe allein im Zimmer zu bleiben. ... Nichts ist dem Menschen unerträglicher als völlige Untätigkeit, als ohne Leidenschaften, ohne Geschäfte, ohne Zerstreuungen, ohne Aufgaben zu sein." Darum mögen viele Menschen ohrenbetäubenden Lärm. Sie möchten lieber an den Schlagadern städtischen Treibens zu Hause sein als in friedlicher Land- oder Klosterstille. Hiermit stimmt die futuristische Malerei überein, die dem vitalen Leben der Metropolen, den lauten Aktivitäten der Maschinen, den bewegten Massen in den Bahnhöfen und den bunten Schauspielen auf den Straßen äußerst aufgeschlossen gegenüber stand. Man denke an Umberto Boccionis *Der Lärm der Straße dringt in das Haus* – ein Gemälde, das die pulsierende Stadt als faszinierenden Lebensraum preist.

Heute ist die Welt so laut wie niemals zuvor, als es noch keine Fabriken, Düsenjets, Autos, Eisenbahnen, heulende Motorräder, brummende Schwertransporter, dröhnende Radios, Smartphones und Technoclubs gab. Nachweislich ist der Lärmpegel im Laufe der letzten Jahrzehnte erheblich gestiegen, allein die Lautstärke der Polizeisirenen um mehrere Dutzend Dezibel. Infolge von Fabrik-, Bau-, Straßen-, Schienen- und Fluglärm, der Geräuschkulisse von elektronischen Anlagen jeder Art, hat sich unsere akustische Wahrnehmung von Grund auf gewandelt. Gleichförmige Dauergeräusche überall! Ein unaufhörliches Brummen und Summen ohne Tiefen und Höhen, ohne Eleganz und Brillanz begleiten den heutigen Menschen durch den Alltag. Dazu Musikberieselung fast an jedem Ort – ob in der Küche, im Restaurant, dem Einkaufszentrum oder auf dem Bahnsteig; inzwischen ist manchmal selbst das sogenannte „stille Örtchen" kein Ort der Stille mehr, an dem man ungestört verweilen darf. Ein Leben ohne Lärm, den Musiker und Mediziner akustischen Abfall nennen, scheint kaum noch möglich zu sein. Jedoch werden die verschiedenen Geräusche ganz unterschiedlich wahrgenommen. Ruheliebhaber empfinden Biergärten als Lärmbelästigung, Langschläfer das sonntägliche Glockengeläut als Ruhestörung und Kammerkonzertbesucher dröhnende Technoklänge einfach als Krach. So hängt Geräuschempfindlichkeit auch von der Lärmquelle und der Einstellung hierzu ab. Dabei müssen störende Laute keineswegs übermäßig laut sein: Schon ein tropfender Wasserhahn kann einem auf die Nerven gehen, während man sich beim Meeresrauschen von der Lautstärke einer stark befahrenen Autobahn gut zu erholen vermag. Kommt man einmal wirklich zur Ruhe, so bleibt bei vielen Zeitgenossen immer noch ein hochfrequenter Pfeifton im Ohr: der Tinnitus.

Die zur kontemplativen Erfahrung des Überhauptseins alles Wirklichen gesuchte Stille meint mehr als nur das Fehlen von Lärm abseits des turbulenten Treibens, obgleich solche Ruhe schon erholsam sein kann, wie Richard Strauß in seiner Oper *Die schweigende Frau* besingt. Darin sehnt sich ein ausgedienter Offizier vergeblich nach absoluter Ruhe, die ihm erst am Schluss der Geschichte vergönnt wird. Diese endet mit einer wunderbaren Arie: „Wie schön ist doch die Musik – aber wie schön erst, wenn sie vorbei ist ... Ach, ich fühle mich unbeschreiblich wohl. Nur Ruhe! Nur Ruhe! Nur Ruhe!" Es gibt zahlreiche Musikstücke mit Ruhe und Stille als Motiv. Man denke an Bruckners *Stille Betrachtung an einem Herbstabend*, Griegs *Waldstille* oder John Cages provokantes Stück *4'33*, um bloß einige zu nennen. Musik und Stille scheinen sich offenbar nicht von vornherein zu auszuschließen.

Rainer Maria Rilke entwertet in der *X. Duineser Elegie* bloße Lautlosigkeit als „falsche Stille." Diese sei bloß Kontrast und Reflex des Alltagslärms, der daran noch weiter als Erinnerung klebe. Darum suchen gestresste Menschen mehr als nur entspannte Ruhe vor dem gewohnten Alltagsgetöse. Niemand sehnt sich nach bloßer Lautlosigkeit, die schnell zur quälenden Langeweile wird, weil sie aus leerer Ruhe besteht, wie Arthur Schopenhauer findet.[19] Menschen sehnen sich nach Orten erfüllter Stille, die keineswegs lautlos sein muss, sondern auch im leisen Plätschern des Bergbachs, sanften Rascheln der Blätter und leichten Säuseln des Windes vernehmbar ist: „das Wehende höre! Die ununterbrochene Nachricht, die aus Stille sich bildet," heißt es in Rilkes *I. Duineser Elegie*.

Auf diese Weise hat sich gegenläufig zur ruhelosen Non-Stopp-Gesellschaft, in der alles immer hektischer zugeht, eine Kultur der Langsamkeit gebildet. Sie ergänzt die moderne Stressgesellschaft, in der das Lebenstempo ständig wächst und die Geschwindigkeit technischer Innovationen dauernd zunimmt. Aber mag die Zahl der Menschen steigen, die sich mehr kontemplative Ruhe wünschen, zuletzt meiden sie doch die meisten, weil sie die einsame Stille nicht aushalten. Dies hängt damit zusammen, dass der vielfältig beeinflusste Massenmensch nur wenig Eigenes hat. Einsame Stille macht diese eigenschaftslose Leere als Unfähigkeit spürbar, erfüllt Zwiesprache mit sich halten und sich selbst gut Gesellschaft leisten zu können.[20] Auch Stille will erlernt sein, um erfahren werden zu können.

Heute begeben sich immer mehr Bürger in Klöster oder Meditationskurse, praktizieren Achtsamkeitsrituale, fahren in die Berge oder ans Meer, an einsame Orte ohne Smartphone und Internetverbindung. Sie horchen auf, wenn sie von Weltumseglern, Bergsteigern, Wüstenerkundern, Antarktisabenteurern oder

---

[19] Vgl. Schopenhauer, Die Welt als Wille und Vorstellung, S. 290.
[20] Hannah Arendt: Denken, in: Vom Leben des Geistes.

Klosterbesuchern hören, die radikal in die einsame Stille gehen, und verfolgen aufmerksam deren Reisen. Im Mittelpunkt der gegenwärtigen Suche nach Stille steht die Gesundheit des Einzelnen, der sich neu erfahren und den eigenen Körper besser spüren möchte. Darum werden Stilleübungen vor allem bei Stress, Überarbeitung oder Burnout empfohlen, weniger aber zur Steigerung der Welterfahrung, worum es hier vorrangig geht. In abgeschiedener Einsamkeit wird mehr in sich hineingehört als aus sich hinausgeschaut. Das ganzheitliche Ziel heißt harmonische Unbeschwertheit.

Muse und Muße
Müßiggang kommt von Muße: eine von Zwecken und Zwängen befreite Zeit zu beschaulicher Kontemplation. Jedoch degeniert Muße ohne Muse leicht zu öder Langeweile. Die Mythologie kennt neun Musen – jene Töchter des Zeus, die für Künste wie Lyrik, Tanz und Gesang stehen. Die Begriffe Musik und Museum erinnern noch heute daran. Das Museum ist ein Musentempel. In der Gegenwart bedeutet Muse soviel wie genialer Einfall, schöpferische Eingebung, kreative Inspiration. Muße ohne Muse bleibt leer, Muse ohne Muße blockiert!

Dem Staunen erregenden Schauen der Dinge in Stille, das schrittweise zur Erfahrung des faktisch notwendigen Überhauptseins alles Wirklichen vorstoßen soll, ist die traditionelle Kunst des Müßiggangs, das vielgepriesene „dolce far niente", das „süße Faulenzen", selbstredend förderlich. „O Müßiggang, Müßiggang! Einziges Fragment von Gottähnlichkeit, das uns noch aus dem Paradiese blieb! ... Je göttlicher die Menschen, je ähnlicher werden sie der Pflanze .... Und also wäre ja das höchste vollendetste Leben nichts als ein reines Vegetieren," singt Friedrich Schlegel in der *Lucinde*.[21] Denn so zu leben hieße, ganz eins zu sein mit sich und der Welt.

Ähnliches beschreibt Sören Kierkegaard in *Die Lilie auf dem Felde und der Vogel unter dem Himmel*. Die Erfahrung, dass „ein jeglicher Tag seine eigene Plage habe", weckt den Wunsch: „O, dass ich ein Vogel wäre, ... der da leichter als alles irdisch Lastende sich in die Lüfte hebt .... O, dass ich eine Blume wäre, ... glücklich in mich selbst verliebt, und damit gut." Zur Erreichung dieser Ziele soll man der Lilie und dem Vogel das Schweigen ablauschen. Doch sind die meisten hierzu außerstande. Wie für Blaise Pascal besteht nach Kierkegaard das größte Unglück der Menschen darin, „dass sie nie den Augenblick gespürt haben ..., weil sie nicht stille zu sein vermochten." Im gesammelten Augenblick aber könnten sie ganz eins mit sich und der Welt werden: „Welch eine Freude, wenn der Tau fällt und die Lilie erquickt, die jetzt in der Kühle zur Ruhe sich schickt. ... Welch eine Freude, wenn der Vogel bei der Lilie sich versteckt, bei

---

[21] Schlegel, Lucinde, S. 32.

der er sein Nestchen hat." Es ist die Freude der sorglosen Gegenwart, zu der auch wir Menschen fähig sind. „Was ist Freude? ... Es ist, dass man in Wahrheit sich selbst gegenwärtig ist." Erst dann kannst du dich wahrhaft darüber freuen, so Kierkegaard, „dass du ins Dasein getreten bist, dass du Mensch geworden bist; dass du sehen, hören, riechen, schmecken, fühlen kannst; dass die Sonne scheint für dich ... und dass dann die Sterne angezündet werden; dass es Winter wird, ..., Frühling wird, ... dass das junge Grün aufsprießt, dass der Wald schön ausschlägt ...; dass es Herbst wird ...."[22] Obgleich der Theologe Kierkegaard als tragenden Grund dieser existenziellen Leichtigkeit, in welcher der Einzelne ganz eins mit sich und der Welt wird, Gott nennt, so bezieht sich diese intensive Erfahrung weder auf Gott noch auf die Natur. Vorrangig geht es hier um eine versöhnliche Begegnung des Einzelnen mit sich selbst. Den Weg dorthin weist eine friedvolle Stille, die sich an der Lilie auf dem Felde und dem Vogel am Himmel orientiert und in der die besinnliche Betrachtung des Wirklichen nur eine untergeordnete Rolle spielt.

Gleichartiges steht im *Fünften Spaziergang* der *Träumereien eines einsamen Spaziergängers* von Jean-Jacques Rousseau. Selbst wenn die süßesten Freuden auf dem Lebenspfad dünn gesät seien, gäbe es doch einen Zustand, „in dem die Seele eine hinlänglich feste Lage findet, um sich darin ganz auszuruhen und sich darin ganz zu sammeln, ohne in die Vergangenheit zurückblicken oder in die Zukunft vorgreifen zu müssen." In solchen Momenten geschieht vollkommenes Glück. Es ereignet sich, wenn man in einem Kahn liegend, mit gen Himmel gerichteten Augen sich langsam von den leichten Wellen des Wassers treiben lässt: „Was genießt man in solcher Lage? Nichts, das außer uns selbst wäre, nichts als sich selbst und sein eigenes Dasein, und solange dieser Zustand währt, ist man, wie Gott, sich selbst genug. Das Gefühl des Daseins, von jeder anderen Empfindung entblößt, ist an sich selbst ein köstlicher Genuss der Zufriedenheit und Ruhe .... Aber die meisten Menschen, die von Leidenschaften ohne Ende hin und her geworfen werden, kennen diesen Zustand kaum, und da sie ihn nur wenige Augenblicke unvollkommen genossen haben, so haben sie nur eine dunkle und verworrene Vorstellung davon behalten, die ihnen den Reiz desselben nicht fühlbar machen kann."[23] Wie bei Schlegel und Kierkegaard haben wir es hier mit intensiven Augenblicken der Selbsterfahrung zu tun, in der vorrangig das eigene Existieren und nicht das Dasein der Welt als etwas Köstliches erfahren wird.

Eine mittlere Stellung zwischen beidem nehmen Werke von Gottfried Keller und Matthias Claudius ein, der dichtet: „Ich danke Gott, ... /Dass ich die Sonne, Berg und Meer,/Und Laub und Gras kann sehen,/Und abends unterm Sternen-

---

[22] Kierkegaard, Kleine Schriften, S. 33, 41, 65, 67f.
[23] Rousseau, Schriften Bd. 1, S. 699.

heer/Und lieben Monde gehen." In Claudius' religiös fundiertem Dank geht es zwar auch um Selbsterfahrung, aber ebenfalls um das Geschenk, sich in die Schönheit der sichtbaren Welt versenken zu können. Kellers Dank fehlt der religiöse Bezug. Der atheistische Schweizer sieht im kontemplativen Betrachten der Natur lediglich eine einmalige Lebenschance: „Augen, meine lieben Fensterlein,/.../Einmal werden ihr verdunkelt sein!/.../doch noch wandl` ich auf dem Abendfeld,/Nur dem sinkenden Gestirn gesellt;/Trinkt, o Augen, was die Wimper hält,/Von dem goldnen Überfluss der Welt!" [24]

Eine begeisterte Hinwendung zum Dasein der Welt, so dass „kein quälender Dritter sich zwischen die Natur und mich stellen konnte", vollzieht Rousseau im *Dritten Brief an Montmorency*. Dem Reichtum der üppigen Flora hingegeben, der staunenswerten Vielfalt an Gräsern, Bäumen und Sträuchern, schwebt Rousseau „zwischen Betrachtung und Bewunderung". Dann verliert sich sein „Geist in die Unermesslichkeit" des großen Ganzen. Dabei kommt es zu einem „betäubenden Entzücken, ... das in der Erregung der Ausbrüche meiner Freude mich bisweilen ausrufen ließ: O großes Sein! O großes Sein!"[25] Hier weicht die vorherige intensive Selbsterfahrung, in der das pure Existieren als höchstes Glück empfunden wurde, einer hochgespannten Welterfahrung, in der das bloße Dasein der Dinge, mit denen der faszinierte Betrachter verschmilzt, als wunderbar erlebt wird.

Solchem geistesgegenwärtigen Freudentaumel verwandt ist eine leise Euphorie, die zur Windstille des Gemüts führt. Diese bezieht sich zunächst wieder primär auf eine Selbsterfahrung und erst dann auf die wirkliche Windstille des Meeres.

Meeresstille
Die Romantiker Eichendorff und Lenau haben in ihren Gedichten *Meeresstille* wie Platon im *Symposion* das Schweigen des Ozeans als beglückende Seelenruhe beschrieben.[26] Doch das wohl bekannteste Meeresgleichnis stammt von Epikur: „Wie man die Meeresstille daran erkennt, dass nicht der kleinste Lufthauch die Fluten bewegt, so erkennt man den ruhigen und friedlichen Zustand der Seele daran, dass keine stürmische Unruhe da ist, die ihn zu stören vermag."[27] Epikurs Metapher vom regungslosen Meer als Bild für ein schmerzfreies Leben ohne äußere Not und innere Verwirrung hat Jahrhunderte später noch Schopenhauer fasziniert, und Nietzsche schreibt in der *Fröhlichen Wissenschaft* über Epikur: „Ich sehe sein Auge auf ein weißliches Meer blicken,

---
[24] Keller, Abendlied, Gesammelte Werke Bd. 1, S. 50.
[25] Rousseau, Schriften Bd. 1, S. 488f.
[26] Platon, Symposion 197c.
[27] Cicero, Tusculanan V, 16.

über Uferfelsen hin, auf denen die Sonne liegt.... Sicher und ruhig wie das Licht und jenes Auge selber. Solch ein Glück hat nur ein fortwährend Leidender erfinden können, das Glück eines Auges vor dem das Meer des Daseins stille geworden ist."[28]

Ähnliches erzählt Thomas Manns *Tod in Venedig* über den Protogonisten Gustav Aschenbach: „Er liebte das Meer aus tiefen Gründen: aus dem Ruheverlangen des schwer arbeitenden Künstlers, der vor der anspruchsvollen Vielgestalt der Erscheinungen an der Brust des Einfachen, Ungeheuren sich zu bergen begehrt."[29] Seit Jahrmillionen rollen stürmische und sanfte Wellen mit endlosem Pulsschlag an die Ufer der Erde. Deutlicher äußert sich Mann hierzu in den *Buddenbrooks*, wo Meer und Gebirg einander gegenüber gestellt werden: „Was für Menschen es wohl sind, die der Monotonie des Meeres den Vorzug geben? Mir scheint, es sind solche, die zu lange und tief in die Verwicklungen der innerlichen Dinge hineingesehen haben, um nicht wenigstens von den äußeren vor allem Eins verlangen zu müssen: Einfachheit. ... Sichere, trotzige, glückliche Augen, die voll sind von Unternehmungslust, Festigkeit und Lebensmut, schweifen von Gipfel zu Gipfel; aber auf der Weite des Meeres, das mit diesem mystischen und lähmenden Fatalismus seine Wogen heranwälzt, träumt ein verschleierter, hoffnungsloser und wissender Blick, der irgendwo einstmals tief in traurige Wirrnisse sah ...; man ruht an der weiten Einfachheit der äußeren Dinge, müde wie man ist von der Wirrnis der inneren."[30]

Schöner lässt sich der Trost der Meeresstille wohl kaum ausdrücken – außer durch Musik wie Mendelssohn-Bartholdys *Meeresstille und glückliche Fahrt*, Schuberts und Liszts *Meeresstille* oder Rimskij-Korsakows Tondichtung *Sadko*, die den sanften Wellengang des Meeres nachzuempfinden sucht. Doch wer angesichts des regungslosen Meeres die Meeresstille des Gemüts erfährt, findet nicht allein zur inneren Ruhe, sondern befindet sich zugleich in jener Stimmung, die ihn die Wirklichkeit neu sehen lehrt – wie etwa *Der Mönch am Meer* auf Caspar David Friedrichs gleichnamigem Gemälde. Dieser blickt am Strand in die unermessliche Weite von Ozean und Himmel. Die windstille Ruhe eines Sommermittags am südländischen Mittelmeer, wenn jegliches Rascheln verstummt, kein Laut mehr ertönt, kein Blatt mehr sich regt, passt vorzüglich hierzu.

Mittagsruhe

Nietzsche entfaltet in *Der Wanderer und sein Schatten* sowie *Also sprach Zarathustra* unter der Überschrift *Mittags* solche Augenblicke intensivster Welt-

---

[28] Nietzsche KSA Bd. 3, 45.
[29] Thomas Mann, Erzählungen, S. 591.
[30] Thomas Mann, Buddenbrooks, S. 672.

erfahrung. Jede Jahres- und Tageszeit hat ihre Stimmung – der frische Morgen und der heiße Mittag ebenso wie die schwüle Nacht. Der Stimmungscharakter des anhebenden Tages erschließt uns die Wirklichkeit auf andere Weise als die sinkende Abenddämmerung. Dem entsprechend gibt es eine große Anzahl von Morgen-, Abend- und Nachtgedichten, aber nur eine geringe Zahl von Mittagsgedichten. Herkömmlicherweise gelten Mittag und Nacht als Zeit der Stille, in der Arbeit und Natur ruhen. „Komm, Trost der Welt, du stille Nacht! ... Der Tag hat mich so müd' gemacht", dichtet Joseph von Eichendorff. Das Schweigen macht die Nacht aber auch geheimnisvoll. Novalis dichtete gedankenschwere *Hymnen an die Nacht*, und Nietzsche bewertete die Nachtzeit der Liebenden höher als den Mittag: „Die Welt ist tief und tiefer als der Tag gedacht!"[31] Allerdings gibt es ebenfalls eine Reihe von Mittagsstücken wie Eichendorffs *Mittagsruh*, Mallarmés *Eines Faunen Nachmittag* oder Nietzsches *Mittags* in *Also sprach Zarathustra*, wo die Hauptfigur auf einzigartige Weise an die Wirklichkeit herangeführt wird. Der Scheitelpunkt des Tages, an dem die Bewegung des Morgens in Richtung auf Abend umschlägt, lässt fast alles Leben unter südlichem Himmel zum Stillstand kommen.

Weit davon entfernt im südlichen Zenit der Sonne die Wirklichkeit neu zu erschließen, kann aber in der brütenden Hitze auch alles Leben erlöschen. Man stößt auf verlassene Ortschaften, versengte Kornfelder und verbrannte Wiesen. Überall macht sich eine schweißtreibende, schläfrige Schwere breit. Doch anstatt solch beklemmender Gefühle befällt Zarathustra im warmen Flimmern mittäglicher Sonnenglut eine schwerelose Heiterkeit. Die sanfte Eroberung der Leichtigkeit lässt von ihm alle Beschwernisse und Sorgen für Augenblicke abfallen. Er versinkt in seligem Halbschlaf. Beglückende Leichtigkeit statt bedrückender Schwermut! Zarathustra verklärt die ländliche Mittagsstille unter einem Baum auf blühender Wiese als Moment vollkommenen Glücks. In friedlichem Wohlbehagen auf buntem Gras unter schattigen Ästen liegend, fühlt er sich in diesen Momenten ganz eins mit sich und der Welt.

Es ist die Zeit, in welcher der Hirtengott Pan schläft, der von niemandem gestört werden darf. Darum weht in der drückenden Sommerhitze kein Windhauch. Selbst der See liegt still, und das Rauschen der Bäche wie das Rascheln der Blätter ist verstummt. Es ist die Stunde fast regungsloser Stille. Dann wird das Mittagserleben von leisen Klängen durchbrochen, die vom Atmen der Natur ringsum Zeugnis ablegen und ihr eine poetische Tönung geben. Diese sanften Laute widersprechen der Mittagsruhe keineswegs, sondern öffnen dem Müßiggänger vielmehr die Augen: In glühender Sommerhitze will der Betrachter „nichts, er sorgt sich um nichts, sein Herz steht still, nur sein Auge lebt. ...

---

[31] Nietzsche KSA Bd. 4, S. 400.

Vieles sieht da der Mensch, was er nie sah."[32] So tritt im Mittagserleben der Naturbetrachter aus der Blindheit seines bisherigen Lebens heraus. Der Mittag wird zur Stunde besonderer Erkenntnisse. In Camus' *Der glückliche Tod* ist von einem mediterranen Spaziergänger die Rede, der sich am Mittag „inmitten von Wermutsstauden niederlegt, und während seine Hand auf einem heißen Stein ruht, öffnet er seine Augen und sein Herz für die überwältigende Hitze des trunkenen Himmels."[33] Wie Rilke in der *VII.* und *IX. Duineser Elegie* wird Nietzsches Zarathustra „nicht satt, den Baum und die Liebe des Weinstocks zu sehn und zu preisen." Bereits an ganz Kleinem vermag sich Zarathustra zu erfreuen: "Das Wenigste gerade, das Leiseste, Leichteste, einer Eidechse Rascheln, ein Hauch, ein Husch, ein Augen-Blick. – Wenig macht die Art des besten Glücks, Still!" Schon ein warmes Lüftchen, ein flüchtiges Säuseln, ein leises Summen lassen ihn aufhorchen: "Still! Still! Ward die Welt nicht eben vollkommen?", was Zarathustra unumwunden bejaht: „Still! Die Welt ist vollkommen." In Einklang mit solch ergreifenden Naturerlebnissen verkündet Zarathustra sein höchstes Gefühl: "Oh Glück! Oh Glück!" Aber es währt nur kurz: "Husch", und schon ist es vorüber.[34]

Stärker als Schlegel und Kierkegaard, denen es vorrangig um intensive Selbsterfahrung geht, verfolgt Nietzsche ähnlich wie der frühe Camus, Rilke, Keller und Rousseau hier das Ziel gesteigerter Weltwahrnehmung, in welcher der Glückliche wie Hermann Hesses Müßiggänger gänzlich aufgeht: „Was ist der sorgenlösende Zauber des Bacchus und die süße, schläfernde Wollust des Haschisch gegen die abgrundtiefe Rast des Weltflüchtigen, der auf dem Grat eines Gebirges sitzend, den Kreislauf seines Schattens beobachtend und seine lauschende Seele an den stetigen, leisen, berauschenden Rhythmus der vorüberkreisenden Sonnen und Monde verliert?"[35]

Außer sich
Damit sich das Staunen erregende Schauen in der spürbaren Wärme der Sonne mit dem Duft frischgemähter Wiesen in der Nase und Vogelgezwitscher im Ohr gänzlich verlieren kann, dürfen alltägliche Bilder, Wünsche und Gedanken, die meist ungeordnet durch den Kopf schwirren, den Naturbeobachter nicht mehr ablenken. Erst wer sich hiervon befreit, kann sich der Betrachtung bizarrer Felsen vollständig hingeben. Je mehr er dabei von sich selbst abzusehen lernt, umso intensiver werden ihn die Wogen des Meeres und die Heiterkeit des strahlenden Sommertages in Bann schlagen und ihren Zauber entfalten können. Bei einer

---

[32] Nietzsche, KSA Bd. 2, S. 308.
[33] Camus, Der glückliche Tod, S. 122.
[34] Nietzsche, KSA Bd. 4, S. 342-344.
[35] Hesse, Kunst des Müßiggangs, S. 9; vgl. Russell, Lob des Müßiggangs.

stillen Betrachtung des sternenklaren Nachthimmels kann sich das Bewusstsein sogar so sehr erweitern, dass es – bildhaft formuliert – aus sich herauszutreten scheint. Unter Umständen ist das Auge des Betrachters so sehr in den Anblick der Sterne vertieft, dass es sich selbst vergisst. „Ich kam von mir los, ich wurde zwar kein anderer Mensch, aber ich verschwand. Die Zeit steht scheinbar plötzlich still und die eigene Existenz verschmilzt mit der unbeweglichen Fülle der Dinge," schreibt Simone de Beauvoir.[36] Der stille Himmelsbetrachter versinkt in der Tiefe des Alls. In seinen gefühlseligen Ekstasen ist er buchstäblich außer sich, heißt doch „ekstasis" soviel wie „heraustreten". Sein Selbst ist gleichsam in den Natureindrücken verschwunden. Der staunende Blick hat sich von sich selbst gelöst. Er hat sich an das Meer, den Sandstrand, die Steilklippen, Berge und Wälder ausgeliefert. Der Betrachter hat seine Daseinsbelange zugunsten der bewunderten Landschaft aufgegeben, indem er sich dem eindrucksvollen Naturschauspiel selbstvergessen aussetzt. So schwindet im leichten Wellengang unter blauem Himmel nicht nur für Augenblicke sein oft von Sorgen geplagtes Alltagsleben. Bei solch intimem Umgang mit der Wirklichkeit scheint auch seine Individualität so gut wie ausgelöscht zu sein. Sie hat sich im Wahrgenommenen aufgegeben, um darin besser aufgehen zu können. D`Annunzio bringt es in *Mittag* auf den Punkt: „ich bin im Tang, im Schilf, in jedem geringen wie in jedem großen Ding ... Ich habe keinen Namen mehr. Und die Alpen und Inseln und Buchten und Vorgebirge und Türme und Wälder und Mündungen und Flüsse haben keinen gewohnten Namen mehr, der in menschlichen Lippen klingt. Ich habe nicht mehr Name noch Schicksal; sondern mein Name ist Mittag."[37]

Solch innige Affären des Menschen mit der Natur gleichen einem Spiel, an das man sich überlässt, bis man selbst zu dessen Spielzeug geworden ist. „Der Mensch spielt nur, wo er in voller Bedeutung des Wortes Mensch ist, und er ist nur da ganz Mensch, wo er spielt," schreibt Schiller in *Über die ästhetische Erziehung des Menschen*.[38] Nach Rilkes *IV. Duineser Elegie* sind wir in solchen Momenten wie „Puppen", die mit dem Spiel, in dem sie tanzen, ganz eins geworden sind. Dennoch klingt dieses schöne Bild verwirrend, erscheint doch die Puppe seit dem *Sturm und Drang* über die *Aufklärung* bis E.T.A. Hoffmans *Sandmann* als mechanische Marionette, durch die das determinierte, sinnlose Menschenleben veranschaulicht wird. Doch bereits Heinrich Kleist kehrt dieses verbreitete Puppenbild um, indem er der Marionette eine graziöse Beweglichkeit und elegante Leichtigkeit zuerkennt.[39] Darin liege deren Vorteil dem Men-

---

[36] Beauvoir, Der Lauf der Dinge, S. 78.
[37] Annunzio in: Bollnow, Unruhe und Geborgenheit, S. 163.
[38] Schiller, Über die ästhetische Erziehung des Menschen, 15. Brief.
[39] Vgl. Kleist, Über das Marionettentheater, S. 802-807.

schen gegenüber, der sich in der Regel entweder schwerfällig tumb oder übertrieben manieriert bewege. Als Störung zwangloser Unmittelbarkeit sei das menschliche Bewusstsein ein Hindernis für harmonische Anmut und Grazie, die noch am ehesten gelängen, wenn der Einzelne sie nicht bewusst anstrebe, sondern sich in seinen Bewegungen gänzlich verliere. Statt die eigenen Bewegungen begreifen zu wollen, soll man sich vielmehr von ihnen ergreifen lassen!

Auf gleiche Weise mögen wir uns am Morgen, Mittag oder Abend in völliges Schweigen hüllen und nichts als schauen. „Versetzen wir uns in eine sehr einsame Gegend mit unbeschränktem Horizont unter völlig wolkenlosem Himmel, Bäume und Pflanzen in ganz unbewegter Luft, ... die tiefste Stille – so ist solche Umgebung wie ein Aufruf zum Ernst, zur Kontemplation," wie Schopenhauer findet.[40] Wenn wir in der kontemplativen Stille den Pakt mit der alltäglichen Wahrnehmung aufgelöst haben, innehalten, geduldig bei den Dingen verweilen oder langsam an ihnen vorüberschreiten und uns von ihrer Einzigartigkeit in Schwingung versetzen lassen, dann bekommt unsere Umgebung leicht eine dem Heiligen verwandte Aura, die uns dem Wunder der Existenz der Welt nahezubringen vermag.

Aura und Epiphanie
Nicht nur in der glühenden Mittagsstille, sondern auch nach einem Sommerregen am späten Nachmittag oder während der Blauen Stunde am frühen Herbstabend kann das Staunen erregende Schauen von einer fast heiligen Stimmung getragen werden. Diese nahezu sakrale Atmosphäre ruft bisweilen eine so starke Resonanz im Betrachter hervor, dass es, mit Walter Benjamin gesprochen, zu einer „profanen Erleuchtung"[41] kommt, wie Nietzsches Zarathustra sie in der sengenden Mittagshitze erleben durfte. Natürlich sind solche Epiphanien nicht religiöser, sondern säkularer Art, manifestiert sich doch in diesen Offenbarungen bloß das Wirkliche auf außergewöhnliche Weise. Reden Naturalisten von heilig, so meinen sie nicht, dass im Ganzen des Seienden eine sakrale Qualität steckt. Ihre Erleuchtungen gehen zwar auch über das Alltägliche hinaus, ohne aber den Dingen eine religiöse Bedeutung beizumessen.

In *Stephen der Held* hat James Joyce eine solche Epiphanie am Beispiel einer gewöhnlichen Straßenuhr beschrieben, an der sein Titelheld gelegentlich vorbeikommt: „auf einmal sehe ich sie, und plötzlich weiß ich, was sie ist: Epiphanie ... Stell' dir meine flüchtigen Blicke auf diese Uhr als das Getaste eines geistigen Auges vor, das seine Vision auf einen ganz bestimmten Brennpunkt einzustellen versucht. In dem Moment, in dem der Brennpunkt da ist, ist das

---
[40] Schopenhauer, Die Welt als Wille und Vorstellung, S. 290.
[41] Benjamin, Der Surrealismus, S. 310.

Objekt epiphaniert."[42] Mit einem Male gewinnen die alltäglichen Dinge eine solche Strahlkraft, dass sich die Betrachter ihnen geradezu gebannt hingeben müssen. Solche Erleuchtungen, die an mystische Erfahrungen erinnern, ohne hierbei die säkulare Wirklichkeit zu überschreiten, begegnet man ebenfalls in Hugo von Hofmannsthals *Chandos-Brief*: „Eine Gießkanne, eine auf dem Feld verlassene Egge, ein Hund in der Sonne, ein ärmlicher Kirchhof, ein Knüppel, ein kleines Bauernhaus, alles dies kann das Gefäß meiner Offenbarung werden. Jeder dieser Gegenstände und die tausend anderen ähnlichen, über die sonst ein Auge mit selbstverständlicher Gleichgültigkeit hinweggleitet, kann für mich plötzlich in irgend einem Moment, den herbeizuführen auf keine Weise in meiner Gewalt steht, ein erhabenes und rührendes Gepräge annehmen, das auszudrücken mir alle Worte zu arm scheinen."[43] Nicht zuletzt sei die berühmte „Madeleine-Episode" in Marcel Prousts *Auf der Suche nach der verlorenen Zeit* erwähnt. Auch hier hat der Titelheld eine weltliche „Erleuchtung"[44], ein „unerhörtes Glücksgefühl, das ganz für sich allein bestand"[45], als er ein französisches Sandküchlein, eine Madeleine, mit einem Schluck vermischt, verspeist. Deren Geschmack ruft eine beglückende Erinnerung an eine vergleichbare Szene aus seiner Vergangenheit hervor, als ihm einst seine Tante eine Madeleine, zuvor in Lindenblütentee eingetaucht, zum Genuss anbot. Hier wie dort geschehen außergewöhnliche Wahrnehmungen, in denen auf einmal ganz gewöhnliche Dinge eine Aura, gleichsam ein Charisma mit eigentümlicher Faszinationskraft bekommen.

Im Allgemeinen ist von Aura meist in der Kunst, seltener dagegen im Zusammenhang mit der Staunen erregenden Betrachtung des Wirklichen die Rede. In *Kunst und Handwerk* kritisierte schon Goethe die Verwertung der Kunst zur Verschönerung von Gebrauchsgegenständen als Zerstörung ihrer Aura.[46] Diese beruhe sowohl auf ihrer unwiederholbaren Originalität als auch auf ihrer Freiheit von allen äußeren Zwecken. Von Goethe bis Walter Benjamin wird die Verbindung der Kunst mit der Warenproduktion als Auraverlust beschrieben.

Im Gegensatz dazu empfahl Gottfried Semper in *Der Stil* der Kunst, ihre überhebliche Autonomie aufzugeben und sich stärker an der Gestaltung des alltäglichen Lebens zu beteiligen.[47] Semper befürwortete eine Annäherung des Schönen ans Nützliche. Die Kunst soll der Industrie helfen, auch optisch ansprechende und nicht bloß funktionale Gebrauchsgüter herzustellen. Wie Rainer

---

[42] Joyce, Stephen der Held, S. 224f.
[43] Hofmannsthal, Der Brief des Lord Chandos, S. 15.
[44] Vgl. Proust, Auf der Suche nach der verlorenen Zeit. In Swanns Welt, S. 64.
[45] Ebda. S. 63.
[46] Vgl. Goethe, Kunst und Handwerk, S. 126-129.
[47] Vgl. Semper, Der Stil.

Maria Rilke bezweifelte aber John Ruskin, ob die Menschheit überhaupt moderne Industrieprodukte benötige. Zwar plädierten beide für eine engere Verbindung des Schönen mit dem Nützlichen zur Rettung der Aura, sie sahen aber diese Einheit am ehesten im vorindustriellen Handwerk wie beim Bau mittelalterlicher Kathedralen verwirklicht. Ruskins Leitbild blieb das Venedig des 14. und 15. Jahrhunderts. Die Restauration handwerklicher Produktionsverhältnisse hielt er zur Wiederherstellung einer auratischen Kultur für unumgänglich.[48]

Nach Benjamin haben nicht nur alltägliche Gebrauchsgüter, sondern auch Kunstwerke keine Aura mehr. Die neuesten künstlerischen Verfahren, Fotografie und Film, hätten durch ihre Möglichkeit zur massenhaften technischen Reproduktion der Kunst ihre Aura geraubt. Der Unterschied zwischen Original und Kopie sei bedeutungslos geworden. Ein Abzug sei so gut wie jeder andere. Alle Gemälde hätten durch die Möglichkeit zur Reproduktion die Aura des Einmaligen verloren. Sie hätten keinen Kultwert mehr, sondern seien nur noch Ausstellungsstücke. Diese hielten den Betrachter eher zu vergnüglicher Zerstreuung als zu andächtiger Kontemplation an. Darin stimme der heutige Kulturbetrieb mit dem Varieté und dem Zirkus überein, die vornehmlich unterhaltsamer Kurzweil dienten.

Doch so bedauernswert der künstlerische Auraverlust sei, zugleich erlaubten die neuen Reproduktionstechniken ein genaueres Eindringen in die Wirklichkeit, findet Benjamin. Fotografie und Film könnten die Wirklichkeit zergliedern, schnitten einzelne Segmente aus ihr heraus und setzten sie wieder neu zusammen, um so ans Tageslicht zu bringen, was für das Auge sonst unsichtbar bliebe. Kameras könnten durch Verlangsamen, also Zeitlupe, aber auch Vergrößern und Isolieren detailreichere Bilder der Realität zeichnen, als es die frühere Kunst jemals vermochte. Dazu verfüge die moderne Kunst, die solchen Begriffen wie Genie, Ewigkeitswert und Geheimnis misstraue, über die besondere Möglichkeit, das Publikum zu schockieren und somit aufzurütteln. Diese Aspekte der reproduzierbaren Kunst könnten ihren Auraverlust wettmachen, erst recht wenn sie für linkspolitische Zwecke dienstbar gemacht würden. Aber was versteht Benjamin unter Aura überhaupt?

Im Begriff Aura schwingt eine sakrale Bedeutung mit, die Kunstwerke einst in Religionskulten besaßen, in denen die Menschen ihnen mit Achtung und Ehrfurcht begegneten. Deren Unnahbarkeit wegen standen die Gläubigen vor ihnen so andächtig wie vor ihrem Gott, der bei ihnen mal Besinnlichkeit, mal Begeisterung auslöste. Die Kunst von der Antike bis zur Gegenwart sei nur vor diesem kultischen Hintergrund zu begreifen, so Benjamin. Als eigenständiges Kulturgebilde, das außerhalb des Alltags stehe und seit jeher meist kontemplativ rezi-

---

[48] Vgl. Ruskin, Die Sieben Leuchter der Baukunst.

piert werde, habe das Kunstwerk seine ursprünglich religiösen Implikationen bewahrt und mithin seine Aura bis zum Zeitalter seiner technischen Reproduzierbarkeit behalten.[49]

Nun mag der Kunst die Aura vielleicht abhandengekommen sein, wie Benjamin meint, der Natur und deren Existenz haftet sie unverändert an. Sie offenbart sich in der Morgenstimmung oder Mittagsstille genauso wie in der Abenddämmerung.

Besonnene Begeisterung

Eine große Gefahr stiller intensiver Wahrnehmungen liegt in der Versuchung, die auratisch verklärte Natur religiös zu überhöhen und ihr eine spirituelle Bedeutung beizumessen. Die menschliche Lust auf Geheimnisse findet sich nicht mit kalter Aufgeklärtheit ohne weiteres ab. Visuell veranlagte Visionäre spüren im Wahrnehmbaren eine kryptische Sinnordnung auf, für die allerdings jeder Anhaltspunkt fehlt. Dennoch lässt die Aura der Mittagsstille sie hinter dem vordergründig Sichtbaren eines tiefsinnigen Spuks gewahr werden, der höheren Mächten zu gehorchen scheint als nur rationaler Logik und natürlicher Gesetzmäßigkeit. Mit Paul Valéry gesprochen: „Der schöne Himmel, der berühmte gestirnte Himmel über uns! ... Bedenke, was dieser Schrott und Staub für Dummheiten in die Gehirne gesät hat; zu welchen Phantastereien, welchen Vermutungen, welchen Gesängen und Berechnungen er unser menschliches Geschlecht bewogen hat?"[50] Romantiker von Novalis bis Adalbert Stifter lauschen der Welt göttliche Geheimnisse ab aller naturwissenschaftlichen Entzauberung zum Trotz. Sie berauschen sich nur allzu gerne bei Naturbetrachtungen am Zauber pompöser Chiffren und Zeichen. Dabei schwingen sie sich zu schwärmerischer Entzückung empor, deren übersteigerte Fantasie schnell ins Maßlose abdriftet. Noch das kleinste Teilchen sei Symbol einer höheren Sinnfülle, Hieroglyphe eines Mysteriums, dessen verborgene Botschaften sich nur erahnen ließen. Völlig entrückt glauben sie aber die verschlossenen Dimensionen der Natur poetisch-spekulativ halbwegs entschlüsseln zu können. So greift der romantische Enthusiasmus in seiner Begeisterung fürs hintergründig Wunderbare durch die sichtbare Natur hindurch und verliert auf diese Weise jeden Halt in der Wirklichkeit. Die andachtsvolle Hingabe an die Aura der Dinge endet in ekstatischem Überschwang, der in Ermangelung jeder Bodenhaftung im bloßen Rauschen des Windes göttliche Klänge zu vernehmen glaubt. Doch ist das alles nur atmosphärischer Klangrausch ohne harten Anschlag an die Realität. Wo nichts drin ist, dort kommt auch nichts heraus!

---

[49] Vgl. Illuminationen, S. 136-169.
[50] Valéry, Mein Faust, S. 120.

Die Diskrepanz zwischen exaltierter Fantasie und der Staunen erregenden Betrachtung der Dinge, die nicht als Vorstufe zu höheren Erkenntnissen bewertet werden soll, ist groß. Es ist der Unterschied zwischen trunkener Gefühlswallung und besonnener Begeisterung. Letztere bleibt enthusiastischem Übermaß gegenüber skeptisch und tritt ausschweifenden Delirien massiv entgegen. Besonnene Begeisterung überschreitet die empirische Wirklichkeit nicht auf schwindelerregende Höhen. Sie verbleibt ganz und gar im sichtbaren, verwissenschaftlichten Universum. Ihre kontemplative Naturbetrachtung ist eine profane Angelegenheit, ein Fest der Sinne ohne religiöse Bedeutung, eine Feier der Wirklichkeit, die uferlosem Fantasierausch entsagt.

Dabei räumt sie dem Intellekt ein Vorzug dem Affekt gegenüber ein. Ihr Enthusiasmus bleibt von des Gedankens Blässe angekränkelt! Denn sie kommt nicht bloß aus Empfindungen, sondern auch und vor allem aus Gedanken, welche die Empfindungen mitreißen. So entsteht ein merkwürdiges Gemisch aus distanzierter Sachlichkeit und andächtiger Hingabe, bei welcher der Betrachter selbst im Hochgefühl einen kühlen Kopf behält. Sich vom mental Bewältigten emotional überwältigen zu lassen bedeutet, in dem aufzugehen, was einem aufgegangen ist!

Doch wie bloßer Überschwang ist umgekehrt auch reine Sachlichkeit zu wenig. Aus Abscheu vor allem Überschwänglichen die Dinge nur trocken zu erforschen, ohne sich von ihnen beeindrucken zu lassen, feit zwar gegen törichten Aberglauben, läuft aber Gefahr, die Wirklichkeit auf ein kümmerliches Format zu reduzieren. Pure Emotionalität bleibt leer, bloße Sachlichkeit matt!

Aber wie ist das Paradox besonnener Begeisterung möglich? Wie kann man staunend und fasziniert den Blick auf den Dingen ruhen lassen, ohne dem Zauber einer überregen Einbildungskraft zu erliegen? Wie lässt sich überwältigender Enthusiasmus mit nüchterner Behutsamkeit ins Gleichgewicht bringen, das anschaulich Fassliche mit gedanklicher Weitsicht verknüpfen? Nur wo diese Balance gelingt, wird das grundlose Überhauptsein der Wirklichkeit im Staunen richtig bemessen und zu einem unvergleichlichen Erlebnis. Es kommt zum apollinischen Exzess.

Dazu dürfen die Zügel der sachlichen Reflexion nicht in der Mittagsstille aus der Hand gelassen werden. Größerer Anstrengungen bedarf es hierzu nicht, laden uns doch die nach allen Seiten hin offenen Landschaftsräume bereits zum Nachsinnen ein. Ein windstilles Meer zur Blauen Stunde genügt bereits, ist es doch nicht bloß Gegenstand dichter Wahrnehmungen, sondern gleichfalls Anstoß zu tieferem Nachdenken. Impulse solcher Art setzen eine Nachdenklichkeit in Gang, bei deren Reflexionsarbeit sich die kontemplativ betrachteten Dinge mit deren naturwissenschaftlichem und dem dazu geeigneten philosophischen Verständnis so verbinden, dass es zur intensivsten Erfahrung der namenlosen

Wirklichkeit überhaupt kommen kann. Wenn auch hinter der Welt sich kein heiliges Geheimnis verbirgt, vor dessen Tiefe einem schwindelt, so ist sie doch aufgrund ihrer Existenz wie alles Großartige höchster Bewunderung würdig. Die Existenz des Seienden ist alles andere als banal. Obwohl das Universum nichts Besonderes darstellt, bleibt es etwas Besonderes – und der Mensch insofern, als er den Kosmos schauen und durchschauen darf, so wenig dieser auch für ihn gemacht ist.

Vom Innenblick zum Außenblick

Flucht und Überforderung

Philosophische Definitionen der Kunst sind überaus anspruchsvoll: „Zweckmäßigkeit ohne Zweck" nennt Immanuel Kant die Kunst, Friedrich Schiller „Freiheit in der Erscheinung", und Hegel erkennt in ihr das „Sinnliche Scheinen der Idee". Dagegen definiert Schelling sie als „Identität des Bewussten und Unbewussten", Paul Valéry als „Versprechen des Glücks" und Heidegger als „Ins-Werk-setzen der Wahrheit". Für Ernst Bloch wiederum ist die Kunst „Vor-Schein" und für Theodor W. Adorno das „Nicht-Identische". Doch was Kunst auch immer ist, sehr häufig lehrt sie den Betrachter das Staunen, so dass sie auch als „Schule des Staunens" bezeichnet werden darf.

Natürlich behandelt sie ganz unterschiedliche Themen auf verschiedenartige Weise: Mythische und religiöse Erzählungen gehören ebenso zu ihrem Stoff wie geschichtliche Ereignisse. Es gibt eine Porträt-, Historien- und Landschaftsmalerei. Einfache Gegenstände bilden ihre Sujets, aber auch betriebsame Innenstädte. Einstmals stand die Kunst im Dienst von Kirche und Hof. Da diente sie vor allem religiöser Erbauung und feudaler Repräsentation. Nicht zuletzt aus Rücksicht auf die Volksfrömmigkeit und angesichts eines weit verbreiteten Analphabetismus durfte nicht auf bildliche Darstellungen biblischer Geschichten verzichtet werden. Im Mittelalter war die Kunst der zweite Bildungsweg für Ungebildete, die weder lesen noch schreiben konnten. Kunst machte sinnenfällig, was sonst philosophisch oder theologisch ausgedrückt wurde. Kruzifixe hatten sowohl kultische wie belehrende Funktion. Die Kunst diente der Vermittlung von Glaubensinhalten.

Auf ihre allmähliche Befreiung von Kirche und Hof im Übergang vom 18. zum 19. Jahrhundert folgten deren Abhängigkeit von Mäzenen und schließlich ihre Bindung an den ökonomischen Markt. Heute ist die Kunst vor allem ein von der öffentlichen Hand finanziertes und ökonomischen Wirtschaftsgesetzen unterworfenes Produkt. Nach Entbindung von ihren alten Aufgaben für Kirche und Hof traten die Künste stärker in den Dienst der bürgerlichen Gesellschaft.

Eine Vielzahl ehemals religiöser Kultgegenstände, aber auch feudalistischer Gebrauchsdinge und altes Alltagszeug werden heute als Kunstwerke verehrt, während andere ihren Kunstcharakter einbüßen. Wenn beispielsweise Mozarts *Kleine Nachtmusik* beim Einkaufsbummel im Shopping-Center im Hintergrund dahinplätschert, ist sie nicht mehr Kunst. So unterliegen nicht nur Nachfrage und Funktion der Kunst einem geschichtlichen Wandel, sondern ihre Werke ebenso.

Die Tatsache, dass ein Gegenstand ein Kunstwerk ist, liegt nicht allein am Exponat selbst, sondern auch an der Umgebung, in der es sich befindet, etwa in einer Ausstellung oder einem Museum, und vor allem an den Erfahrungen, die wir mit ihm machen. Die sogenannte Werkästhetik rückt die Eigenschaften eines Kunstwerks in den Mittelpunkt, die Rezeptionsästhetik dessen Resonanz beim Leser, Betrachter oder Zuhörer. Jedoch ermöglichen Kunstwerke nicht allein persönliche Erlebnisse. Sie sind vor allem Gegenstände sinnlicher wie geistiger Auslegung, die eine sorgfältige Auseinandersetzung mit ihnen voraussetzt.

Bis heute führt die Werkästhetik dazu, Kunstwerke mit höherrangigen Bedeutungen zu überfrachten. So soll die eigentliche Aufgabe der Kunst weniger darin liegen, bestimmte Wirkungen beim Publikum zu erzielen, als vielmehr besondere Wahrheiten abzubilden. Wie oft gelten Kunstwerke als Träger sinnträchtiger Inhalte religiöser, humanistischer oder geschichtlicher Art. Beispielsweise reflektierten sie nicht nur die sozialen Verhältnisse ihrer Zeit, sondern hielten dieser überdies einen kritischen Spiegel vor, so dass man aus ihnen zuweilen das Versprechen einer besseren Welt herauslesen könne – das Heimweh nach einem sorgenfreien Leben oder eine rätselhafte, utopische Vorwegnahme einer menschlicheren Zukunft. Auf jeweils andere Weise erklärten etwa Ernst Bloch, Theodor W. Adorno oder Walter Benjamin die Kunst zum Statthalter eines unbeschädigten Lebens.

Wie solche Auslegungen leicht Gefahr laufen, der Kunst Aufgaben aufzubürden, denen sie nicht gewachsen ist, genauso wird der Kunstgenießer durch seine sinnlichen Erlebnisse dazu verführt, der realen Welt zu entfliehen, bietet doch die Kunst nicht selten Ersatz für eine heile Welt, deren Herbeiführung sie hierdurch verhindert. Sie verrät gleichsam die Revolution. In dem Maße, wie sie ihre Sprengkraft verliert und zu einem angenehmen Stimulans verkommt, erweist sie sich als reaktionär. Denn indem sie ihre Betrachter, Leser und Zuhörer lediglich unterhält und den Anschein der Versöhnung erweckt, tröstet sie über gesellschaftliche Mängel hinweg, anstatt sie zu beheben. Sie schenkt dem gequälten Menschen für Augenblicke eine falsche Befreiung von der Last des Lebens, bevor die beschwerliche Wirklichkeit den Einzelnen wieder einholt.

Nun mögen zum einen Kunsterfahrungen fragwürdige Fluchthelfer aus der Wirklichkeit sein, zum anderen höchst fragwürdige Wahrheiten in Kunstwerke hineingeklügelt werden. Beiden Bedenken zum Trotz lässt sich kaum bezweifeln: Einerseits sind Kunstwerke spezielle Gebilde mit mehr oder weniger großem Auslegungsspielraum; es gibt gewöhnlich nicht die eine wahre Deutung und viele falsche, sondern eine Reihe unmöglicher und möglicher Interpretationen. Andererseits ermöglichen Kunstwerke persönliche Erfahrungen, die jedoch mit den möglichen Deutungen übereinstimmen sollten.

Medium der Selbsterfahrung
Bis Ende des 18. Jahrhunderts schrieben akademische Kunstlehren den Künstlern verbindliche Kompositionsregeln vor. In Literatur und Kunst gab es Normen, nach denen verfahren werden sollte. Dichtkunst wurde als eine nach Regeln erlernbare Kunst verstanden. Genauso hatten sich die Werke der bildenden Kunst nach bestimmten Anweisungen zu richten. In den Kunstakademien galten offizielle Normensysteme. Ein Landschaftsmaler durfte die Natur nicht einfach nur abbilden, sondern sein fertiges Gemälde musste die Landschaft so präsentieren, wie sie idealerweise aussehen würde. So folgte die Malerei idealisierten Landschaftsvorstellungen. Die Darstellung sollte die Natur gleichsam verbessern, um so Defizite auszugleichen, die sich aus den Materialien ergaben, die allen Dingen zugrunde lag. Auf diese Weise vollendete ein Gemälde den von der Natur beabsichtigten Gegenstand. Mit anderen Worten schilderten die idealisierten Naturszenen, die in Übereinstimmung mit den vorgegebenen Normen der Kunstakademien standen, das wahre Wesen der Natur. Hier wurde das Sein mit den künstlerisch vervollkommneten Oberflächen der sichtbaren Dinge gleichgesetzt. In dem Maße aber, wie Künstler und Kunstbetrachter der Schönheit ihrer gemalten Gestalten erlagen, blieb deren erstaunliches Überhauptsein verschüttet. Vor lauter Bewunderung landschaftlicher Strukturen konnte eine Verwunderung über deren Existenz nicht entstehen. Das „Was" verdrängte erneut das „Dass".

Dieses trat sogar noch weiter in den Hintergrund, als Ende des 18. Jahrhunderts die Künstler gegen die Kompositionsregeln der Kunstakademien aufbegehrten, um die Natur so malen zu können, wie sie sich ihnen zeigte. Das Genie, dessen Naturtalent der Kunst die Regel gibt, wie Immanuel Kant formuliert, löste die Regelpoetik ab. An die Stelle akademischer Kunstregeln trat schrittweise kreative Originalität. Schöpferische Fantasie begann klassische Normen auszuhöhlen. Die Maler konzentrierten sich stärker auf die atmosphärische Wirkung der Natur. Ihr persönliches Naturempfinden führte den Pinsel. Sie malten, wovon sie sich angesprochen fühlten, und brachten so ihre individuellen Erfahrungen mit der Natur zum Ausdruck, darauf hoffend, dass die Betrachter ihr Naturerleben ebenfalls in den dargestellten Landschaften wiederentdecken würden. Zarte Frühlingsbilder, kräftige Darstellungen sommerlicher Wiesen oder das düstere Astgewirr eines Winterwaldes gaben subjektive Landschaftseindrücke wieder. Wehrte schon die akademische Regelkunst die Idee künstlerischer Naturnachahmung ab, so tat es die subjektive Landschaftsmalerei erst recht. Wo es aber vorrangig um subjektive Eindrücke geht, die eine Landschaft bei Künstlern und Betrachtern hinterlässt, dort verschwindet die unabhängige Wirklichkeit an sich und damit deren nacktes Dass ganz hinter den Pinselstrichen der Maler. Es interessiert nicht mehr so sehr, was gesehen wird, als vielmehr, wie gesehen wird.

Noch stärker gerät das befremdliche Überhauptsein der Dinge in Vergessenheit, wo die Natur zum Projektionsraum innerer Empfindungen wird. Jetzt geht es nicht mehr nur um die Wirkung, die eine Landschaft auf den Maler ausübt, um die Stärkung subjektiver Anteile bei der künstlerischen Verarbeitung von Natureindrücken, sondern um Veranschaulichung feiner Seelenregungen in Naturbildern oder Naturgedichten. Die Landschaft wird zum Ausdrucksmittel persönlicher Gefühle, deren innerer Reichtum an Naturphänomenen sichtbar gemacht wird. Auf einem Gemälde festgehaltene Abendstimmungen oder in einem Gedicht beschriebene Frühlingslandschaften sagen weniger über Dämmerung oder Blüten als vielmehr über das Gemüt des Künstlers aus, dem sie eine schöne Gelegenheit für intime Geständnisse geben. Der frühe Rainer Maria Rilke und Caspar David Friedrich, um nur zwei Künstler zu nennen, haben zahlreiche solcher Kunstwerke hervorgebracht. Sie haben in der Natur sinnliche Äquivalente für ihre seelischen Gefühlszustände gefunden, und das heißt die eigenen Ängste, Freuden, Sehnsüchte und Sorgen in Blumen, Bäumen und Bergen widergespiegelt bekommen. Ihnen ging es also weniger um überprüfbare landschaftliche Tatsachen als vielmehr um ihre subjektiven Stimmungen in der Darstellung landschaftlicher Phänomene. Ein Liebender vermag aus jedem Vogelzwitschern ein Gruß seiner Geliebten herauszuhören! Solche Projektionen der eigenen Einbildungskraft enthalten nur wenig äußere Wirklichkeit. Sie lassen die Natur kaum mit eigener Stimme sprechen, sondern vorrangig die Gemütslage eines Menschen wie ein Echo widerhallen.

Aber sie haben ihre Berechtigung, auch wenn sie die reale Welt verfehlen. Bis heute noch gilt der nächtliche Vollmond als eine poetische Erscheinung, als Zeuge vom Tageslärm verschonter Liebesnächte. Es gibt zahlreiche Geschichten und Legenden, die sich um ihn ranken: Mondanbetungen, Mondmythen und Völker, die sich in Notzeiten an ihn wandten. Von Buddha wird erzählt, dass er bei Vollmond erleuchtet wurde. Doch nach Jahrtausenden faszinierender Spekulation ist der Mond, der von allen Himmelskörpern der Erde am nächsten steht und dessen Anziehungskraft nur ein Sechstel der Erdanziehung beträgt, kein Rätsel mehr. Die Mondgöttin müssen wir als Illusion begraben. Nur wer hinter dem Mond lebt, kann noch an seine Zauberkräfte glauben, oder an die

Mondhexe, deren Blick menschliches Blut gefrieren lässt. Aber so sehr wir diese alten Geschichten in den Mond schreiben müssen, da dessen Oberfläche – ein Viertel der Erdgröße – einer öden Kraterlandschaft gleicht, deren Temperaturen zwischen minus 160 Grad und plus 120 Grad Celsius schwanken – der Erdtrabant bleibt für uns ein Objekt, in dem wir unsere Gefühlslage reflektiert bekommen. Gerade der Mond beweist, dass für uns selbst noch das Erlebnis sein kann, was die Erkenntnis bereits als Illusion entlarvte. So mag die Mondgöttin verschwunden sein, die Poesie des Mondes ist geblieben. Man denke nur an das schöne Abendlied von Matthias Claudius *Der Mond ist aufgegangen*, Goethes und Brentanos Gedicht *An den Mond*, Eichendorffs *Mondnacht*, Klopstocks Verse „Willkommen, o silberner Mond, schöner stiller Gefährte der Nacht" oder Tiecks Prolog zum Drama *Kaiser Octavianus*: „Mondbeglänzte Zaubernacht, die den Sinn gefangen hält, wundervolle Märchenwelt, steig auf in der alten Pracht."

Doch wo es in der künstlerischen Naturdarstellung nicht mehr um die objektive Außenwelt selbst, sondern entweder um deren gefühlsmäßige Wirkung auf unser Innenleben oder bloß noch um unsere subjektive Innenwelt geht, ist selbstverständlich die Wirklichkeit an sich so weit in den Hintergrund getreten, dass deren befremdliche Existenz überhaupt nicht mehr hervortreten kann.

Zu den Sachen selbst

Kunstwerke bewegen sich oft zwischen objektiver Außenwelt und subjektiver Innenwelt. Nachdem sich Claude Monet in die Normandie zurückgezogen hatte, malte er vor allem seinen Garten, Seerosen, Spiegelungen von Licht, Trauerweiden und Wolken im Wasser. Ähnlich eindrucksvolle Naturbilder schuf Paul Cézanne in Aix-en-Provence. Hier wie dort wird die Natur nicht einfach nur imitiert. Es werden aber auch nicht bloß subjektive Natureindrücke auf die Leinwand gebracht, sondern die Natur selbst auf ungewohnte Weise präsentiert.

Auf wieder andere Weise fordern die Gemälde von William Turner und John Constable den Betrachter heraus. Sie geben veränderliche Erscheinungen der sichtbaren Natur wie etwa flüchtige Wolken, unstetes Wetter und Wirbelstürme durch Verschleifungen wieder. Dabei verzichten sie auf statische Formen, festumrissene Konturen, und lassen sich die Farben gegenseitig durchdringen. Während Turner alle Gestalten im Farbauftrag miteinander verschleift, legt Constable verschiedene Farbschichten übereinander. So entsteht eine diffuse Dynamik auf den Bildern, die den ständigen Veränderungen in der Natur folgt.

Noch einmal anders nähern sich Kubisten wie Picasso, Braque und Delaunay der sichtbaren Wirklichkeit, die sie in geometrisch-räumliche Elemente zerlegen, so dass Kompositionen aus geraden und kreisförmigen Linien entstehen. Auch wenn ihre Figuren die sichtbaren Dinge unentwegt verformen, bleibt doch der gegenständliche Bezug ansatzweise erhalten. Besonders aufregend sind die Aufsplitterungen der Zentralperspektive in gleichzeitig aufeinanderfolgende Ansichten der Dinge, so dass der Betrachter den Eindruck bekommt, um die präsentierten Objekte herumzulaufen. Mit Bezug auf diese Gleichzeitigkeit einer nur als räumlich-zeitliches Nacheinander vorstellbaren Bewegung darf von Simultaneität des Sukzessiven gesprochen werden. Hierzu wird ein Gegenstand oder eine Landschaft multiperspektivisch von mehreren Seiten auf der Bildfläche dargestellt.

Alle genannten Maler sind bestrebt, an die Wirklichkeit selbst heranzukommen, ohne bloß getreue Abbilder der Wirklichkeit zu liefern. Sie übersetzen die sichtbare Welt so in Formen und Farben, dass die Dinge ihre fraglose Selbstverständlichkeit und Unauffälligkeit verlieren. Nichts ist so, wie es im Alltag erscheint. Aus ihren Kompositionen geht das Sichtbare wie neu hervor. Dabei meinen sie, sich genauer an die Realität zu halten und den Dingen sachlich unter Ausklammerung eigener Gefühle zu nähern, auch wenn sie im Gegensatz zum Fotografen gezwungen sind, den Werken ihren persönlichen Stempel aufzudrücken.

Als Sachwalter des Sichtbaren können Fotografie und Film die Wirklichkeit mit größerer Detailtreue reproduzieren. Filmgeräte und Fotoapparate registrieren die sichtbare Welt unvoreingenommen und genau. In den Wissenschaften übernehmen sie die wichtige Funktion anschaulicher Dokumentationsarbeit. Mikroskop-, Röntgen- und Astrofotografien sowie Hochgeschwindigkeitsaufnahmen zeigen sogar Bilder und Ereignisse, die für das bloße Auge unsichtbar bleiben. Allerdings geht die Kunstfotografie über die bloße Nachahmung der sichtbaren Welt hinaus. Mit fototechnischer Perfektion liefert sie durch neuartige Nah- und Schrägansichten, ungewöhnliche Perspektiven, Schärfeneinstellungen und Beleuchtungen außeralltägliche Bilder der Wirklichkeit.

Unter der Überschrift *Neues Sehen* betonen jedoch Fotokünstler wie Laszlo Moholy-Nagy stark den subjektiven Gesichtspunkt bei der kreativen Verarbeitung des Wirklichen. Im Gegensatz dazu wenden sich Vertreter der *Neuen Sachlichkeit* wie Alfred Renger-Patzsch gegen das subjektive Gestalten in der Kunstfotografie. Beide Richtungen lehren zwar, die Welt mit neuen Augen zu sehen, die Anhänger der *Neuen Sachlichkeit* möchten aber weniger ihrem individuellen Seherlebnis als vielmehr dem wirklichen Aussehen der dargestellten Sache einen bildhaften Ausdruck verleihen. Subjektives Sehen soll durch eine Kultur technisch höchst perfekter Sachaufnahmen überwunden werden. Mit fotografischer Sensibilität werden die Strukturen von Holz, Stein und Metall ebenso detailgenau wie emotionslos wiedergegeben. Ohne subjektives Pathos hält die nüchterne Sachfotografie im Alltag übersehene Züge des Wirklichen aus nächster Nähe fest. Die komplexen Strukturen eines Grashalms, eines Zweigs oder einer Wolkenformation werden mit geschärfter Präzision gezeigt. Je mehr es gelingt, den subjektiven Faktor bei der Darstellung auszuschalten, umso stärker kann die erstaunliche Wirklichkeit als solche offenbar werden.

Hierum geht es auch Rainer Maria Rilke in seinen *Neuen Gedichten*, in denen auf das lyrisch Subjektive, das sein poetisches Frühwerk prägte, zugunsten einer sachlichen Sprache weitgehend verzichtet wird. In seinen sogenannten Dinggedichten, die sich etwa mit einer römischen Fontäne, blauen und rosa Hortensie, einer Sonnenuhr, Rosenschale, einem Bett oder Ball, einem Panther oder einer Gazelle befassen, versucht Rilke das lyrische Ich, alles Emotionale und Affektive aus seinem Blick zu tilgen, überzeugt davon, sich solchen Sachen unter Ausschaltung eigener Gefühle besser nähern zu können. Diese sollen sich nicht mehr zwischen Betrachter und sichtbare Wirklichkeit schieben.

Der Bildhauer Auguste Rodin lehrte Rilke, sich auf das Sichtbare ohne sentimentale Spuren zu konzentrieren und es aus seinen gewohnten Alltagsbezügen so herauszuheben, dass es seine ganze Faszinationskraft auf den stillen Betrachter ausüben kann. Rilke machte es sich zur Aufgabe, die Dinge mit hoher Sensibilität in poetischen Formen klar und präzise zu erfassen. Nicht mehr bloß Empfindung, Inspiration oder Imagination beherrschte sein Arbeitsethos, sondern ein Sinn fürs Sachliche, das ihm ein sachgetreues Hinsehen abverlangte. Allerdings zielte sein Verzicht auf jede gefühlvolle Verbindung mit den Dingen nicht auf eine gänzliche Auslöschung des Subjektiven in der Darstellung, was sowieso unmöglich gewesen wäre. Bereits Rilkes sachliche Öffnung den Dingen gegenüber wird von seiner eigentümlichen Sichtweise geprägt und bleibt von seinem persönlichen Erleben abhängig. Mit kontemplativer Aufmerksamkeit versenkte er sich aber in die sichtbare Welt, um sie poetisch so zu transformieren, dass ihre unbegreifliche Besonderheit hervortreten konnte, nicht aber, um sie mit fotorealistischer Detailgenauigkeit abzubilden. Dabei ließ Rilke die Dinge gleichsam nach ihren Betrachtern greifen, diese anschauen, als ob jene zu diesen zurückschauen und sie an sich heranziehen wollten, um mehr Macht über sie zu gewinnen. Auf diese Weise entstanden ungeheuer eindringliche Beschreibungen, in denen bekannte Gegenstände als bemerkenswerte Tatsachen präsent gehalten werden.

Indem sowohl die Vertreter der *Neuen Sachlichkeit* als auch der Verfasser der *Neuen Gedichte* von sich absehen und bei den Sachen selbst verweilen, machen sie auf die Wirklichkeit *als* solche und *als* vom Menschen unabhängiges Vorkommnis aufmerksam. Allerdings fesseln die sichtbaren Strukturen der Dinge die Blicke oftmals so stark, dass selbst jetzt nicht die verblüffte Frage aufkommt, warum es denn das alles überhaupt gibt. Andererseits wird das Augenmerk manchmal gerade durch Hervorhebung einiger Facetten des Sichtbaren erst auf dessen erstaunliches Überhauptsein aufmerksam. Dann wird mit einem Male in der gesammelten Betrachtung eines gepflügten Ackers, gelben Kornfelds oder rauschenden Wasserfalls die nackte Existenz des Wirklichen, das Sein des Seienden erlebbar.

Vom Nahblick zum Weitblick

Tassen Teller Töpfe
Die kontemplative Betrachtung der Natur liegt uns näher als die Bewunderung von Nutzgegenständen, bei denen sich der Blick erst von ihren Funktionen lösen muss, damit sie besinnlicher Betrachtung zugänglich werden. Obwohl auch eine Tasse oder ein Stuhl nach Abzug ihrer Gebrauchsbedeutung bewusst vergegenwärtigt werden kann, fehlt ihnen der Zauber einfacher Blumen, weil sie ursprünglich bloß zu praktischen Zwecken hergestellt wurden. Trotzdem wollte der Objektkünstler Marcel Duchamp mit seinen sogenannten *Ready Mades* die Erstaunlichkeit selbst einfacher Gebrauchsdinge aufzeigen, als er ein Urinal oder Flaschentrockner ohne künstlerische Verformung in einer Ausstellung präsentierte. Mit den Worten Paul Valérys mögen wir Menschen mehr „Übung darin gewinnen, noch die alltäglichsten Dinge zu bestaunen. ... Jede Sicht der Dinge, die nicht befremdet, ist nämlich falsch. Wird etwas Wirkliches vertraut, so kann es nur an Wirklichkeit verlieren. Philosophische Besinnung heißt, vom Vertrauten auf das Befremdende zurückzukommen, im Befremdenden sich dem Wirklichen zu stellen."[51] In pointierter Verdichtung: „Am schwierigsten ist es, zu sehen, was ist."[52] Wer „alles schon Bekannte – es sei ein Baum oder eine Muschel, eine Brücke in London oder das Meer, Vögel oder auch die eigene Person – wie zum ersten Mal erblickt und nicht bloß wiedererkennt", der beweist „äußerste Wachheit."[53] Auf solche Epiphanien des Alltäglichen stießen wir schon bei Hugo von Hofmannsthal und Marcel Proust.

Auch nach ihrem Künstlerkollegen Alberto Giacometti haben kleine Alltagsdinge – mit Benjamin gesprochen – eine Aura: „Die Freude an einem Spaziergang durch den Wald ist bei mir völlig verschwunden, weil mir schon der erstbeste Baum auf einem Pariser Bürgersteig genügt. ... Die Neugier auf das Unbekannte lässt immer mehr nach, weil ein Glas auf dem Tisch mich heutzutage viel mehr in Erstaunen versetzt als früher."[54] Ähnlich Guillaume Apollinaire, der dem Surrealismus seinen Namen gab: „Es kann von ganz Alltäglichem ausgegangen werden: Ein zu Boden fallendes Taschentuch kann dem Dichter der

---

[51] Valéry, in: Löwith, Sämtliche Schriften Bd. 9, S. 306.
[52] Valéry, Monsieur Teste, S. 64.
[53] Valéry, in: Löwith, Sämtliche Schriften Bd. 9, S. 307.
[54] Giacometti, in: Peppiat, S. 128.

archimedische Punkt sein."[55] Tatsächlich vergeht den meisten das Sehen nicht, wenn eingeschliffene Sehgewohnheiten zerbrechen. Doch sind vermutlich nur wenige imstande, eine bis zum Erstaunen gesteigerte Achtsamkeit Kaffeetassen und Taschentüchern entgegen zu bringen. In der Verwandlung des Gewöhnlichen zum Außergewöhnlichen war Rainer Maria Rilke ausgesprochen virtuos, der über Haus, Brücke, Brunnen, Tor, Fenster und Krug genauso dichtete wie über Säulen, Türme, Tempel, Kathedralen und Pyramiden. Bedauerlicherweise würden diese steinernen Zeugnisse entschwundener Zeiten heute fast nur noch als touristische Sehenswürdigkeiten gewürdigt, ohne dass die damit verbundenen Sehnsüchte und existenziellen Nöte noch innerlich nachempfunden werden könnten. Viele verstünden sie einfach nicht mehr. Dabei sei doch alles so erstaunlich.

Deshalb hat der römische Kaiser Marc Aurel recht, wenn er schreibt: „Wer die Welt, wie sie jetzt ist, gesehen hat, hat bereits alles gesehen."[56] Zwei Jahrtausende später findet der portugiesische Dichter Fernando Pessoa für diese einfache Erkenntnis in seinem *Buch der Unruhe* die verblüffenden Worte: „Reisen? Existieren ist reisen genug."[57] Denn im Grunde kommt es gar nicht darauf an, wieviel man sieht, sondern mit welchen Augen man sich das eine oder andere vergegenwärtigt, wie Theodor Fontane findet.

Faszination des Nebensächlichen
„Die meisten Menschen wissen gar nicht, wie schön die Welt ist und wie viel Pracht in den kleinsten Dingen, in irgendeiner Blume, einem Stein, einer Baumrinde oder einem Birkenblatt sich offenbart," schreibt Rilke.[58] Fast gleichlautend André Gide: „Hast du jemals ein Blatt betrachtet? Keines gleicht dem anderen. Wie mannigfaltig sind ihre Formen."[59] Das Wunderbare liegt vor unseren Füßen. Schon in einem winzigen Staubkorn steckt alles. Das Kleine ist das Große. Ob Edmund Husserl, Stefan George, Ernst Jünger, Gide, Rilke oder Valéry, sie alle verbindet die Auffassung, bereits kleine Dinge könnten uns in endlose Erfahrungen hineinziehen. Seien wir erst einmal aus dem Alltag herausgeglitten, werde unsere Wahrnehmung immer sensibler für die Finessen selbst von Petitessen. Die sinnliche Wirklichkeit um uns herum ist von unerschöpflicher Vielfalt, deren zahllosen Facetten den meisten nur entgehen. Smart Phones, Social Media, Internet, kurz, Informationen bestimmen unseren Alltag heutzutage. Digitale Daten lassen die sichtbaren Dinge oftmals in den Hintergrund un-

---

[55] Apollinaire, in: Meyer, S. 124.
[56] Aurel, Selbstbetrachtungen, 6,36.
[57] Pessoa, Buch der Unruhe, S. 426.
[58] Rilke, Es wartet eine Welt, S. 22.
[59] Gide, Erzählungen, S. 162.

serer Aufmerksamkeit treten, wo sie auch aufgrund ihrer Zweckdienlichkeit unauffällig bleiben.

Erst wenn das scheinbar Belanglose nicht mehr unter dem Gesichtspunkt seiner Nützlichkeit in Betracht gezogen wird, kann es die Schwelle der Aufmerksamkeit überschreiten. Rilke ließ sich von vielen unscheinbaren Dingen, überzeugt von ihrer Denkwürdigkeit, zum Staunen bewegen. Heute pflegt eine Kultur der Achtsamkeit den Sinn fürs Einfache, scheinbar Unwichtige, Nebensächliche, Geringe, das allzu gerne übersehen wird. Jeder Gegenstand, jede Umgebung, jeder Raum ist geeignet, Objekt stiller Betrachtung zu werden. Alle Dinge in den eigenen vier Wänden oder der freien Natur eignen sich hierfür. Man kann sich einen Kieselstein, ein Birkenblatt oder eine Baumrinde herausgreifen, um an ihnen die Besonderheit ihrer augenblicklichen Erscheinung zu entdecken. Wie im Selbstverständlichen das Besondere so kann im Kleinen das Große hervortreten. Selbst ein Sandkorn vermag zum Intensitätszentrum unseres Erlebens zu werden, lässt man sich nur gründlich genug darauf ein.

Natürlich gilt dies auch für den eigenen Körper: „Oft wenn Rönne von solchen Rundgängen in sein Zimmer zurückgekehrt war, drehte er seine Hände hin und her und sah sie an", um sich hierüber zu wundern, schreibt Gottfried Benn in *Gehirne*.[60] Sogenannte *Haikus*, traditionelle japanische Kurzgedichte, verwandeln vermeintlich Alltägliches in Erstaunliches. Sie reißen es aus ihrem gewohnten Zusammenhang heraus, um es von seiner Unauffälligkeit und Harmlosigkeit zu erlösen. So werden einzelne Kirschblüten, Grashalme oder Regentropfen in den Lichtkegel der Aufmerksamkeit gerückt, damit ihre Grandiosität sichtbar werden kann.

Aber worin besteht ihre Besonderheit? Die genannten Phänomene sind doch wissenschaftlich erklärt und nicht mehr rätselhaft. Zum einen liegt deren Faszination in ihrem Aussehen oder Klang, zum anderen an ihrem schlichten So- und Dasein – und das heißt: an der Seltsamkeit des Faktums, dass sie überhaupt sind. Das in letzter Beziehung grundlose Überhauptsein der Dinge ist in die Unverborgenheit getreten; das Sein des Seienden ist erlebbar geworden.

Walter Benjamin lässt seine Protagonisten nicht mehr durch romantisierte Landschaften spazieren, sondern durch Großstädte an bunt dekorierten Schaufenstern vorbei flanieren. Solche Passanten erliegen dem Charme einfacher Gebrauchsgegenstände, an denen Benjamin eine ganze Epoche aufschließt, um sich Zugang zum Kern eines Zeitalters zu verschaffen. Dieser Weg sei hier nicht beschritten. Stattdessen wird das Einzelne losgelöst von allen Bezügen betrachtet.

---

[60] Benn, Gesammelte Werke II, S. 16.

Jedoch fällt es leichter, Erhabenes zu banalisieren, als Banales in den Rang des Erhabenen zu transferieren. Im Allgemeinen fällt es schwerer, sich von Tassen oder Staubpartikeln verblüffen zu lassen als von Naturdingen größeren Formats: Wäldern, Gebirgen, Wüsten, Seen, Wolkenformationen, die sich in Gestalt, Farbe und Bewegung ständig ändern. Landschaften und Jahreszeiten laden förmlich zu besinnlichem Staunen ein. Man muss kein Philosoph sein, um sich hierüber zu wundern. Doch man muss Philosoph sein, um banale Dinge wie ein paar Sandkörner erstaunlich finden zu können, und Zen-Buddhist, um darin das ganze Universum entdecken zu können. Nur Virtuosen des Staunens können Brosamen so anschauen und reflektieren, dass sie eine große Bedeutung annehmen. Den Durchschnittsbürger jedoch spricht der Wechsel von Jahreszeiten und der Anblick weitläufiger oder zerklüfteter Landschaften stärker an. Darum verleihen Rilkes Gedichte bevorzugt der sichtbaren Natur eine hohe Gegenwärtigkeit. Hierbei richtet sich sein Blick fast ausschließlich auf Phänomene der „Erde".[61]

Jedoch so faszinierend bunte Blumenwiesen, winterliche Schneelandschaften und herbstliche Felsenküsten sind, wie leicht verdecken sie das Wunder des Universums. Wie bei so vielen Philosophen bleiben bei Rilke vom gestirnten Himmel nur noch die sichtbaren Dinge auf der Erde übrig. Aber die Erde ist ein „bloßer Punkt im Weltall", wie Kant in der *Kritik der praktischen Vernunft* sowie Henry David Thoreau in *Walden* schreiben und zuvor bereits Nikolaus Kopernikus, Albrecht von Haller, Alexander Pope, Boethius, Marc Aurel, Seneca und der griechische Astronom Cleomedes vermerken.[62] Allerdings ist dieser Punkt im All erst vor wenigen Jahren von menschlichen Augen tatsächlich geschaut worden. An Weihnachten 1968 umrundete Apollo 8 mit den ersten Raumfahrern an Bord den Mond. Damals fotografierten die Astronauten zum ersten Mal den Aufgang der Erde am Himmelshorizont des 387 000 km entfernten Mondes. Am 14. Februar 1990 schoss die Raumsonde Voyager I auf ihrem Weg aus dem Sonnensystem aus einer Entfernung von sechs Milliarden Kilometern ebenfalls ein Foto von der Erde. Darauf wurde nun wirklich erstmals unser Planet als winziger hellblauer „Punkt im All" fürs menschliche Auge sichtbar.

Zauberhafte Zahlen

In *Nacht* dichtet Hölderlin über die späte Abendstunde: „voll mit Sternen und wohl wenig bekümmert um uns glänzt die Erstaunende dort, die Fremdlingin

---

[61] Vgl. Wetz, Das Fest der gewöhnlichen Dinge.
[62] Vgl. Kant, Werke Bd. 5, S. 162; Thoreau, Walden, S. 193; Kopernikus, Das neue Weltbild, S. 103; Aurel, Selbstbetrachtungen, 3,10; Boethius, Trost der Philosophie, S. 46; Probst, Kant, S. 32ff.

unter den Menschen über Gebirgshöhen traurig und prächtig herauf." Lassen wir uns jetzt „an einen Zaun gelehnt, des gestirnten Himmels durch das milde Gezweig eines Ölbaums hindurch gewahr werden", wie Rilke in *Erlebnis I* empfiehlt.[63] Verschieben wir wie Aristoteles unseren Blick vom Nächsten, Alltäglichen und Nützlichen himmelwärts zu den Sternen: „Staunen war den Menschen jetzt wie vormals der Anfang des Philosophierens, indem sie sich zunächst über die Seltsamkeiten, die ihnen vor den Händen lagen, wunderten. Dann aber schritten sie allmählich so fort, dass sie auch über die größeren Dinge Fragen stellten, etwa über die Mondphasen und über das die Sonne und Sterne Betreffende und über die Entstehung von allem."[64] Ähnlich lässt Immanuel Kant den Zirkelschlag menschlicher Aufmerksamkeit immer größere Kreise drehen: Die Betrachtung der Welt „fängt von dem Platze an, den ich in der äußeren Sinnenwelt einnehme, und erweitert die Verknüpfung, darin ich stehe, ins unabsehlich Große mit Welten über Welten und Systemen von Systemen, überdem noch in grenzenlose Zeiten ihrer periodischen Bewegung, deren Anfang und Fortdauer."[65] Je weiter sich die Blicke durch allmähliche Horizonterweiterung in den Weltraum forttragen lassen, umso größer wird das Staunen. Dabei bringt die überwältigende Pracht des sternenklaren Nachthimmels jede Alltäglichkeit zum Verschwinden. „Blicke auf die Ausdehnung, Festigkeit und Geschwindigkeit des Himmels, und du wirst aufhören, Gewöhnliches zu bewundern," meinte schon Boethius.[66] Begeben wir uns also auf einen Spaziergang unter freiem Himmel in dunkler Nacht, um über unserem Haupt einem Heer funkelnder Sterne und Galaxien mit Schwindeln innezuwerden. Dieser „Anblick einer zahllosen Weltenmenge"[67] vermag fast jede Verblüffungsresistenz zu brechen.

Nur Details können die Faszination noch weiter treiben und ins Grenzenlose steigern. Hierzu gehört die Erkenntnis, dass in uns allen noch ein bisschen „Urknall" steckt, sind doch im Körper jedes Erwachsenen fünf bis zehn Kilo von dem Wasserstoff vorhanden, der sich kurz nach dem Big Bang vor 13,82 Milliarden Jahren, genauer nach rund 380 000 Jahren bildete. Wie erstaunlich ist das Alter der Erde, die vor 4,6 Milliarden Jahren aus einer Gas- und Staubwolke entstand. Unser Erdball gehört zu einem Sonnensystem mit acht Planeten, mit Satelliten wie unserem Mond, Zwergplaneten wie Ceres oder Kleinkörpern wie Kometen, Asteroiden und Meteoriten. Die Erdkugel hat einen Durchmesser von 12 735 km, die Sonne dagegen von 1 391 000 km. Wäre unsere Erde so groß

---

[63] Rilke, Ausgewählte Werke Bd. 2, S. 267.
[64] Aristoteles, Metaphysik 982b.
[65] Kant, Werke Bd. 5, S. 162.
[66] Boethius, Trost der Philosophie, S. 66.
[67] Kant, Werke Bd. 5, S. 162.

wie ein Reiskorn, dann hätte die Sonne die Größe einer üppigen Orange. Sie bildet zusammen mit mehr als 100 Milliarden anderen Sonnen eine Galaxie. Es gibt schätzungsweise 150 Milliarden solcher Milchstraßen in unserem Weltall. Dazu kommen ungefähr 40 Milliarden Milliarden, also 40 Trillionen (4 mit 19 Nullen) Schwarze Löcher, außerdem Staub- und Gaswolken, Grundkräfte, Naturkonstanten, Dunkle Materie und Dunkle Energie sowie eine gekrümmte Raum-Zeit und vieles andere mehr.

Wie schwindelerregend sind die kosmischen Geschwindigkeiten: Mit rund 1000 Stundenkilometer rotiert die Erde um sich selbst und mit ungefähr 100 000 Stundenkilometer bewegt sie sich auf ihrer jährlichen Reise um die Sonne. Diese wiederum nimmt unseren Heimatplaneten mit auf ihrer Rundreise durch die Milchstraße, bei der sogar eine Geschwindigkeit von knapp 800 000 Kilometern pro Stunde erreicht wird.

Mindestens genauso Staunen erregend sind die kosmischen Entfernungen: Der Mars ist 70 Millionen Kilometer von der Erde entfernt. Wenn der Abstand der Erde zur 150 Millionen Kilometer entfernten Sonne ungefähr 10 Meter betragen würde, dann läge die nächste Sonne innerhalb unserer Galaxie, Proxima Centauri, unterhalb von Sevilla, nämlich 4,25 Lichtjahre entfernt. Bekanntlich verbreitet sich das Licht mit ungefähr 300 000 Kilometer in der Sekunde aus. Dem entsprechend benötigen Sonnenstrahlen rund 8 Minuten bis zur Erde. Ein Jahr besteht aus 365 Tagen. Das sind 86 400 Sekunden. Diese multipliziert mit 300 000 Kilometern ergibt ein Lichtjahr, in dem das Licht fast 10 Billionen Kilometer zurücklegt. Unsere Galaxie hat einen Durchmesser von 100 000 Lichtjahren und die zweitnächste Spiralgalaxie, der sogenannte Andromedanebel, ist sogar 2,5 Millionen Lichtjahre entfernt. Der vermutete Durchmesser des beobachtbaren grenzenlosen Universums beträgt rund 90 Milliarden Lichtjahre.

Natürlich sind die Größen im Kleinen ebenfalls überwältigend, wenn man bedenkt, dass ein Atom nur einen Durchmesser von 0,1 Nanometer hat. Ein Atom ist also schon ziemlich winzig, ist doch ein Nanometer nur ein Milliardstel Meter oder ein Millionstel Millimeter. Doch der Atomkern ist noch um ein Vielfaches kleiner. Sein Verhältnis zur Atomhülle ist vergleichbar mit einem Stecknadelkopf in Relation zu einem 200 Meter hohen Turm. Würde man ein Atom auf eine Kugel mit 100 km Durchmesser ausdehnen, so wäre ein Quark noch kleiner als 1 mm. Dennoch faszinieren die Größen des Sternenhimmels in der Regel stärker als die Maße der Elementarteilchen, die unseren Augen noch mehr verborgen bleiben, wie schon Blaise Pascal feststellte. Die Unendlichkeit im Großen sei viel sichtbarer als die Unendlichkeit im Kleinen, meinte der Mathematiker und Philosoph.[68]

---

[68] Pascal, Das Ich besteht in meinem Denken, Fragment 7.

Nutzlos Unabhängig Großartig

Indem die unfassbaren Ausmaße des kosmischen Schauspiels für uns völlig unbrauchbar und nutzlos sind, werden wir geradezu gezwungen, den Himmelsraum interesselos zu betrachten, sind wir erst einmal auf ihn aufmerksam geworden. Dem unermesslichen Weltall gegenüber ist nur eine theoretische Einstellung möglich. Bereits aus mittlerem Abstand verliert die Wirklichkeit ihre Dringlichkeit. Allerdings führt uns die überwältigende Größe der Himmelsfeste nicht bloß deren praktische Nutzlosigkeit deutlich vor Augen, sondern auch deren Unabhängigkeit von uns. Denn das unermessliche Weltall offenbart den Menschen keineswegs nur als ephemere Episode zwischen Natalität und Mortalität, der, kaum geboren, schon wieder sterben muss, ohne dass der gestirnte Himmel aufhört zu existieren. Die überwältigende Größe des Alls lässt uns auch dessen selbstständiges Dasein bewusst werden, seine Existenz, losgelöst von jeder menschlichen Vorstellung. Das heißt, wie das neuzeitliche Anschwellen des Weltraums nicht bloß die Nichtigkeit des Menschen im großen Ganzen sichtbar macht, so manifestiert das moderne Anwachsen der Weltzeit nicht allein unsere kosmische Unerheblichkeit, sondern beide zusammen heben überdies die Wirklichkeit an sich ins Bewusstsein. Hiermit stimmt die menschliche Doppelfähigkeit überein, das Wirkliche *als solches* wie auch *als unabhängig* von uns vorhanden vergegenwärtigen zu können. Das herrenlose Universum oder Multiversum bleibt, wenn wir sterben, und es würde ebenso sein, wenn wir nie geboren worden wären.

Zur erlebten Nutzlosigkeit und Unabhängigkeit des Weltalls, bedingt durch die Erkenntnis seiner Größe, kommt als Drittes die Erfahrung seiner Großartigkeit gleichfalls infolge seiner Größe hinzu. Alles Große wirkt auf uns Menschen großartig! Dies trifft nicht nur auf kolossale Naturphänomene wie zerklüftete Gebirgsmassen und aufgewühlte Meere zu. Nach Graden abgestuft gilt dies ebenfalls für Kulturschöpfungen wie den Petersdom in Rom, die große Moschee in Abu Dhabi, die Sky Line Singapurs. Schon deren bloße Größe, die den Maßstab unserer Sinne übersteigt, ruft gleichermaßen Beachtung wie Hochachtung hervor. Erst recht gilt dies für den unermesslichen Sternenhimmel.

Dabei gibt es das Große an sich gar nicht. Groß zu sein ist überhaupt keine Eigenschaft, die einem Sachverhalt an sich zukommen könnte, sondern ein Merkmal, das wir bestimmten Sachverhalten zuschreiben. Meer, Berg und Himmel sind genauso wenig an sich groß, wie sie an sich schön oder hässlich sind. Das alles sind sie bloß in unseren Vorstellungen, deren Einschätzungen und Bewertungen von persönlichen, kulturellen und in unserer Natur angelegten Maßstäben abhängen. Die messbare Größe einer ausgedehnten Sache allein entscheidet noch nicht darüber, ob wir sie für groß halten oder nicht. Mit Immanuel Kant gesprochen ist das Große in letzter Beziehung gar keine Frage der mathematischen Größenschätzung durch Zahlbegriffe, sondern der ästhetischen Größenschätzung in der bloßen Anschauung durch Vergleich: Je kleiner und ohnmächtiger ein Betrachter sich angesichts der wahrgenommenen und reflektierten Sachverhalte fühlt, umso größer und mächtiger erscheinen ihm die angeschauten und gedachten Tatsachen. Auf diese Weise führt eine quantitative Vorstellung mit außergewöhnlichen Größen geradezu automatisch zur deren qualitativen Bewertung als großartig.

Diese Einschätzung hat der Mensch in der Kulturgeschichte am liebsten zur Beurteilung seines eigenen Rangs in der Welt getroffen. Seit der Zeit des Kirchenvaters Aurelius Augustinus im 4. Jahrhundert über Blaise Pascal bis zu Hegel im 19. Jahrhundert wird immer wieder die Überlegenheit des menschlichen Geistes über das Weltall gepriesen. Boethius schreibt: Auch wenn der Mond, die Sonne und Gestirne faszinieren, so stehen sie letztlich „doch so weit unter euren Vorzügen, dass sie nicht eure Bewunderung verdienen."[69] Augustinus meint sogar, dass selbst dem Betrunkenen ein höherer Rang gebühre als der lobenswerten Schöpfung, weil er auch als Sünder im Besitz einer würdevollen Geistseele sei.[70] Ähnlich erhebt nach Pascal die Fähigkeit des Menschen, das Weltall reflektieren zu können, ihn über das Weltall.[71] Noch hochmütiger fällt die Herabsetzung des Kosmos bei Hegel aus, für den die Sterne „nur eine Art Licht-Ausschlag (sind), so wenig bewunderungswürdig als einer am Menschen."[72] Wohl am stärksten formuliert Hegel seine Verachtung des Universums in dem ungeheuerlichen Ausspruch, „dass alle Wunder des Sternenhimmels nichts wären im Vergleich zum verbrecherischsten Gedanken eines Menschen, weil nur dieser, als Geist, von sich weiß."[73] Doch so großartig sein Selbst- und Weltbewusstsein, das Vermögen, die Wirklichkeit als solche denken zu können, sind: Nichts berechtigt den Menschen dazu, sich für großartiger zu halten als das unermessliche Universum, geschweige denn diesem jede Großartigkeit abzusprechen, nur weil es nichts von sich weiß. Im Gegenteil sind die selbstgenügsamen Sterne beeindruckender als alles Menschliche, wie schon die alten Griechen meinten, so bewundernswert auch alle menschlichen Errungenschaften bleiben. In Umkehrung eines berühmten Ausspruchs aus der *Antigone* von Sophokles: Ungeheuer ist der Mensch, doch nichts ist ungeheurer als das Weltall!

---

[69] Boethius, Trost der Philosophie, S. 39.
[70] Augustinus, Theologische Frühschriften: Vom freien Willen 3,V,12-17.
[71] Pascal, Das Ich besteht in meinem Denken, Fr. 8-12.
[72] Hegel, Werke Bd. 9, S. 81; vgl. Löwith, Sämtliche Schriften Bd. 5: Hegel und die Aufhebung der Philosophie, S. 163; Blumenberg, Die Genesis der kopernikanischen Welt, S. 88f.
[73] Ebda.

Das Erlebnis von dessen Nutzlosigkeit, Unabhängigkeit und Großartigkeit, ausgelöst durch die Erfahrung seiner unermesslichen Größe, qualifiziert das Universum zum Musterbeispiel beim Erschließen des grundlosen Überhauptseins des Wirklichen: des Seins des Seienden. Der gestirnte Himmel ist ein optischer Reizauslöser besonderer Art. Doch heißt einen bewundernden Blick hierauf zu werfen, nicht zwangsläufig, auch die darin verschlossene Existenz in ihrer ganzen Merkwürdigkeit aufzuspüren. Erneut läuft der Betrachter Gefahr, vor Bewunderung des Alls nicht zur Verwunderung über dessen befremdliches Dass vorzustoßen. Andererseits kann gerade die Bewunderung des aufsehenerregenden Ganzen zur Verwunderung führen, wird hierdurch doch bereits der Blick auf die Wirklichkeit abseits ihres möglichen Gebrauchs gelenkt und dem Weltall dadurch jede unauffällige Selbstverständlichkeit genommen. Das Erlebnis seines großartigen Aussehens und Aufbaus weckt doch geradezu die Frage, warum es das alles überhaupt gibt. Damit tritt das Sein des Seienden, das selbstständige Überhauptsein des großen Ganzen in den Lichtkegel der Aufmerksamkeit, dessen faktische Notwendigkeit bereits aufgezeigt wurde. Mit dieser Erkenntnis im Hintergrund wird das Staunen über die schlussendlich grundlose Existenz des Alls zum intensivsten Erlebnis der Wirklichkeit, zu dem wir Menschen imstande sind.

Vom Anblick zum Einblick

Starke Impressionen

Ein einsamer Spaziergang im Herbst auf einem verregneten Feldweg. Ein Fußmarsch entlang einer verlassenen Küste vor Tagesanbruch. Ein Streifzug auf dunklen Waldpfaden in unheimlichem Nebel, in dem die Welt verhangen bleibt. Doch dann dämmert der Morgen. Der Wald wirft sein nebelgewobenes Nachtgewand ab. Der dunstige Schleier zerreißt. Langsam ziehen sich die Nebelschwaden zurück. Es herrscht Stille. Es weht kein Wind. Feierlich steigt die Sonne am Horizont empor. Der klare Himmel erstrahlt im Morgenrot. Sein Licht funkelt auf den sanften Wellen der bewegten See. Der Tau, der an den Gräsern haftet, verdunstet allmählich. Nach und nach liegt ein blauer Hauch auf den Hügeln, dahinter die Umrisse einer alpinen Landschaft sichtbar werden. Die Natur zeigt sich von ihrer prächtigsten Seite. Frühlingserwachen!

Wenn letzte Schneestürme die früh hereinbrechende Abenddämmerung davontragen, dann erwacht alljährlich das Leben neu. Warme Winde tauen den Schnee hinweg und blasen die dichte Nebeldecke fort. Die Luft wird frühlingshaft mild. Das leichte Plätschern murmelnder Bäche hat begonnen, mit dem

Zwitschern der Vögel zu wetteifern. Sanft umschmeichelt ein Windhauch das Ohr.

Die sinnlich erlebte Natur ist einzigartig. Keine wissenschaftliche Theorie vermag dieses Naturschauspiel zu ersetzen. Dem bunten Farbenspiel der Landschaft ausgesetzt, strömen Berge, Täler und Flüsse unseren Augen und Ohren gleichsam zu. Sie dringen förmlich auf sie ein. Der interessefreie Blick kann sich der sichtbaren Natur kaum entziehen, von der sich die Sinne gerne anregen lassen.

Bejahte Entzweiung
In unserer wissenschaftlich-technischen Zivilisation wird die sichtbare Natur häufig als verwertbare Sache und erforschbarer Sachverhalt wahrgenommen. Sie wird theoretisch ergründet und praktisch genutzt. Die wissenschaftlich, technisch und ökonomisch versachlichte Lebenswelt hat zu großen Existenzerleichterungen und Wohlstand geführt. Jedoch gefährdet sie das menschliche Überleben und Daseinsglück. Trotz aller Besorgnis hat die wissenschaftlich-technische Zivilisation aber ihre Berechtigung, obgleich mit ihr nicht nur hohe Risiken, sondern ebenso große Sinnverluste einhergehen. Diese widerlegen nicht ihre Gewinne, sondern erheischen lediglich Ausgleich, der wettmachen soll, was durch Wissenschaft und Technik verlorenging. So hält der ästhetische Sinn spezielle Merkmale der Umwelt präsent, die in der wissenschaftlich-technischen, industriellen und alltäglichen Auseinandersetzung mit der Natur ausgeblendet bleiben. Erst in der Neuzeit kommt es zur Entdeckung der Natur als Landschaft, durch welche die Eigenbedeutung der sichtbaren Dinge bewahrt wird. Bei deren technisch-industrieller Nutzung und wissenschaftlich-mathematischer Erforschung bleibt die ästhetische Naturerfahrung doch stets ausgeklammert.[74] Im wissenschaftlich-technischen Horizont treten Himmel und Erde vorrangig als Gebrauchs- und Forschungsobjekte ins Bewusstsein. Der Blick aufs Firmament während einer lauen Sommernacht oder die Aussicht von einer schroffen Felsklippe aufs offene Meer kann in naturwissenschaftlichen Formeln nicht vorkommen. Dagegen macht der ästhetische Sinn lebendig, was die modernen Versachlichungen beiseitelassen, ja unberücksichtigt lassen müssen. Deshalb sollte hier auch nicht von Vernachlässigung gesprochen werden. Die Natur im Auge eines empfindsamen, besonnenen Betrachters sensibilisiert für Aspekte der Wirklichkeit, die Naturwissenschaft und Technik notwendigerweise außer Acht lassen. Diese unterschiedlichen Sicht- und Herangehensweisen – Poesie und Physik – passen zwar nicht zueinander, ergänzen aber einander. Darum sind sie gleichermaßen berechtigt. Gerne wird in diesem Zusam-

---

[74] Vgl. Ritter, Subjektivität; Marquard, Zukunft braucht Herkunft.

menhang von bejahter Entzweiung gesprochen.⁷⁵ Der ästhetische Sinn verteidigt die poetische Naturbetrachtung als Erfahrung eigenen Rechts, ohne die wissenschaftliche Erforschung des Wirklichen und dessen alltäglichen Gebrauch in Frage zu stellen. So lässt uns der ästhetische Sinn schneebedeckte Gipfel, bewaldete Hügel und bunte Wiesen weiterhin als schön empfinden und für erstaunlich halten.

Doch so richtig es ist, dass diese Art der Anschauung sinnliche Dimensionen des Wirklichen offenbart, die dem wissenschaftlichen, technischen, industriellen und alltäglichen Zugriff entgehen, so sehr drängt sich die Frage auf: Wie wirklichkeitsgesättigt sind ästhetische Naturerfahrungen eigentlich?

Vorrang des Erlebens vorm Erkennen
Zweifellos sind unsere Sinne wichtige Zeugen der Wirklichkeit. Dennoch müssen sie kritisch überwacht werden. Aufs bloße Auge ist kein Verlass; wie häufig schon hat es sich beim natürlichen Anblick der Dinge ins Unrecht gesetzt. Johann Wolfgang von Goethe teilt dieses Misstrauen nicht: „Das Auge als ein Geschöpf des Lichtes leistet alles, was das Licht selbst leisten kann ... In ihm spiegelt sich von außen die Welt."⁷⁶ Doch Goethe irrt. Mag der Welt des Augenscheins auch die Wirklichkeit an sich zugrunde liegen, so repräsentiert sie diese doch häufig falsch und verzerrt. Der Gesichtssinn ist schon unfähig, das Verhältnis größerer Entfernungen halbwegs zuverlässig zu bestimmen. Wie in *Inventur der Tatsachen* ausgeführt, bleiben die Leistungen unserer Sinne anfällig für Täuschungen. Rund ein halbes Jahrtausend nach Kopernikus lassen wir die Sonne weiter auf- und untergehen und bemerken nicht, wie sich die Erdoberfläche bewegt; im leuchtenden Mond sehen wir nicht den geborgten Glanz, den die Sonne ihm ausleiht. Die Geschwindigkeiten, mit denen sich die Erde durchs All bewegt, nehmen wir nicht wahr. Wie viele Sterne haben bereits aufgehört zu existieren, während sie für uns noch da sind, weil ihr Licht aufgrund der endlichen Lichtgeschwindigkeit weiter sichtbar ist. Wie viele Milliarden Himmelskörper existieren, ohne von uns jemals geschaut zu werden. Niemand wird sie jemals schauen. Das Meiste können unsere Sinne gar nicht erfassen. Den Wind spüren wir noch auf der Haut und vernehmen ihn im Rascheln des Laubes; den Luftstrom sehen wir, wenn sich die Bäume vor sich selbst verneigen.

Der größte Teil der Wirklichkeit ist einfach zu weit entfernt, zu klein oder zu groß, um von uns wahrgenommen werden zu können. Immer größere Teleskope lassen zwar bis dahin unsichtbare Himmelskörper sichtbar werden, verdichten aber hierdurch auch die Vermutung, dass es dahinter noch viel mehr gibt, als

---
⁷⁵ Ebda.
⁷⁶ Goethe, Farbenlehre, S. 574.

ein Menschenauge mit noch so großen Apparaten wird jemals schauen können. Dazu ist das Wahrgenommene nur die Oberfläche chemischer Prozesse oder der Außenaspekt physikalischer Vorgänge. Elementarteilchen, Energien, Felder und Impulse bleiben dem bloßen Auge verborgen. Dunkle Materie und Dunkle Energie scheinen sogar unsichtbar zu sein. Die mathematischen Naturwissenschaften lassen keinerlei Zweifel daran aufkommen, dass die Wirklichkeit nicht so beschaffen ist, wie sie sich uns in der alltäglichen Wahrnehmung zeigt. Die naturwissenschaftlichen Modelle und Theorien lösen die sichtbare Welt des Augenscheins in mathematischen Formeln auf. Wie bereits erörtert, scheint das Buch der Natur vorrangig in der Sprache der Mathematik verfasst zu sein.

Nun mag das Meiste für uns unsichtbar bleiben und das Sichtbare die Wirklichkeit nicht immer adäquat wiedergeben, weil unser Erkenntnisapparat am besten auf den Mesokosmos passt, den das Hirn nach seinen Maßstäben ordnet – trotzdem ist das sinnlich Wahrnehmbare der stärkste Zeuge für das erstaunliche Dass alles Wirklichen. Bereits das Sichtbare ist existenzgesättigt, vollgepumpt mit Wirklichkeit. So unzulänglich und unvollständig unsere Wahrnehmungen sind, vor allem sie führen zu den intensivsten Erfahrungen des Seienden. Am Sichtbaren entzündet sich der apollinische Exzess der intellektuellen Anschauung. Es ist die ästhetische Betrachtung des Kosmos, die das Sein des Seienden vergegenwärtigen kann, und das heißt: das Staunen vor dem nacktem Dass aufs Höchste zu steigern vermag. Mögen unsere Augen auch nur die Oberflächen der Dinge abtasten, ja sogar in die Irre gehen, so erfassen sie doch das Dasein realer Vorkommnisse. Selbst wenn unsere Wahrnehmungen falsch sind, ist die Existenz des Wahrgenommenen doch keine Täuschung, die an die Stelle der Wirklichkeit nur Träume gesetzt hätte. Zwar gibt die sinnliche Betrachtung die Wirklichkeit nur teilweise richtig wieder. Sie verführt zu Fehlurteilen und Trugbildern. Dennoch nähert sie sich der Wirklichkeit am stärksten an. Sie kommt ihr am dichtesten. In der sinnlichen Erfahrung haben wir sie auf nächstmögliche Weise vor uns. Unsere Sinne verleihen den Dingen eine konkrete Gegenwärtigkeit, die sie durch eine abstrakte Theorie niemals erlangen können. Darin liegt der Vorzug sinnlicher Erfahrungen vor abstrakten Begriffsgebilden, die in ihren Formeln auf die erlebbare Fülle der Erscheinungen verzichten müssen. Dagegen sind die Dinge in der Wahrnehmung für uns präsent. Allein in der besinnlichen Betrachtung offenbart sich das Seiende als solches und als unabhängig von uns vorhanden. Inzwischen haben wir das Sein des Seienden kennengelernt. Wir wissen, dass die Wirklichkeit in sich ruht, in letzter Beziehung grundlos, faktisch notwendig, selbstgenügsam existiert. Erfahrungen dieser Art können sich leicht in begeistertes Staunen verwandeln.

Zwischen Kosmotheoria und Positivismus

Die Bevorzugung der sichtbaren Natur vor der abstrakten Theorie oder dem unsichtbaren Sachverhalt ist nach der einen Seite von der griechischen Kosmotheoria, nach der anderen vom neuzeitlichen Positivismus abzugrenzen, die beide gleichfalls sinnliche Erfahrungen privilegieren. Weit davon entfernt, in der sichtbaren Welt eine Art Kehrichthaufen zu sehen, der aufs Geratewohl aufgeschüttet wurde, war für die antiken Griechen die Schau des Himmels ein Erlebnis vollkommener Sinnfülle. Im Beobachten lebendiger Naturprozesse und der harmonischen Sternenordnung erfuhren sie einen überschwänglichen Sinn, so dass sie die Welt sogar mit Gott gleichsetzten. Auf solch emphatischer Bewertung der Anschauung als höchsten Sinnerlebens beruht die antike Naturalisierung Gottes.

Nun bedeutet für uns hier Wahrnehmung zwar auch mehr als Wahrnehmung, jedoch ist sie nicht dasselbe wie antike Kosmotheoria. Wir teilen lediglich die Haltung der antiken Griechen dem Kosmos gegenüber, lassen aber deren pantheistisches Naturverständnis hinter uns, ohne jedoch in einen Positivismus abzugleiten. Positivisten jeder Schattierung beziehen alle Aussagen über die Welt auf Sinneswahrnehmungen. Deshalb heißt es bei ihnen, Anfang und Boden der Wissenschaft sei das sinnlich Gegebene; es bilde das Fundament jeder Erkenntnis. Mittlerweile wurde der Positivismus durch neuere wissenschaftstheoretische Ansätze überholt, welche die Sprach- und Theoriegebundenheit aller sinnlichen Beobachtungen herausarbeiten. Doch bleibt unsere ästhetische Erfahrung dem überholten Positivismus insofern nahe, als beide gleichermaßen den Sinneserfahrungen einen hohen Stellenwert einräumen. Beide Positionen berühren sich durch ihre besondere Gewichtung der Wahrnehmung. Allerdings geht es im Positivismus um die festen Grundlagen wissenschaftlicher Naturerkenntnisse, hier dagegen um die letzten Quellen unseres faszinierten Staunens über das nackte Dass der Wirklichkeit.

Nach Lage der Dinge ist die gefeierte ästhetische Erfahrung einerseits nicht mehr pantheistische Schau eines vollkommenen Kosmos, andererseits aber auch nicht nur eine wissenschaftliche Aussagen fundierende Beobachtung der sichtbaren Wirklichkeit. Einerseits ist sie beides, andererseits auch wieder nicht.

Perzeption Imagination Reflexion

Die interessefreie Schau des Sichtbaren kommt der Wirklichkeit am nächsten, nur angemessen ist sie ihr oftmals nicht. Wie leicht entsteht durch ästhetische Erfahrung ein verzerrtes oder gar falsches Bild von den Dingen. Aber warum ist ein angemessenes Bild überhaupt so wichtig beim begeisterten Staunen über das nackte Dass? Warum soll sich das Staunen nicht von den zufälligen Wirkungen des Sichtbaren bestimmen lassen? Man kann doch auch ohne adäquate

Hintergrundinformationen über den Aufbau des Universums dessen grundlose Existenz bestaunen.

Ohne derartige Informationen fehlt ganz einfach der Nachweis, dass das Staunen berechtigt ist, weil es einen Rückhalt im wirklich Seienden hat. Ohne Verankerung in der nüchternen Wirklichkeit kann sich das Staunen schnell in schwärmerischen Gefühlsduseleien und hochtrabenden Phrasen verlieren, die dem Bestaunten äußerlich blieben, also keinen Anhaltspunkt darin hätten. Es wäre ein Schwelgen in Erlebnissen, in denen nur Stimmungen ohne objektiven Gehalt zum Ausdruck kämen. Stimmungen müssen nicht stimmen! Doch was erleuchtet, soll doch auch einleuchten! Wir wollen nicht nur schauen und sehen, sondern auch durchschauen und verstehen! Es wäre geradezu töricht, seinen Gefühlen und Anschauungen blind zu vertrauen, ohne nach ihrer Berechtigung zu fragen. Die Gefahr wäre zu groß, einem naiven Enthusiasmus zu erliegen.

Darum bedarf es eines *angemessenen* Bildes vom Ganzen des Seienden. Hintergrundinformationen naturwissenschaftlicher Art geben dem Staunen über die faktisch notwendige Existenz aber nicht bloß einen überzeugenden Anknüpfungspunkt, sondern sogar noch ein beträchtliches Volumen. Sie geben also dem Staunen nicht nur einen festen Anhalt und robusten Rückhalt, sondern auch einen reichen Inhalt. Die von wissenschaftlichen Ergebnissen getragenen Anschauungen erweitern nämlich den Verständnishorizont beträchtlich. Staunt beispielsweise ein *informierter* Beobachter über die letztlich grundlose Existenz aufgepeitschter Meerwellen, so sieht er nicht bloß eine wild bewegte, schäumende, durchsichtige Flüssigkeit vor sich, sondern auch H_2O in einem bestimmten Aggregatzustand, dessen Ursprung schon Jahrmilliarden zurückliegt. Bereits Adalbert Stifter verknüpfte Anschauung mit Wissen: „Wenn man den Sternenhimmel betrachtet – und wenn man weiß, dass das Licht ... von manchen Sternen zu uns Jahrtausende braucht; wenn man weiß, dass eine Million Erdkugeln in der Sonne Platz hätten ... und wenn man sich vorstellen will, dass Weltall geht ins Endlose fort, und wenn man sich das nicht vorstellen kann" – dann bekommt man ein halbwegs angemessenes Verständnis von dem, was ist, und „so steht eine Schönheit vor uns auf, die uns entzückt und schaudern macht."[77]

Nach Lage der Dinge verschafft das sinnlich Wahrnehmbare dem Staunen vor der grundlosen Existenz eine starke Intensität, die richtigen Hintergrundinformationen dagegen eine hochgradige Angemessenheit. Dem bloßen Erleben fehlt die Rückenstärkung der Erkenntnis, der abstrakten Theorie indes die konkrete Anschauung. Die Erlebniswelt lässt uns die Wirklichkeit direkter erfahren, die Erkenntniswelt korrekter begreifen! Wenn beide aufeinander wirken, er-

---

[77] Stifter, Winterbriefe aus Kirchschlag, S. 34f.

möglichen sie nicht nur, die Wirklichkeit gebührender zu treffen, sondern auch über sie aufgeklärter zu staunen.

Deshalb ist es eine besondere Herausforderung für das begeisterte Staunen übers nackte Dass, die naturwissenschaftlichen Erkenntnisse in die sinnliche Betrachtung so zu integrieren, dass sie miteinander harmonieren. Beide Zugänge zur Wirklichkeit sollen weder entzweit bleiben noch soll der eine Zugang den anderen ersetzen. Anblick und Einblick werden miteinander verknüpft! Hierzu bedarf es vor allem lebhafter Fantasie. Diese vermag Bilder von ungesehenen Sachverhalten zu entwickeln, so als ob diese vor den eigenen Augen stünden. Zur Erreichung dieses Ziels muss über das unmittelbar Gegebene hinausgegangen werden. Je weiter man seinen Horizont zeitlich und räumlich dehnt, umso mehr entfernt man sich selbstredend von der Erlebnisfülle seiner bisherigen Betrachtungen. Gerade kosmischen Überblicksperspektiven, die mit Hilfe der Einbildungskraft in räumliche und zeitliche Fernen schweifen, fehlt es an der Erlebnisfülle eines Bewusstseins, das in der Gegenwart einer geschauten Blume oder eines vernommenen Vogelzwitscherns aufgeht.

Allerdings gleichen große Teleskope die Anschauungsverluste der mathematischen Astrophysik teilweise aus. Sie ermöglichen eine Rückkehr zur Anschauung. Was durch die moderne Astronomie dennoch verlorengeht, weil es sich selbst riesigen Teleskopen entzieht, kann lediglich durch Fantasie visualisiert werden. Diese wäre dann ein erweitertes, auf Abwesendes ausgedehntes Anschauen. Zuletzt bewegen sich unsere weitschweifigen Blicke nur noch in Fantasien, die aber wissenschaftlich abgesichert sind. Denn die ins Unermessliche geweiteten Raum- und Zeitimaginationen verlassen nicht die Wirklichkeit.

Aufgehobene Entzweiung
Für ein adäquates Erleben der nackten Existenz bedarf es einerseits wissenschaftlicher Überblicksszenarien, ohne welche die Verblüffung naiv im bloßen Betrachten des Nächstliegenden verharrte, andererseits der Fülle konkreter Erfahrungen, ohne welche die Reflexion unberührt im abstrakten Reich des Wissens verbleiben würde. Das Staunen wird also erst *angemessen*, wenn es gelingt, konkrete Ansichten der Dinge mit abstrakten Einsichten in die Dinge zu überlagern. Ästhetische Perzeption und kosmische Imagination sollen also nicht einfach nur aufeinander prallen, sondern sich auch miteinander vermischen. Es darf nicht beim bloßen Nebeneinander der ästhetischen Erfahrungen und wissenschaftlichen Erkenntnisse bleiben. Mit Hilfe der Einbildungskraft ist die sinnliche Wahrnehmung bis in das Drama der biologischen Evolution und kosmischen Expansion auszudehnen, damit der Graben zwischen ästhetischer Erfahrung und naturwissenschaftlichen Erkenntnissen überbrückt werden kann. So bahnen projektive Imaginationen und Improvisationen einen Weg vom Sicht-

baren zum Unsichtbaren – selbst dorthin, wo jedes menschliche Vorstellungsvermögen versagt und nur noch Metaphern und Analogien weiterhelfen.

Umgekehrt sollen die naturwissenschaftlich basierten Fantasien stets mit kontemplativen Naturbetrachtungen verbunden bleiben, so sehr sie diese auch überschreiten. Denn erst wenn sich ästhetische Perzeptionen mit naturwissenschaftlich begründeten Imaginationen durchdringen, beide also interferieren, können angemessene Bilder von der erstaunlichen Wirklichkeit entstehen. Die begeisterte Schau des gestirnten Himmels soll ganz in den sichtbaren Sternen aufgehen und dabei zugleich unsichtbare Himmelskörper, die gekrümmte Raum-Zeit und Ähnliches mehr gegenwärtig halten. Den besternten Himmel sehe ich vor mir, wie Kant schreibt.[78] Bei klarer Nacht ist er einem sogar mit nahezu unwiderleglicher Evidenz präsent. Mit dem richtigen astrophysikalischen Wissen im Hintergrund führt seine Betrachtung zu einem freien Zusammenspiel von Perzeption und Imagination. Wenn man so in einer lauen Sommernacht auf einer einsamen Wiese dem gestirnten Himmel seine ganze Aufmerksamkeit schenkt und hierbei über die großartigen Szenarien der heutigen Astrophysik nachdenkt, dann entsteht fast zwangsläufig ein Gefühl ehrfürchtigen Staunens. Wie die Dinge liegen, erfordern adäquate Erlebnisse der Wirklichkeit gleichermaßen besinnliche Wahrnehmung, Einbildungskraft, Reflexionsvermögen und Begeisterungsfähigkeit, eine Mischung aus Realismus und Fantasie.

Bei alldem bleibt das sinnlich Wahrnehmbare ein – wenn auch täuschungsanfälliger – zuverlässiger Zeuge für das erstaunliche Dass des großen Ganzen, obgleich erst naturwissenschaftliche Erkenntnisse halbwegs verlässlich sich so auf die Wirklichkeit hypothetisch beziehen, wie sie vermutlich ist. Allerdings ist die Totalität des Seienden nicht einmal Imaginationen, sondern allenfalls Reflexionen zugänglich. Solche umkreisen das Ganze mit der Idee der namenlosen Wirklichkeit als Inbegriff alles Seienden. Diese Idee lässt jede tiefsinnige Rhetorik hinter sich, überzeugt davon, dass religiöse Zeichensysteme nicht mehr zur naturwissenschaftlichen Sicht der Dinge passen. In der perzipierten, imaginierten und reflektierten Wirklichkeit wird kein göttlicher Urgedanke mehr gesucht oder das Weltall als bloße Schale verborgener Wesenskerne gedeutet. Trotzdem soll nicht nur geschaut und immer mehr geschaut, sondern auch mehr als geschaut werden: In der Unverborgenheit des angemessen verstandenen Wirklichen, zu dem erst die Wahrnehmung eine besondere Nähe herstellt, soll zuletzt dessen faktisch notwendiges, grundloses Dass, das Sein des Seienden, wie es im *Dritten Teil* aufgedeckt wurde, aufgehen.

---

[78] Vgl. Kant Werke Bd. 5, S. 162.

Wo das nackte Dass in den Lichtkegel der Betrachtung rückt, dort erfahren wir so gut wie nichts Neues, sondern kaum mehr als die Binsenweisheit, dass es die Wirklichkeit gibt, und man darf hinzufügen, einfach so gibt. Doch je nachdem, wie man deren letztlich grundlose Existenz vergegenwärtigt, tritt sie als etwas platt Banales oder ergreifend Spektakuläres in die Unverborgenheit. Bekommt das Erlebnis den Charakter einer Erleuchtung mit hoher Intensität, einer Epiphanie, so erweist sich die nackte Existenz als höchst bemerkenswert: Sie wird zu einer Sensation mit anrührender Aura. In diesem Falle bleibt nichts mehr wie zuvor.

Dass die nackte Existenz es an sich wert ist, auf diese Weise bestaunt zu werden, wurde im *Dritten Teil* gezeigt. Ein bloßer Sinn für ihre Wichtigkeit genügt jedenfalls nicht. Es reicht keineswegs aus, sich sensibel auf die Schwingungen beziehen zu können, die in der achtsamen Hingabe an die Dinge zwischen dem faszinierten Betrachter und der unverfügbaren Existenz entstehen. Denn die bloße Möglichkeit zu einer auf die eigentümliche Existenz bezogenen Resonanzerfahrung[79] sagt noch nichts über deren Gültigkeit aus, mag die stimmungsvolle Anverwandlung der Faktizität alles Seienden auch unabweisbar sein. Geltung und Gewicht der Resonanz, in der ein zwischen dem kontemplativen Enthusiasten und der nackten Existenz aufgespannter Gefühlsdraht zu vibrieren scheint, hängen zuletzt von der aufgezeigten Tatsache ab, dass alle Reduktions- und Explikationsbemühungen des Seienden im Ganzen am nackten Dass scheitern müssen. Zwar wusste man schon immer, dass Wälder, Gebirge, Sonne, Mond und Sterne existieren, doch erst auf dem im *Dritten Teil* erarbeiteten Hintergrund wird dieses ebenso triviale wie resonante Faktum mit Recht als schwindelerregend, ja als irrwitzige Ungeheuerlichkeit empfunden.

Fest des Staunens

Rühmen und Jubilieren

Die Lebenswelt erstickt oft das Staunen unter Gewohnheiten, Vorurteilen und Täuschungen. Vertraute Dinge werden im Lichte gelebter Erfahrungen, Gefühle und Routinen bedenkenlos hingenommen. Deshalb bleibt im Alltag nicht nur die Frage außer Betracht, wie die Wirklichkeit in letzter Beziehung beschaffen ist. Selbstverständliche Strukturen halten das große Ganze wie auch dessen rätselhafte Existenz verdeckt. Dagegen drangen wir im Vorigen *von der Innensicht zur Außensicht* vor, um mehr objektive Wirklichkeit zu erreichen; *von der Nahsicht zur Weitsicht*, um eine adäquatere Vorstellung von ihren Ausmaßen zu

---

[79] Vgl Rosa, Hartmut von, Resonanz.

bekommen; und schließlich *von der Ansicht zur Einsicht*, um einerseits dichter an die Wirklichkeit heranzukommen, andererseits sie aber auch so angemessen wie möglich zu begreifen.

Die Wirklichkeit ist das Primäre, an Macht, Größe und Anreiz höherwertig als alles Menschliche. Zwar wiegt die Last des Lebens schwer, doch stärker ins Gewicht fällt die Tatsache, dass überhaupt etwas existiert, was im Alltag für gewöhnlich unterschlagen wird, weil es unter einer merkwürdigen Nebeldecke liegt. Wo hingegen das Staunen durch die schweifenden Nebelschwaden bis zur nackten Existenz vorstößt, dort kann es leicht zum stärksten Wirklichkeitserlebnis kommen. Dann entlädt sich eine ungeheure Intensität, bei der die irritierte Faszination leicht in ein Loben und Rühmen umschlägt.

Allgemein verfügt die Erfahrung des Weltalls über eine breite Wirkungsskala, die von Erschrecken und Jammern bis zu Erstaunen und Jubeln reicht. Bruno Latour ruft das *Jubilieren*[80] als eine selbst in religiösen Kreisen inzwischen vernachlässigte Sprachform in Erinnerung. Jedoch gehorcht das Jubilieren nicht auf Kommando. Wie oft misslingt es. Zum Jubilieren genügt es nicht, die Wirklichkeit allein mit geschärften Sinnen einzufangen. Hinzu müssen kontemplative Hingabe und Ergebenheit kommen, die das Seiende als etwas Besonderes lebendig halten. Dabei darf das Wahrgenommene aber nicht schon für die ganze Wahrheit gehalten werden. Andernfalls tappt das Jubilieren in eine Naivitätsfalle. Reines Ästhetisieren, das sich beim Jubilieren an die Farben und Formen verliert, ohne sich um die Frage der Angemessenheit zu scheren, ist zu wenig. Ebenso muss der Versuchung zur rein emotionalen Lesart der Dinge widerstanden werden, weil gefühlseliges Jubilieren zu willkürlich ist, mag auch die Wirklichkeit heute gerne nach rein emotionalen Gesichtspunkten bewertet werden. Dagegen sei ihre unabhängige Existenz nicht unterschlagen. Zwar muss im Jubel die wissenschaftliche Informationssprache verlassen werden, doch sollen die Ergebnisse der Wissenschaften dem Lobpreis den erforderlichen Rückhalt geben, nachdem zuvor bereits die meisten religiösen Übermalungen vom Seienden abgetragen worden sind.

Genauer ausgedrückt knüpft das ins Jubilieren übersetzte Staunen inhaltlich an die wissenschaftliche Rede, formal dagegen an die religiöse Rede an. Latour verknüpft es mit dem Sprachspiel der Liebe. Denn wer jubiliert, der bezieht sich auf etwas, das ihn anspricht, also auf eine Art von Präsenz, die im Angesprochenen etwas weckt oder verändert. Wie in der Liebe läuft beim Jubilieren jedoch das Wiederholen abgedroschener Phrasen schnell ins Leere, was sich nur durch einfallsreiche, kreative Sprachspiele vermeiden lässt.

---

[80] Vgl. Latour, Jubilieren.

Gewöhnlich wird das Frohlocken über die Wirklichkeit fast ausschließlich auf die Erde bezogen. „Nicht in den Ozean der Welten alle will ich mich stürzen, um die Erde nur will ich schweben", dichtet Klopstock in der *Frühlingsfeier*. „Ich (be)schwöre euch, meine Brüder, bleibt der Erde treu", schreibt Nietzsche in *Also sprach Zarathustra*.[81] Ähnlich Henry David Thoreau in *Walden*. Der amerikanische Schriftsteller lebte nicht bloß eng verbunden mit der Natur, sondern versuchte dabei das ganze Mark aus seinem Leben zu saugen, um beim Sterben vor der Entdeckung bewahrt zu bleiben, nicht gelebt zu haben: „Vor Freude könnte ich die Erde umarmen."[82] Noch intensiver dürstet André Gide in *Uns nährt die Erde* nach allem, was auf der Erde schön ist: das Funkeln der Morgenröte im plätschernden Bach, das weiche Moos unter den nackten Füßen, die bunten Kieselsteine in den Meeresbuchten, das gelbe Laub der gebogenen Äste im Herbstwind.[83] Es gibt zahlreiche Arten des Staunens, und sie sind noch längst nicht alle ausgeschöpft. Wie der frühe Albert Camus, der ebenfalls von „Feier der Erde"[84] spricht, besingt Gide speziell Algerien als Land festlichen Taumels.

Die Liste der Namen mit Hymnen auf die Erde, die ihre ganze Buntheit vor den Augen der Menschen ausbreitet, ist lang.[85] Aber die wohl ausdrucksstärksten und dichtesten Lobgesänge stammen aus der Feder Rainer Maria Rilkes.

Hymnus auf die Erde
Das Lied von der Erde heißt ein sinfonischer Liederzyklus Gustav Mahlers mit Nachdichtungen altchinesischer Gedichte. Doch weit davon entfernt, Lobgesänge auf die Erde anzustimmen, gleicht diese sechsteilige Sinfoniekantate einem Klagelied. Es geht darin um den „Jammer der Erde": Kummer und Not, um Einsamkeit im Herbst, wenn alle Gräser von Reif überzogen stehen, wenn kalter Wind verblühte Blumen niederbeugt und hohes Alter, sanft berührt, auf die vergängliche Schönheit der Jugend blickt. Daneben handeln die Lieder von Müh` und Plag` trotz frühlinghaften Vogelgezwitschers und von schwermütigen Abschieden im Nachsommer, wenn die Sonne schon tiefer steht. Aber so traurig Mahlers *Lied von der Erde* anmutet, es endet hell und heiter mit Worten, die Rilke gedichtet haben könnte: „Die liebe Erde allüberall blüht auf im Lenz und grünt aufs neu!" Ähnlich zärtlich redet Rilke unseren Heimatplaneten in der *IX. Duineser Elegie* an: „Erde, du liebe".

---

[81] Nietzsche, KSA Bd. 4, S. S. 15, I,3.
[82] Thoreau, Walden, S. 26.
[83] Vgl. Gide, Erzählungen, S. 75-188.
[84] Camus, Hochzeit des Lichts, S. 60.
[85] Vgl. Han, Lob der Erde.

Rilkes zehn *Duineser Elegien* bestehen keineswegs bloß aus Elegien, sondern auch aus Hymnen. Sie enthalten ebenso Klagegesänge wie Loblieder.[86] Darüber hinaus ist sein Hauptwerk gleichermaßen Erlebnis- und Gedankenlyrik, deren literarischen Gehalte philosophischer Art sind. Sie ist eine Art philosophischer Poesie, die aus Misstrauen gegen die traditionelle Religion gänzlich im Diesseits verharrt und aus Skepsis gegen philosophische Systeme die Wirklichkeit allein mit dichterischen Worten zum Klingen bringt. Mithin geht es Rilke weder um rationale Argumente noch um metaphysische Hinterwelten, sondern lediglich ums „Hiesige", wie er zu schreiben pflegt.[87]

Friedrich Nietzsche, Sigmund Freud und Ludwig Feuerbach ähnlich hält Rilke Gott für eine menschliche Erfindung: „Was wirst du tun, Gott, wenn ich sterbe? Ich bin dein Krug (wenn ich zerscherbe?) Ich bin dein Trank (wenn ich verderbe?) Bin dein Gewand und dein Gewerbe, mit mir verlierst du deinen Sinn. Nach mir hast du kein Haus, darin dich Worte, nah und warm, begrüßen. ... Ich soll dich Vater nennen? ... Du bist mein Sohn."[88] Mit großer Verve wendet sich der Dichter gegen jede religiöse Entwertung des Diesseitigen. Seine poetischen Ausdrucksformen bleiben gleichsam an der vielfältig schillernden Oberfläche der Dinge hängen, darunter sich genauso wenig Tiefes wie darüber Hohes verbirgt. Seit Nietzsches *Also sprach Zarathustra* bis zu Albert Camus` *Hochzeit des Lichts* werden immer wieder Natur und Erde aus einem Gefühl freudiger Daseinsbejahung gefeiert. In diesem Sinne betont Rilke, der sprachkünstlerisch noch den geringsten Phänomen nachzuspüren versteht, dass „die meisten Menschen gar nicht wissen, wie schön die Welt ist und wieviel Pracht in den kleinen Dingen, in irgendeiner Blume, einem Stein, einer Baumrinde oder Birkenblatt sich offenbart."[89] Sein dichterisches Sagen möchte diese faszinierende Präsenz der Dinge zur Sprache bringen und deren Herrlichkeit rühmen. Insbesondere in der *VII.* und *IX. Elegie* erklingen entzückende Jubeltöne. Dabei verlieren sich seine Beschreibungen ganz im Wahrgenommenen. Der Dichter nimmt sich fast völlig zurück zugunsten der beobachteten Dinge und unserer Erde, die von ihm als selbstgenügsam dargestellt werden.

Rilkes Verständnis der Wirklichkeit trägt pantheistische Züge. Es ist lebensphilosophisch-monistisch geprägt: Wenn es einen Gott gibt, dann wohnt er nicht im Jenseits, sondern in Wellen, Wolken und Wind, in üppigen Blumen, Büschen und Baumwipfeln, aus denen das Gezwitscher von Vögeln und das Zirpen von Zikaden ertönt. So sehr also Rilke den religiösen Glauben verwirft, das religiöse Fühlen behält er bei. Aber der pantheistisch gefärbte Grundton seiner Dichtung

---

[86] Vgl. Wetz, Das Fest der gewöhnlichen Dinge.
[87] Vgl. ebd.
[88] Rilke, Ausgewählte Werke Bd. 1: Stundenbuch 2, S. 61.
[89] Vgl. Bollnow, Rilke, S. 112.

darf nicht darüber hinwegtäuschen, dass seine Lebensphilosophie lediglich Ausdruck einer begeisterten Bejahung des Sichtbaren ist. Rilke preist Zweige genauso als wunderbare Offenbarungen wie Felsen, Früchte und Flüsse. Rühmenswert erscheint ihm die Natur, wenn die Sonne auf dem Meer wie mit Silber übersponnen blau leuchtet! Einzigartig glitzerten die rauschenden Wellen in sternenklarer Mondnacht! Wie grandios seien die Tages- und Nachtzeiten! Wie famos der verheißungsvolle Frühling, die lauen Sommernächte, regnerischen Herbststürme und verschneiten Wintertage! Obwohl die politischen Verhältnisse damals trostlos waren, deklamiert Rilke unter dem Eindruck intensiver Naturerfahrungen in der *VII.* und *IX. Elegie* dennoch: „Hiersein ist herrlich. Hiersein ist viel", und in *Sonette an Orpheus* singt er sogar: „Nur im Raum der Rühmung darf die Klage gehen."[90]

Ähnliche Worte wählt der frühe Albert Camus in *Hochzeit des Lichts*, auf der sich das Auge mit den Dingen vermählt. In diesem Lobgesang werden die mediterrane Landschaft, die Schönheit des Meeres und die Vielfalt der Natur überschwänglich verherrlicht. Es ist von Sommerdüften, Abenddämmerung und Liebesnächten unter klarem Sternenhimmel die Rede. Unter den Platanen am sonnenüberfluteten Mittelmeer fühlten sich die menschlichen Sinne wie zuhause. In Hymnen voller Lebensfreude lässt sich Camus vom grünem Saum alter Felsbrocken, von Abendspaziergängen durch blumenübersäte Ruinen, der Fülle des südlichen Lichts, dem Azurblau des Himmels und den Wellen, die an sein Ohr heraufdrängen, regelrecht verzaubern. „In alle Winde verstreut, alles vergessend, sogar mich selbst, bin ich nur noch dieser wehende Wind", schreibt der spätere Existenzialist.[91] Wie Nietzsche, André Gide, Rilke und andere sagt Camus unbeirrt „Ja zur Erde"[92]: „Das unermüdliche Aufschäumen der Wellen am Strande kam jetzt von weit her zu mir durch die von goldenem Blütenstaub erfüllte Luft. Meer, Stille und die Gerüche dieser Erde – ich trank ihren Duft und ihren Atem und biss in die goldene Frucht der Welt und fühlte erschauernd ihren starken süßen Saft mir über die Lippen laufen."[93]

Es wäre falsch, solch Naturerleben als ästhetische Aneignung schöner Landstriche zu charakterisieren. Das Wort Anverwandlung trifft es besser. Immer wieder spricht Rilke von poetischer Verwandlung der sichtbaren Außenwelt ins Innere. „Nirgend, Geliebte, wird Welt sein, als innen", heißt es in der *VII. Elegie*. Innenraum sollen wir um die Dinge werfen, sie in uns neu auferstehen lassen und sie dann ins Herrliche wenden. Alles bleibt solange unauffällig und unerkannt, bis wir es nach innen verwandelt haben. Wenn die dichterische Spra-

---

[90] Rilke, Sonette an Orpheus, I,8.
[91] Camus, Hochzeit des Lebens, S. 23.
[92] A.a.O., S. 65.
[93] A.a.O, S. 18.

che das Einmalige der Dinge in Worte fasst und so „die Erde unsichtbar in uns erstehen"[94] lässt, dann bewegt sie sich einerseits an der Grenze des Sagbaren. Andererseits bedeutet Transformation des Äußeren ins Innere soviel wie Staunen und Rühmen. Hierbei wird der andächtige Betrachter ganz eins mit dem Frühling, dem Abend, der Küstenlinie am dunstigen Meerhorizont, der abschüssigen Bergwiese, den blühenden Blumen, den groben Steinen und feinen Regentropfen, über die man fast „gestolpert" wäre, so sehr hat ihr flüchtiges Dasein die Sinne verwirrt.

Doch so offen Camus, Gide und Rilke für die unabsehbare Fülle des Wirklichen bleiben, vor dem sinnfreien, unabhängigen und großartigen Weltall sowie dessen nackter Existenz macht ihr Staunen und Rühmen auffälligerweise Halt. Ihre Bewunderung kommt nicht über das Gold des warmen Sonnenlichts oder das Blau des heiteren Himmels hinaus. Die sichtbaren Strukturen des „Hiesigen" fesselten offenbar ihr Augenmerk so sehr, dass sie gar nicht mehr zum sternfunkelnden Nachthimmel und dessen Überhauptsein vorstoßen konnten. So gelingt es ihnen nicht, das Ungeheuerliche und Gewaltige der nackten Existenz erlebbar zu machen. Aber warum soll das Rühmen nicht auch auf das unermessliche Universum und dessen faktisch notwendiges Dass ausgedehnt werden?

Erklären Aufklären Verklären

Wie können hinreichend aufgeklärte Sachverhalte erstaunlich bleiben? Freilich kann das Aussehen einer Sache, dessen Struktur, Größe und Form, *subjektiv* selbst dann noch beeindrucken, wenn sie expliziert wurden. Eine schöne Blume und das unermessliche Weltall sind *für uns* faszinierend, auch nachdem wir so vieles über deren Entstehung und ihren Aufbau wissen. Doch wie können sie ebenfalls *objektiv* verblüffen und *an sich* erstaunlich sein, nachdem wir sie bereits kennengelernt und durchschaut haben? Das ist nur möglich, weil in allem Selbstverständlichen etwas unverständlich, in allen Erklärungen etwas unerklärt und in allen Begründungen etwas unbegründet bleibt: das So- und Dasein des Wirklichen überhaupt. Das nackte Dass ist sogar total erstaunlich, wenn man dessen absolute Grundlosigkeit und mithin faktische Notwendigkeit mit in Betracht zieht. Denn die nackte Existenz lässt sich zwar nicht erklären, aber aufklären. Es kann klar dargelegt werden, was nackte Existenz bedeutet. Sie ist also – wenn auch nicht erklärbar – so doch verstehbar. Nachdenkliche Gemüter können gar nicht anders, als das Sein des Seienden aufgrund seiner Unerklärlichkeit zu verklären, mit Rilke gesprochen: zu rühmen. Wie Albert Einstein schreibt:

---

[94] Rilke, IX. Duineser Elegie.

„Wer sich nicht mehr wundern, nicht mehr staunen kann, der ist sozusagen tot und sein Auge erloschen."[95]

Das Erdenken, Errechnen und Erschließen von Phänomenen, die noch unerwiesen, geschweige denn geschaut worden sind, ist ein Bestandteil naturwissenschaftlicher Verfahren. Solche abstrakten Hypothesen und mathematischen Gleichungen greifen erwarteten Entdeckungen vor. Sie antizipieren, was in Zukunft die Wissenschaft durch Teleskope oder Raumsonden und andere technische Geräte sichtbar machen möge. Das tatsächliche Eintreffen solcher Vorhersagen gehört zu den Sternstunden der Wissenschaft. Es ist ein ergreifender Moment, wenn Experimente und Beobachtungen genau die Ergebnisse liefern, die mathematische Modelle prognostizieren.

Schon Galilei führten mathematische Berechnungen zur Vorhersage der Jupitermonde, die später mit dem Fernrohr wirklich entdeckt wurden. Auch der 1846 entdeckte Planet Neptun wurde früher errechnet als erspäht. Das Gleiche gilt für die kosmische Hintergrundstrahlung, die 380 000 Jahre nach dem Urknall entstand und das gesamte Univerum erfüllt. Die ersten abstrakten Überlegungen hierzu fanden schon in den in 20er Jahren des 20. Jahrhunderts statt, doch erstmals gemessen wurde sie 1964.

Im Jahre 2019 gelang dem Event Horizon Telescope erstmals die Aufnahme eines Schwarzen Lochs. Es wurde ein roter Lichtring um eine schwarze Fläche fotografiert, der 55 Millionen Lichtjahre, also 500 Trillionen Kilometer von uns entfernt ist. Dieses Abbild eines Schwarzens Lochs liefert den ersten anschaulichen Beleg für eine Hypothese aus dem Jahre 1915, die mithin vor mehr als hundert Jahren von Karl Schwarzschild als unausweichliche Konsequenz der Allgemeinen Relativitätstheorie Einsteins aufgestellt wurde.

Als im Jahre 2016 Astrophysiker erstmals Gravitationswellen nachwiesen, versetzte dies die Fachwelt gleichfalls in großes Erstaunen. Man hatte entdeckt, was es bis dahin ebenfalls nur nach einer abstrakten Theorie, die Einstein 1916 veröffentlichte, geben müsste. Gavitationswellen entstehen, wenn beispielsweise zwei Schwarze Löcher miteinander verschmelzen. Dann gerät die Raum-Zeit in Schwingung. Solche Schwingungen konnten mit Hilfe großer Laserinterferometer an verschiedenen Orten der Erde gleichzeitig beobachtet werden, so dass sogar der genaue Ursprung der Gravitationswellen bestimmt werden konnte. Die Gravitationswellen waren in einer Entfernung von und das heißt auch vor 1,3 Milliarden Lichtjahren ausgelöst worden.

Solche genauen Messleistungen sind überaus erstaunlich und widerlegen bereits die irrige Annahme, dass, wo die Zahl dominiert, das Staunen verschwindet. Noch erstaunlicher aber ist, dass es hier wie dort gelungen war, etwas als

---

[95] Einstein, Mein Weltbild, S. 11.

real nachzuweisen, das bis dahin nur mathematisch aus speziellen Theorien abgeleitet werden konnte. Doch am allererstaunlichsten ist die Existenz der Gravitationswellen, der Raum-Zeit, der Schwarzen Löcher selbst.

Albert Einstein spricht in diesem Zusammenhang von „kosmischer Religiosität", der allerdings „kein menschenartiger Gottesbegriff"[96] entspricht, sondern lediglich ein „entzücktes Staunen über die Harmonie der Naturgesetzlichkeit."[97] Einstein in einem Telegramm vom 24. April 1929: „Ich glaube an Spinozas Gott, der sich in der gesetzlichen Harmonie des Seienden offenbart, und nicht an einen Gott, der sich mit den Schicksalen und Handlungen der Menschen abgibt." Mit anderen Worten Richard Dawkins: „Das Gefühl des ehrfürchtigen Staunens, das uns die Naturwissenschaft vermitteln kann, gehört zu den erhabensten Erlebnissen, deren die menschliche Seele fähig ist."[98] Der Preis für den Logos ist keineswegs eine Preisgabe von jedem Pathos. Wie für Einstein und Dawkins sind für Max Planck bis Carl Friedrich von Weizsäcker und andere namhafte Physiker das Tiefste, das wir über das Weltall wissen können, weder dessen Maße noch seine Massen, sondern dessen Konstanten, Struktur und Ordnung: die mathematische Naturgesetzlichkeit.

Wie über die Naturgesetzlichkeit so vermochte Einstein auch über die menschliche Fähigkeit, jene zu erkennen, zu „staunen"[99]: „Das ewig Unbegreifliche an der Welt ist ihre Begreiflichkeit."[100] Die Astronomen der frühen Neuzeit – etwa Kopernikus und Kepler – empfanden diese menschliche Begabung als so bewundernswert, dass sie darin, wie in *Erkenntnis – ein faszinierendes Nebenprodukt* dargelegt, einen Gottesbeweis sahen. Obgleich hiervon weit entfernt, bewegt sich Einstein noch auf dieser Traditionslinie, wenn er darüber staunt, dass eine mathematische Formel zuverlässig Auskunft über die physikalische Wirklichkeit geben kann.

Allerdings gehen Einstein und die anderen Naturwissenschaftler nicht weit genug, wenn sie die Naturgesetzlichkeit in den Rang des Erstaunlichsten erheben. Sie greifen gleichsam zu kurz, wenn sie ihre Faszination über das große Ganze auf dessen „Was", seine komplexe Struktur begrenzen, und nicht auf sein „Dass", seine unvordenkliche Existenz ausdehnen, der alles „Was" untergeordnet bleibt. Einstein kommt nicht über die Frage hinaus, wissen zu wollen, „warum die Natur so und nicht anders ist."[101]

---

[96] A.a.O. S. 16.
[97] A.a.O., S. 18.
[98] Dawkins, Der entzauberte Regenbogen, S. 10.
[99] Einstein, Physik und Realität, S. 315.
[100] Ebd.
[101] Einstein, Über den gegenwärtigen Stand der Feldtheorie, S. 127.

Jedoch ergibt sich die naturwissenschaftliche Ausrichtung des Staunens auf den mathematischen Aufbau der Wirklichkeit fast zwangsläufig aus der Methode ihrer Forschungen. Zum grundlosen Überhauptsein der Wirklichkeit können physikalische Untersuchungen nicht durchstoßen, obwohl doch die Existenz alles Wirklichen seiner Essenz vorausgeht, um es mit dem berühmten Ausspruch Jean-Paul Sartres zu sagen. Weder das Wesen des Wirklichen noch dessen Naturgesetzlichkeit, ebenso wenig seine Geschöpflichkeit oder Göttlichkeit, aber auch nicht seine Absurdität oder Sinnlosigkeit zeichnen das Seiende in letzter Beziehung als wirklich aus, sondern vielmehr sein faktisch notwendiges Überhauptsein. Dieses bleibt auf jeder wissenschaftlichen oder philosophischen Explikations- und Reduktionsstufe als letzte Marke der erstaunlichen Wirklichkeit erhalten. Es ist das Sein des Seienden.

Es gibt bis heute nur wenige Naturwissenschaftler, die bis zu diesem Punkt vordringen. Der österreichische Physiker und Philosoph Ludwig Boltzmann bildet eine Ausnahme. Ihn ließ die Frage niemals los, „wie ich überhaupt existieren könne, dass eine Welt existieren könne, und warum sie gerade so und nicht irgendwie anders sei."[102] Dagegen thematisiert der britische Biologe und Philosoph Julien Huxley die unbegreifliche Existenz ganz unumwunden vor rund einem Jahrhundert: „Das klare Licht der Wissenschaft, so wird uns oft gesagt, hat das Mysterium abgeschafft und nur Logik und Vernunft übrig gelassen. Das ist nicht wahr. Die Wissenschaft hat den verhüllenden Schleier des Mysteriums von vielen Phänomenen zwar entfernt, sehr zum Nutzen der Menschheit: aber sie konfrontiert uns mit einem grundlegenden und universellen Mysterium – dem Mysterium der Existenz … Warum existiert die Welt? Warum ist der Weltstoff, was er ist? … Wir wissen es nicht. Alles, was wir tun können, ist lediglich, diese Tatbestände zuzugeben … und zu versuchen, den Sinn des Menschen fürs Staunen … in seinem besonderen Umgang mit dem allgemeinen Problem der Existenz lebendig zu halten. … Alles, was wir in Bezug auf das Universum in seiner Gesamtexistenz tun können, besteht darin, es als ein nicht reduzierbares Mysterium zu entdecken, das nur durch Staunen und Anerkennung menschlich aufgenommen und verarbeitet werden kann."[103]

So wenig es verwundert, dass der vielfältige Reichtum der Dinge deren Existenz in den Hintergrund drängt – hier sollen alle Sachverhalte ihre anschaulichen, poetischen und mathematischen Gewänder fallen lassen, damit ihr nacktes Dass hervortreten kann. Dazu müssen die Wesensschleier, die das Seiende wie bunte Mäntelchen bekleiden, von seiner Existenz abgelöst werden. Dahinter verbirgt sich ihr grundloses Überhauptsein, mitnichten aber ein tiefsinniges Geheimnis. Religiöse Schwärmer, die in allem Vordergründigen eine Anweisung

---
[102] Boltzmann, Populäre Schriften, S. 343.
[103] Huxley, The Humanist Frame, S. 42 (übersetzt vom Autor).

zu Hintergründigem, in vermeintlich Niederem einen Leitfaden zu Höherem entdecken, werden hierüber enttäuscht sein. Aber die Enthüllung, welche die Dinge nackt daliegen lässt, gelangt nur an Oberflächen, die nicht die Vorderseiten religiöser oder spiritueller Wahrheiten bilden. Das Zerreißen der anschaulichen, poetischen und mathematischen Bekleidungen legt bloß die unvordenkliche Existenz der Wirklichkeit frei, die ihrer Essenz die gewohnte Führungsrolle im Verständnis des großen Ganzen abspenstig macht.

Nur welchem Lobpreis gelingt es überhaupt, so von den Verschleierungen des Wirklichen abzusehen, dass dessen unvordenkliches Sein ohne jede Verkleidung zu Bewusstsein kommen kann? In welchen Erlebnissen gelangt die nackte Existenz am besten zum Durchbruch?

Überstrapazierte Farben und Formen
Wie die Literatur ist die Bildende Kunst ein ausgezeichneter Bereich der Kultur, in dem die Dinge durch die Art ihrer Darstellung wirklicher erscheinen können als im Alltag, wo sie oft weniger seiend wirken. In der Kunst stößt das kreative Zwiegespräch mit den Dingen mitunter bis zu ihrem erstaunlichen Dass vor. Die Darstellung des Ungeheuerlichen, Gewaltigen und Unerhörten, dass überhaupt etwas geschieht, dass etwas existiert und nicht vielmehr nichts, ist nach Jean-Francois Lyotard der eigentliche Auftrag der Kunst. In der Rangerhöhung des unvordenklichen Dass zum Bemerkenswertesten überhaupt sieht der französische Philosoph ihre höchste Aufgabe. Normalerweise hätten wir nur Augen für das Wesen der Dinge, deren Bedeutungen und Vernetzungen. Aber die Kunst könne uns mit dem jeder Bestimmung vorgeordneten Überhauptsein alles Wirklichen schockartig konfrontieren und so aus der Fassung bringen. Dabei trete die namenlose Existenz umso deutlicher hervor, je mehr sie sich von der bloßen Möglichkeit ihres Nichtseins abhebe. Denn es sei doch denkbar, dass alles irgendwann zu Ende geht, „dass nichts geschieht, dass es nicht weitergeht, dass die Wörter, die Farben, die Formen oder die Töne fehlen, dass der Satz der letzte sein wird."[104] Solche Erwägungen sollen den Sinn für die Unbegreiflichkeit der Existenz schärfen. Mit Anselm Kiefer gesprochen: „Die ganze Malerei ist immer nur ein Herumgehen um etwas Unsagbares"[105]: hier ums unvordenkliche Überhauptsein. Nach Lyotard fällt speziell der Kunst die Aufgabe zu, die Präsenz des Wirklichen so erfahrbar zu machen, dass unser Leben für Augenblicke ins Stocken gerät. Insbesondere die moderne Kunst sei in der Lage, das nackte Dass zur Anschauung zu bringen. Interessanterweise rühmt Lyotard die künstlerisch entblößte Existenz aufgrund ihrer Unfassbarkeit als „erhaben", wo-

---

[104] Lyotard, Das Erhabene und die Avantgarde, S. 253.
[105] Funkkolleg Moderne Kunst, Studienbegleitbrief 12, S. 41.

mit in der französischen Sprache „das Staunen Erweckende" bezeichnet wird.[106] Doch wie ist es möglich, der aller Bestimmungen entkleideten Existenz in der Kunst einen anschaulichen Raum zu geben?

Für gewöhnlich verfolgen moderne Künstler, die sich abseits der gegenständlichen Malerei bewegen, ganz andere Ziele. Zwar besaß die Kunst der 60er und 70er des vorigen Jahrhunderts eine Vorliebe für einfache Rohstoffe wie Holz, Stein und Erde und maß solchen Materialien einen Vorrang vor Abbildungen zu. Andere experimentierten mit neuen Ausdrucksmitteln und Darstellungsformen, überzeugt davon, dass die durch die moderne Mikroskopie und Teleskopie eröffneten Wahrnehmungsbereiche auch künstlerisch verarbeitet werden sollten. Gerne knüpften abstrakt arbeitende Künstler im 20. Jahrhundert an naturwissenschaftliche Modelle mit Energiewellen, Kraftfeldern und Elementarteilchen an.

Doch weit davon entfernt die grundlose Existenz vergegenwärtigen zu wollen, beanspruchten sie vielmehr, die physikalische Wirklichkeit mit ihren künstlerischen Mitteln spirituell überhöhen zu können. Kandinsky etwa deutete die physikalisch erforschte Verwandelbarkeit von Masse in Energie vorschnell als Beweis für eine Wende vom naturalistischen zu einem spiritualistischen Weltbild. Zahlreiche Künstler strebten zu Beginn des 20. Jahrhunderts nach kosmischer Harmonie der Gegensätze in einem alles Vielfältige überspannenden Ganzen. Wie in der Romantik wurde Materie als verdichteter Geist interpretiert. Nicht wenige Künstler waren antimaterialistisch und religiös eingestellt. Bei der Präsentation ihrer Formen, Farben und Figuren ging es ihnen daher weniger ums sinnlich Wahrnehmbare als vielmehr um ein allem Materiellen zugrundeliegendes Geistiges. Hierbei setzten sie unterschiedliche Akzente. Paul Klee beispielsweise war nicht so eindeutig spiritualistisch orientiert wie Kandinsky. Aber alle gingen einen Weg, der vom äußeren Sehen konkreter Gegenstände über den sogenannten Klang ihrer Formen, Flächen und Farben zu einem inneren Schauen spiritueller Inhalte verlief. Bei ihren künstlerischen Auseinandersetzungen mit esoterischen Ideen erhofften sie nicht weniger, als das innere Wesen von Natur und Kosmos sichtbar machen zu können. Sei es Malewitsch, Klee oder Kandinsky, sie alle arbeiteten daran, im Materiellen das Geistige zur Anschauung zu bringen, den Kompositionen, Vibrationen, Klängen und Rhythmen des Kosmos zu entsprechen. So versuchten sie, die in der Moderne verlorene Einheit des religiös verklärten Universums wieder aufzuspüren. Dabei schwankten ihre Anstrengungen zwischen einer pantheistischen und theistischen Sichtweise.

---

[106] Vgl. Lyotard, Das Erhabene und die Avantgarde, S. 251-269.

Arnold Gehlen verweist mit Recht darauf, dass die abstrakte Kunst extrem kommentarbedürftig ist. Abstrakte Bilder regen förmlich zu ästhetischen Diskursen an. Moderne Kunst ist Reflexionskunst, das Kunstwerk ein Denkbild, dessen Bedeutung sich nicht auf Anhieb erschließt. Nun liegt Vieldeutigkeit zwar in der Eigenart jeder Kunst. Doch gerade moderne Werke lassen große Auslegungsspielräume zu, welche sie nicht vor beliebigen Interpretationen schützen, für die sie besonders anfällig sind. Oft lesen sogar Künstler aus ihren Werken heraus, was sie zuvor zum Teil gewaltsam in sie hineingelegt haben. Ein guter Künstler ist noch lange kein guter Interpret der eigenen Werke. Jedenfalls haftet den religiösen Deutungen abstrakter Punkte, Linien, Flächen und Farben trotz der erwähnten weiten Auslegungsspielräume etwas Willkürliches an. Abgesehen davon, dass solche Arbeiten zumeist nicht mit den Ergebnissen der modernen Naturwissenschaften übereinstimmen, wie seitens der Künstler gerne behauptet wird, weil diese sich sowieso fast jeder sinnlichen Wahrnehmung entziehen, überfordern solche Künstler einfach die Kunst mit ihren spirituellen Überfrachtungen. Allerdings tut das der Originalität ihres Schaffens keinerlei Abbruch. Jedoch ist der Anspruch, das religiöse oder geistige Wesen der Wirklichkeit im Bild einzufangen, schlicht überzogen. Künstler wie Kandinsky messen ihren Farben, Flächen und Formen, die nur sich selbst, keineswegs aber etwas Göttliches, Gottähnliches oder Geistiges darstellen, einen überhöhten Wert bei. Das Versprechen auf einen tiefen, umfassenden Sinn kann die abstrakte Malerei nicht einlösen. Abstrakte Kunstwerke haben zwar eine spezielle Gestalt, aber deshalb noch keinen tieferen Gehalt. Im Grunde formulieren sie gar nichts, sondern formen nur etwas. Sie erklären nicht die Wirklichkeit. Weder machen sie Undurchsichtiges klarer noch Unverständliches verständlicher. Man sollte aufhören, weiter nach dem Phantom tiefsinniger Bedeutungen zu jagen, die nur entdecken kann, wer sie zuvor in die Werke hineinfantasiert hat.

So sind abstrakte Kunstwerke vorrangig Formen, die keine äußeren Zwecke verfolgen und durch sich hindurch auf nichts anderes als auf sich selbst verweisen. Form, Farbe und Fläche sind ihr eigentlicher Inhalt. Sie sind nicht sichtbare Symbole für etwas, sondern bereits das Mitgeteilte selbst. Hinter ihrer Farbe und Struktur gibt es nicht noch eine zusätzliche Bedeutung, die den Betrachter in lichtere Höhen führen könnte.

Je einfacher oder komplexer ihr Aufbau, desto schwerverständlicher scheinen sie für die Betrachter zu sein, die sich dann leicht genervt oder gelangweilt von ihnen abwenden. Sie vermissen den Wirklichkeitsbezug. Wie der Dichtkunst Stefan Georges oder Stéphane Mallarmés scheinen solche Werke ohne realistische Inhalte zu sein. Anstatt vor praller Wirklichkeit zu bersten, ist diese offenbar gänzlich aus ihnen entwichen. Daher verstören oder verärgern solche Werke viele Menschen. Dagegen bestärken sie Dritte in der Zuversicht, dass uns Betrachtern doch ungeahnte Möglichkeiten offenstehen, gewohnte Wahrnehmungsmuster zu durchbrechen, um immer wieder neue Erfahrungen zu machen. Trotz aller Vorbehalte soll das Unsagbare der Farben und Formen aber nicht gänzlich sprachlos bleiben. Mit metaphorisch stammelnden Ausdrücken lässt es sich durchaus zur Sprache bringen. Auf inhaltlich neutrale Weise darf von intensiver Dynamik, kraftsammelnder Steigerung und Ballung der Linien oder Farben gesprochen werden. Einiges Dargestellte erweckt den Eindruck von strömender Kraft und lebendiger, langatmiger, kurzer oder jäher Bewegung. Eine gewisse Symmetrie oder Asymmetrie springt ins Auge. An manchen Stellen scheint eine Umschaltung von Spannungszuständen oder abschwellende Entladung zu erfolgen. Hier ist es angebracht von Verlöschen zu reden, dort von Ruhepunkten, von dissonantem oder harmonischem Zusammenspiel, gleichmäßigem Wellengang, Sättigung, Staubildung oder Auflösung der Entwicklung. Zweifellos lassen sich abstrakte Kunstwerke mit solchen und ähnlichen Formulierungen inhaltlich neutral charakterisieren. Nur was ist damit gewonnen? Was heißt, ihre Bedeutung liegt vorrangig in dem, was ihre Oberflächen dem Auge bieten?

Auf einen elementaren Aspekt reduziert, machen die Werke auf ebenso ungewohnte wie gewohnte Farben und Formen aufmerksam, die im Alltag leicht übersehen werden. Indem abstrakte Skulpturen und Bilder gerade keine natürlichen Vorbilder nachahmen, verwandeln sie das unauffällig Selbstverständliche ins auffällig Befremdliche. Sie zwingen die Betrachter nahezu, genauer hinzuschauen auf das, was ist, und sich hierüber mehr Gedanken zu machen. Das ist nicht viel, aber es ist genug, wenn es der merkwürdigen Existenz alles Wirklichen zur reflektierten Anschauung verhilft. Allerdings lässt sich hier wie sonst auch die Gefahr nicht gänzlich ausschalten, dass man zu sehr in der Bewunderung des sichtbaren Was hängen bleibt und nicht mehr zur Verwunderung über das rätselhafte Dass vorstößt. Wie leicht kann doch die künstlerische Thronerhebung der grundlosen, faktisch notwendigen Existenz misslingen!

Blaue Oberflächen
Piet Mondrian malte Rechteckfelder, monochrom eingefärbt mit einer der Grundfarben Blau, Gelb, Rot, gelegentlich auch Grau. Dagegen lässt Mark Rothko auf monochromem Untergrund flache, querrechteckige Farbflächen verschwimmen. Hierdurch erhalten die Bilder eine nebulös schwebende Atmosphäre. Ihres verschwommenen Charakters wegen wirken sie unheimlich. Überaus berühmt sind die blauen Bilder von Yves Klein, deren monochrome Oberflächen aufgrund feiner Unebenheiten ein wenig reliefartig erscheinen. Doch am eindrucksvollsten sind Barnett Newmans großformatige monochrome Bild-

flächen, die Ausschnitten eines unendlichen Kontinuums gleichen. Monochrome Künstler zeigen nichts anderes als Farben, die sie einfachen Formen vorziehen. Dies wirft die Frage auf, ob solche einfarbigen Oberflächen, gerade weil sie aller Formen entkleidet sind, nicht das nackte Dass symbolisieren können? Derartige Präsenzeffekte dürfen ihnen tatsächlich zugetraut werden, wobei natürlich solche Interpretationen nicht zwingend, durch den Auslegungsspielraum der monochromen Gemälde aber gedeckt sind.

Angemessene Bilder vom nackten Dass können ohnehin nicht gezeichnet werden, da die Existenz sowohl für uns als auch an sich niemals losgelöst von jeder Wesensbestimmung vorkommt. Beides setzt sich gegenseitig voraus und kann nicht ohne das jeweils andere sein. Aber mag die Existenz von der Essenz auch nicht abtrennbar sein, so sind beide dennoch verschieden. Die Existenz geht der Essenz sogar voraus – freilich nicht der Zeit oder dem Range, aber der logischen Folge nach. Denn das Überhauptsein liegt allem, was ist, zugrunde. In diesem Sinne besitzt das nackte Dass eine gewisse Priorität. Von diesem logisch vorgeordneten Dass lässt sich keine adäquate Vorstellung bilden, weil es weder ein Aussehen noch eine Gestalt hat. Es ist einfach das, was übrigbliebe, wenn alle Wesenseigenschaften von etwas Existentem abgezogen werden könnten.

Nun kann das nackte Dass zwar nicht direkt veranschaulicht, es kann aber metaphorisch verbildlicht und somit versinnbildlicht werden. Nur bildhaft ist eine Annäherung ans nackte Dass möglich. Hierzu taugen am besten Sprengmetaphern. Deren Besonderheit liegt nach Hans Blumenberg in ihrem paradoxen Scheitern.[107] Eine Sprengmetapher beginnt mit einem anschaulichen Bild, das, wenn man ihm folgt, zu einem Paradox führt. Schrittweise bringt es den reflektierten Betrachter an die Grenze seiner Vorstellungskraft, an der das Augenmerk in ehrfürchtiges Staunen über etwas letztlich Unfassbares umschlägt. Monochrome Bilder eignen sich gut zur paradoxen Veranschaulichung der unvordenklichen Existenz, weil über eine einfarbige Fläche wie über das nackte Dass nur wenig ausgesagt werden kann. Für beides ist ein Mangel an Struktur, Form oder Gestalt charakteristisch. Es fehlen Prädikate und Attribute, Unterschiede und Gegensätze. Weder hier noch dort nimmt eine komplexe Architektur das Auge in Anspruch. Monochrome Bilder bestehen aus einer weitgehend formlosen Farbfülle. Fast alle Differenzierungen sind aufgehoben. Dies qualifiziert sie hervorragend zur Metapher fürs nackte Dass, an dem ja gleichfalls alle Eigenschaften verschwunden sind.

Schon Sartre assoziierte im *Ekel* mit der nackten Existenz eine Anhäufung ungeordneter Materie, reine Quantität, ein üppiges Volumen, wohlwissend,

---

[107] Vgl. Wetz, Hans Blumenberg, S. 26f.

dass nackte Existenz etwas anderes als ein gestaltloser Stoff ist. Stellvertreterbegriffe für die unbestimmte Existenz wie weite Wüsten-, Eis- und Schneeflächen, das eintönige Grau des Himmels oder der grenzenlose Ozean lassen lediglich erahnen, was reine Existenz meint, doch anschaulich machen sie diese nicht. Aber indem schrittweise an einer Sache deren Konturen und Strukturen weggedacht werden, wird sie einer amorphen Masse immer ähnlicher. Je mehr Bestimmungen von einem Ding abfallen, umso mehr zerfällt es in formlose Materie. Dieser Prozess sei so lange durchgeführt, bis es nicht mehr weiter geht. Dann gelangt die Vorstellungskraft an ihre Grenze, ohne dass deshalb die Denkbewegung sofort aufhört. Diese sprengt jetzt das Bild, über das sie hinausführt. Auf solchem Wege bildet sich ein paradoxes Verständnis von einer Ansammlung gestaltloser Stoffe, das einerseits alle Veranschaulichung sprengt, andererseits von Bildern abhängig bleibt, die fast aller Formen, Buchstaben und Ziffern, Namen und Zahlen entbehren. Solche Sprengmetaphern lassen sich leicht in Verbindung mit dem nackten Dass bringen, auf dessen künstlerische Veranschaulichung nicht verzichtet werden muss, weil es sinnlich reflektiert werden kann. Monochrome Gemälde sind schöne Beispiele hierfür. Indem hier nur noch Farben die gestaltlose Existenz vernebeln, können sich diese Kunstwerke leicht in sinnliche Leerstellen für die formlose Existenz verwandeln, die mit ihrer Präsenz assoziiert wird.

Gelegentlich werden die Ausmaße einförmiger Bildflächen so weit gedehnt, dass eine irritierende Unüberschaubarkeit entsteht. Dann übersteigen die eintönigen Farbflächen nicht mehr nur die menschliche Vorstellungskraft, sondern auch deren sinnliches Fassungsvermögen. In solchen Fällen fühlt sich der Betrachter von den Farbmassen regelrecht überwältigt. Er verliert seine Maßstäbe. Es kommt zum Gefühl des Erhabenen – ein Begriff, den bereits Lyotard auf die Erfahrung der unbegreiflichen Existenz bezog. Auch monochrome Bilder können ein solches Staunen über das Dass auslösen, solange nicht das Was der Farben, deren Schönheit und Stärke, den Blick des Betrachters hiervon wegführt oder ablenkt.

Erdkilometer und Felssprengung
Während die monochrome Malerei solche Existenzdeutungen lediglich nahelegt, geht es in der *Land-Art* ausdrücklich hierum. Diese ist eine der Natur zugewandte Kunstbewegung. Statt bloß Abbilder von Landschaften herzustellen, zielt sie auf eine direkte Naturerfahrung, zu der unkultivierte Landstriche bevorzugt werden. Heute geschieht die Hinwendung der *Land-Art* zur Natur vor allem im Zusammenhang mit der sich zuspitzenden Umweltkrise. Durch die Ökologiebewegung und Klimakatastrophe hat sich ihr Schwerpunkt von der ehrfürchtigen Besinnung zur Ideologiekritik verlagert. Ende der sechziger Jahre

trat die *Land-Art* noch als eine Kunstform auf, die den Menschen wieder das Staunen lehren wollte. Unbearbeitete Naturstoffe wie Erde oder Steine wurden in Galerien und Innenstädten ausgestellt, um auf die Besonderheit der im Alltag vernachlässigten Natur aufmerksam zu machen. Außerdem boten Fotografien gute Einblicke in die Projekte, die in der freien Natur ausgeführt wurden. Nicht selten wurden diese in entlegenen Landschaften realisiert. Die *Land-Art* ist ans sinnliche Naturerleben gebunden.

In *Double Negative* ließ Michael Heizer nordöstlich von Las Vegas am Rande einer Hochebene riesige Gräben in gewaltige Felsen sprengen. Es wurde ein monumentaler Einschnitt in die Gebirgslandschaft vorgenommen. Die Betrachter dieser künstlerisch erzeugten Felsschlucht sollten zum einen ihrer erdrückenden Winzigkeit auf der Erde bewusst werden, zum anderen ein erhebendes Gefühl für die Weite der Natur entwickeln.

Ähnliche Ziele verfolgte Walter de Maria mit *Meilenlange parallele Wände in der Wüste*. Ursprünglich vorgesehen war die Errichtung zweier paralleler Mauern auf eine Länge von einer Meile. Allerdings konnte das Projekt nur in reduzierter Form verwirklicht werden: Es wurden lediglich zwei parallele Kreidelinien mit einer Länge von einer Meile auf flachem Wüstenboden gezogen. Auch diese spezielle Kunstinstallation in der freien Natur sollte auf die unermessliche Weite des Universums aufmerksam machen. Der Naturbetrachter zwischen den beiden Mauern bzw. Kreidelinien sollte ein Gefühl für die Grenzenlosigkeit des Alls mit seinen Milliarden Galaxien gewinnen.

Dagegen sieht Walter de Marias *Blitzfeld* vor, dass sich ein Besucher ganz allein um die Mittagszeit für 24 Stunden in die Steppen Arizonas begibt, um aufregenden Lichtveränderungen beizuwohnen. Das *Blitzfeld* liegt in einer gewitterreichen Gegend und besteht aus 400 nadelspitzen Edelstahlpfeilern, die in einer Höhe von rund sechs Metern gleichmäßig auf einer Fläche von einem Quadratkilometer verteilt sind. Nach Einbruch der Abenddämmerung erlebt der einsame Betrachter in dieser reizarmen Gegend außergewöhnliche Lichteffekte auf den Metallstäben. Wenn dann noch starke Gewitter mit heftigen Blitzen dazukommen, entsteht ein dramatisches Naturschauspiel, das alle gewohnten Wahrnehmungen sprengt und bedrohlich wirkt. Die Natur bietet sich dem Betrachter als übermächtige Energie dar.

Alle drei Kunstwerke heben die üblichen irdischen Maßstäbe auf, indem sie den Betrachter mit dem ebenso gewaltigen wie grenzenlosen Kosmos konfrontieren. Nach allem bislang Ausgeführten sind gerade außeralltägliche Erlebnisse, welche die Grenzen unserer optischen Wahrnehmung übersteigen, besonders geeignet, die Frage nach dem Warum des Ganzen zu wecken und so auf das erstaunliche Dass des Wirklichen aufmerksam zu machen.

Noch einen Schritt weiter ging Walter de Maria auf der *documenta 6* in Kassel. Unter großem Aufwand ließ er den sogenannten *Erdkilometer* installieren. Hierfür wurde ein Schacht von rund einem Kilometer Tiefe in die Erde gebohrt, um anschließend einen genauso langen Messingstab mit einem Durchmesser von fünf Zentimeter einzulassen. Das sichtbare Ergebnis blieb gegenüber dem technischen Einsatz gering. Bis heute kann man bloß das Ende des einen Kilometer langen Stabs in der Mitte einer Sandsteinplatte sehen, ein Metallstück in der Größe einer Münze. Allerdings wird der Besucher über den Erdstab informiert, dessen Vorstellung bereits an die Grenzen unserer Fassungskraft heranreicht. Offenkundig wendet sich das Werk weniger an die Perzeption der Besucher als vielmehr an deren Imaginations- und Reflexionskraft. Am senkrechten *Erdkilometer* Maß nehmend, soll der Betrachter einerseits dazu gebracht werden, über seine kosmische Bedeutung nachzudenken, andererseits den Durchmesser der Erde und die unermesslichen Weiten des Universums vergegenwärtigen. Das sichtbare Ende des *Erdkilometer* visualisiert einen anschaulichen Fluchtpunkt des endlosen Weltraums, der sich nur imaginär reflektieren lässt.

Damit nähert sich die *Land-Art* in einem Punkt der sogenannten *Concept-Art*, die sich gleichfalls von den überlieferten Darstellungsmitteln distanzierte. Anfang der 60er Jahre formulierte Henry Flynt: „Konzeptkunst ist zuallererst eine Kunst, deren Material aus Konzepten besteht, so wie das Material der Musik zum Beispiel die Töne sind."[108] Dazu passend pointierte Ende der 60er Jahre Sol le Witt: „Ideen allein können Kunstwerke sein."[109] Nach diesem Kunstverständnis besteht der *Erdkilometer* vornehmlich aus einer künstlerischen Idee, die sich von anschaulichen Materialien weitgehend abkehrt, um hierdurch zu signalisieren, dass das unermessliche All nicht mehr visuell, sondern nur noch imaginär reflektiert werden kann. Trotzdem bleibt der *Erdkilometer* ein Werk der *Land-Art*, weil hier mit grundsätzlich wahrnehmbaren Materialien operiert wird, mögen diese auch vergraben bleiben, womit ja auf die nicht mehr wahrnehmbare Unermesslichkeit des Raums angespielt werden soll. Der Rezipient soll von der Perzeption über die Imagination zur Reflexion gebracht werden. Das Werk möchte, vermeintliche Sicherheiten ins Wanken bringend, zum Nachdenken übers riesige Universum und seinem nackten Dass anregen. Auf diese Weise kommt es nicht nur zu überwältigenden Denkbildern, die mit der Wirklichkeit weitgehend übereinstimmen, sondern angesichts der Unbegreiflichkeit des alle Vorstellungskraft sprengenden Ganzen auch zu Gefühlen des Erhabenen. Nur was ist das Erhabene eigentlich, von dem bereits Lyotard sprach und mit dem hier die monochrome Malerei und *Land-Art* in Verbindung gebracht werden? Was hat das ehrfürchtige Staunen über die nackte Existenz

---

[108] Flynt, Conceptual Art.
[109] Vgl. de Vries, Über Kunst.

des Wirklichen mit dem Gefühl des Erhabenen zu tun, das fast zwangsläufig entsteht, wenn unsere Augen ins Weltall hinaus schauen?

Überwältigt

Gigantisches Weltall – Gewaltige Natur

In der Antike gehörte der Begriff des Erhabenen zur Rhetorik. Er bedeutete soviel wie feierliche Stimmung durch Einsatz erhebender Sprachfiguren in enthusiastischen Vorträgen. So stellte Pseudo-Longinos um 40. n. Chr. erstmals das Erhabene dar. Im Zeitalter der Empfindsamkeit, 18. Jahrhundert, wurde im Kontext von Bergbesteigungen und Gebirgsdurchquerungen der Begriff des Erhabenen auf unberührte, wilde Natur sowie aufs unendliche, weite Universum bezogen. Stets brachte man den Begriff des Erhabenen mit unfassbarer Größe, dunklen Abgründen und bedrohlichen Chaosmächten wie schwarzen Gewitterwolken oder haushohen Meereswellen in Verbindung. Die Übergänge zwischen der Erfahrung des Erhabenen und Schönen, das eher Assoziationen an wohlgefällige Harmonie, Proportionalität und Klarheit weckt, blieben dabei stets fließend. Es gibt eine Menge Zwischenstufen zwischen dem Schönen und Erhabenen. Da sich das Erhabene durch Stärke und Größe auszeichnet, wird es gerne zur Offenlegung menschlicher Grenzen herangezogen. Es bringt dem verängstigten Menschen seine Endlichkeit, Ohnmacht und Geringfügigkeit zu Bewusstsein. Jedoch gilt das Erhabene von Anbeginn auch als überaus reizvoll, ja als entzückend. Es ruft Mischaffekte aus Lust und Unlust hervor. Das Finstre, Schroffe, Mächtige und Unermessliche vor Augen spricht Edmund Burke daher von „frohem Schrecken",[110] den er psychologisch-physiologisch erklärt: Das angenehme Grauen soll auf einem Wechsel zwischen Verkrampfung und Entspannung beruhen. Dadurch werde der Körper von beschwerlichen Störungen befreit, was zu einem erleichterten „Frohsein" führe. So sehr Burke mit seinen Überlegungen Immanuel Kants Vorstellung vom Erhabenen beeinflusste, Kant übernahm seine Erklärung des lustvollen Grauens nicht.

Allerdings bezieht Kant genauso wie Burke den Begriff des Erhabenen auf die *Größe des Alls* und die *Macht der Natur*. Letztere nennt der Königsberger Aufklärer das *Dynamisch-Erhabene*. Hierunter fallen himmelansteigende Gebirgsmassen mit überhängenden Felsen, tiefe Schluchten mit unbändigen Gewässern ebenso wie grenzenlose Ozeane mit aufgetürmten Wellen, die gewaltsam gegen schroffe Uferklippen schlagen. Mit Bezug auf den unermesslichen Sternenhimmel spricht Kant von *Mathematisch-Erhabenem*.

---

[110] Burke, Vom Erhabenen und Schönen, S. 176.

Jedoch weit davon entfernt, als erhaben empfunden zu werden, stoßen der unendliche Weltraum und der von Stürmen aufgepeitschte Ozean viele Menschen erst einmal ab. Das unermessliche Weltall flößt ihnen Angst ein, weil es ihre *Fassungskraft* übersteigt, so dass all ihre Versuche scheitern, sich ein angemessenes Bild vom großen Ganzen zu machen. Dagegen überfordert der durch Stürme empörte Ozean unsere *Widerstands- oder Lebenskraft*, dessen schäumende Wellen wild in die Höhe schlagen, während aus den dunklen Sturmwolken grelle Blitze zucken. In solchen Situationen präsentiert sich die Natur als eine Macht, der gegenüber alle menschliche Stärke fast nichts ist. Deshalb werden die Betrachter dieser Naturschauspiele hierdurch auch erst einmal in Angst und Schrecken versetzt. Sie verspüren ihre Ohnmacht in Anbetracht solch übermächtiger Natur und ihre Winzigkeit angesichts des übergroßen Alls. Ähnlich wie Kant vermerken Friedrich Schiller und Arthur Schopenhauer, dass die *Übermacht* der Natur jeden körperlichen Widerstand brechen und die *Übergröße* des Weltraums den Einzelnen zu einem Nichts verkleinern kann. Weite Steppen, Eiswüsten, Hurrikans und Vulkanausbrüche können jedem Menschen ein Gefühl der eigenen Grenzen vermitteln, wenn sie ihm feindlich entgegen treten.[111]

Trotzdem üben Größe und Macht des Kosmos einen großen Zauber auf uns aus. Wir werden von seiner Quantität, Form- und Grenzenlosigkeit gleichermaßen abgestoßen wie angezogen. Einerseits verängstigen uns die Unermesslichkeit des Weltalls und die Übermacht der Natur, andererseits erregen beide unser Wohlgefallen. Auf diese Kontrast-Merkmale Bezug nehmend bezeichnet Kant den gestirnten Himmel und wilden Ozean als erhaben, um allerdings sogleich hinzuzufügen, dass das unermessliche Universum und die ungebärdige Natur nur indirekt oder uneigentlich erhaben genannt werden dürfen, ja dass sich falsch ausdrückt, wer sie selbst als erhaben ansieht. „Also ist die Erhabenheit in keinem Dinge der Natur."[112] Sie ist lediglich in uns anzutreffen, insofern die kosmische Übergröße und Übermacht spezielle Überlegenheitsgefühle im Menschen wachrufen. Kant war der erste, der das Erhabene nicht mehr in der Welt selbst, sondern im Subjekt verortete, genauer gesprochen: in einem bestimmten Verhältnis des Subjekts zur Welt. Übereinstimmend beschreiben Kant, Schiller und Schopenhauer den Menschen als ein Wesen, das sich kraft seiner Vernunft oder seines Geistes über die bedrohliche Natur und den unermesslichen Weltraum zu erheben vermag.

---

[111] Vgl. Schiller, Sämmtliche Werke Bd. 12, Stuttgart 1862. S. 250.
[112] Kant, Werke Bd. 5, Berlin 1968, S. 264.

Dem Weltall unterlegen und überlegen

1) Nach Kant weckt das *unermessliche Universum* im Menschen die *Vernunftidee der Totalität* der Welt, die keine sinnliche Wahrnehmung vermitteln kann, weil sie jede sinnliche Fassungskraft übersteigt. Jedoch veranlasst das sinnlich nur unangemessen vorstellbare Weltall, dass die Idee der einen unvergleichlich großen Welt ins Bewusstsein tritt. Diese wird nicht aus der Welt selbst, sondern aus der Vernunft gewonnen. Die Idee der einen Wirklichkeit, auf die im Vorherigen schon öfter eingegangen wurde, hebt den Menschen über sich selbst und das große Ganze hinaus. Mit Hilfe dieser Idee kann er die Welt erfassen, nachdem sie ihn zuvor als winziges und unzulängliches Sinnenwesen entlarvte. Es sind solche Konstellationen, die den Menschen in ein Gefühl der Erhabenheit versetzen, das nur „im Gemüt angetroffen werden"[113] kann. Deshalb spricht Kant hier von der „Erhabenheit unseres Geistesvermögens"[114]. Dabei bezieht er das Gefühl des Erhabenen aber nicht bloß auf die menschliche Fähigkeit, ein alle Vorstellungen sprengendes, schlechthin großes Weltall denken zu können. Das Gefühl des Erhabenen ergibt sich seiner Auffassung nach aus diesen besonderen Gedanken in Relation auf den geschauten besternten Himmel, der verglichen mit der Vernunftidee der Totalität klein bleibt: „Erhaben ist, was auch nur denken zu können ein Vermögen des Gemüts beweist, das jeden Maßstab der Sinne übertrifft."[115]

Mit ähnlichen Worten beschreibt Arthur Schopenhauer das Mathematisch-Erhabene, nur gründet er die Überlegenheit des Menschen über das Universum nicht wie Kant auf die Vernunftidee der Welttotalität, sondern vielmehr auf die Kraft des Subjekts, das Weltall als bloße Vorstellung selbst konstituiert zu haben: „Der Mensch empfindet sich zugleich als Individuum, als hinfällige Willenserscheinung, die der geringste Schlag jener Kräfte zertrümmern kann, hilflos gegen die gewaltige Natur, abhängig, dem Zufall preisgegeben, ein verschwindendes Nichts ungeheuren Mächten gegenüber; und dabei nun zugleich als ewiges ruhiges Subjekt des Erkennens, welches als Bedingung des Objekts der Träger ebendieser ganzen Welt ist und der furchtbare Kampf der Natur nur seine Vorstellung, es selbst in ruhiger Auffassung der Ideen, frei und fremd allem Wollen und allen Nöten."[116]

2) Mit Bezug auf die *übermächtige Natur* entwickelt Kant das Erhabene so: Einerseits überfordert der tobende Ozean die physische Widerstandskraft der Menschen und offenbart auf diese Weise deren Ohnmacht. Andererseits erregt gerade die wütende Natur die *Vernunftidee der Freiheit* im Menschen. Diese

---

[113] Ebda, S.245.
[114] Ebda, S. 262.
[115] Ebda, S. 250.
[116] Schopenhauer, Werke Bd. 1, S. 293.

äußert sich in dessen Fähigkeit, den Anblick des in Empörung versetzten Ozeans aus sicherer Entfernung gelassen ertragen zu können. Nach Kant führt uns das tosende Meer zwar unmissverständlich vor Augen, dass wir der Natur unterlegene Sinnenwesen sind. Zugleich weckt sie hierbei aber eine geistige Widerstandskraft in uns, die sich im ruhigen Betrachten dieser lebensfeindlichen Übermacht als Überlegenheit behauptet und somit eine von der Natur unabhängige Freiheit anzeigt. Auch hier liegt das Gefühl des Erhabenen im menschlichen Gemüt. Doch gründet es nicht einfach auf der Freiheit als solcher, sondern auf deren Entdeckung vor dem Hintergrund der angsterregenden, bedrohlichen Natur. Deren sinnliche Übermacht erscheint jetzt vor dieser Freiheit oder Unabhängigkeit des Menschen selbst als ziemlich klein: „Erhaben ist das, mit welchem in Vergleichung alles andere klein ist."[117]

So sieht es auch Schopenhauer, der im Unterschied zu Kant die Überlegenheit des Menschen über die Natur erneut auf das weltkonstituierende Subjekt stützt: „Das Gefühl des Erhabenen entsteht hier durch das Innewerden des verschwindenden Nichts unseres eigenen Leibes vor einer Größe, die andererseits selbst wieder nur in unserer Vorstellung liegt und deren Träger wir als erkennendes Subjekt sind, also hier wie überall durch den Kontrast der Unbedeutsamkeit und Abhängigkeit unseres Selbst als Individuums, als Willenserscheinung, gegen des Bewusstseins unserer als reinen Subjekts des Erkennens."[118]

Dieser Kontrast erklärt nach Kant und Schopenhauer, warum der *übergroße Kosmos* und die *übermächtige Natur* die Menschen gleichermaßen abstoßen und anziehen – abstoßen, weil sie zum einen die menschliche Fassungs- und Widerstandskraft hoffnungslos überfordern und zum anderen den Menschen als nichtig und ohnmächtig offenbaren; anziehen, weil sie die menschliche Vernunft oder den menschlichen Geist auffordern, seine Überlegenheit über Natur und Kosmos in Relation auf beide kundzutun. Dies hebt den Menschen über die Welt hinaus und erfüllt ihn hierbei mit dem Gefühl des Erhabenen. Das alles bereitet dem Beobachter große Lust, bei der auf die „augenblickliche Hemmung der Lebenskräfte" eine „desto stärkere Ergießung derselben"[119] folgt. Heute wird diese Erfahrung als „Kick" bezeichnet: eine starke Gefühlsaufwallung, ein vorübergehender Rauschzustand oder extremes Hochgefühl von nur kurzer Dauer.

Zauber des Gewaltigen
Kants Zweiteilung des Menschen in ein Sinnen- und Vernunftwesen ist mittlerweile überholt. Der Mensch ist ein schmalnasiges Säugetier unter anderen Le-

---

[117] Kant, Werke Bd. 5, Berlin 1968, S. 250..
[118] Schopenhauer, Werke Bd. 1, S. 293.
[119] Vgl. Kant, Werke Bd. 5, Berlin 1968, S. 245.

bewesen. Mit dessen angemaßter Wertbesonderheit religiöser und vernunftphilosophischer Art ist es nichts in den unermesslichen Weiten des Alls. Schon damit ist Kants Verständnis des Erhabenen die Grundlage entzogen.

1) Nur weil wir den wilden Naturgewalten aus sicherer Entfernung standhalten können, sind wir nicht schon im Besitz einer höheren Freiheit oder übernatürlichen Vernunft, wie Kant meint. Unsere Standhaftigkeit gleicht das Gefühl unserer Ohnmacht angesichts der übermächtigen Wirklichkeit keineswegs aus. Je gewaltiger das Naturschauspiel, umso stärker wächst sogar die Erkenntnis eigener Hilflosigkeit und Verletzlichkeit. Die majestätische Natur wirkt in solchen Momenten überaus bedrohlich und darum abstoßend. Sie führt den Betroffenen überdeutlich vor Augen, wie schwach sie sind. Mit Kant gesprochen macht sie ihnen die geringe Lebens- oder Widerstandskraft des eigenen Daseins fühlbar.

Jedoch hat Kant richtig beobachtet, dass das übermächtige Naturschauspiel trotzdem einen besonderen Reiz auf uns Menschen ausübt. So ruft der aufgepeitschte Ozean oder das zerklüftete Gebirge in der Tat ambivalente Empfindungen hervor: ein angenehmes Grauen oder frohes Entsetzen, eben gemischte Gefühle zwischen Faszination und Aversion, mit denen nicht selten Körperreaktionen wie Herzklopfen, Zittern und Schweißausbrüche einhergehen. Mit unwiderstehlichem Zauber lockt das Schreckliche den Betrachter an, der ihm mit köstlicher Bestürzung begegnet. Er wird hiervon gleichermaßen weggestoßen wie angezogen, in Bann geschlagen wie Friedrich Schillers *Braut von Messina* an der Bahre eines verhüllten Toten: „Es zieht mich grausend hin und zieht mich schaudernd mit dunkler kalter Schreckenshand zurück."[120] Doch es ist nicht unser anmaßendes Gefühl der Überlegenheit über die wilde Natur, das uns ein Gefühl des Erhabenen vermittelt, sondern vielmehr die wilde Natur selbst, wie einst Edmund Burke feststellte. Im Aushalten ihrer tyrannischen Übermacht liegt ein besonderer Reiz, ohne dass hierbei eine übernatürliche Freiheit hervortritt, wie Kant behauptet.

Jedoch ist es richtig, dass Menschen die Überforderung durch die äußere Natur gerne als Herausforderung annehmen, sei es, um den gefährlichen Anblick, den sie ihnen bietet, beherrscht zu ertragen, sei es, um ihr entschlossen und kämpferisch entgegen zu treten. Konfrontationen mit gefährlichen Naturphänomenen oder riskanten Extrem- und Abenteuersportarten führen zu positiven Spannungszuständen und Energieentladungen, sobald die damit einhergehenden Grenzsituationen intensiv ausgelebt und erfolgreich bestanden werden. Wie betont, wird mit Bezug hierauf heute gewöhnlich von „Nervenkitzel", „Kick", gesprochen: eine Mischung aus starker Anspannung und rauschartiger Erre-

---

[120] Schiller, Sämmtliche Werke Bd. 5, S. 440..

gung, bei der es zu einer vermehrten Ausschüttung von Botenstoffen kommt. Im Zusammenhang mit diesen Hochgefühlen ist häufig von Adrenalinstoß und der Freisetzung von Endorphinen die Rede

2) Das Gleiche wie für die wilden Naturgewalten gilt auch für das unermessliche All. Es kann nicht mehr die Rede davon sein, dass in der Erfahrung des Mathematisch-Erhabenen eine höhere Bedeutsamkeit des Menschen vor dem Hintergrund seiner kosmischen Nichtigkeit hervortritt. Von seiner angemaßten Überlegenheit über die kosmische Unermesslichkeit ist nicht mehr übrig geblieben als das bemerkenswerte Talent, die zahllosen Planeten, Sterne und Galaxien in der Idee der einen Wirklichkeit zusammenfassen zu können. Diese erstaunliche Begabung gleicht aber das Gefühl persönlicher Winzigkeit und Geringfügigkeit im Universum keineswegs aus. Je größer der Kosmos, umso deutlicher tritt die Kleinheit des Menschen hervor!

Allerdings vermag der unermessliche Nachthimmel gerade den kosmisch unerheblichen Weltbetrachter zu verwirren, förmlich zu erschlagen und damit abzustoßen, wie Kant schreibt, weil die funkelnden Sterne die Grenzen seiner räumlichen Fassungskraft übersteigen. Wie ein Thriller kann das Universum seine Zuschauer erschaudern lassen. Goethe schreibt in den *Wanderjahren* kritisch mit Bezug auf Kant: „Das Ungeheure (des Weltalls) hört auf, erhaben zu sein. Es überreicht unsere Fassungskraft."[121] Das Universum sei einfach zu gewaltig, um von uns angemessen erfasst werden zu können. Selbst wenn wir es in der Idee der Welt als Einheit und als Inbegriff dessen, was der Fall ist, begrifflich zusammenfassen können, so bleibt es doch das namenlose Übermächtige und Übermäßige, das unsere Reflexionsfähigkeit genauso übersteigt wie überfordert. Das sieht Claude Lévi-Strauss ähnlich: „Obwohl ich für religiöse Losungen taub bleibe, bin ich doch mehr und mehr von dem Gefühl durchdrungen, dass der Kosmos und der Platz des Menschen im Universum unsere Fassungskraft übersteigen und stets übersteigen werden."[122]

Aber so sehr der unermessliche Weltraum mit seinen Milliarden Himmelskörpern den Betrachter irritieren mag, zugleich zieht ihn seine unübersichtliche Weite doch auch an – gemäß dem Spruch: „Vor dem mir graut, zu dem mich's drängt." Denn das Universum bleibt für den Sternengucker faszinierend. Diese Begeisterung für das All verwandelt das genannte Schaudern in ein lustvolles Grauen, schauriges Vergnügen oder angenehmes Bangen. Der Kosmos lässt uns gleichermaßen erzittern wie entzückt sein und ruft so jene Kontrast-Harmonie hervor, die Rudolf Otto das *Heilige* nennt.[123] Otto spricht von „fascinosum et tremendum". Nur folgen solche gemischten Gefühle nicht aus unserer vermeint-

---

[121] Johann Wolfgang von Goethe, Wanderjahre, Kap. 1, Buch 10.
[122] Lévi-Strauss, Das Nahe und das Ferne, S. 16.
[123] Vgl. Rudolf Otto, Das Heilige.

lich erhebenden Fähigkeit, das große Ganze in der Vernunftidee Welt denken zu können, wie Kant annahm, sondern aus der Erhabenheit des unabhängigen Sternenhimmels selbst, wie einst Edmund Burke vermutete. Der gestirnte Himmel wirkt zwar erhaben aufgrund der genannten Mischgefühle. Diese beruhen aber auf dem Erlebnis seiner jede Fassungskraft übersteigenden Größe. Die Mischgefühle werden sogar ins Unermessliche getrieben, wenn noch die kosmohermeneutische Überlegung hinzukommt, dass das große Ganze einfach da ist.

Einfach da
Wer abseits des alltäglichen Getöses in kontemplativer Stille eine Weile seine Blicke auf dem besternten Nachthimmel ruhen lässt oder sich einer reich bewaldeten Felsküste zuwendet, hohen Bergen und weiten Feldern, ohne sie herauszufordern, anzueignen oder dienstbar machen zu wollen, der kann der erhabenen Wirklichkeit leicht innewerden.

Doch braucht es hierfür Zeit, herausgehobene Halte- und Ruhepunkte, eine Pause, die mehr als nur eine Unterbrechung des geschäftigen Alltags ist. Nichts sollte mehr drängen, nichts mehr eilen. Erst dann wird man der Sphäre des Alltags enthoben. Man hält an sich, um die Blicke himmelwärts in die Ferne schweifen, ja abschweifen, gleichsam mäandern zu lassen. Was der Umweg für den Raum ist die Verzögerung für die Zeit – ein Erkenntnisgewinn, kein Verlust. Bei solchen Streifzügen kann mühelos die Erstaunlichkeit des Alls aufgehen. Erst recht versetzt die naturwissenschaftlich korrigierte, angemessene Betrachtung des Alls in ehrfürchtiges Staunen. Die naturwissenschaftlich informierte Anschauung wird sich der Faszination des Seienden, des Universums oder Multiversums kaum entziehen können. Ein Blick zum gestirnten Himmel mit dem Hintergrundwissen, dass die Sterne „dort oben" hauptsächlich aus Wasserstoff und Helium bestehen, Milliarden Galaxien schon seit Jahrmilliarden den Weltraum besiedeln und Ähnliches, wird den nachdenklichen Betrachter nahezu automatisch überwältigen.

Lässt man das große Ganze lange genug auf sich wirken, bricht fast zwangsläufig eine Verwunderung über dessen bloße Existenz auf, die gleichermaßen verdutzt, überrumpelt, sprachlos, kurz, perplex macht. Alles bis dahin Unauffällige und Selbstverständliche erscheint jetzt nicht nur als bemerkenswert und merkwürdig, sondern auch als rätselhaft und geheimnisvoll. Wie irrwitzig ist es doch, dass überhaupt etwas existiert, das eigene Dasein eingeschlossen! Dieses Aufblitzen des Überhauptseins alles Wirklichen im apollinischen Exzess der intellektuellen Anschauung kommt einer mystischen Erleuchtung gleich, wie schon Jean-Paul Sartre und Wittgenstein feststellten.

Es handelt sich, mit Walter Benjamin gesprochen, um eine „profane Erleuchtung", eine säkulare Offenbarung, Epiphanie oder „Illumination", wie Arthur Rimbaud in Anknüpfung an die Illuminationslehre des Kirchenvaters Aurelius Augustins sagen würde. Augustinus zufolge werden alle „ewigen Wahrheiten" unmittelbar aufgrund einer besonderen „göttlichen Erleuchtung" erkannt. Doch geht es hier weder um göttliche Erleuchtung noch um ewige Wahrheiten, sondern lediglich um die intellektuelle Anschauung des mysteriösen Überhauptseins alles Wirklichen.

Inzwischen haben wir den Raum des Alltäglichen verlassen, in dem eher gleichgültig über Wälder, Felder, Seen und den Sternenhimmel hinweggesehen wird. Mittlerweile ist uns feierlich zumute. Von der kosmischen Weite ergriffen, halten wir weiter inne. Gesammelte Nachdenklichkeit hat sich breit gemacht. Nachdem der nächtliche Sternenhimmel unsere Gedanken in die Ferne schweifen ließ, ist uns auch alles Vertraute fremd und ungewohnt geworden. Dabei sind immer mehr Bestimmungen von den Dingen abgeblättert. Es haben sich deren Bedeutungen allmählich aufgelöst, bis jetzt nur noch das rätselhafte Dass alles Wirklichen übrigbleibt. Ist aber die unvordenkliche Existenz erst einmal aus den Dingen hervorgetreten, als ob sie darin verschüttet gewesen wäre, kann der fokussierte Betrachter sie nicht mehr nur mit distanzierter Nüchternheit zur Kenntnis nehmen, sondern wird sich ihr mit versonnener Begeisterung hingeben.

So ließen wir Himmelsgucker uns zuerst von den Sternen und Galaxien in Bann schlagen, um zuletzt zu deren geheimnisvoller, namenloser Existenz vorzustoßen. Zutiefst berührt, durchschauen wir in solch gravitätischen Augenblicken, dass das im Alltag als selbstverständlich hingenommene Überhauptsein der Dinge allen Naturerkenntnissen zum Trotz unverständlich und unbegreiflich bleibt. Die allem Realen voraus- und zugrundeliegende Existenz scheint nicht transparent, opak, zu sein. Man kann nicht durch sie wie durch einen Glaskasten hindurchgucken. Je mehr sich der stille Beobachter in solcherlei Überlegungen vertieft, umso befremdlicher und verstörender wirkt die namenlose Faktizität des nächtlichen Sternenhimmels auf sein Gemüt. Endlich hat die ebenso offenkundige wie verborgene Dimension alles Wirklichen – deren mysteriöses Überhauptsein – den ruhigen Himmelsbetrachter vollständig gepackt.

Allerdings ist die Wirklichkeit, wie ausgeführt, weder rätselhaft noch geheimnisvoll. Das Hiesige oder Diesseitige ist das Seiende im Ganzen, außer dem es sonst nichts gibt. Denn die Existenz aller Dinge liegt in letzter Beziehung jenseits der Möglichkeit, erklärt werden zu können. Der aufgeklärte Blick ruht auf einer Wirklichkeit, die weder eine Absicht noch ein Wille regiert, sondern die ihr Genüge daran findet, einfach da zu sein! Es muss die tiefverwurzelte Überzeugung aufgegeben werden, dass sich für alles eine Erklärung finden lässt, eben weil es nicht für alles eine Erklärung gibt. Das nackte Dass trennt keine Mauer von einem Mysterium; das unvordenkliche Sein ist keine Fassade, hinter der sich noch etwas Höheres oder Tieferes verbirgt. Gewöhnlich fällt es uns schwer, der Wirklichkeit alles Wolkige zu nehmen und solche Einfachheit hinzunehmen. Wir wollen nicht akzeptieren, wie schlicht alles in letzter Hinsicht ist, ohne darum banal zu sein. Denn banal ist die Existenz des Wirklichen nun wahrhaftig nicht. Gerade das grundlose Überhauptsein von Wellen, Teilchen und Atomen, der Erde, Sterne und Galaxien vermag den Weltbetrachter aufs heftigste zu erschüttern und sein Erstaunen so massiv zu steigern, das es ihm eiskalt durch die Glieder fährt. Wie erstaunlich ist doch das Ganze!

Ohne Warum

„Die Ros` ist ohn` warum; sie blühet, weil sie blühet, sie acht` nicht ihrer selbst, fragt nicht, ob man sie siehet", schreibt Angelus Silesius in *Ohne Warum*. Im Unterschied zu uns Menschen fragt die Rose nicht nach dem Grund ihrer Existenz. Sie geht gedankenlos im Blühen auf, aber nicht gedankenvoll aufs Blühen ein. Einesteils lebt sie ohne Rücksicht auf die erforschbaren Ursachen ihres Daseins, andernteils existiert sie ohne letzten Grund, weil es einen solchen nicht gibt. Der junge Albert Camus schildert derartige Erfahrungen mit Bezug auf die Farbenspiele der das Meer säumenden Terrassen Algeriens: „Dieses Land gibt keine Lehren. Es verspricht nichts und hält auch nicht mit Hoffnungen hin. Es begnügt sich zu geben, und zwar im Überfluss. Es ist ganz und gar für die Augen da."[124] Denn „keine trügerische Gottheit"[125] hat in dieses „Evangelium aus Stein, Himmel und Wasser"[126] seine „Zeichen der Hoffnung oder Erlösung geschrieben. Zwischen diesem Himmel und den zu ihm aufblickenden Gesichtern ist kein Platz für eine Mythologie, eine Literatur, eine Ethik oder eine Religion, sondern nur für Steine, Leiber und Sterne und für Wahrheiten, die sich mit Händen greifen lassen."[127] Je gelassener wir Rosen, Zypressen und Steinen gegenüber bleiben, je mehr wir sie einfach sein lassen, ohne in sie einzugreifen oder sie umzugestalten, umso leichter kann ihr grundloses Überhauptsein in die Unverborgenheit treten. Wie Blumen, Bäume und Berge so rufen das von uns unabhängige Universum aus Wasserstoff und Helium, dessen Firmament nicht mehr von der Herrlichkeit Gottes kündet, großes Staunen hervor. Angesichts seiner Größe, Struktur, Entwicklung und Komplexität wirkt alles, was existiert, großartig. Aber so erstaunlich alles ist, so wenig repräsentiert die bewunderns-

---

[124] Camus, Hochzeit des Lichts, S. 29f.
[125] A.a.O., S. 42.
[126] A.a.O., S. 58f.
[127] A.a.O., S. 42f.

werte Beschaffenheit des Wirklichen das Erstaunlichste überhaupt: die anfangs- und grundlose Faktizität, die allem zugrunde liegt.

Im Lichte solcher Überwältigungen, die gleichermaßen Schauder und Faszination einflößen, erscheinen der gestirnte Himmel und dessen faktisch notwendige Existenz endlich wieder selbst als erhaben, wie ehemals für Edmund Burke. Im Gegensatz zum Alltag, wo wir leichthin über das erstaunliche Überhauptsein der Dinge hinwegleben, geht hier das große Ganze als ebenso schaurig wie wunderbar auf.[128] Gerade abseits von Religion und Metaphysik vermag der Kosmos stark aufwühlende, zwiespältige Gefühlserlebnisse hervorzurufen, heutzutage „Thrills" genannt. Hierunter werden jene ambivalenten Gefühle aus Lust und Schauder verstanden, die für die Erfahrung des Erhabenen seit jeher charakteristisch sind. Solche gemischten Gefühle vermag der sternenklare Nachthimmel auszulösen, nachdem die Augen ruhig nach oben gerichtet wurden. Werden solche besinnlichen Betrachtungen jetzt noch durch ein Hintergrundwissen naturwissenschaftlicher Art bereichert, können wir einer naiven Begeisterung nicht mehr erliegen. Nun erweitert sich nicht nur der Horizont des aufgeklärten Staunens, das Existenzerlebnis ist der Wirklichkeit nun endlich angemessen. So ist es auch ohne Geheimniskrämerei möglich, einen Abgrund des Ungeheuerlichen im naturwissenschaftlich durchdrungenen Universum auszumachen.

Der englische Romancier und Philosoph Aldous Huxley erlebte das faszinierende Überhauptsein der Dinge durch Einnahme bewusstseinserweiternder Drogen auf krasse Weise, ohne damals in der Lage gewesen zu sein, die im Rausch evozierten Erfahrungen von sich abweisen zu können. Meskalin lehrte ihn, seine vertraute Umgebung gänzlich neu anzuschauen: „Ich sah, was Adam am Morgen seiner Erschaffung gesehen hatte – das Wunder, das sich von Augenblick zu Augenblick erneuernde Wunder bloßen Daseins."[129] Blumen, ein Sessel, selbst die Falten seiner Flanellhose zogen seine ganze Aufmerksamkeit auf sich und lenkten sein Augenmerk auf den „Tatbestand der reinen Existenz."[130] Befreit von allen Nützlichkeitserwägungen sah Huxley im Drogenrausch „Dinge, die sich nichts anmaßen, Dinge, die sich damit zufrieden geben, bloß sie selbst zu sein, selbstgenügsam"[131] existieren – wie Angelus Silesius` „Rose ohne Warum". Hierbei offenbarte sich dem berauschten Ekstatiker „die Herrlichkeit und das Wunder reiner Existenz"[132]. Huxley umschreibt eine Erhellung des Überhauptseins alles Wirklichen, des unvordenklichen Seins, das der britische

---

[128] Vgl. Rudolf Otto, Das Heilige.
[129] Huxley, Pforten der Wahrnehmung, S. 15.
[130] A.a.O., S. 28.
[131] A.a.O., S. 31.
[132] A.a.O., S. 28.

Schriftsteller mit dem sperrigen Ausdruck „Istigkeit – is-ness" zu fassen sucht.[133] Gräser, Berge, Sterne – alles sei „mit Istigkeit geladen"[134]. Huxleys Rauschzustände gaben der nackten Existenz eine intensive Gegenwärtigkeit. Der Gelehrte erlebte in seinen intellektuellen Anschauungen apollinische Exzesse des Erhabenen.

---

[133] A.a.O., S. 15.
[134] A.a.O., S. 27.

Existenzerhellung

Obgleich die meisten Menschen von Sorgen geplagt und in ihren Routinen gefangen sind – fast jeder hat sich schon mal darüber gewundert, dass er existiert und dass die Dinge ringsum, ja das Weltall überhaupt da sind. Eine solche Verwunderung ist normal, und es mutet seltsam an, wenn Menschen im Laufe ihres Lebens nicht einen Gedanken hieran verschwenden. Ein Teil der Kultur des Erstaunens über die Existenz alles Wirklichen ist dieses Buch. Es klärt die Leser über das Rätsel der Existenz auf und verhilft ihnen zum stärksten Erlebnis der Wirklichkeit überhaupt. Gerade in der säkularen Gegenwart mit rasantem Bedeutungsverlust der Religion wächst die Gefahr, die verblüffende Existenz der Wirklichkeit als selbstverständlich zu trivialisieren oder als sinnlos zu dramatisieren. Im Gegensatz dazu zeigt dieses Buch, dass die einzige Haltung, die der Existenz aller Dinge angemessen ist, in fasziniertem Staunen liegt. Diese unverhoffte Möglichkeit der Lebens- und Weltbejahung nach dem „Tode Gottes" ist ein wunderbares Privileg von uns Menschen: Es beruht auf unserer einzigartigen Begabung, die Wirklichkeit als solche bewusst reflektieren und emotional zelebrieren zu können.

Abschließend sei der Gang dieser Untersuchung noch einmal wie in einem Brennglas gebündelt: Wir Menschen stehen im Offenen, der Unverborgenheit, wo uns die Dinge *als* solche auf vorprädikative, vorkognitive und vortheoretische Weise aufgehen. Von diesem ursprünglichen Selbst- und Weltverständnis führt ein Weg zur bewussten Vergegenwärtigung der Wirklichkeit. Hierbei begründet das kleine Wörtchen *als* die menschliche Sonderstellung in der Natur. Es ermöglicht, die Wirklichkeit *als* solche wie auch *als* unabhängig von uns vorhanden zu reflektieren. Daraus ergibt sich zwangsläufig die Frage, was denn die Wirklichkeit an sich ist. Hierauf antworten am überzeugendsten die mathematischen Naturwissenschaften. Obwohl auch sie das facettenreiche Seiende im Ganzen nicht vollständig rekonstruieren können, treffen ihre hypothetischen Erkenntnisse die Wirklichkeit vermutlich am ehesten. Aber die Grenzen unseres Erkenntnistalents lassen sich grundsätzlich nicht ausfindig machen. Allerdings benötigen wir auch gar keine letzte Gewissheit über Aufbau und Beschaffenheit der Wirklichkeit, um sicher sein zu können, dass sie existiert.

Deren zweifelsfreie Faktizität ruft irgendwann fast automatisch die Frage hervor, warum es überhaupt etwas gibt und nicht vielmehr nichts. In den modernen Naturwissenschaften bleibt diese Grundfrage prinzipiell ungeklärt. Doch wie sich in unseren kosmohermeneutischen Deutungen gezeigt hat, wäre die Frage zwar nicht sinnlos, aber gegenstandslos, wenn es nicht geben sollte, wonach sie Ausschau hält. Die Wirklichkeit wäre dann einfach da. Doch wie müsste unter solchen Umständen die alte Seinsfrage beantwortet werden? Wie würde das Sein in die Unverborgenheit treten?

Im Zusammenhang mit dieser Frage haben wir die Unverborgenheit als Nichts markiert, worunter etwas anderes als die nüchterne Feststellung verstanden wird, dass es mit allem religiös Metaphysischen nichts auf sich hat. Stattdessen ist das Nichts hier ein Verständnisrahmen, innerhalb dessen das unermessliche Universum oder Multiversum nicht bloß *als solches* und *als unabhängig* von uns vorhanden, sondern zudem *als auffällig, befremdlich und unerklärlich* in die Unverborgenheit tritt.

Im Hintergrund dieser drei Erschließungen steht seit jeher die *Frage nach dem Sinn von Sein*: Sind mit dem Sein anschauliche Wesensformen platonischer Art gemeint oder die naturgesetzliche Struktur der Wirklichkeit, wie moderne Physiker annehmen? Vielleicht bezieht sich der Begriff Sein aber auch auf die Göttlichkeit des Kosmos oder die Kreatürlichkeit der Schöpfung? Möglicherweise drückt das Sein sogar das Gegenteil hiervon aus: die Absurdität und Sinnlosigkeit des Ganzen? Am Ende ist das Sein lediglich die Unverborgenheit selbst im Sinne einer Geschichts- oder Naturmacht wie der Allseele oder Weltvernunft? Oder ist das Sein einfach nur die Gesamtheit aller Sachverhalte? Alle Anwärter aufs Seins wurden entweder zurückgewiesen oder relativiert. Das Wort Sein geht über alle genannten Bestimmungen hinaus, da es etwas bezeichnet, das sie alle voraussetzen. Erst dadurch qualifiziert sich das Sein als Letztbestimmung. Wenig spektakulär wird das *Sein als das Gegenteil von nichts* verstanden und damit als etwas, das allem Wirklichen zugrunde liegt: seine Existenz.

Diese erheben wir in den Rang des Erstaunlichen, woraufhin die zunächst abgewiesene Grundfrage abermals die Bühne betritt: Warum existiert überhaupt etwas und nicht vielmehr nichts? So gegenstandslos diese bohrende Frage ist, für die Erhellung des einzigen Wunders, das diesen Namen verdient, bleibt sie höchst bedeutsam. Denn die Warumfrage vergegenwärtigt das faszinierende Überhauptsein alles Wirklichen. Hier erst einmal angekommen, sind es nur noch wenige Schritte bis zur kosmohermeneutischen Erkenntnis des Erstaunlichsten überhaupt: der Entdeckung, dass das große Ganze im Letzten grundlos da ist und somit faktisch notwendig existiert, weil es keine Situation gegeben haben kann, in der noch nichts oder nicht schon etwas existierte. Außer im logischen Denken gibt es nirgendwo eine Alternative zur Existenz des großen Ganzen. In letzter Beziehung nicht zu sein liegt somit außerhalb des Spielraums aller Realmöglichkeiten. Damit heißt *Sein* schlussendlich *soviel wie grundloses und damit faktisch notwendiges Überhauptsein.*

Das alles können wir Menschen nur deshalb durchschauen, weil wir über die besondere Fähigkeit des *als* verfügen. Hierdurch besitzen wir die einzigartige Chance, gedanklich bis an die mutmaßlichen Grenzen der Wirklichkeit vorzustoßen, mögen diese für uns auch noch so nebulös bleiben.

Nun soll die namenlose Wirklichkeit aber *nicht allein theoretisch* bis ins Letzte durchdrungen, sondern die theoretisch erkannte Wirklichkeit *auch intensiv erlebt* werden. Im Offenen, der Unverborgenheit, bezaubert der vielfältige Reichtum der Natur, sobald wir Berge, Meer und All gelassen betrachten. Doch wie verblüffend ist erst deren ebenso offensichtliche wie unerklärliche Existenz. Diese kann – außer *intellektuell reflektiert* – gleichfalls *ästhetisch rezipiert* werden. Zu dieser Art von Existenzerhellung bedarf es geeigneter Resonanzräume, die intensive Erlebnisse in Gang setzen können. Hierbei leisten bestimmte Arten der *Kunst* hervorragende Unterstützung. Sie geben der nackten Existenz etwa dadurch ein Gesicht, dass sie auf der Leinwand alle Konturen verwischen, Strukturen überfluten, Formen im Gestaltlosen aufheben.

Soll das erregende Staunen vor der erhabenen Existenz der Wirklichkeit angemessen sein, bedarf es jedoch nicht bloß einer ehrfürchtigen Hingabe an die sichtbaren Dinge ringsum, durch die wir erst in erlebnismäßigen Kontakt mit dem Seienden treten können. Eine zusätzliche Herausforderung liegt darin, die wichtigsten *Ergebnisse der exakten Naturwissenschaften* im Hintergrund unserer ästhetischen Naturerfahrungen gegenwärtig zu halten, mögen sie auch größtenteils auf theoretischen Abstraktionen beruhen. Keine philosophische Besinnung auf das Seiende kann an den modernen Wissenschaften vorbeigehen, ohne dahinter zu bleiben. So sollen sich unsere konkreten Sinneserfahrungen mit abstraktem Wissen vermischen – aber nicht bloß zur *Intensivierung* unserer Erlebnisse, sondern ebenfalls zur Gewährleistung ihrer *Angemessenheit*. Denn erst hierdurch wird aus dem aufregenden Staunen zugleich ein aufgeklärtes Staunen. Das Staunen bekommt einen robusten Wahrheitswert. Am Ende offenbart das unheimliche Nichts – also die Unverborgenheit im Sinne eines aller vertrauten Alltagsbezüge entkleideten Verständnisrahmens – das darin auffällig gewordene befremdliche Meer, Gebirge und Weltall nicht mehr bloß als solche und als unabhängig von uns vorhanden. Zu guter Letzt treten vor allem deren irritierendes Überhauptsein sowie dessen faktische Notwendigkeit, Grundlosigkeit und mithin Selbstgenügsamkeit hervor. Hiervon überwältigt kommt es zum intensivsten Wirklichkeitserlebnis überhaupt. Damit erreicht unsere kosmohermeneutische Existenzerhellung ihren Höhepunkt. Nun ereignet sich ein unser Fassungsvermögen sprengendes Staunen über die erhabene Tatsache, dass alles, was ist, nicht bloß überhaupt da ist, sondern auch unerklärlich, grundlos, faktisch notwendig da ist.

Als Autorität wird gewöhnlich eine übergeordnete Macht mit hohem Ansehen bezeichnet. Die unvordenkliche Existenz der Wirklichkeit ist eine solche Autorität, der gewissermaßen „alles" untersteht. Obwohl wir ihr keinen Respekt schulden, verdient sie unsere Achtung. Sie ist unserer Wertschätzung, Ehrfurcht und Bewunderung würdig.

Wir Naturalisten belauern gerne jeden Enthusiasmus und jede Ehrfurcht vor den Dingen kühl und kritisch. Wir hegen häufig den Verdacht, dass sich hinter intellektueller Begeisterung ein religiöser Überschwang, spekulativer Nebel oder ungenaues Denken verbergen. Doch sachliche Nüchternheit muss nicht auf jede Ekstase, Erleuchtung oder Epiphanie, nicht auf apollinische Exzesse oder intellektuelle Anschauungen verzichten. Gerade das naturwissenschaftlich erforschte Weltall ohne Gott steigert das Staunen über die erhabene Existenz ins Unermessliche, ohne dabei in Nihilismus abzudriften. *Nihilismus* ist eine Folge enttäuschter Sinnerwartungen bezüglich Leben und Welt. Solchen verdeckt oder offen religiösen Sinnerwartungen gehen überzogene Sinnversprechen voraus, mit deren Unerfüllbarkeit man sich nicht abfinden möchte oder kann. Im Lichte derartiger Enttäuschungen erscheinen alle Dinge als sinnlos, vergeblich, absurd. Diesem spezifisch neuzeitlichen Nihilismus entkommt nur, wer seine Sinnansprüche an Leben und Welt absenkt, nachdem sie als übertrieben durchschaut wurden. An diesem Punkt angelangt, führt die erkannte Selbstgenügsamkeit des unermesslichen Weltalls, das, statt überzählig zu sein, vielmehr vollzählig ist, eher zur faszinierten Rühmung des großen Ganzen als zur vorwurfsvollen Klage über dessen Sinnlosigkeit.

Wie verrückt ist doch, dass überhaupt etwas existiert und die Wirklichkeit ohne Grund einfach da ist, und man selbst steckt auf einmal für ein paar Jahrzehnte mittendrin! Wie überraschend ist es, mit einem Male auf der Welt zu sein und sich dort selbst zu begegnen! Aber wie ungeheuerlich ist es erst, das faktisch notwendige Überhauptsein der Wirklichkeit vergegenwärtigen, bestaunen und preisen zu können, bevor einen die Welt mit „zärtlicher Gleichgültigkeit"[1], also ohne jede böse Absicht, mithin „ohne Zorn"[2] wieder für immer auslöschen wird.

---

[1] Camus, Der Fremde, S. 159.
[2] Camus, Hochzeit des Lichts, S. 62.

Anhang: Heideggers ungeklärte Frage

Martin Heideggers *Sein und Zeit* gilt bis heute nicht nur als sein Hauptwerk, sondern auch als das Grundlagenwerk des modernen Existenzialismus, dessen prominenteste Vertreter Kierkegaard, Sartre, Camus und Beauvoir heißen. Diese Einordnung Heideggers in den Existenzialismus ist nicht verwunderlich, spielen doch die meisten Grundbegriffe von *Sein und Zeit* eine maßgebliche Rolle in der Existenzphilosophie: Sorge, Angst, Tod, Eigentlichkeit, Alltäglichkeit, Geschichtlichkeit, um nur einige Schlagworte zu nennen. Allerdings wehrte sich Heidegger von Anfang an gegen die existenzialistische Auslegung seines im Jahre 1927 erschienenen Meisterwerks. Da dessen Fehldeutung dennoch zu beachtlichen Ergebnissen führte, darf diese als produktives Missverständnis gewürdigt werden. Nur wie konnte solches Missverständnis entstehen? Und was war das eigentliche Ziel Heideggers?

Ausgehend von der antiken Ontologie – Parmenides, Heraklit, Paton – geht es dem Philosophen in erster Linie die sogenannte Seinsfrage: Was ist der Sinn von Sein? An dieser Fragestellung lässt die Einleitung von *Sein und Zeit* keinerlei Zweifel zu. Allerdings werden die ersten Passagen des Werks oft nicht ernst genommen, nur diagonal gelesen und verkürzt rezipiert. Der Fokus der meisten Leser von *Sein und Zeit* liegt gewöhnlich auf seiner existenzialen Analytik des menschlichen Daseins. Jedoch sollte diese bloß zur Seinsfrage hinführen. Es sollte das faktische Leben des Menschen, das Heidegger zufolge schwer an sich selbst trägt, gleichsam als eine offene Stelle der Wirklichkeit offenbar werden, in der sich das Sein gleichsam zu reflektieren vermag. Damit verbunden sollte deutlich gemacht werden, wie es überhaupt möglich ist, dass der Mensch die Seinsfrage stellen kann, in welchen Situationen diese aufbricht und warum sie meistens verschlossen bleibt.

Nun bietet *Sein und Zeit* lediglich die angekündigte Daseinsanalyse. Heideggers Hauptwerk enthält weder eine Ausarbeitung der Seinsfrage noch eine Lehre vom Sein. Es bleibt unvollendet, gleichsam ein Torso. Gerade das Fehlen dieser wichtigen Teile hat der existenzialistischen Fehlinterpretation Vorschub geleistet. Doch lässt sich Heideggers Einleitung genau entnehmen, welche Kapitel fehlen. Das Werk sollte sich in zwei Teile mit jeweils drei Abschnitten gliedern. Abgeschlossen wurden die beiden ersten Abschnitte des Ersten Teils mit einer Interpretation des menschlichen Daseins. Dagegen wurden der dritte Abschnitt sowie der gesamte Zweite Teil nicht verfasst. Allerdings geben die wenigen Andeutungen, die Heidegger hierzu macht, schon einigen Aufschluss darüber, das es darin ums Sein gehen sollte, das in der Philosophie seit jeher als das Allgemeinste und damit Abstrakteste eingestuft wird. Es gilt als das „Eine in Allem", das den vielfältigen Dingen, Zuständen und Ereignissen der Wirklichkeit gemeinsam ist oder logisch voraus- und zugrundeliegt. Der dritte Abschnitt des Ersten Teils sollte, ausgehend von der existenzialen Analyse des faktischen Lebens der beiden ersten Abschnitte, diese Frage klären.

In den ersten beiden Abschnitten wurde die Zeitlichkeit als zentrale Bestimmung des menschlichen Daseins herausgearbeitet. Hieran anknüpfend sollte der dritte Abschnitt das Sein der Wirklichkeit als Zeit enthüllen. Dem entsprechend sollte der dritte Abschnitt auch „Zeit und Sein" heißen. An dieser Stelle hätte Heidegger gewissermaßen einen Richtungswechsel vorgenommen, gleichsam eine Umkehrung der Blickrichtung, also schon hier eine „Kehre" vollzogen. Denn analysieren die ersten beiden Abschnitte das menschliche Dasein als Zeitlichkeit, so sollte sich der dritte Abschnitt zur Wirklichkeit hin so öffnen, dass das Sein als Zeit zugänglich geworden wäre. Es sollte deutlich werden, dass alles nur Werk der Zeit ist. Jedoch wie vielgestaltig ist die Erfahrung der Zeit!

Nun blieb aber nicht nur Heideggers Plan unverwirklicht, von der Zeitlichkeit des Daseins zum Sein als Zeit vorzudringen. Das angestrebte Ziel, das Sein als Zeit von der Zeitlichkeit des Daseins her zu erhellen, blieb auch später weitgehend unerreicht. Obwohl Heideggers unterschiedliche Anläufe, sich dem Sein zu nähern, regelmäßig in unwegsames Gelände, folglich auch zu dunklem Gestammel führten, fand er schließlich doch noch Wege, das Sein zumindest im Schattenriss verständlich zu machen. Im Spätwerk brachte ihn die Formel: „Das Seyn west als das Ereignis" (GA 65, Beiträge zur Philosophie, S. 260) dem ursprünglichen Ziel näher, das Sein als Zeit zu denken. Hierzu passt sein späterer Vortrag „Zeit und Sein", mit dem Jahrzehnte später ansatzweise eingelöst wird, was der dritte Abschnitt des Ersten Teils von *Sein und Zeit* ankündigte (Vgl. GA 14, Zur Sache des Denkens). Bei alldem wird die Zeit weder konstruktivistisch noch realistisch als Ordnungsform, Bezugs- oder Stellensystem gedacht, sondern als eine Art produktiver Geschichts- und Naturmacht, aus der alles Werden und Vergehen hervorgehen soll. Die Dinge selbst wie auch das sich ständigen Wandlungen unterworfene Verständnis der Dinge unterstehen dieser Ursprungsmacht, so der späte Heidegger. Genauer betrachtet knüpft der Freiburger Philosoph hier an mythische Denkformen an, in denen die Zeit, Chronos, verschiedentlich als alles beherrschende schöpferische Kraft dargestellt wird.

Wenn der Erste Teil von *Sein und Zeit* hätte hiermit beendet werden können, wozu dann noch ein Zweiter Teil? Dieser wäre philosophiegeschichtlich ausgerichtet gewesen, und im Zentrum hätten Kant, Descartes und Aristoteles gestanden, wie Heidegger vermerkt. Vereinfacht gesprochen sollte der Erste Teil die

Seinsfrage klären, der Zweite Teil dagegen zeigen, dass, inwiefern und warum in der abendländischen Philosophie bis in die Moderne das Sein immer wieder verfehlt wurde. Heidegger übernimmt diese Zweiteilung offensichtlich von Immanuel Kant, der seine *Kritik der reinen Vernunft* in „Transzendentale Analytik" und „Transzendentale Dialektik" untergliedert. Geht es im ersten Teil von Kants theoretischem Hauptwerk gleichsam um die Wahrheit, so im zweiten Teil um den Schein der Wahrheit: die traditionelle Metaphysik. Dieser Schein besteht Kant zufolge aus teilweise schwer durchschaubaren Ungereimtheiten, Widersprüchen, Denkfehlern. Auf dem Hintergrund der Wahrheit der „Transzendentalen Analytik" wird der metaphysische Schein der Wahrheit von Kant in der „Transzendentalen Dialektik" aufgedeckt und aufgelöst. So verstanden ist die „Transzendentale Analytik" tendenziell konstruktiv-bejahend, die „Transzendentale Dialektik" dagegen destruktiv-verneinend.

Dem entsprechend nennt Heidegger seinen Zweiten Teil tatsächlich „Destruktion", während Kant von „Dialektik" spricht. Wie dem Königsberger Aufklärer geht es also dem Freiburger Ontologen im Ersten Teil seines Hauptwerks gleichsam um die Wahrheit, im Zweiten Teil hingegen um die Frage, inwiefern und warum die Wahrheit in der abendländischen Philosophie verfehlt wurde. Am Beispiel von Kants und Descartes` Subjektbegriff sollte in den beiden ersten Abschnitten des Zweiten Teils herausgearbeitet werden, inwiefern und warum beiden neuzeitlichen Philosophen die Zeitlichkeit des menschlichen Daseins entging und am Beispiel von Aristoteles im dritten Abschnitt, inwiefern und warum in der traditionellen Ontologie die Zeit als Sein verfehlt wurde. In *Kant und das Problem der Metaphysik* holt Heidegger die Ausarbeitung des ersten Abschnitts des Zweitens Teils gewissermaßen nach.

Den drei konstruktiven Abschnitten des Ersten Teils von *Sein und Zeit* sollten ganz offenkundig die drei destruktiven Abschnitte des Zweiten Teils entsprechen. Man könnte auch sagen: Sollte es in den jeweils beiden ersten Abschnitten der beiden Hauptteile von *Sein und Zeit* um den Menschen gehen, so im jeweils dritten um die Welt, die Wirklichkeit, eben das Sein.

Mit Ausnahme der vorsokratischen Denker hätten praktisch alle abendländischen Philosophen das Sein verfehlt. Im Gegensatz dazu habe sich bei den alten Griechen etwas Grandioses zugetragen, das aber statt weitergedacht zu werden sogleich wieder in Vergessenheit geriet. Darum sei ein Neubeginn nötig, um das damals in Grundzügen vernommene Sein nochmalig zu bedenken, meint Heidegger.

Doch warum und inwiefern verfehlte die abendländische Philosophie das Sein, deren Sinn die Zeit ist? Das traditionelle Seinsverständnis orientierte sich Heidegger zufolge zu stark an der Zeitlosigkeit. Wahres Sein – etwa die Ideen, das Wesen, die Substanz – galt als zeitlos. Dem Akzidentellen, Vergänglichen,

Sinnlichen wurde das wahre Sein abgesprochen. Alles Veränderliche, Werden und Vergehen konnten nach traditioneller Auffassung bestenfalls am wahren Sein teilhaben, höchstens Abbild des Urbilds sein. Deshalb blieb der Seinsgehalt des Transitorischen vergleichsweise gering. Auf dem Hintergrund des wahren Seins erschien alles Wechselhafte zuweilen wie eine Ansammlung wesenloser Schattengestalten, fast als nicht seiend, ja als nichtig.

Die hiermit verbundene Herabsetzung der Zeit hält Heidegger für überaus problematisch. Denn selbst das sogenannte Zeitlose entkommt nur scheinbar der Zeit. Bei genauerem Hinsehen wird deutlich – und hier beginnt Heideggers „destruktive" Arbeit am Schein der Wahrheit –, dass das Zeitlose auch zeitlich gedacht wurde, nämlich als pure Gegenwart. Gott, die Ideen, die Wesenheiten wurden in der Regel als immer Gegenwärtiges vorgestellt. Selbst die vergänglichen Dinge, denen das volle Sein ihrer Endlichkeit wegen aberkannt wurde, traten in der philosophischen Betrachtung dem Erkenntnissubjekt meist isoliert als zeitlos vorhandene Objekte gegenüber, nach deren immer gültigen Eigenschaften gesucht wurde. Wenn man sich mit ihnen philosophisch beschäftigte, stellte das sinnliche oder geistige Auge sie sich stets als anwesend und damit als gegenwärtig vor. Mit anderen Worten, Heidegger geht es um den Nachweis, dass sich das Seinsverständnis der gesamten abendländischen Philosophie, das sich außerhalb des Zeitlichen zu bewegen glaubte, in Wahrheit innerhalb der Zeit blieb, in der allerdings ein Zeitmodus privilegiert wurde, nämlich die Gegenwart. Das Sein des Seienden, sei es der unendliche Gott, sei es das endliche Ding, wurde als „Anwesenheit gefasst, d.h. es ist mit Rücksicht auf einen bestimmten Zeitmodus, die Gegenwart verstanden." (GA 2, Sein und Zeit, S. 25) Das vollkommene Seiende, also Gott, dann die Ideen, Wesenheiten, wurden nämlich als immer gegenwärtig, als stehendes, beständiges Jetzt aufgefasst und die endlichen Dinge so in den Lichtkegel der philosophische Betrachtung gerückt, dass sie dort immer nur als etwas Vorhandenes, das heißt Anwesendes, also Gegenwärtiges sichtbar werden konnten.

Nachdem Heidegger so im ersten Schritt die vermeintliche Ausrichtung des traditionellen Seinsverständnisses am Zeitlosen als zeitverhaftet entlarvt hatte, sollte die bisherige zeitliche Engführung des traditionellen Seinsverständnisses aufgehoben werden. Denn Zeit ist ja niemals nur Gegenwart, sondern auch Zukunft und Vergangenheit. In der Folge sollte – im Zweiten Teil ausgehend von Aristoteles – das Sein als Zeit, wie es zuvor am Ende des Ersten Teils dargelegt worden wäre, freigelegt werden. Es sollte das Sein als ein dem menschlichen Zugriff unverfügbares Zeitgeschehen erkennbar werden.

Allerdings erreichte Heidegger das angepeilte Ziel nicht. Im Gegenteil bekannte er später mit Bezug auf die Unvollständigkeit von *Sein und Zeit*: „Der Wanderer hat sich verstiegen" (GA 49, Die Metaphysik des Deutschen Idealismus, S. 27). Jedoch befasste der Freiburger Philosoph sich immer wieder neu mit der Seinsfrage und erschloss dabei regelmäßig das Sein als Geschichts- und Naturmacht. Jedoch wie weit Heidegger in seinem Bemühen gekommen sein mag, das Sein als Zeit zu denken, im Grunde war sein Vorhaben schon deshalb zum Scheitern verurteilt, weil er die Ergebnisse der modernen Naturwissenschaften nur unzureichend in seinem Denken berücksichtigte.

In seinem Frühwerk behandelte er die Naturwissenschaften fast traditionell philosophisch als konstituiert in der existenzialen Struktur des menschlichen Daseins. In dieser Frage blieb er der bekämpften herkömmlichen Erkenntnistheorie und damit seinen Lehrern, dem Neukantianer Heinrich Rickert und dem Phänomenologen Edmund Husserl verbunden, so sehr er sich auch sonst von ihnen distanzierte. Diese versuchten die Wissenschaften von ihren philosophischen Grundlagen her zu verstehen. Im Spätwerk hat Heidegger seine Seinsphilosophie sogar immer mehr den modernen Naturwissenschaften entgegengesetzt. Denn der Freiburger Philosoph unterschied nun immer stärker zwischen naturwissenschaftlicher Weltaneignung und philosophischer Weltanverwandlung, physikalischem Berechnen und andächtigem Bedenken, gleichsam zwischen instrumenteller und achtsamer Vernunft. Sein Ausspruch ist berühmt: Die Wissenschaften denken nicht. Sie forschen. Und indem sie das Seiende experimentell-mathematisch erforschen, machen sie uns die Dinge verfügbar, so dass diese besser gesteuert, bearbeitet und nachgebaut werden können. Mit Hilfe der Naturwissenschaften unterwirft sich der Mensch die Natur als gestalt- und nutzbare Ressource. Dafür steht die moderne Technik. Das philosophische Seinsdenken hingegen tritt nach Heidegger achtsam an die Dinge heran. Hierzu bedarf es einer besinnlichen Gelassenheit, die das Seiende es selbst sein lässt, damit dessen unverfügbare Eigenständigkeit und geheimnisvolle Selbstgenügsamkeit klarer hervortreten können. Erst dann vermag im Idealfall das Sein des Seienden als Zeit vernehmbar zu werden, wie es in Ansätzen bereits bei den Vorsokratikern geschah.

Nun ist es allerdings falsch zu sagen, dass die Natur durch mathematisch-naturwissenschaftliche Durchdringung zu verfügbarem Bestand wird, wie es Heidegger behauptet. Das trifft nur teilweise zu. Denn die Dinge auf den Begriff zu bringen heißt nicht automatisch, sie unter Kontrolle zu bringen! Nicht erst das unermessliche Universum behält aller Astrophysik zum Trotz seine selbstgenügsame Eigenständigkeit. Dies alles gilt auch für die wissenschaftlich erfassten Dinge ringsum. In erster Linie dient naturwissenschaftliche Grundlagenforschung der Aufklärung.

Es ist ein Fehler, Naturbetrachtung und Naturberechnung nur nebeneinander zu stellen, ja gegeneinander auszuspielen. Vielmehr kommt es darauf an, beides einander anzunähern. Bei solchem Zusammenspiel gilt es Wege zu finden, das ruhig Angeschaute zugleich wissenschaftlich zu durchschauen wie umgekehrt das wissenschaftlich Durchschaute gleichzeitig besinnlich anzuschauen. Auch der rational berechneten Welt kann man ehrfürchtig begegnen und die erkannte Natur selbstredend erleben. Vor diesem Hintergrund überzeugt Heideggers von den modernen Naturwissenschaften abgelöstes Seinsdenken nur wenig. Mit einem konkreten Beispiel angedeutet: Seine Idee der Zeit als Sinn des Seins ist unvereinbar mit der relativitätstheoretischen Raum-Zeit der modernen Physik. Überhaupt ist es fraglich, ob die Zeit den Sinn des Seins ausmacht.

Verschiedentlich hat Heidegger selbst in den ersten Jahren nach Veröffentlichung seines Hauptwerks einen aussichtsreicheren Anwärter aufs Sein ins Spiel gebracht, dessen Kandidatur aber dann doch zurückgezogen. Aus meiner Sicht führte Heideggers Weg damals ziemlich dicht vor das Sein in dem hier dargestellten Sinne, ohne allerdings den entscheidenden Schritt bis zu ihm hin zu vollziehen, weil der Freiburger Philosoph zu fixiert auf die Zeit, die Vorstellung des Seins als einer Geschichts- und Naturmacht war. Heidegger hielt gewissermaßen schon in der Hand, was er eigentlich suchte, und es wäre falsch zu sagen, er habe dies nicht gemerkt oder zumindest geahnt. Doch seine Versteifung auf die Zeit als Sein ließ nicht zu, diesen alternativen Weg zu beschreiten. Darum holt das vorliegende Buch – überheblich formuliert – dieses Versäumnis nach und bringt – noch anmaßender ausgedrückt – *Sein und Zeit* zu einem anderen als von Heidegger angesteuerten Ende. Was ist das Sein – das „Eine in Allem", das Allgemeine, das den vielfältigen Vorkommnissen, Zuständen, Ereignissen logisch voraus- und zugrundeliegt? Worin besteht der alternative Zugang zum Sein, den Heidegger bereits öffnete, ohne ihn durchschritten zu haben?

Man findet die angedeuteten Wegskizzen in den Schriften, die zwischen *Was ist Metaphysik?* ,1929, und *Einführung in die Metaphysik*, 1935, entstanden. Darin geht es unter anderem um die „Angst vor dem Nichts", um „Langeweile", „Staunen", die letzte Grundfrage: „Warum ist überhaupt etwas und nicht vielmehr Nichts?", „das Wunder aller Wunder, dass Seiendes ist", also um das ebenso seltsame wie verblüffende Vorkommnis der Wirklichkeit überhaupt. Diese Aufzeichnungen Heideggers umgrenzen bereits mehr oder weniger fragmentarisch jenes Sachgebiet, dessen schwankenden, vagen Begriffe auf ein Seinsverständnis hindeuten, wonach der Sinn des Seins im faszinierenden Dass alles Seienden liegt: der unerklärlichen, namenlosen Faktizität der Wirklichkeit. Ziel und Aufgabe dieses Buches ist es, diesen speziellen Sinn des Seins schrittweise zur Evidenz zu bringen und kosmohermeneutisch bis ins Letzte auszuleuchten. Dabei wird deutlich, dass das Sein mehr als nur der allgemeinste Begriff ist, der lediglich zusammenfasst, worin alles Seiende übereinstimmt. In tief eindringenden Untersuchungen lassen wir das Sein als gleichermaßen grundloses wie faktisch notwendiges Überhauptsein der Wirklichkeit in die Unverborgenheit treten (Teil 3). Damit einhergehend wird auf der einen Seite gezeigt, dass die Existenz der Dinge alles andere als trivial ist, wie Wissenschaft und Alltag nur allzu gerne suggerieren (Teil 1). Auf der anderen Seite wird erklärt, warum die Existenz keineswegs absurd, sinnlos und nichtig ist, wie einige Geistesströmungen der Moderne meinen (Teil 2). Ganz im Gegenteil: Angemessen bedacht, darf der Existenz aufgrund ihrer irreduziblen Faktizität höchstes Gewicht beigemessen werden. Mehr noch: Die in letzter Beziehung unerklärliche Existenz alles Wirklichen vermag sogar zum intensivsten Wirklichkeitserlebnis zu inspirieren (Teil 4).

Literatur

Adorno, Theodor W.: Minima Moralia, Frankfurt/M. 1980.
- Ästhetische Theorie. Gesammelte Schriften 7, Frankfurt/M. 1970.
- Zu Benjamins Gedächtnis. Gesammelte Schriften 20/1, Frankfurt/M. 1991.

Akerma, Karim: Antinatalismus, o.O. und o. J.
Anders, Günther: Der Blick vom Mond, München 1994.
Andreas-Salomé, Lou: Im Kampf um Gott, München 2007.
- Rainer Maria Rilke, Hamburg 2017.

Andrejew, Leonid N.: Die Geschichte von den sieben Gehenkten, Hamburg 1927.
Antweiler, Anton: Die Anfangslosigkeit der Welt nach Thomas von Aquin und Kant, Trier 1961.
Arendt, Hannah: Vom Leben des Geistes, München 1998.
- Vita activa. Vom tätigen Leben, München 2002.

Aristoteles: Vom Himmel. Von der Seele. Von der Dichtkunst, München 1987.
- Nikomachische Ethik, München 1975.
- Eudemische Ethik, Berlin 1984
- Metaphysik, Hamburg 1984.
- Politik, Hamburg 1990.

Arnobius: Adversus nationes, o.O. 2011.
Augustinus, Aurelius: Bekenntnisse, München 1980.
- Theologische Frühschriften, Zürich 1962.
- Der Gottesstaat, München 1991.
- Selbstgespräche, München/Zürich 1986.
- Dreiundachtzig verschiedene Fragen, Paderborn 1972.

Aurel, Marc: Selbstbetrachtungen, Stuttgart 1963.
- Wege zu sich selbst, Frankfurt/M. 1976.

Ayer, Alfred Jules: Sprache, Wahrheit und Logik, Stuttgart 1981.
Bacon, Francis: De Sapientia Veterum Bd. 6, Stuttgart/Bad-Cannstadt 1963.
Bachtin, Michail M.: Chronotopos, Frankfurt/M. 2008.
Bauberger, Stefan: Was ist die Welt?, Stuttgart 2018.
Bayertz, Kurt/Gerhard Myriam/Jaeschke, Walter (Hg.): Der Materialismus Streit. Der Ignorabimus-Streit. Der Darwinismus-Streit, 3. Bde., Hamburg 2012.
Beauvoir, Simone de: Alle Menschen sind sterblich, Hamburg 2014.
- Der Lauf der Dinge, Hamburg 2008.
- Alles in allem, Hamburg 2008.

Beckett, Samuel: Endspiel, Frankfurt 1974.
- Malone stirbt, Frankfurt/M. 1995.
- Der Namenlose, Frankfurt/M. 1979.
- Warten auf Godot, Frankfurt/M. 1974.
- Erzählungen und Texte um Nichts, Frankfurt/M. 1977.

Behler, Ernst: Die Ewigkeit der Welt, München/Paderborn/Wien 1965.
Benjamin, Walter: Illuminationen, Frankfurt/M. 1977.
- Über die Sprache überhaupt und die Sprache des Menschen, Stuttgart 2019.

© Der/die Herausgeber bzw. der/die Autor(en), exklusiv lizenziert an
Springer-Verlag GmbH, DE, ein Teil von Springer Nature 2024
F. J. Wetz, *Staunen*, https://doi.org/10.1007/978-3-662-68607-2

- Der Surrealismus, Gesammelte Werke II,1, Frankfurt/M. S. 295-310.
Benn, Gottfried: Gesammelte Werke, Stuttgart 1997.
Bergson, Henri: L´Evolution créatrice, Paris 1912.
- Denken und schöpferisches Werden, Frankfurt 1985.
Bertholet, Denis: Paul Valéry, Berlin 2011.
Blumenberg, Hans: Wirklichkeitsbegriff und Möglichkeit des Romans, in: Poetik und Hermeneutik 1, München 1969, S. 9-27.
- Kosmos und System, in: Studium Generale 10 (1957), S. 61-80.
- Paradigmen zu einer Metaphorologie, Bonn 1960.
- Die kopernikanische Wende, Frankfurt/M. 1965.
- Die Legitimität der Neuzeit, Frankfurt/M. 1988.
- Die Genesis der kopernikanischen Welt, Frankfurt/M. 1980
- Höhlenausgänge, Frankfurt/M. 1989.
- Die Vollzähligkeit der Sterne, Frankfurt 1997.
- Beschreibung des Menschen, Frankfurt 2006.
- Die Verführbarkeit der Philosophen, Frankfurt/M. 2000.
- Realität und Realismus, Frankfurt/M. 2020.
Boethius: Trost der Philosophie, Stuttgart 1978.
Trost der Philosophie, München 2017.
Bojowald, Martin: Zurück vor den Urknall, Frankfurt/M. 2009
Bois-Reymond, Emile du: Über die Grenzen des Naturerkennens, Berlin 1967.
Bollnow, Otto Friedrich: Das Wesen der Stimmungen, Frankfurt/M. 1980.
- Unruhe und Geborgenheit, Stuttgart 1953.
- Rilke, Stuttgart 1951.
Boltzmann, Ludwig Eduard: Populäre Schriften, Hamburg 2011.
Bohr, Niels: Atomphysik und menschliche Erkenntnis, Wiesbaden 1985.
Born, Max: Die Relativitätstheorie Einsteins, Berlin/Heidelberg 1969.
Brague, Rémi: Die Weisheit der Welt, München 2006.
Brahe, Tycho: Über die mathematischen Wissenschaften, in: Die Sterne 11 (1931), S. 98-123.
Brecht, Bertolt: Gesammelte Werke, Frankfurt/M. 1975.
Broch, Hermann: Die Schlafwandler, Frankfurt/M. 1994.
Brockes, Barthold Heinrich: Die fünf Sinne, Werke Bd. 2.2, Göttingen 2013.
Bruno, Giordano: Das Aschermittwochsmahl, Jena 1904.
- Von der Ursache, dem Anfangsgrund und dem Einen, Jena 1906.
- Zwiegespräche vom unendlichen All und den Welten, Jena 1904.
Büchner, Louis: Kraft und Stoff, in: Bayertz, K.: Der Materialismus-Streit, Hamburg 2012, S. 172-206.
Bueton, Diana: Der Mond, München 1997.
Bultmann, Rudolf: Das Urchristentum, Zürich/Stuttgart 1949.
Burke, Edmund: Vom Erhabenen und Schönen, Hamburg 1989.
Burton, Robert: Die Anatomie der Melancholie, Mainz 1988.
Camus, Albert: Der Mythos von Sisyphos, Hamburg 1975.
- Der Fremde, Hamburg 2008.
- Hochzeit des Lichts, Hamburg/Zürich 2000.
- Der glückliche Tod, Hamburg 2018.
Capelle, Wilhelm (Hg.): Die Vorsokratiker, Stuttgart 1968.
Carnap, Rudolf: Psychologie in physikalischer Sprache, in: Erkenntnis 3 (1932,/33).

- Überwindung der Metaphysik durch logische Analyse der Sprache, in: Janoska/Kauz (Hg.): Metaphysik, Darmstadt 1977, S. 50-78.

Cezanne, Paul, in: Merleau-Ponty, Das Auge und der Geist, Hamburg 2003, S. 15.

Cicero, Marcus Tullius: De officiis, Stuttgart 1975.
- Vom Wesen der Götter, München/Zürich 1990.
- Tusculanen, München/Zürich 1992.

Cioran, Emil M.: Auf den Spuren der Verzweiflung, Frankfurt/M. 1989.
- Die verfehlte Schöpfung, Frankfurt/M. 1979.
- Der zersplitterte Fluch, Frankfurt/M. 1987.
- Vom Nachteil, geboren zu sein, Frankfurt/M. Frankfurt/M. 1981.
- Lehre vom Zerfall, Stuttgart 2010.

Chapeauroug, Donat de: Das Auge ist ein Herr, das Ohr ein Knecht, Wiesbaden 1983.

Clegg, Brian: Vor dem Urknall, Hamburg 2013.

Comte de Lautréamont: Gesamtwerk, Heidelberg 1950.

Dawkins, Richard: Der Gotteswahn, Berlin 2007.
- Der entzauberte Regenbogen, Hamburg 2002.

Dennett, Daniel: Den Bann brechen, Frankfurt/M. 2008.

Descartes, René: Prinzipien der Philosophie, Hamburg 1965.
- Die Leidenschaften der Seele, Hamburg 1984.

Diogenes Laertius: Leben und Meinungen berühmter Philosophen, Hamburg 1967.

Donne, John: The Complete English Poems, Baltimore 1973.

Eichhorst, Claus Peter: Das falsche Nichts, Berlin 2012.

Einem, Herbert von: Das Auge, der edelste Sinn, in: Wallraf-Richartz Jahrbuch 30 (1968), S. 275-286.

Einstein, Albert: Über die Spezielle und Allgemeine Relativitätstheorie, Heidelberg 2009.
- Die Evolution der Physik, Hamburg 1959.
- Mein Weltbild, Frankfurt/M./Berlin 1989.
- Physik und Realität, in: Journal of the Franklin Institute Vol. 221 (1936) 3, S. 313-347.
- Über den gegenwärtigen Stand der Feldtheorie. Festschriften für A. Stodola, Zürich 1929.

Ekschmitt, Werner: Weltmodelle. Griechische Weltbilder von Thales bis Ptolemäus, Frankfurt/M. 1989.

Espiau de La Maestre, Andre: Der Sinn und das Absurde, Salzburg 1961.

Esslin, Martin: Das Theater des Absurden, Hamburg 2006.

Feuerbach, Ludwig: Das Wesen des Christentums, Stuttgart 1974.
- Vorlesungen über das Wesen der Religion, Berlin 1967.
- Gedanken über Tod und Unsterblichkeit, Leipzig, 1847.
- Die Naturwissenschaft und die Revolution, in: Blätter für literarische Unterhaltung. Nr 269 (1850), S. 1073-1076.

Ficino, Marsilio, in: P.O Kristeller: Die Philosophie des Marsilio Ficino, Frankfurt/M. 1972.

Flynt, Henry: Conceptual Art, in Mc Low, Jackson (Ed.): An Anthology, New York 1963.

Fontenelle, Bernard de: Dialoge über die Mehrheit der Welten, Berlin 1780.
- Philosophische Neuigkeit für Leute von Welt und für Gelehrte, Leipzig 1991.

Frank, Philipp: Das Kausalgesetz und seine Grenzen, Frankfurt/M. 1988.

Freud, Sigmund: Vorlesungen zur Einführung in die Psychoanalyse, Frankfurt/M. 1989.
- Die Zukunft einer Illusion. Gesammelte Werte 14, London 1948.
- Das Unbehagen in der Kultur. Gesammelte Werke 14, London 1948.

Frisch, Max: Stiller, Frankfurt/M. 1980.

Funkkolleg Moderne Kunst, Weinheim Basel 1990.

Gadamer, Hans-Georg: Wahrheit und Methode, Tübingen 1975.
Galilei, Galileo: Il Saggiatore, Florenz 1933.
  Siderius Nuncius, Nachricht von neuen Sternen, Dialog über die Weltsysteme, Frankfurt/M. 1980.
Gaßner Josef M./ Müller, Jörn: Können wir die Welt verstehen?, Frankfurt 2019.
Geenen, Elke M.: Soziologie des Fremden, Wiesbaden 2002.
Gehlen, Arnold: Zeit-Bilder, Frankfurt/M. 2016.
Genazino, Wilhelm: Der gedehnte Blick, München/Wien 2004.
Genz, Henning: Die Entdeckung des Nichts, Augsburg 1997.
Gess, Nicola: Staunen. Eine Poetik, Göttingen 2019.
Gide, André, Erzählungen, Berlin 1979.
Glasenapp, Helmut von: Die fünf Weltreligionen, Düsseldorf/Köln o. J.
  Die Philosophie der Inder, Stuttgart 1958.
Goethe, Johann Wolfgang von: Brief vom 22. Juni 1808 an Zelter, in: Schöne, Albrecht: Goethes Farbentheologie, München 1987. S. 134.
- Materialien zur Geschichte der Farbenlehre, Werke Bd. 14, München 1998.
- Farbenlehre. Vollständige Ausgabe der theoretischen Schriften, Tübingen 1953.
- Werke in 6 Bänden, Leipzig o.J.
- Werke in 8 Bänden, Gütersloh 1976.
- Gedenkausgabe der Werke. Briefe und Gespräche, Bd. 13, Zürich 1954.
Gontscharow, Iwan Alexandrowitsch: Die Schlucht, Leipzig/Weimar 1981.
Goodman, Nelson: Weisen der Welterzeugung, Frankfurt/M. 1984.
Gould, Stephen Jay: Zufall Mensch, München 1994.
Guzzoni, Ute: Erstaunlich und Fremd, Freiburg/München 2012.
- Weile und Weite, Freiburg/München 2017.
Gracien, Baltasar: Über die allgemeinen Laster der Menschen, Hamburg 1957.
Haeckel, Ernst: Die Welträtsel, Stuttgart 1984.
Hahn, Alois: Die soziale Konstruktion des Fremden, in: Sprondel Walter M. (Hg.): Die Objektivität der Ordnungen und ihre kommunikative Konstruktion, Frankfurt/M 1994.
Hamel, Jürgen: Geschichte der Astronomie in Texten von Hesiod bis Hubble, Essen 2004.
Han, Byung-Chul: Lob der Erde, Berlin 2018.
Harris, Sam: Das Ende des Glaubens, Wintherthur 2007.
Harrison, Edward R.: Kosmologie, Darmstadt 1989.
Hartmann, Nicolai: Möglichkeit und Wirklichkeit, Berlin 1938.
- Grundzüge einer Metaphysik der Erkenntnis, Berlin 1965.
Hasse, Jürgen (2017): Die Aura des Einfachen, Freiburg/München.
Hawking, Stephen/Mlodinov, Leonard: Der große Entwurf, Hamburg 2010.
- Kurze Antworten auf große Fragen, Stuttgart 2018.
- Eine kurze Geschichte der Zeit, Hamburg 1988.
- Einsteins Traum, Hamburg 1993.
- Was war vor dem großen Knall? in: Spiegel 42 (1988). S. 246-270.
Hegel, G.W. F.: Werke in zwanzig Bänden. Theorie Werkausgabe, Frankfurt/M. 1970.
Heidegger, Martin (1975): Was ist Metaphysik?, Frankfurt/M.
- Unterwegs zur Sprache, Pfullingen 1982.
- Identität und Differenz, Pfullingen 1957.
- Gelassenheit, Pfullingen 1959.
- Vorträge und Aufsätze, Pfullingen 1954.

- Gesamtausgabe (GA), Frankfurt/M. 1975ff.
Heine, Heinrich: in Möller, Melanie (Hg.): Prometheus gibt nicht auf, Paderborn 2015.
- Werke in drei Bänden, Gütersloh 1977.
- Beiträge zur deutschen Ideologie, Frankfurt/M./Berlin/Wien 1971, S. 71.
Heisenberg, Werner: Das Naturbild der heutigen Physik, Hamburg 1962.
- Der Teil und das Ganze, München 1988.
- Physik und Philosophie, Frankfurt/M/Berlin/Wien 1973.
- Naturwissenschaftliche und religiöse Wahrheit, in: Physikalische Blätter 29 (1973) 8, S. 339-349.
- Quantentheorie und Philosophie, Stuttgart 1986.
- Das Naturbild der heutigen Physik, Hamburg 1962.
- Die Plancksche Entdeckung und die philosophischen Probleme der Atomphysik, Universitas 14 (1959), S. 135-148.
Heraklit: Fragmente, München 1979.
Hesiod: Werke und Tage, Stuttgart 1996..
Hesse, Jürgen: Die Aura des Einfachen, Freiburg/München 2018.
Hesse, Hermann: Kunst des Müßiggangs, Frankfurt/M. 1973.
Hitchens, Christopher: Der Herr ist keine Hirte, München 2007.
Hoerster, Nobert: Die Frage nach Gott, München 2005.
Hofmannsthal, Hugo von: Drei Dramen, Berlin 2013.
- Der Brief des Lord Chandos, Stuttgart 2019.
Holbach, Paul Henri Thiry d`: System der Natur, Frankfurt/M. 1978.
Hölderlin, Friedrich: Werke und Briefe, Gütersloh 1976.
Holthusen, Hans Egon: Der unbehauste Mensch, Augsburg 1951.
Homer: Ilias/Odyssee, Darmstadt 1968.
Horaz, Sämtliche Gedichte: Oden, Stuttgart 1992.
Hubble, Edwin: Das Reich der Nebel, Braunschweig 1938.
Humboldt, Alexander von: Die Jugendbriefe, Berlin 1973.
Hume, David: Ein Traktat über die menschliche Natur, Hamburg 1978.
- Dialoge über natürliche Religion, Hamburg 1980.
- Die Naturgeschichte der Religion, Hamburg 1984.
Husserl, Edmund: Husserliana. Gesammelte Werke, Den Haag 1950ff.
Huxley, Aldous: Die Pforten der Wahrnehmung, München/Zürich 2014.
Huxley, Julien: The Humanist Frame, New York 1961.
Ionesco, Eugène: Der König stirbt, Frankfurt/M. 1982
- Der Einzelgänger, München 1974.
- Die Nashörner, München 2017,
- Die Stühle/Der neue Mieter, Stuttgart 2010.
Jonas, Hans: Organismus und Freiheit, Göttingen 1973.
Joyce, James: Stephen der Held, Frankfurt/M. 2017.
Jüngel, Eberhard: Gott als Geheimnis der Welt, Tübingen 1986.
Jünger, Ernst: Werk in fünf Bänden, Stuttgart 1994.
Kagge, Erling: Stille, Berlin 2017.
Kant, Immanuel: Werke Akademie Textausgabe, Berlin 1968.
- Kritik der reinen Vernunft, Hamburg 1956.
Kanitscheider, Bernulf: Kosmologie, Stuttgart 1984.
- Von der mechanistischen Welt zum kreativen Universum, Darmstadt 1993.
- Die Materie und ihre Schatten, Aschaffenburg, 2007.

- Natur und Zahl, Berlin/Heidelberg 2013.
Keller, Gottfried: Gesammelte Werke, Berlin 1928,
Kepler, Johannes: Neue Astronomie, Berlin 1929.
  Weltharmonik, Darmstadt 1973.
Kierkegaard, Sören: Die Wiederholung, München 1876.
- Kleine Schriften 1848/49, Köln 1960.
Kleist, Heinrich von: Werke in einem Band, Gütersloh 1976.
Kopernikus, Nikolaus: Das neue Weltbild, Hamburg 1990.
Koyré, Alexander: Von der geschlossenen Welt zum unendlichen Universum, Frankfurt/M. 1980.
Kraus, Lawrence: A Universe from Nothing, Gleencoe 2012
Kripke, Saul: Name und Notwendigkeit, Frankfurt/M. 1993.
Kristeva, Julia: Fremde sind wir in uns selbst, Frankfurt/M 1990.
Künne, Wolfgang, Abstrakte Gegenstände, Frankfurt/M. 2007.
Küng, Hans: Thesen zur Gottesfrage, München 1980.
Laplace, Pierre Simon de: Philosophischer Versuch über die Wahrscheinlichkeit, Leipzig 1932.
Latour, Bruno: Jubilieren, Frankfurt/M. 2016.
Leibniz, Gottfried Wilhelm: Hauptschriften zur Grundlegung der Philosophie, 2. Bde., Hamburg 1966.
- Vernunftprinzipien/Monadologie, Hamburg 1969.
- Die Theodizee, Hamburg 1968.
- Fünf Schriften zur Logik und Metaphysik, Hamburg 1966.
- Plädoyer für die Gottheit Gottes, Berlin 1947.
Lesch, Harald/Gaßner Josef: Urknall, Weltall und das Leben, München 2012.
Lévi-Strauss, Claude: Das Nahe und das Ferne, Frankfurt/M. 1989.
Lichtenberg, Georg Christoph: Sudelbücher, Frankfurt 1983.
Liessmann, Konrad Paul: Das Universum der Dinge, Wien 2010.
Lovejoy, Arthur O.: Die große Kette der Wesen, Frankfurt/M. 1985.
Löwith, Karl: Sämtliche Schriften, Stuttgart 1986ff.
Lübbe, Hermann: Religion nach der Aufklärung, Graz/Wien/Köln 1986.
Luckner, Andreas/Ostrisch, Sebastian: Existenz, Berlin 2018.
  (Hg.): Philosophie der Existenz, Stuttgart 1919.
Lukian: Werke in drei Bänden, Berlin/Weimar 1981.
Lukrez: Welt aus Atomen, Stuttgart 1973.
Lütkehaus, Ludger: Nichts, Zürich 1999.
Lyotard, Jean-Francois: Intensitäten, Berlin o. J..
- Philosophie und Malerei im Zeitalter ihres Experimentierens, Berlin 1986.
- Das Erhabene und die Avantgarde, in: Rider Le Jacques/Raulet, Gérard (Hg.): Verabschiedung der (Post)Moderne?, Tübingen 1987, S. 251-269.
Manetti, Giannozzo: Über die Würde und Erhabenheit des Menschen, Hamburg 1980.
Mankell, Henning: Treibsand, Wien 2014.
Mann, Thomas: Bekenntnisse des Hochstaplers Felix Krull, Gütersloh 1958.
- Frühe Erzählungen, Frankfurt/M. 1981.
- Buddenbrooks, Frankfurt/M. 2002.
Marquard: Zukunft braucht Herkunft, Stuttgart 2020.
- Philosophie des Stattdessen, Stuttgart 2000.
Malraux, André: Der Eroberer/ Der Königsweg, Stuttgart 1953.

- Lockung des Orients, Köln/Berlin 1966.
Matuschek, Stefan: Über das Staunen, Tübingen 1991.
Meyer, Martin: Ernst Jünger, München 1990.
Milton, John: Paradise Lost, London 2014.
Monod, Jacques: Zufall und Notwendigkeit, München/Zürich 1983.
Montaigne, Michel: Essais, Zürich 1953.
Müller-Funk, Wolfgang: Theorien des Fremden, Tübingen 2016.
Munitz, Milton K.: The Mystery of Existence, New York 1974.
- Cosmic Unterstanding, Princeton 1986.
Nagel, Thomas: Der Blick von nirgendwo, Frankfurt/M. 1992.
Nansen, Fridtjof: In Nacht und Eis, Bd. 1 und 2, Leipzig 1897.
Natorp, Paul: Philosophische Systematik, Hamburg 1958.
Newton, Sir Isaac: Mathematische Grundlagen der Naturphilosophie, Hamburg 1988.
Nicolaus von Kues: De docta ignorantia, Bd 1-3, Hamburg 1977.
- Vom Können-Sein, Vom Gipfel der Betrachtung, Leipzig 1947.
Nietzsche, Friedrich: Kritische Studienausgabe, München/Berlin/New York 1980.
- Der Wille zur Macht, Stuttgart 1964.
Novalis: Werke und Briefe, Gütersloh 1975.
- Historisch-Kritische Ausgabe, Stuttgart 1977.
Onfray, Michel: Wir brauchen keinen Gott, München 2006.
Otto, Rudolf: Das Heilige, München 1970.
Ovid: Metamorphosen, Stuttgart 1994.
Parmenides, Vom Wesen des Seienden, Frankfurt 1986.
Pascal, Blaise: Das Ich besteht in meinem Denken, Stuttgart 2017.
- Gedanken/Pensées, Heidelberg 1978.
- Gedanken über die Religion und einige andere Themen, Stuttgart 1997.
Paul, Jean: Werke in drei Bänden, Gütersloh 1971.
Peppiat, Michael: In Giacomettis Atelier, Berlin 2010.
Pessoa, Fernando: Das Buch der Unruhe des Hilfsbuchhalters Bernardo Soares, Zürich 2003.
Petrarca, Francesco: Heilmittel gegen Glück und Unglück, München 1988.
- Über Unwissenheit und seiner und vieler anderer Unwissenheit, Hamburg 1993,
- Die Besteigung des Mont Ventoux, Stuttgart 1995.
Pico della Mirandola, Giovanni: Über die Würde des Menschen, Hamburg 1990.
Picasso, Pablo: Über Kunst, Zürich 1988.
Pieper, Josef: Über das Staunen, in ders: Was heißt Philosophieren?, München 1959, S. 65-82.
Planck, Max: Vom Wesen der Willensfreiheit und andere Vorträge, Frankfurt/M. 1990.
Platon: Sämtliche Werke, Hamburg 1986.
Plotin: Über Ewigkeit und Zeit, Frankfurt/M. 1981.
Plutarch: Moralia I, 3. De recte ratione audiendi, London 1962.
Pope, Alexander: Vom Menschen, Hamburg 1993.
Prigogine, Ilya/ Stengers, Isabelle: Dialog mit der Natur, München/Zürich 1986.
Probst, Peter: Kant. Bestirnter Himmel und moralisches Gesetz, Würzburg 1994.
Proust, Marcel: Auf der Suche nach der verlorenen Zeit. In Swanns Welt, Frankfurt/M. 1982.
Quine, Willard Van Orman: Von einem logischen Standpunkt, Frankfurt/M./Berlin/Wien 1979.
- The Ideas of Quine, in: Magee, B. (Ed.): Men of Ideas, Oxford-New York 1982, S. 142-152.

- Wort und Gegenstand, Stuttgart 1980.
Rig-Veda, Berlin 2022.
Rilke, Rainer Maria: Duineser Elegien/Die Sonette an Orpheus, Frankfurt/M. 1952.
- Ausgewählte Werke in zwei Bänden, Frankfurt/M. 1951.
- Briefe Bd. 1, Wiesbaden 1950.
- Werke in vier Bänden, Frankfurt/M./Leipzig, 1996.
- Es wartet eine Welt, München 2013.
Ritter, Joachim: Subjektivität, Frankfurt/M. 1974.
Reuter, Timo: Warten; Eine verlernte Kunst, Frankfurt/M. 2019.
Rousseau, Jean-Jacques: Sozialphilosophische und Politische Schriften, München 1981.
- Schriften in 2 Bdn, Frankfurt/M. 1988.
Rundle, Bede: Why there is Something rather than Nothing, Oxford 2006.
Ruskin, John: Die Sieben Leuchter der Baukunst, Leipzig 1900.
Russell, Bertrand: Warum ich kein Christ bin, München 1963.
- Was der freie Mensch verehrt, in: N. Hoerster (Hg.): Religionskritik, Stuttgart 1984.
- Autobiografie I 1872-1914, Frankfurt/M. 1962.
- Lob des Müßiggangs, München 2019.
Sagan, Carl: Unser Kosmos. Die Ufer des kosmischen Ozeans, ZDF 1983.
Saint-Exupéry, Antoine: Wind, Sand und Sterne, Düsseldorf 2016.
Sartre, Jean Paul: Der Ekel, Hamburg 1978.
- Das Sein und das Nichts, Hamburg 1976.
- Drei Essays, Frankfurt/M./Berlin/Wien 1975.
- Die Wörter, Hamburg 1974.
Scheibe, Erhard: Die Philosophie der Physiker, München 2012.
Schelling, Friedrich W.J.: Philosophie der Offenbarung 1841/42 (Paulus-Nachschrift), Frankfurt/M. 1977.
- Ausgewählte Schriften in 6 Bänden, Frankfurt(M. 1985.
- Schellings Werke, München 1962-1971.
Schiller, Friedrich: Sämmtliche Werke, Stuttgart 1862.
Schlegel, Friedrich: Lucinde, Stuttgart 1979.
Schleiermacher, Friedrich: Über Religion, Hamburg 1958.
Schlick, Moritz: Philosophische Logik, Frankfurt/M. 1986.
Schmidt-Salomon, Michael: Jenseits von Gut und Böse, München 2012.
Schnitzler, Arthur: Sterben, Stuttgart 2006.
Schönberger, Rolf (Hg.): Über die Ewigkeit der Welt. Texte von Bonaventura, Thomas von Aquin und Boethius von Dacien, Frankfurt/M. 2000.
Schulte-Jantzen, Annemarie: Staunen-Lernen, Frankfurt/M. 2002.
Schopenhauer, Arthur: Die Welt als Wille und Vorstellung, 2 Bde., Darmstadt 1980.
- Preisschrift über die Freiheit des Willens, Hamburg 1978, S. 92.
Schrödinger, Erwin: Mein Leben, meine Weltansicht, München 2021.
Schrott, Raoul: Erste Erde Epos, München 2016.
Schubbe, Daniel/Lemanski, Jens/Hauswaldt, Rico (Hg.): Warum ist überhaupt etwas und nicht vielmehr nichts, Hamburg 2013.
Schütz, Alfred: Der Fremde, Gesammelte Aufsätze, Den Haag 1972.
- Das Problem de Relevanz, Frankfurt/M. 1982.
Schütz, Alfred/ Luckmann, Thomas: Strukturen der Lebenswelt, 2 Bde., Frankfurt/M. 1979.
Seel, Martin: Eine Ästhetik der Natur, Frankfurt/M. 1991.
Semper, Gottfried: Der Stil in 2. Bdn, Mittenwald 1977

Seneca: Philosophische Schriften, Darmstadt 2011.
Shakespeare, William: Hamlet, Stuttgart 2001.
Sharr, Adam: Heideggers Hütte, Berlin 2010.
Silke, Joseph: The Infinite Cosmos, Oxford 2008.
Simmel, Georg: Hauptprobleme der Philosophie, Berlin/Leipzig 1927.
- Exkurs über den Fremden, in: Soziologie, Frankfurt/M. 1995.
Snell, Bruno: Die Entdeckung des Geistes, Göttingen, 2009.
Spinoza, Baruch de: Ethica, Darmstadt 1980.
- Gedanken zur Metaphysik, Hamburg 2005.
Steinvoerth, Ulrich (1994): Warum überhaupt etwas ist, Hamburg 1994.
Stichweh, Rudolf: Der Fremde, Berlin 2010.
Stifter, Adalbert: Winterbriefe aus Kirchschlag, Weitra o.J.
Stöckler, Manfred, Das Anthropische Prinzip, in: Praxis der Naturwissenschaften – Physik, Jg. 40 (1991) Heft 4, S. 25-27.
Swinburne, Richard: Gibt es einen Gott?, Stuttgart 1987.
Thomas von Aquin: Summe gegen die Heiden, Darmstadt 1982.
- Compendium Theologiae, Heidelberg 1963.
Thoreau, Henry David: Walden, Hamburg 2016.
Tertullian: Über die Seele, Stuttgart 2011.
Thies, Christian: Der Sinn der Sinnfrage, Freiburg/München 2008.
Tieck, Ludwig: William Lovell, Darmstadt 1961.
Tillich, Paul: Die verlorene Dimension, Hamburg 1962.
Tipler, Frank: The Physics of Immortality, Hamburg 1995.
Topitsch, Ernst: Vom Ursprung und Ende der Metaphysik, Wien 1958.
- Erkenntnis und Illusion, Hamburg 1979.
Troeltsch, Ernst: Der Historismus und seine Probleme, Aalen 1961.
Tugendhat, Ernst: Selbstbewusstsein und Selbstbestimmung, Frankfurt/M. 1981.
Vaas, Rüdiger: Vor dem Urknall, in: Bild der Wissenschaft 2 (2023), S. 14-31.
- Einfach Hawking, Stuttgart 2021.
- Einfach Einstein, Stuttgart 2018.
- Vom Gottesteilchen zur Weltformel, Hamburg 2022.
Valéry, Paul: Mein Faust, München 1963.
- Eupalinos, Berlin 2018.
- Monsieur Teste, Frankfurt/M. 2016.
Vico, Giambattista: Neue Wissenschaft, Frankfurt/M. 1981.
Vilenkin, Alexander: Creation of Universes from Nothing, Physics Letters (1982) 117 B, S. 25-28.
Vollmer, Gerhard: Was können wir wissen? 2 Bde., Stuttgart 1985/86.
  Gretchenfragen an den Naturalisten, Aschaffenburg 2013.
Voltaire, Francois-Marie Arouet: Sämgtliche Romane und Erzählungen, München 1969.
Vries, Gerde de (Hg.): Über Kunst, Köln 1974.
Wackenroder, Wilhelm Heinrich/ Tieck, Ludwig: Herzensergießungen eines kunstliebenden Klosterbruders, München 1949.
Wagner, Hans (1980): Philosophie und Reflexion, München 1980.
Waldenfels, Bernhard: Der Stachel des Fremden, Frankfurt/M. 1990.
- Topographie des Fremden, Frankfurt/M. 1998.
- Grundmotive einer Phänomenologie des Fremden, Frankfurt/M. 2006.

Warkotsch, Albert (Hg.): Antike Philosophie im Urteil der Kirchenväter, München/Zürich 1973.
Weber, Max: Gesammelte Aufsätze, Frankfurt/M. 1988.
Weinberg, Stephen: Die ersten drei Minuten, München/Zürich 1977.
Wetz, Franz Josef: Das nackte Dass, Pfullingen 1990.
- Tübinger Triade. Walter Schulz, Pfullingen, 1990.
- Lebenswelt und Weltall, Stuttgart, 1994.
- Hans Jonas zur Einführung, Hamburg 1994.
- Die Kunst der Resignation, Stuttgart 2000.
- Hans Blumenberg zur Einführung, Hamburg 2020.
- Schelling zur Einführung, Hamburg 2023.
- Das Fest der gewöhnlichen Dingen, Aschaffenburg 2021.
Whitehead, Alfred North: Prozeß und Realität, Frankfurt 1984.
Wittgenstein, Ludwig: Tractatus logico-philosophicus, Frankfurt/M. 1977.
- Geheime Tagebücher 1914-1916, Wien, 1991.
- Philosophische Untersuchungen, Frankfurt/M. 1977.
- Schriften Beiheft 3, Frankfurt/M. 1979.
- Schriften 1, Frankfurt/M. 1960.
- Werkausgabe, Frankfurt/M. 1984.
Xenophon: Erinnerungen an Sokrates, München/Zürich 1987.

GPSR Compliance

The European Union's (EU) General Product Safety Regulation (GPSR) is a set of rules that requires consumer products to be safe and our obligations to ensure this.

If you have any concerns about our products, you can contact us on

ProductSafety@springernature.com

In case Publisher is established outside the EU, the EU authorized representative is:

Springer Nature Customer Service Center GmbH
Europaplatz 3
69115 Heidelberg, Germany